累犯制度：规范与事实之间

劳佳琦　著

中国人民公安大学出版社
群众出版社
·北　京·

图书在版编目（CIP）数据

累犯制度：规范与事实之间／劳佳琦著 . —北京：中国人民公安大学出版社，2018.3

ISBN 978-7-5653-3250-0

Ⅰ.①累… Ⅱ.①劳… Ⅲ.①惯犯—制度—研究—中国 Ⅳ.①D924.04

中国版本图书馆 CIP 数据核字（2018）第 058259 号

累犯制度：规范与事实之间

劳佳琦　著

出版发行	中国人民公安大学出版社	
地　　址	北京市西城区木樨地南里	
邮政编码	100038	
经　　销	新华书店	
印　　刷	北京市泰锐印刷有限责任公司	

版　　次	2018 年 3 月第 1 版
印　　次	2018 年 3 月第 1 次
印　　张	13.5
开　　本	880 毫米×1230 毫米　1/32
字　　数	364 千字

书　　号	ISBN 978-7-5653-3250-0
定　　价	46.00 元

网　　址	www.cppsup.com.cn	www.porclub.com.cn
电子邮箱	zbs@cppsup.com	zbs@cppsu.edu.cn

营销中心电话：010-83903254
读者服务部电话（门市）：010-83903257
警官读者俱乐部电话（网购、邮购）：010-83903253
法律图书分社电话：010-83905745

序

　　眼下，法律圈里的实证研究越来越多。幸福来得这么突然，让我喜忧参半。喜的是，做了这么多年，终于显示出实证研究有用了；忧的是，真正肯趴在那里一缕一缕捋数据的并不多，冠名以实证研究而未必地道的倒不少。

　　劳佳琦的博士论文算是比较地道的法律实证研究。

　　说到实证研究，的确让我得了实惠，感觉越来越好玩。我眼中的法律世界，呈现出另一番气象，那才叫好看呢：有时候，死刑存废和人口因素扯上了关系；有时候，犯罪率和重刑率反倒呈现负相关关系。某巨型工程贪腐案件全样本，可以测算出大型工程项目在某个环节、部位、流程的发案概率和资金风险。十几万案件信息，跑一个回归，不过十几秒钟的工夫，就能看到任何一个刑案的实际刑期与预测刑期之差。

　　真的，有没有大样本实证分析，法学研究的确不一样：

　　首先，发现问题、提出问题的眼光不一样。以前，我不会想到，量刑"从轻"、"从重"的参照系，是法定刑中间线还是大量司法实践的平均水平？而自打有了大样本，有了从自然语言中抓取变量的计算机程序，情况就变得不一样了。

累犯制度：规范与事实之间

研究证实，大多数常见犯罪的平均量刑水平，一般在法定刑中间线以下大约十几个月的位置。既压缩了量刑活动的寻租空间，又控制了刑事执行的成本。以这种方式参与理论之争，比选边站队感觉要踏实一些。无独有偶，德国马普所所长阿教授的研究证明，量刑的普遍水平位于法定刑幅度的三分之一以下——正好与我们的发现相互印证。这背后，隐约可见中、德两国法官异曲同工的职业实践，不谋而合的共同选择，让人感受到一种超越意识形态的集体理性，实践理性。这大概可以算作"世界的方法，中国的问题"，或者"背靠大实践，研究小问题"吧。

其次，法学的叙事方式不一样。做学术不外乎"说什么"和"怎么说"两件事。"说什么"当然要讲自由独立之精神。而"怎么说"则不能太过自由，要有约束，讲规矩。起码，撑起一个理论的事实要靠得住。小样本思维的局限，不只是盲人摸象，更在于人们可能习惯于立场预设，随意再造事实，拿着鞋找脚。结果，事实怎样越来越不重要，重要的是，事实应当怎样、我需要它是怎样、谁谁谁认为怎样。1969 年 7 月，美国载人登月成功。随后，一个学校领导在全校大会上说，"先把地球的事办好，才是真马克思主义！"当时我们听着特激动。现在想来，这哪挨哪啊?！玩弄个别事件，连基本的逻辑都可以不讲。而实证研究用大样本说故事，要遵守一系列呈现事实的规则。说出事实，也是一种批判，是一种优雅的批判。何必要靠一些重话、狠话、大话、连自己都不信的空话给自己壮胆呢？

最后，有了大样本的分析结果，学者影响社会的方式也会不一样。比如，我的恩师储槐植先生很早就说过，人口过亿的大国很难废除死刑。为了检验老先生的这个理论假设，我找来两大摞书，一摞是当时有汉译本的共50个国家的刑法典，另一摞是这50个国家的基本国情数据。然后，以这些国家的一万多个罪刑关系为基本分析单位进行统计检验，结果证实了老先生的猜想。我把这个结果发表在《中国法学》上，算是死刑存废之争中的一种声音吧。尽管声音不大，引证率也不高，但我是这么想的：几十年后，当人们问起，那会的北大教授干了些什么呀？可能，只有为数不多的"我认为"能存活下来，被后人当回事。而留得住的时代记录就需要用各种"我发现"，即规范的实证数据和分析结果固定下来。不过话说回来，有点价值的东西都不省事。就拿这项研究来说，大小也是个工程了，我一个人忙不过来。当时，劳佳琦算我名下的博士生，参与了这个项目的数据库建设。传说中的"学生帮老师搬砖"，50本刑法，50本国情，正好100块砖，一点不假。这也算我们师徒爷孙三人的一次合作吧，尽管没能写进任何项目计划书的"合作团队"那一栏。

我理解的法律实证研究，尤其是大样本量化分析，至少应该是法学、统计学的高度融合。熟悉其一，并非难事。真正难得的是，在两者之间自由往返。当下，前提是法学能否放弃似乎是与生俱来的优越感，不要把统计学视为低端技艺。我一直在想，上帝用数学语言创造这个世界的时候，是不是一不小心，把法律世界给落下了？既然经济学、社会学、管理学，乃至历史、文学这些人文社科领域都已经大量采用了量化分析方法，既然我们可以用考试分数把每年几百万的年轻人量化成"一本狗"、"二本狗"，既然连我们自己也自觉不自觉地被"引证率"、"成果数量"、"进账多少经费"这些东西牵着鼻子跑圈，那为什么单单我们自己不能接受法学研究的量化分析呢？

具体来说，一篇像样的法律实证研究博士论文应该具备三个特征：其一，样本合格。其二，变量之间的关系分析。其三，实证分析与规范分析黏合得比较自然。这三条，劳佳琦基本都做到了。

首先，为了检验累犯群体特殊论在中国语境下是否成立，劳佳琦从公开的裁判文书数据库中选取了判决年份为 2000 年至 2011 年的所有刑事判决书作为样本，共计 277363 个，其中累犯的样本个数 12141 个、初犯的样本个数 246271 个、前科非累犯的样本个数 18951 个。的确，样本并不是越多越好，基于大样本得出的结论也未必科学。但明摆着，在满足随机性要求等抽样规则的前提下，大样本总还是比掰着手指头算得过来的小样本更靠谱。尤其是当样本等于或接近总体时，抽样误差为零，或几乎为零。

其次，关于累犯的量刑，理论上至少绕不开两个问题：一个问题是威慑与改造的关系，一般认为这是两个不同的理论侧重点，但在传统规范学中，尚无更理想的方法用来检验两者的解释力大小。另一个问题是，与累犯相关的各种法定或酌定情节中，到底哪些情节才会对法官的量刑实践产生更显著的或者较大的影响。对此，理论上各执一词，法律上也无法作出明确规定。而劳佳琦采用皮尔逊相关分析、频数分析、多元线性回归等分析方法参与这些规范学理论问题的讨论，结果发现，累犯前罪的刑罚没能改变大部分累犯原来的犯罪模式，累犯前罪刑罚在影响犯罪人犯罪模式方面的威慑作用基本被证否，由此，间接证否与累犯前罪刑罚同质的累犯后罪刑罚在改变犯罪人犯罪模式方面的威慑效应。而且，累犯情节作为一个整体确实对量刑结果存在显著的从严调整作用，然而就累犯情节各个构成维度而言，除了累犯后罪的性质与轻重与累犯从严幅度显著正相关以外，累犯前罪的轻重与性质、累犯前后罪的关系、累犯前罪刑罚执行完毕或赦免以后至再犯罪时间的长短对于量刑结果均不产生显著影响。这意味着，我国法官群体在量刑时将累犯后罪的社会危害性大小作为判断累犯人身危险性大小的主要根据，进而决定累犯情节对量刑的从严调整幅度。这样，在分析方法上没有仅仅停留在单变量的描述性统计上，理论上又把实证研究方法与规范问题紧密结合起来，比较成功地避免了实证与规范的"两张皮"问题。

这两个看点，望读者有空关注一下。

白建军
二零一八年元月

前　言

　　本书的内容脱胎于我2014年写完的博士论文。当年答辩顺利通过以后，打印成册的博士论文就被我恭恭敬敬地请到书架最上层供起来"落灰"。大概是写论文的过程太痛苦，里面的每一个字都拧得出我的汗水甚至泪水，以致事毕之后再不愿多看一眼。

　　毕业数年之后，惊闻北大刑法专业博士预答辩时，我的这篇论文还时不时被一些老师当作正面教材，向师弟师妹们疯狂"拍砖"。承蒙老师们的"错爱"，我甚是惶恐；给师弟师妹们添堵，我更是不安。思来想去，我决定赶在"保质期"结束之前将博士论文付梓。一来是报答北大各位导师多年的教诲之恩，二来也是给自己北大十年的求学生涯一个交代，最后还有个"立此存照"的意思，忠实记录自己在学术道路上迈出的第一步，诚实展现自己当初的傻样（虽然现在也没好到哪里去），帮师弟师妹们祛魅，下次挨骂时也好应对。

　　本书基本保留了我当年博士论文的原貌，只做了一些细枝末节的改动和补充。除了导论和结语之外，正文分为上、中、下三篇，分别为规范层面的累犯制度、事实层面的累犯制度、规范与事实之间的累犯制度三部分，实际上分别对应着假设、检验、讨论这三个研究步骤。

上篇规范层面的累犯制度是理论假设部分，重点探讨的是立法维度的累犯制度，构成了整个研究的起点。上篇首先从历史沿革的角度简要介绍了古代、近现代以及当代这三个阶段中外累犯制度的立法嬗变，接下来又分别从累犯制度设立的现实必要性和理论正当性这两个方面来深入探讨累犯制度的立法根据，最后在此基础上归纳出表现形式各异的各国现行累犯制度在立法预期上的三个公约数：累犯群体特殊的预期、累犯处遇从严的预期以及累犯从严有效的预期。这三个对现行累犯制度具有一定普适意义的立法预期在完结上篇内容的同时也提出了关于累犯制度三个待检验的理论假设。

中篇事实层面的累犯制度是实证检验的部分，是整个研究的重中之重。全篇旨在通过实证研究的方法对我国累犯制度在日常司法实践中的适用现状及实际效果进行探索，以此来检验上篇结尾部分提出的三个关于累犯制度普适性的理论假设在中国语境之下是否与事实相符。这一部分的研究以2000年到2011年这12年间我国几十万份刑事判决书为样本展开实证研究，首先分别通过累犯群体与其他群体的外部比较以及累犯群体内部比较的方法来尝试回答我国司法实践中累犯制度实际打击的目标人群是否符合累犯群体特殊论的立法预期这一问题，然后选取了盗窃罪、抢劫罪、故意伤害罪这三个常见多发的罪名在不同罪名之间以及同一罪名之下检验我国司法实践中累犯的量刑结果是否符合累犯量刑从严的预期，最后通过分别检验我国累犯从严的威慑实效和隔离实效来验证我国司法实践中累犯制度实际达到的效果是否符合累犯从严有效论的预期。

下篇规范与事实之间的累犯制度从结构上来讲是讨论部分，是整个研究的小结。全篇首先对上篇提出的关于累犯制度三个普适性的立法预期和中篇发现的我国累犯制度目标群体、运行方式和实际效果在规范和事实层面之间存在的非对称性进行了归纳和总结，进而尝试从规范层面和事实层面进行归因，最后从规范预期的调整和实际运作的改进这两个方面提出克服立法预期和司法现实之间差异的可能方案。

本书是我第一次尝试用刑事一体化的思想和实证研究的方法写就的长篇论文。虽然成文之时觉得自己已经倾尽了全力，但是囿于当时学术功力的薄弱以及实践经验的缺乏，很多地方现在读来还是忍不住掩面羞愧。从行文上来说，我偏爱使用长句，不符合汉语的表达习惯，写得"拿腔拿调"。叙述时经常将"我们"当作主语，全文充斥着"我们发现"、"我们认为"、"我们怀疑"等字眼，有拉人壮胆掩饰心虚之嫌。从方法上来说，我当时对实证研究方法的理解和运用多有不当之处。工作之后我在北师大给法学院本科生开设了法律实证研究方法导论课程，课上反复向学生指出的错误在我的论文里都可以找到例证（本书出版之后正好可做课程的反面教材使用）。从思想上来说，由于当时不了解我国司法实践的真实状况，对材料的解读和观点的提出都很幼稚。工作后在各个监狱老老实实地田野调查了好几回之后，必须承认，当时我写的论文里有好多傻话、空话和胡话。

知耻者近乎勇。能勇敢面对自己惨淡过去，才有勇气迎接自己不确定的将来。幸运的是，承蒙恩师白建军教授与恩师的恩师储槐植先生不弃，得知我想出版博士论文时，欣然为本书分别撰写了序和跋。两位先生的鼎力支持对我而言是一种加持和恩典，护着我在学术道路上跌跌撞撞地前行。本书若有任何可取之处，全部归功于他们对我多年的悉心教导。本书所有的不当之处，毫无疑问归咎于我个人。

因为出版论文完全出于临时起意，找出版社时很是波折，四处碰壁。在此郑重感谢中国人民公安大学出版社愿意出版我这个非著名学人的处女作，感谢在整个出版过程中给予我莫大帮助的师长和朋友。

目 录

上篇 规范层面的累犯制度

导　论

一、选题意义

从某种意义上来说，各个国家的刑法类似于各国特有的语言，因为不同的历史背景和文化传承会孕育出不同的语法逻辑，呈现出各异的表现形态。同时，鉴于刑法这种特殊语言旨在表述的是"罪与罚"这一共同的特定主题以及人类共享的一套朴素的公平正义理念，表面上异彩纷呈的各国刑法背后蕴含的语法逻辑又会存在某些共通之处，在形式上就体现为各国刑法经常会对某些共同的问题采取相似的处理方法。① 累犯从严，即在刑事审判中对累犯施以相对于初犯更为严厉的刑事处罚，② 就是这样一种超越时空因素存

---

① 美国刑法大家乔治·P. 弗莱彻教授首先提出刑法的语法这一概念，并且撰写专著致力于归纳出可以让不同刑法互相对话沟通的共同语法。参见 George P. Fletcher, *The Grammar of Criminal Law*：*American*，*Comparative*，*and International Volume One*：*Foundations*，Oxford University Press，2007。

② 这里的累犯从严是一种笼统的说法，包括了对累犯从重处罚和加重处罚等情况。下文提到累犯从严时如果无具体说明，沿用此意。

在于不同时期各国刑法量刑部分的普遍规定，① 是各国刑法在应对重新犯罪这一相同社会问题时做出的共同选择。

以累犯从严为核心内容的累犯制度源远流长。就我国而言，累犯制度萌芽于虞舜时期，最早可追溯到《尚书》中"怙终贼刑"的规定。就西方国家而言，学界基本将古罗马法中重新犯罪加重处罚的规定视作西方累犯制度的滥觞。在此后东西方悠久的历史演进过程中，累犯制度一直是不同时期各国刑法的重要组成部分，虽然在具体表现形式上存在较大的差异和变化，法理上也存在较多争议，但有一点是不可否认的，即累犯从严是古今中外不同国家立法者不谋而合的一致态度。

为什么刑法在详细规定了分则性的罪与罚条文之外还要另行规定累犯从严的条文？为什么这种做法如此普遍以至于可以忽略不同时空背景因素的影响？这一现象是否因其普遍存在而自动获得合理性和正当性？这些与累犯制度相关的深层理论问题一直在以不同的形式被提出，被不同时代的学人尝试回答，然而至今仍未找到令人皆大欢喜的答案。

另外，在重新犯罪现象如雨后春笋般层出不穷的今天，累犯制度作为一种具体的刑罚制度在司法实践中的应用前所未有的广泛。据统计，2002 年针对美国 75 个人口最多的郡县的调查显示，在犯重罪的犯罪人中，有 76% 的人曾经有逮捕记录，59% 的人曾经被定罪量刑。② 2005 年在英格兰和威尔士定罪量刑的刑事公诉案件犯罪

---

① 牛津大学教授朱利安·罗伯茨（Julian V. Roberts）认为除了累犯从严（Recidivist Sentencing Premium）之外，各国刑法量刑规定中的另一个普遍做法是量刑遵循罪刑均衡原则（Proportionality）。参见 Julian V. Roberts, *Punishing Persistent Offenders: Exploring Community and Offender Perspectives*, Oxford University Press, 2008, p. 1。

② 参见 Bureau of Justice Statistics 2006: table 9 and 10。

人中有 *88%* 之前有过犯罪记录①。就我国而言，1993 年 8 月 10 日关于罪犯矫正的白皮书显示我国累犯率只有 6%，但是学者认为这一数字被明显低估了。② 有学者宣称，根据有关部门统计，我国目前的再犯率高达 30% 以上。③ 2004 年司法部通过统计相关数据指出当年中国重新犯罪率居世界中等水平，而在重大恶性刑事案件中，刑释解教人员重新违法犯罪的占到了总数的 70%。尽管此后官方不再公开发布相关数据，而是将此类数据作为绝密材料仅供内部人员研究使用，但还是有学者根据某些相关的官方讲话内容推算出：如果按照全国在押人员 150 万人为基数，全国监狱中被判刑 2 次以上的罪犯达到 15.98%。④

鉴于现实生活中重新犯罪人数量的日益庞大，累犯从严这四个字不仅仅是刑法条文中国家所持的立场和态度，更是司法实践中可以对相当数量的犯罪人量刑产生实质性影响的量刑情节。国外诸多实证研究均表明，犯罪人之前的犯罪记录是继其现罪的严重程度之后对现罪量刑结果最重要的影响因素。⑤ 比如，实证研究发现，在西澳大利亚，大约 1/3 的普通盗窃和入室盗窃的犯罪人被判处了至少 1 年以上的监禁刑，而在那些实施人身犯罪的犯罪人中却只有

---

① 参见 Julian V. Roberts, *Punishing Persistent Offenders*: *Exploring Community and Offender Perspectives*, Oxford University Press, 2008, p.95。

② 储槐植著：《刑事一体化》，法律出版社 2004 年版，第 59 页。

③ 张中友主编：《预防职务犯罪——新世纪的社会工程》，中国检察出版社 2000 年版，第 158 页。

④ 参见黄河：《重新犯罪率居高不下　刑释人员面临制度性歧视》，载人民网，http://legal. people. com. cn/GB/188502/16844844. html，最后访问时间：2013 年 10 月 25 日。

⑤ 参见 Burke, P., and A. Turk "Factors Affecting Post Arrest Dispositions: A Model for Analysis." *Social Problems*, Vol. 22,1975, pp. 313–332; Albonetti C.A. "Integration of theories to explain judicial discretion", *Social Problems*, Vol.38,1991, pp.247–266.

18%的人被判处了类似的刑罚。① 类似地，在英格兰与威尔士，因实施暴力犯罪被定罪量刑的犯罪人中被判处监禁刑者仅占28%，但因实施了普通盗窃和入室盗窃的犯罪人被判处监禁刑的比例却高达50%左右。② 经学者研究发现，形成这一现象的原因并不是法官认为暴力犯罪不如盗窃罪这类财产犯罪严重，而是实施盗窃犯罪的犯罪人往往比实施暴力犯罪的犯罪人拥有更漫长的犯罪历史。③ 换句话说，累犯的犯罪历史在法官对其量刑的过程中的确发挥了显著作用。

由此，在事实维度上又有以下一系列问题值得追问：司法实践中累犯情节对累犯量刑的影响究竟有多大？哪些因素对累犯从严幅度发挥了重要影响？累犯从严是对所有累犯一视同仁地从严还是因人而异或是因罪而异？累犯从严是否取得了控制犯罪的效果？这些问题的答案切切实实地关系到广大犯罪人的人权保障、国家刑罚权的恰当运用和国家刑罚资源的合理投入，但是至少在中国这一问题却甚少被追问也甚少被回答。

上文所列或是已经被追问一直在回答的问题或是很少被追问很少有回答的问题就是本书选题的目的和意义所在。

二、文献综述

刑法与其他部门法一样，是一种"形式、价值和事实的特殊

---

① 参见 Ferrante, A., Loh, N., Maller, M., Valuri, G., and Fernandez, J. (2005) *Crime and Justice Statistics for Western Australia*：2004. Crawley, Western Australia：Crime and Justice Research Center, University of Western University.

② 参见 Home Office（2007）*Sentencing Statistics* 2005：*England and Wales*. London：Home Office, Research, Development and Statistics Directorate.

③ 参见 Julian V Roberts, *Punishing Persistent Offenders*：*Exploring Community and Offender Perspectives*, Oxford University Press, 2008, p. 14。

综合"。① 故而刑法研究存在着三种范式，分别是将刑法作为一种规范形式的研究、作为一种价值形态的研究以及作为一种事实状态的研究。② 同理可得，累犯制度的相关研究也存在这样三种范式，下文将以这三种范式为区分展开累犯研究的文献综述。

（一）将累犯制度作为一种规范形式的研究

采取这一范式的累犯制度研究重点探讨的问题包括累犯的概念界定、累犯制度的立法解读与完善以及累犯司法实务中疑难问题的处理建议。

首先，关于累犯的概念界定，学界一般认为可以从犯罪学、刑事政策学和刑法学这三个维度来进行，犯罪学和刑事政策学意义上的累犯概念皆广于刑法学意义上的累犯概念。③ 南斯拉夫学者维多耶·米拉丁诺维奇认为，犯罪学意义上的累犯，是指重新犯罪的人，即多次实施某种或某类或各种犯罪的人，至于行为人是否曾受刑事处分则在所不问。④ 我国台湾地区学者许福生持类似的观点，指出犯罪学意义上的累犯是指曾犯过罪再次犯罪者。⑤ 我国大陆学

---

① 吕世伦主编：《现代西方法学流派》（上卷），中国大百科全书出版社2000年版，第595页。

② 张心向著：《在规范与事实之间——社会学视域下的刑法运作实践研究》，法律出版社2008年版，第2-11页。

③ 参见苏彩霞著：《累犯制度比较研究》，中国人民公安大学出版社2002年版，第5-6页；季理华著：《累犯制度研究——刑事政策视野中的累犯制度一体化建构》，中国人民公安大学出版社2010年版，第6-7页；刘绪东著：《累犯制度研究》，中国政法大学出版社2012年版，第13-17页。

④ 转引自马克昌主编：《刑罚通论》，武汉大学出版社2006年版，第402页。

⑤ 许福生：《累犯加重之比较研究》，载《刑事法杂志》2003年第47卷第4期。转引自刘绪东著：《累犯制度研究》，中国政法大学出版社2012年版，第14页。

者对此亦无异议。① 重新犯罪这一事实特征是犯罪学意义上的累犯概念的核心。日本的大谷实教授从刑事政策角度将累犯定义为"因犯某种罪而被执行拘留或者其他刑事上的处分及裁判，执行完毕之后，再次犯罪的人"②。刑法维度的累犯概念是多层次的。正如高铭暄教授指出，"关于累犯的概念，从不同的角度考虑，可以有不同的理解。第一，累犯是指一种犯罪人类型，即被判处一定的刑罚，刑罚执行完毕或赦免以后，在一定期间之内再犯一定之罪的犯罪分子。目前我国刑法界绝大多数人是把累犯作为一种犯罪人类型看待的。第二，累犯是一种量刑情节，犯罪人属于累犯之列的，对其量刑就应当考虑从重处罚。第三，累犯是一项刑罚制度，它是刑罚量刑阶段人民法院考虑对犯罪人适用的一项量刑制度"③。张明楷教授和苏彩霞博士亦有类似观点。④ 除此之外，学者关于是否应将人身危险性充实到累犯概念之中这一问题尚在争论之中。支持者指出，现代累犯制度已由行为中心论和行为人中心论两种模式相互分裂向两者相互融合、相互包含的立法方向发展，累犯概念的建构应该考虑以行为的社会危害性为基础结合行为人的人身危险性的

---

① 参见康树华主编：《犯罪学通论》，北京大学出版社 1992 年版，第 259 页；陈显荣、李正典著：《犯罪与社会对策》，群众出版社 1992 年版，第 198 页；苏彩霞著：《累犯制度比较研究》，中国人民公安大学出版社 2002 年版，第 5 页；季理华著：《累犯制度研究——刑事政策视野中的累犯制度一体化建构》，中国人民公安大学出版社 2010 年版，第 6 页；刘绪东著：《累犯制度研究》，中国政法大学出版社 2012 年版，第 14 页等。

② ［日］大谷实著：《刑事政策学》，黎宏译，法律出版社 2000 年版，第 393 页。

③ 高铭暄主编：《刑法学原理》（第 3 卷），中国人民大学出版社 1994 年版，第 279-280 页。

④ 参见张明楷著：《刑法学》，法律出版社 1997 年版，第 404、448 页；苏彩霞著：《累犯制度比较研究》，中国人民公安大学出版社 2002 年版，第 6 页。

两维模式。① 将人身危险性纳入累犯概念之中，与我国刑事立法的总体精神、刑罚的设立及累犯制度的理论基础是一致的。② 刘绪东博士在《累犯制度研究》一书中旗帜鲜明地将人身危险性作为累犯制度的核心概念来重点阐述。③ 反对将人身危险性纳入累犯概念之中的学者则认为，之所以提出把人身危险性作为累犯概念的要素之一，是受外国立法例影响的缘故。在将人身危险性规定为累犯概念要素的立法例中，往往并没有强调前后罪的主观罪过形式、后罪发生的时间、犯罪的严重程度等，而这些在我国累犯立法中恰恰有规定且相当完善，④ 故而不需要将人身危险性再充实到累犯概念之中。

其次，关于累犯制度的立法解读和完善建议方面的研究，我国学者一般是从累犯成立条件和累犯法律后果这两个方面来展开的，在时间维度上可以 1997 年刑法修订为分界。

1997 年刑法修订之前，学者一般采用注释法学的研究方法对累犯的构成要件进行研究。这一时期的立法建议一般涉及特别累犯制度的完善、一般累犯前后间隔期限的延长和累犯处罚原则的修正等问题。⑤

1997 年刑法修订之后，我国学者的视野较前一阶段有所拓宽，

---

① 贾宇、舒洪水：《累犯制度研究》，载李希慧、刘宪权主编：《中国刑法学年会文集（2005 年度）第 1 卷：刑罚制度研究（上册）》，中国人民公安大学出版社 2005 年版，第 17 页。

② 喻伟著：《刑法学专题研究》，武汉大学出版社 1992 年版，第 334页。

③ 刘绪东著：《累犯制度研究》，中国政法大学出版社 2012 年版。

④ 陆诗忠：《累犯概念的法理论证》，载《洛阳师范学院学报》2004 年第 4 卷。

⑤ 参见莫宏宪：《论累犯》，载《中央检察官管理学院学报》1996 年第 2 期；王晨：《论刑法中的特别累犯》，载《法学杂志》1987 年第 5 期；杨培新：《完善累犯制度刍议》，载《法学》1991 年第 1 期。

研究热点包括构成累犯的适格主体、累犯制度的立法逻辑、累犯处遇以及累犯制度的比较研究等。

在累犯适格主体方面，学者主要探讨的是未成年人、单位以及过失犯可否构成累犯的问题。

基于我国一向对未成年人采取特殊保护的立法精神和设置累犯制度的初衷以及未成年人犯罪具有特殊性等方面的原因，我国学者普遍认为不满 18 周岁的未成年人不应适用累犯规定。其中，苏彩霞博士从司法实践中未成年人构成累犯比例极低这一现实切入并展开论述，指出："刑法的普遍性要求刑事立法针对刑事司法实践中经常、典型的事例，而不应是非典型的、个别的、异常的事例。按照我国累犯的条件，未成年人再次犯罪、符合累犯条件的，应该是刑事司法实践的非典型事例"。因此，她主张应把未成年人排除在累犯适格主体之外。① 而于志刚教授则从立法逻辑的角度指出，如果认为未成年人可以构成累犯，那么"在现行刑法中，未成年人犯罪必须遵守的整体法定从宽的情节与法定的累犯应当从重处罚的情节，形成了实际的逆向情节冲突，这就在立法逻辑上出现冲突"②。不过，也有学者认为应当把未成年人纳入构成累犯的适格主体范围，因为这一做法并不违背现行刑法规定，且不至于宽纵未成年人。③ 类似的学术争论在美国加州通过累犯三振出局法案时将行为人在未成年时因犯罪而受到的重罪判决作为适用三振出局法案

---

① 苏彩霞著：《累犯制度比较研究》，中国人民公安大学出版社 2002 年版，第 208 页。

② 于志刚：《论累犯制度的立法完善》，载法苑精粹编辑委员会编：《中国刑法学精粹》，高等教育出版社 2004 年版，第 462 页。

③ 参见陈伟：《批判与重构：未成年人累犯问题——从本体学角度的思考》，载《青年研究》2006 年第 8 期。

的依据之一时也曾出现过。① 2012 年出台的《刑法修正案（八）》正式将未成年人排除出累犯的适格主体之后，我国学者关于未成年人应否构成累犯的这场争论最终落下帷幕。

在单位累犯的问题上，学者首先争论的是 1997 年刑法是否已经规定了单位累犯，对此理论上主要有肯定说、否定说和折中说三种不同的观点。少数学者通过对刑法第 30 条和第 65 条规定的解读，认为 1997 年刑法已经规定了单位累犯，研究重点应该转到单位累犯的司法适用上面。肯定论者认为，单位累犯与单位犯罪一样，是不容否认的法律现实。其中，单位累犯包括了单位普通累犯和单位特殊累犯，后者指的是单位危害国家安全累犯和单位毒品累犯。② 更有个别学者以现行刑法第 356 条的规定作为现行刑法对单位累犯的部分肯定的证据。③ 不过多数学者则否定 1997 年刑法规定了单位累犯，在此前提下相当部分学者基于单位犯罪法典化的立法现实以及打击、预防单位犯罪的现实需求等理由主张刑法应当增设单位累犯。④ 此外，另有折中论者认为，中国现行法典对于单位能否构成累犯持潜在的否定态度，因为立法上累犯必须符合"前后罪均被判处有期徒刑"的要求，排除了只能承担罚金刑的法人构成累犯的可能性。然而，就中国现行刑法所确定的某些特殊累犯而言，单位是可以作为累犯主体出现的，比如单位可以作为毒品犯

---

① Lise Forquer, "California's Three Strikes Law: Should A Juvenile Adjudication Be a Ball or a Strike", *San Diego Law Review*, Vol. 32, 1995, pp. 1302–1344.

② 参见杨凯：《刑法中单位累犯之认定》，载《云南大学学报》（法学版）2001 年第 3 期。

③ 参见赵秉志主编：《刑法总论问题探索》，法律出版社 2003 年版，第 336 页。

④ 参见马荣春：《论单位累犯》，载《河北法学》1999 年第 1 期；陈国兴：《创制单位累犯的构想》，载《河北法学》2000 年第 3 期；苏彩霞著：《累犯制度比较研究》，中国人民公安大学出版社 2002 年版，第 204–205 页。

罪的累犯出现。①

在争论未成年人和单位应否成为累犯制度适格主体的同时，又有学者提出了过失累犯的概念。比如，有论者就从过失人格和行为无价值这两方面论证了过失累犯的理论基础，认为将过失犯纳入累犯制度的立法构建将加强对过失犯罪的防范，亦能促进中国刑法过失犯罪理论的进步。② 另有论者指出，在有认识的过失犯罪与故意犯罪累发或者数个有认识的过失犯罪累发，同时具备累犯的其他条件的情况下，一般可以推定行为人自愿置国家的规范呼吁于不顾的人身危险性，我国的刑事立法应当将这种情况包含于累犯制度的规定当中。此外，我国台湾地区学者杨建华也持有相似见解，其指出："前犯之罪，如系过失犯，当无怙恶不悛之问题，似不应成为累犯，而行为人一再过失犯罪，尤其因其过失犯相同之罪，则斟酌其人漫不经心之性格，有特别处遇之必要，因而，应作累犯处理为宜"。③

在累犯制度的立法逻辑方面，学者主要探讨的是刑法第356条与累犯制度的关系。部分学者认为，刑法第356条是我国特殊累犯的一种，理由有二：其一，毒品犯罪社会危害性极其严重；其二，毒品累犯曾在刑法修正案草案中被作为一种特别累犯规定在刑法总

---

① 参见于志刚：《论累犯制度的立法完善》，载《国家检察官学院学报》2003年第2期。

② 参见王立志：《累犯构成视角的转换——过失累犯的提倡（上）》，载《河南省政法管理干部学院学报》2005年第2期；王立志：《累犯构成视角的转换——过失累犯的提倡（下）》，载《河南省政法管理干部学院学报》2005年第3期。

③ 杨建华著：《刑法总则之比较与检讨》，台湾三民书局1988年版，第362页。

则累犯这一节中，只是后来被移至刑法分则毒品犯罪一节中而已。① 反对的学者则认为刑法第 356 条应被视为一种特殊的再犯制度。②

在累犯处遇方面，除了延续累犯处罚应该是从重还是加重这一问题外，③ 学者也深入讨论了累犯应否适用缓刑和假释的问题。在累犯应否适用缓刑这一问题上，苏彩霞博士指出，"累犯再次犯罪的这一事实，完全否定了前次刑罚的教育改造效果，充分表明了其较强的人身危险性，也说明累犯者根本不符合'确实不致再危害社会'这一适用缓刑的实质性条件"，④ 继而认为我国刑法关于累犯不得适用缓刑的规定是合理的。而季理华博士则持相反观点，认为我国累犯中大部分是二次普通轻刑犯累犯，他们再次犯罪的原因中社会因素常居于主要地位，其社会危害性与人身危险性未必就一定大于初犯，因此他指出我国应当允许对普通累犯适用缓刑。⑤ 在累犯应否使用假释这个问题上，我国学者普遍持肯定意见。值得一提的是，此阶段我国学者在对累犯处遇问题进行研究时引入了刑事一体化的思想，不仅关注累犯的量刑处遇，也开始关注累犯的行刑

---

① 参见马克昌主编：《刑罚通论》，武汉大学出版社 1995 年版，第 434-435 页；陈兴良著：《刑法适用总论》（下卷），法律出版社 1999 年版，第 437 页。

② 参见苏彩霞著：《累犯制度比较研究》，中国人民公安大学出版社 2002 年版，第 181-186 页。

③ 参见储槐植著：《刑事一体化》，法律出版社 2004 年版，第 49 页；季理华著：《累犯制度研究——刑事政策视野中的累犯制度一体化建构》，中国人民公安大学出版社 2010 年版，第 255-257 页；苏彩霞著：《累犯制度比较研究》，中国人民公安大学出版社 2002 年版，第 154-157 页。

④ 苏彩霞著：《累犯制度比较研究》，中国人民公安大学出版社 2002 年版，第 157 页。

⑤ 参见季理华著：《累犯制度研究——刑事政策视野中的累犯制度一体化建构》，中国人民公安大学出版社 2010 年版，第 279-281 页。

处遇和出狱后的处遇。

在累犯制度的比较研究方面，我国学者普遍认为，各国对累犯制度所采用的立法模式大致可分为仅在特别法中规定累犯、仅在刑法典分则中规定累犯、在刑法典总则中概括性地规定累犯、在刑法典总则中规定普通累犯同时在分则中规定特殊累犯以及在普通刑法典总则中规定累犯同时在特别刑法中就某个罪的累犯做特别规定五种；① 各国累犯制度类型根据对累犯前后罪性质有无特别要求可分为特别累犯制、普通累犯制和混合累犯制，根据是关注行为还是关注行为人可分为行为中心累犯制和行为人中心累犯制。② 于志刚教授另辟蹊径，将累犯制度分为总则型累犯与分则型累犯、法典型累犯与特别累犯、立法型累犯与司法型累犯。③ 此外，受到我国学者普遍关注的外国累犯制度主要是德国对累犯实行的保安处分和美国的三振出局制度，我国港澳台地区的累犯制度亦被学者拿来比较。④

再次，累犯司法实务中疑难问题的处理建议主要涉及累犯认定

① 参见苏彩霞著：《累犯制度比较研究》，中国人民公安大学出版社 2002 年版，第 66-67 页。

② 参见刘绪东著：《累犯制度研究》，中国政法大学出版社 2012 年版，第 37-39 页。

③ 参见于志刚：《论累犯的立法现状及其类型重构》，载《法学家》2000 年第 5 期。

④ 参见季理华著：《累犯制度研究——刑事政策视野中的累犯制度一体化建构》，中国人民公安大学出版社 2010 年版，第 145-153 页；刘绪东著：《累犯制度研究》，中国政法大学出版社 2012 年版，第 43-67 页；李永升、陈伟：《我国内地与港澳台地区普通累犯制度比较研究》，载《刑法论丛》2007 年第 2 期；梁洪行、蒋涛：《中国大陆与澳门地区累犯制度比较研究——兼论我国累犯制度之完善》，载《东方论坛》（《青岛大学学报》）2003 年第 1 期；蔡雅奇：《美国的"三振出局法"及其对我国累犯制度的启示》，载《北京工业大学学报》（社会科学版）2010 年第 2 期；龚红卫、苏艳英、程婷：《海峡两岸累犯制度之比较》，载《法制与社会》2006 年第 18 期等。

疑难问题和累犯处理疑难问题两个方面。

累犯认定疑难问题主要包括 1997 年刑法修订后与 1979 年刑法关于累犯时间间隔规定冲突时刑法适用问题、缓刑期满和假释考验期内故意犯罪应否认定构成累犯问题、我国不同法域之间刑事判决效力与累犯认定问题。关于第一个问题，苏彩霞博士认为应该依照前罪的实施时间适用旧刑法，这样方与刑法规定的从旧兼从轻原则相一致。① 而季理华博士则主张把累犯作为一个整体系统，在新旧刑法对累犯规定存有冲突的情形下，累犯从重处罚的重心在于其前罪的刑罚执行对于后罪的影响，因此位于旧法阶段的前罪才是这个系统的核心，从而指出应该适用旧刑法。② 关于第二个问题，我国学界主流意见认为缓刑期满后又故意犯罪的不构成累犯，③ 我国台湾地区学者林山田亦持相同观点，他指出："缓刑期满，而缓刑之宣告未经撤销者，其刑之宣告失其效力，故宣告之缓刑期间一经届满，而缓刑之宣告又未经撤销者，则本所宣告之刑即失效，亦即视为自始未受刑之宣告。因此，被告所受之宣告者为徒刑，如经宣告缓刑，而于缓刑期满后 5 年内再犯有期徒刑以上之罪者，亦不构成累犯"。④ 但仍有少数学者认为，虽然从现行刑法的立法精神和法条原意来分析，缓刑考验期满以后难以构成累犯，但是基于刑法的整体逻辑感和刑罚运用力度的整体平衡感，应当避免在同一刑法之内形成对一种情况处罚较重，而对相似的另一种情况却处罚较轻的情况，尤其应当避免对于危害性较小的情况处罚较重，而对于危害

---

① 苏彩霞著：《累犯制度比较研究》，中国人民公安大学出版社 2002 年版，第 161 页。

② 季理华著：《累犯制度研究——刑事政策视野中的累犯制度一体化建构》，中国人民公安大学出版社 2010 年版，第 217-218 页。

③ 参见陈兴良著：《刑法适用总论》（上卷），法律出版社 1999 年版，第 429-430 页；赵秉志主编：《刑法争议问题研究》（上卷），河南人民出版社 1996 年版，第 734-737 页。

④ 林山田著：《刑法通论》，台湾三民书局 1986 年版，第 447 页。

性较大的情况却处罚较轻的情况。根据上述理由，该论者指出虽然基于法条原意缓刑考验期满以后难以构成累犯，但是将这种情况视同累犯在理论上具有相当的合理性，将此种情况排除在累犯制度之外，与设置累犯制度的初衷相悖，因此建议通过修改法条的方式将其纳入累犯制度的范畴。① 而关于行为人在假释考验期内再犯罪是否构成累犯的问题，通说认为这种情况应该属于数罪并罚的范畴，而不构成累犯。② 我国不同法域之间的刑事判决效力应该彼此互相承认是认定跨法域累犯的前提，苏彩霞博士认为跨法域累犯应该得到承认。③

累犯处理疑难问题又可以分成两种类型，一种是累犯司法实践中普遍性的疑难问题处理，另一种是具体罪名项下累犯疑难问题处理。前者包括判决生效后发现为累犯的如何处理、数罪累犯怎样从重处罚、司法实践中累犯认定的逻辑问题。后者则主要包括1997年刑法第356条与累犯制度如何适用的问题以及累犯应否作为盗窃罪加重情节的问题。

苏彩霞博士认为，本着有利于被告人以及一事不再理的精神，判决生效后才发现被告为累犯的，应该一律不能通过再审改判。④ 数罪累犯的问题比较复杂，原来认为累犯是以犯罪分子的身份为特征构成的从重处罚的法定情节，前罪刑罚执行完毕后又犯数罪，只

---

① 参见于志刚：《论累犯制度的立法完善》，载《国家检察官学院学报》2003年第2期。

② 参见高铭暄主编：《刑法学原理》（第三卷），中国人民大学出版社1994年版，第286页；苏彩霞著：《累犯制度比较研究》，中国人民公安大学出版社2002年版，第169页。

③ 苏彩霞著：《累犯制度比较研究》，中国人民公安大学出版社2002年版，第170—173页。

④ 苏彩霞著：《累犯制度比较研究》，中国人民公安大学出版社2002年版，第174—178页。

要有一罪符合累犯条件，行为人就是累犯，所有后罪都要从重，①
这一观点因为把某一个符合条件的特定犯罪所具备的从重情节作为
所有犯罪的从重情节而受到学者的普遍批评，但是对于具体操作中
应该先累犯从重处罚后数罪并罚还是先数罪并罚后再累犯从重处罚
的问题学者间的争议较大。② 另外，有学者提出，"在累犯司法审
判实践中，对于曾被判处有期徒刑以上刑罚的被告人，刑罚执行完
毕或者赦免以后，在 5 年以内再犯应当判处 3 年以下有期徒刑、拘
役或者管制之罪的，法院首先认定其为累犯，继而因为构成累犯
'应当'从重处罚，于是最后量刑自然是有期徒刑而不是拘役。同
时，法院也因为判处了被告人有期徒刑而充分认定被告人符合累犯
所有条件而做到了罪刑法定。而且这样的情况相当普遍"③。这种
司法实践过程中累犯的认定是违反刑法规定的逆向操作，违背罪刑
相适应原则和有利于被告人原则，是重刑主义的体现，受到我国学
者的批评。④

　　具体罪名项下累犯疑难问题处理首先表现在刑法第 356 条与累
犯制度如何适用的问题上。如果行为人因走私、贩卖、运输、非法
持有毒品罪，刑罚执行完毕后，又犯该节规定之罪的，同时符合刑
法第 65 条累犯成立条件的，一般认为原则上对其应该仅仅按照累
犯从重处罚，不能同时适用刑法第 65 条和第 356 条进行两次从重，

---

　　①　参见阮方民：《浅谈数罪累犯的从重处罚》，载《西北政法学院学报》
1987 年第 4 期。

　　②　参见季理华著：《累犯制度研究——刑事政策视野中的累犯制度一体
化建构》，中国人民公安大学出版社 2010 年版，第 228-230 页。

　　③　刘丽华：《论我国刑事司法中累犯认定的误区》，载《南华大学学报》
（社会科学版）2005 年第 6 期。

　　④　参见季理华著：《累犯制度研究——刑事政策视野中的累犯制度一体
化建构》，中国人民公安大学出版社 2010 年版，第 218-221 页；刘丽华：《论
我国刑事司法中累犯认定的误区》，载《南华大学学报》（社会科学版）2005
年第 6 期。

否则违背禁止双重评价原则。①

　　累犯应否作为盗窃罪加重情节的问题也受到我国学者的关注。1997 年 11 月 4 日通过的最高人民法院《关于审理盗窃案件具体应用法律若干问题的解释》第 6 条第 3 款第 4 项规定，盗窃数额达到数额较大或者数额巨大的起点，如果是累犯，就可以分别认定为其他严重情节或者其他特别严重情节。此司法解释的内容一出，即遭到我国学者的普遍讨伐。张明楷教授认为这一规定导致对盗窃罪的累犯提高了法定刑，这一解释违反了刑法总则第 65 条规定的累犯从重处罚，应予撤销。② 赵秉志教授亦指出，上述司法解释将累犯处罚原则由应当从重处罚异化为可以加重处罚，实际上属于一种在司法上创制特别累犯的立法活动，③ 学者普遍认为该司法解释破坏了累犯制度的统一性和可预见性，违背罪刑法定原则和罪刑均衡原则，对被告人的人权有肆意侵犯之嫌。然而，少数持反对意见的学者指出，司法解释立法化有宪法的依据，并不能因为上述司法解释确立了一个刑法没有明文表述的规则，就一概认为该司法解释违宪，侵犯了立法解释权或者侵犯了立法权。即使该司法解释具有立法性，也应该是从该司法解释是否合理的角度进行违宪还是合宪的讨论。这些学者通过对法定刑的限度以及数额犯的反思得出该司法解释内容不仅是合理的也是合法的结论。④

（二）将累犯制度作为一种价值形态的研究

　　这一范式的研究主要在应然层面关注累犯制度存在的根据和正

---

　　① 参见高铭暄、马克昌主编：《刑法学》（上编），中国法制出版社 1999 年版，第 492 页；苏彩霞著：《累犯制度比较研究》，中国人民公安大学出版社 2002 年版，第 174-178 页。

　　② 参见张明楷著：《刑法学》，法律出版社 2007 年版，第 735 页。

　　③ 参见赵秉志：《刑法总论问题探索》，法律出版社 2003 年版，第 365-366 页。

　　④ 参见周详、齐文远：《刑事司法解释中的"累犯加重犯"之研究》，载《法学家》2008 年第 5 期。

当性问题。

在累犯制度存在的根据问题上，苏彩霞博士认为重新犯罪现象的存在是累犯制度的现实根据，"累犯制度以重新犯罪现象的出现为现实条件，并且其内容在一定程度上受重新犯罪态势的影响；同时，控制和减少重犯现象，正是累犯制度的存在意义"[1]。而刘绪东认为，除重新犯罪现象之外，累犯制度的现实根据还应该包括民意。[2] 另外，他认为累犯制度的刑事政策根据在传统社会下是社会防卫论，在风险社会下是风险管控论。[3] 在理论根据方面，我国学者普遍认为折中报应和功利的一体化刑罚论是当前累犯制度的理论根据，但是在报应和功利的主次关系上学者存在争议，苏彩霞博士认为报应优先、兼顾功利是我国累犯制度应然的理论归依，[4] 而季理华博士则认为累犯制度的理论根据应当是矫正优先，兼顾惩罚犯罪人与保护社会。[5]

在累犯制度正当性的问题上，我国学者历来对此质疑甚少，现有的累犯制度研究绝大部分都是在天然地承认累犯重罚制度具有完全正当性的基础上展开的，仅有少数学者对此有所关注。

认为累犯从严具有正当性的我国学者一般是基于下列某一个或者某几个理由展开论述的：累犯人身危险性更大；累犯社会危害性更大；累犯罪责更大；累犯的主观恶性更大。比如，我国台湾地区

---

① 苏彩霞著：《累犯制度比较研究》，中国人民公安大学出版社 2002 年版，第 37 页。

② 刘绪东著：《累犯制度研究》，中国政法大学出版社 2012 年版，第 84-85 页。

③ 刘绪东著：《累犯制度研究》，中国政法大学出版社 2012 年版，第 92-95 页。

④ 苏彩霞著：《累犯制度比较研究》，中国人民公安大学出版社 2002 年版，第 37 页。

⑤ 季理华著：《累犯制度研究——刑事政策视野中的累犯制度一体化建构》，中国人民公安大学出版社 2010 年版，第 114 页。

学者韩忠谟就认为："刑罚之目的，在消减犯罪，防卫社会，犯罪人受刑罚之科处，自应知所警惕，而改过向善，复为社会健全之一员，乃竟怙恶不悛，遇机复行作奸犯科者，是为犯罪之累发，足见犯人之恶性深重，刑罚的效力尚未充分发挥，非加特别制裁，不足以达防卫之目的"。① 我国学者陈浩然也指出，一方面，构成累犯的前后两罪在法律上和行为心理上具有特定的联系，反映了行为人的特殊主观恶性和人身危险性；另一方面，经历了刑罚制裁的犯罪人怙恶不悛，说明通常的处罚标准对其不能产生特别预防的作用，因而累犯构成刑事政策意义上的特别防范的对象，对其从重处罚是刑事政策的重要归结。② 又如，周振想老师指出，累犯的社会危害性大于初犯，因为累犯往往会耗费国家司法机关在司法过程中更多的资源、累犯削弱国家法律权威、累犯对社会心理秩序的破坏要大于初犯。③ 另有论者试图从另一个视角切入来论证累犯从严具有正当性是因为累犯的社会危害性更大，其指出累犯的主观恶性和人身危险性实际上是累犯的社会危害性的一个方面。离开再次犯罪的事实，累犯的主观恶性和人身危险性就无从谈起。仅把累犯的人身危险性或主观恶性当作从重或加重处罚的根据，实际上就是把累犯的社会危害性与人身危险性、主观恶性等量齐观了。累犯从重处罚的根据，就在于累犯的人身危险性、主观恶性和其他犯罪行为综合反映的社会危害性比初犯更大。④ 再如，苏彩霞博士基于责任主义的观点指出，"累犯，即行为人在犯罪接受惩罚后又犯比较严重的罪，说明其主观上的可谴责性程度或可恶性程度远胜于初犯。换言

① 韩忠谟著：《刑法原理》，北京大学出版社 2009 年版，第 383 页

② 陈浩然著：《理论刑法学》，上海人民出版社 2000 年版，第 407 页。

③ 参见周振想著：《刑罚适用论》，法律出版社 1990 年版，第 291-292页。

④ 参见黄文俊：《累犯问题的比较研究》，法学硕士论文集，湖南法学会，1985 年，第 237 页。

之，既然累犯的责任要比初犯重，根据刑罚应与责任程度相适应原则，累犯就应比初犯从严处罚。这里的责任，是与报应相对应的，是立足于责任实现了报应的正义"。①

对累犯从严正当性存疑的学者则认为以上理由均不成立，与日本学界大多数学者认为坚持累犯制度合理性在于要件符合性这一意见相类似，② 熊建明博士指出，"真正支撑累犯制度的理由只有一个，就是法定性"。③ 他认为，支持累犯从严的论者声称过去有期徒刑之牢狱经历没有产生有效遏制其再犯新罪的效果故而要对累犯从严处罚，却相信加长的牢狱年限会有特定预防功效，逻辑上存在着明显的悖论，而且累犯通说缺乏事实基础，认为累犯主观恶性重于初犯等一系列假设基本都是主观断言。④ 他进一步指出，累犯制度违反了罪刑法定、罪刑相适应、适用刑法一律平等等一系列刑法的基本原则，需要对累犯制度进行深刻的理性反省，如果认为累犯制度仍有保留的必要，也要通过更加严格地规定其构成要件来极大地缩小其适用范围。如果要废除此制度，可以参考德国刑法典。⑤笔者也曾撰文指出，累犯重罚制度因为有违行为刑法和罪责原则而无法在教义刑法学的框架之内得到正当化，本质上，累犯重罚体现了国家对重典治国的迷恋，这种重刑化倾向是一种社群主义甚至是

① 苏彩霞：《累犯法律后果比较研究——兼论我国累犯刑事处遇之检讨》，载《法学评论》2003 年第 3 期。

② ［日］大谷实著：《刑法讲义总论》（第二版），黎宏译，中国人民大学出版社 2008 年版，第 469 页。

③ 熊建明：《累犯通说的反省与批判》，载《环球法律评论》2011 年第 3 期。

④ 熊建明：《累犯通说的反省与批判》，载《环球法律评论》2011 年第 3 期。

⑤ 参见熊建明：《基于刑法原则体系性视角之累犯透析》，载赵秉志主编：《刑法论丛》（2012 年第 2 卷），法律出版社 2012 年版，第 228-253 页。

至善主义权力模式下的思考模式。①

英美法系的学者对累犯制度正当性问题关注较早，讨论得也更为深入。美国刑法大家乔治·弗莱彻开创性地借助经济学上的概念将累犯从严形象地表述为"累犯溢价"（the Recidivist Premium），这一表述在此后的相关讨论中被英美法系学者广泛使用。

功利主义阵营内的英美学者认为累犯制度的正当性在于累犯从严有助于减少和控制犯罪。累犯从严之所以能够实现这一目标主要是通过两个径路：一是威慑（deterrence）；二是隔离（incapacitation）。从特殊预防的角度来说，相关学者认为对累犯处以更加严厉的刑罚有助于使其出狱后远离犯罪，从而达到减少犯罪的目的。从一般预防的角度来说，相关学者认为对累犯处以更严厉刑罚的同时也可以对其他潜在的犯罪人产生威慑效应，从而让这些人放弃从事类似的犯罪行为，进而达到控制犯罪的效果。另外，累犯制度也可以被视为一种选择性隔离的政策，通过对累犯这一高度活跃的犯罪群体实施更长时间的监禁，可以使得累犯更长时间地与社会相隔离而无法继续从事犯罪行为，从而在客观上达到减少犯罪的效果。②

报应主义阵营内的英美学者对于累犯制度是否具有正当性这个问题持有不同意见，他们对于累犯制度正当性的探讨是以讨论行为人之前的犯罪记录应否影响行为人现在所犯之罪的量刑的形式展开的。

认为累犯制度具有正当性的学者以罗伯茨（Julian Roberts）和

---

① 参见劳佳琦：《累犯重罚之教义刑法学批判》，载《刑事法评论》2011年第2期。

② 参见 Peter W. Greenwood, Allan Abrahamse, *Selective Incapacitation*, The RAND Corporation, R·2815-NIJ, August 1982; Lila Kazemian, "Assessing the Impact of a Recidivist Sentencing Premium on Crime and Recidivism Rates", in Julian V. Roberts and Andrew von Hirsch (eds), *Previous Convictions at Sentencing: Theoretical and Applied Perspectives*, Hart Publishing, 2010, pp. 229-230.

李英在（Youngjae Lee）为代表。他们认为累犯应当从严的理由包括但不限于以下几种：累犯的罪责比初犯大；累犯受过刑法处罚之后再次犯罪所表现出来的对刑法的无视和不服从（disobedience）应当招致刑法更严厉的处罚；累犯从严是为了惩罚累犯的不作为（omission），即累犯在初受刑罚之后与国家之间建立起一种特殊关系，在这个关系中行为人有法律上的义务避免在今后重新犯罪，而累犯重新犯罪的事实表明行为人对此的不作为。他们认为曾犯罪的次数应当影响行为人当前犯罪的量刑，在司法实践中主张"逐步累进量刑模式"（the Cumulative Sentencing Model），随着行为人曾经犯罪次数的增加，行为人当前犯罪的刑量也逐步增加。这一量刑模式不仅区分了累犯和初犯，也区分了有着不同犯罪记录的累犯。①

认为累犯制度缺乏正当性的学者又可以分为激进派和温和派两个流派。激进派以弗莱彻（George Fletcher）和辛格（Richard Singer）为代表。他们认为，无论是从功利主义还是从报应主义的立场出发都无法得出累犯应当比初犯受到更严厉处罚的结论，进而主张之前的犯罪记录根本不应该影响量刑，只要行为人犯了相同的罪行，无论行为人是初犯或是二次累犯还是多次累犯，都应该受到相同的刑罚。他们鼓吹在司法实践中法官应当按照"一视同仁量刑

---

① 参见 Julian V. Roberts, "Punishing Persistence: Explaining the Enduring Appeal of the Recidivist Sentencing Premium", *British Journal of Criminology*, Vol. 48, 2008, pp. 468-481; Julian V. Roberts, *Punishing Persistent Offenders: Exploring Community and Offender Perspectives*, Oxford University Press, 2008; Youngjae Lee, "Recidivism as Omission: A Rational Account", *University of Texas Law Review*, Vol. 48, pp. 571-622.

模式"（*the Flat*-rate Sentencing Model）来对犯罪人量刑。[①] 温和派以安德鲁·冯·赫希（Andrew Von Hirsch）、安德鲁·阿什沃思（Andrew Ashworth）以及马丁·沃斯克（Martin Wasik）为代表，他们同样认为累犯从严不具有正当性，但与激进派主张累犯初犯一视同仁不同，他们出于对人性弱点的有限宽容以及坚信人知错能改的乐观态度，主张"渐失宽和量刑模式"（the Progressive Loss of Mitigation），指出由于累犯从严不具有正当性，在量刑实践中应该实行初犯从宽，对初次犯罪的人量刑低于法律本身规定的刑量，然后随着行为人犯罪次数的增加逐渐增加刑量，直至与法律规定的刑量相当，之后即使行为人再犯罪，刑量也不再随之增加。在行为人所受刑量低于法律原本规定的刑量之前，行为人所享受的优待随着其犯罪次数的增加而逐渐丧失；在行为人所受刑量达到法律规定的刑量以后，行为人之后的犯罪记录对其刑量再无影响，类似于一视同仁量刑模式。[②]

（三）将累犯制度作为一种事实状态的研究

这一范式的研究往往也被称为实证研究。"所谓法律实证分

---

① 参见 George P. Fletcher, "The Recidivist Premium", *Criminal Justice Ethics*, Vol. 1, 1982, pp. 54-59; George P. Fletcher, *Rethinking Criminal Law*, Oxford University Press, 2000; Richard Singer, *Just Deserts: Sentencing based on Equality and Desert*, Ballinger Publishing Co, 1979.

② 参见 Martin Wasik, "Guidance, Guidelines and Criminal Record", in M Wasik and K Pease (eds), *Sentencing Reform: Guidance or Guidelines?*, Manchester University Press, 1987; Andrew von Hirsch and Andrew Ashworth, *Proportionate Sentencing: Exploring the Principles*, Oxford University Press, 2005; Andrew von Hirsch, "Criminal Record Rides Again", *Criminal Justice Ethics*, Vol. 10, 1991, pp. 55 - 57; Jesper Ryberg, "Recidivism, Retributivism and the Lapse Model of Previous Convictions", in Julian V Roberts and Andrew von Hirsch (eds), *Previous Convictions at Sentencing: Theoretical and Applied Perspective*, Hart Publishing, 2010, pp. 37-48.

析，就是指按照一定程序规范对一切可进行标准化处理的法律信息进行经验研究、量化分析的研究方法"。① 与前两种研究范式不同，在问题维度上它更加注重探讨实然而非应然，在逻辑方法上更倾向于归纳而非演绎，在研究方法上更倚重定量而非定性。

我国学者对累犯制度进行研究往往很少采用这一范式的研究方法，现有的成果仅有十篇左右的论文，而且绝大部分论文只从犯罪学角度出发研究累犯的原因和对策，往往局限于局部地区和少量样本，采用简单的方法进行描述性分析。② 近年来，少数论文开始将关注点转到累犯制度的司法适用上，采取更加规范的实证研究方法对累犯相关的刑事判决书进行研究。③ 例如，白建军教授通过对大量刑事判决书的实证研究，发现我国刑法规定的累犯从重处罚在司法实践中对于累犯的量刑结果普遍低于法定刑中线，累犯从严的幅度因为不同罪名呈现不均衡分布。④

---

① 白建军：《论法律实证分析》，载《中国法学》2000 年第 4 期。

② 参见钱韵歆：《如何预防和减少累犯——对 47 名累犯的情况调查》，载《法学》1985 年第 2 期；陈明华：《他们为什么重新犯罪——对 36 名累犯、惯犯的调查分析》，载《现代法学》1984 年第 1 期；潘开元、李仲林：《北京市监狱管理局在押累犯犯罪原因及矫正对策》，载《中国司法》2006 年第 4 期；丛梅：《我国重新犯罪现状与发展趋势研究》，载《社会工作》（学术版）2011 年第 12 期；王志强：《关于累犯问题的犯罪学实证分析》，载《青少年犯罪研究》2004 年第 5 期；王志强：《关于累犯问题的调查分析》，载《中国监狱学刊》2005 年第 2 期。王琪：《累犯的实证研究》，载陈兴良主编：《刑事法判解》（第 8 卷），法律出版社 2005 年版，第 110 页。

③ 参见白建军著：《刑法规律与量刑实践：刑法现象的大样本考察》，北京大学出版社 2011 年版；白建军：《司法机关应慎用少用累犯加重》，载《中国社会科学报》2011 年 2 月 15 日；劳佳琦：《普通累犯情节对我国强奸罪量刑的影响——以 79 份判决书为样本的实证研究》，载《武陵学刊》2011 年第 5 期。

④ 白建军著：《刑法规律与量刑实践：刑法现象的大样本考察》，北京大学出版社 2011 年版，第 235-284 页。

累犯制度：规范与事实之间

相比之下，英美学者对于累犯制度的实证研究可谓硕果累累，更具广度和深度。这些研究大致可以分为两部分内容：累犯犯罪生涯研究和累犯制度实效检测。

累犯犯罪生涯研究的主要研究目的之一是揭示行为人过去的犯罪记录和将来犯罪可能性之间是否存在某种特殊关系。如果证明二者之间存在显著的相关，那么根据累犯曾经的犯罪记录而对其从严处罚就在一定程度上获得了正当性。有相当一部分研究显示，行为人过去的犯罪记录是对其将来犯罪的最好预测凭据，犯罪行为存在显著的连续性。[①] 另有研究进一步表明，犯罪记录对行为人将来犯罪的预测能力是随着时间的推移而逐渐减弱的，在犯罪人职业犯罪生涯的早期阶段预测力更强。[②] 比如，克利奇科等人（Kurlycheck et al）通过研究发现，"如果一个有犯罪记录的人持续七年左右不犯罪，那么他再犯新罪的风险就和一个没有犯罪记录的人相当

① 参见 Alex R. Piquero, David P. Farrington and Alfred Blumstein, "The Criminal Career Paradigm", in M Tonry (ed), *Crime and Justice: A Review of Research*, University of Chicago Press, pp. 359-506; Richard J. Herrnstein, James Q. Wilson, *Crime and Human Nature*, New York: Simon and Schuster, 1985; M Gottfredson, T Hirschi, *A General Theory of Crime*, Stanford University Press, 1990.

② Cline HF, "Criminal Behavior over the Life Span" in OG Brim Jr and J Kagan (eds), *Constancy and Change in Human Development*, Harvard University Press, 1980; Robert J. Sampson, John H. Laub, "Life - Course Desisters? Trajectories Of Crime Among Delinquent Boys Followed To Age 70", *Criminology*, Vol. 41, 2003, pp. 555-592; Kazemian, L and Farrington, DP, "Exploring Residual Career Length and Residual Number of Offenses for Two Generations of Repeat Offenders", *Journal of Research in Crime and Delinquency*, Vol. 43, 2006, pp. 89-113.

了"①。这一研究表明一个相对近期的犯罪记录比一个相对时间久远的犯罪记录对于将来的犯罪具有更强的预测力。然而，也有部分学者通过研究表明，犯罪人的犯罪生涯既存在着一定的稳定性也存在着一定的变数，行为人过去的犯罪历史并不能够精确预测其将来再犯的可能性。过分依靠犯罪记录来对行为人将来的行为做预测，容易忽略行为人改过自新回归社会的能力。② 更有学者经过研究断言，"声称我们能够对个人的危险性进行预测是错误的，以此为基础来剥夺行为人的自由至少是可质疑的和有害的"。③

累犯制度的实效检测又可以分为一般性累犯制度的普遍实效检测和具体累犯制度的特定实效检测。

一般性累犯制度的普遍实效检验主要检验的是监禁刑对于犯罪率和累犯率的影响，前者是测量监禁通过威慑和隔离这两条渠道对于犯罪率所产生的短时期内的快速效果；后者则是犯罪人刑满释放回归社会后对累犯率的测量。一方面，大量关于监禁和犯罪率关系

---

① Kurlychek, M. C., R. Brame, and S. D. Bushway, "Scarlet Letters and Recidivism: Does an Old Criminal Record Predict Future Offending?" *Criminology and Public Policy* Vol. 5, 2006, pp. 483-504.

② 参见 Moffitt, Terrie E,, "Adolescence-limited and life-course-persistent antisocial behavior: A developmental taxonomy", *Psychological Review*, Vol 100, 1993, pp. 674-701; Robert J. Sampson, John H. Laub, *Crime in the Making: Pathways and Turning Points through Life*, Harvard University Press, 1995; Farrington, D. P. and West, DJ, "Effects of marriage, separation and children on offending by adult males", in J. Hagan (ed.) Current perspectives on aging and the life cycle. Vol. 4: *Delinquency and disrepute in the life course*, Greenwich, CT: JAI Press, pp. 249-281; Michael Eugene Ezell, Lawrence E. Cohen, *Desisting from Crime: Continuity And Change In Long-Term Crime Patterns of Serious Chronic Offenders*, Oxford University Press, 2005.

③ Auerhahn, K, "Conceptual and methodological issues in the prediction of dangerous behavior", *Criminology and Public Policy*, Vol. 5, 2006, pp. 771-778.

的研究表明，监禁率的上升对于降低犯罪率有着迅速的效果。① 然而，也有一些研究发现监禁与犯罪率之间关系复杂，滥用监禁很可能并不能有效降低犯罪率，反而会带来不少负面的效果。② 另一方面，绝大多数关于监禁和累犯率关系的研究表明，监禁对于降低累犯率没有任何积极作用或者有时还有增加累犯率的负面效果。③ 学者通过实证研究指出，累犯从严在某些特定条件下可能在短期内有减少犯罪的效果，但是长期来看对于降低累犯率没有积极影响。因此，累犯制度在和报应主义基本原则相冲突的同时，事实上也缺乏功利主义的正当性。

美国的三振出局制度是一种特别极端的累犯制度，众多实证研究在对这一具体的累犯制度进行实效性测量之后指出，三振出局制

---

① 比如 Levitt, SD, "The Effect of Prison Population Size on Crime Rates: Evidence from Prison Overcrowding Litigation ", *Quarterly Journal of Economics*, Vol. 111, pp. 319-351. William Spelman, "The limited importance of prison expansion", in Alfred Blumstein and Joel Wallman (eds), *The Crime Drop In America*, rev edn, Cambridge University Press, 2006, pp. 97-122.

② 比如 TJ Bernard, RR Ritti, "The Philadelphia birth cohort and selective incapacitation", *Journal of Research in Crime and Delinquency*, Vol. 28. 1991, pp. 468-494; Ryan S. King, Marc Mauer and Malcolm C. Young, *Incarceration and Crime: A Complex Relationship*, http://www.sentencingproject.org/doc/publications/inc_ iandc_ complex. pdf, 最后访问时间：2014 年 3 月 14 日。

③ 参见 Daniel S. Nagin, Francis T. Cullen, and Cheryl Lero Jonson, "Imprisonment and reoffending", in M Tonry (ed), *Crime and Justice: A Review of Research*, Vol. 38, The University of Chicago Press, 2009, pp. 115-200; Martin Killias and Patrice Villetaz, "The effects of custodial vs non-custodial sanctions on reoffending: Lessons from a systematic review", *Psicothema* , Vol. 20. 2008, pp. 29-34; Paul Gendreau, Claire Goggin and Francis T. Cullen, "The Effects of Prison Sentences on Recidivism", http://www.prisonpolicy.org/scans/gendreau.pdf, 最后访问时间：2014 年 3 月 14 日。

度实际上对降低犯罪率的影响微乎其微甚至还存在负面影响。① 除此之外，大量学者通过研究发现，三振出局制度在司法实践中存在着不能精确打击目标群体、运行成本过高、社会综合影响不好等问题。②

（四）评述

上述文献综述很清楚地表明，与西方尤其是英美法系相比，我国刑法学界对于累犯制度的研究无论在深度上还是广度上都有很大的提升空间。这种现象的成因在很大程度上与我国刑法学界历来重犯罪论轻刑罚论的学术传统有关系。我国对于刑罚论的研究从 20 世纪 90 年代以来才逐渐升温，而且一般多着力于对刑罚目的、刑罚本质、刑罚结构和刑罚体系等宏观方面的研究，从微观上对诸如累犯制度这样的具体刑罚制度的研究普遍存在不足。学者普遍对累犯制度缺乏深入研究的兴趣，且鲜有成名的学术大家对此进行系统全面的涉猎。

西方学术界的情况则截然不同。在西方，"19 世纪后半叶以来，累犯问题是犯罪学或刑事政策中最重要的课题"。③ 累犯现象的原因和规律、对累犯的防范与刑事处遇以及对累犯制度本身正当

---

① 参见 Austin，J，Clark，J，Hardyman，P and Henry DA，"The Impact of 'Three Strikes and You're Out'"，*Punishment and Society*，Vol. 1，1999，p. 131；Elsa Y. Chen，"Impacts of Three Strikes and You're Out on Crime Trends in California and Throughout the United States"，*Journal of Contemporary Criminal Justice*，Vol. 24，2008，p. 345。

② 参见 Franklin E. Zimring，Gordon Hawkins and Sam Kamin，*Punishment and Democracy：Three Strikes and You're Out in California*，Oxford University Press，2001；Walter J. Dickey，Pam Hollenhorst，"Three-Strikes Laws：Five Years Later"，*Corrections Management Quarterly*，Vol. 3，1999，pp. 1-18。

③ ［日］藤木哲也著：《刑事政策讲义》，青林书院 1987 年版，第 388 页。转引自马克昌主编：《中国刑事政策学》，武汉大学出版社 1992 年版，第 350 页。

性和有效性的反思都是西方学者研究的热点问题。众多不同时代的学者对研究累犯制度有着持续的热情，前赴后继而形成学术传承，其中不乏诸如弗莱彻、冯·赫希、齐姆林等"大牛"对累犯制度的研究作出了卓越的贡献。

储槐植老师很早就指出，刑法不会自我推动向前迈进，它总是受犯罪态势和行刑效果两头的制约和影响，即刑法之外的事物推动着刑法的发展，这是刑法的发展规律。正因为犯罪决定刑法，刑法决定刑罚执行，行刑效果又返回来影响犯罪升降，刑法要接收前后两头信息，不问两头（只问一头）的刑法不可能是最优刑法。不问两头的刑法研究不可能卓有成效。[①] 在累犯制度的研究上，西方特别是历来以实用主义著称的英美法系特别关注累犯制度的两头，除此之外，对于累犯制度背后的理论也有很深入的挖掘。而反观我国学者对累犯制度的研究现状则是只盯着刑法，两头都不问，现有的研究成果绝大部分都是在应然层面上展开的立法性的研究、制度性的研究，采用的方法主要局限于注释法学的研究方法，视野狭窄，方法单一，不能直指根本问题所在。这种研究格局容易带来一个问题：所谓的学术争论一旦遇到立法修改就会立刻丧失继续讨论的意义，无法形成有效的学术传承，从而无法形成深厚的学术积淀。因此，正如有学者指出的那样，要推动我国累犯制度的理论研究迈向新的高度，除了运用比较法借鉴国外好的经验之外，还需要进一步采用实证研究的方法研究我国累犯制度存在的问题，并将其置于刑罚制度总体改革的研讨之中。[②]

[①] 储槐植著：《刑事一体化论要》，北京大学出版社 2007 年版，第 13-14 页。

[②] 参见孙平：《累犯制度理论研究述评》，载《山东警察学院学报》2010 年第 2 期。

三、研究设计

目前我国现有累犯制度的研究仍然停留在以立法为中心的阶段，并未顺应历史的发展向以司法为中心的研究阶段转变。如此一来，只注重在规范层面对累犯制度做立法性的、制度性的研究而不注重对累犯制度做司法性的、实证性的研究，一方面，使得人们对事实上累犯制度在日常刑事审判中究竟如何运作以及累犯制度司法适用产生了怎样的实际效果一无所知；另一方面，目前这种对累犯制度司法适用现实情况的无知也极大地阻碍了学者对累犯制度进行更有深度的规范层面的研究的步伐。

鉴于目前累犯制度相关研究的局限性，本书对累犯制度展开的研究以打破目前我国累犯制度现有的研究格局、完成对累犯制度从以立法为中心的研究模式到以司法为中心的研究模式的转变为己任。在笔者的研究视野中，研究对象——累犯制度不仅是规范性的，更是事实性的，规范和事实这两个层面构成累犯制度的一体两面，规范是整个研究的起点，事实是规范的对照也是本书研究的重点，而规范与事实之间的差异则构成了反思累犯制度乃至整个刑罚制度的坚实基底。另外，在研究方法的选择上，笔者会同时运用规范研究的方法和实证研究的方法并且侧重于对后者的运用。

正文部分一共分为上篇、中篇、下篇三大部分，分别为规范层面的累犯制度、事实层面的累犯制度、规范与事实之间的累犯制度，实际上分别对应着理论、检验、讨论这三个研究步骤。

上篇规范层面的累犯制度从结构上来说是理论假设部分，其重点探讨的是立法维度的累犯制度，构成了整个研究的起点。上篇首先从历史沿革的角度简要介绍了古代、近现代以及当代这三个阶段中外累犯制度的立法嬗变，接下来又分别从累犯制度设立的现实必要性和理论正当性这两个方面来深入探讨累犯制度的立法根据，最后在此基础上归纳出表现形式各异的各国现行累犯制度在立法预期上的三个公约数：累犯群体特殊的预期、累犯处遇从严的预期以及累犯从严有效的预期。这三个对现行累犯制度具有一定普适意义的立法预期在完结上篇规范层面的累犯制度相关内容的同时也提出了关于累犯制度三个待现实检验的理论假设。

中篇事实层面的累犯制度从结构上来讲是理论验证的部分，是整个研究的重点所在。全篇旨在通过实证研究的方法对我国累犯制度在日常司法实践中的适用现状及实际效果的探索来检验上篇结尾部分提出的三个关于累犯制度普适性的理论假设在中国语境之下是否与事实相符。这一部分研究是以2000年到2011年这12年间我国数十万份刑事判决书为样本展开与累犯司法适用相关的实证研究，首先分别通过累犯群体与其他群体的外部比较以及累犯群体内部比较的方法来尝试回答我国司法实践中累犯制度实际打击的目标人群是否符合累犯群体特殊论的立法预期这一问题，然后选取了盗窃罪、抢劫罪、故意伤害罪这三个常见多发的罪名在不同罪名之间以及同一罪名之下来检验我国司法实践中累犯的量刑结果是否符合累犯量刑从严的预期，最后通过分别检验我国累犯从严的威慑实效和隔离实效来验证我国司法实践中累犯制度实际达到的效果是否符合累犯从严有效论的预期。

下篇规范与事实之间的累犯制度从结构上来讲是讨论部分，是整个研究的小结部分。全篇首先对上篇提出的关于累犯制度三个普适性的立法预期和中篇所反映出来的累犯制度在中国司法实践中的实际运行情况之间存在的差异进行了归纳和总结，然后尝试着从规范层面和事实层面进行归因，最后在此基础上从规范预期的调整和实际运作的改进这两个方面提出克服立法预期和司法现实之间差异的可能方案。

文章的结语部分则会在对照累犯制度规范层面和事实层面的基础上对累犯制度这一具体的刑罚制度重新进行深刻反思，并在此基础上进一步对刑罚制度整体的方式选择和实际效果提出更一般性的思考。

上篇

规范层面的累犯制度

第一章　累犯制度的立法嬗变

累犯制度的立法实践源远流长，虽因立法技术、时空背景等差异致使表现形式上的千差万别，但从本质上来看，古今中外各国的立法实践都倾向于将累犯和初犯相区分之后对其施加更严厉的处罚。下文将以时间和空间作为两个叙事维度，对中外累犯制度的立法嬗变做一个简要回顾。具体来说，下文将时间维度划分为古代、近现代和当代三个阶段，分别梳理累犯制度在西方社会和我国的立法沿革。其中，西方社会累犯制度的立法演进将以 1689 年英国资产阶级革命成功作为划分古代和近现代的时间节点，以 1945 年第二次世界大战结束作为划分近现代和当代的时间节点；我国累犯制度的立法嬗变则以 1840 年中英鸦片战争作为划分古代和近现代的时间节点，以 1949 年新中国成立作为划分近现代和当代的时间节点。

一、古代累犯制度的滥觞

（一）西方古代累犯制度

学界普遍认为西方最早规定累犯制度的法律当推古罗马法。[①]根据古罗马法的规定：只要重新犯罪或者同时犯数罪，不论曾经是

---

① 高铭暄主编：《刑法学原理》（第三卷），中国人民大学出版社 1994年版，第 274 页。

否判决或有无刑罚执行，都加重刑罚。① 公元前 2 世纪前后的《摩奴法典》也规定了累犯加重处罚的制度。该法典第 8 卷第 126 条规定："国王在查明为累犯等加重情况，以及时间、地点后，在考察罪犯的财力和罪恶后，使刑罚施加于罪有应得之人。"②

同样的，古波斯法中也出现了累犯的相关规定，而且与前两者相比其规定更为严苛。根据古波斯法的规定，如果某人企图攻击他人，第一次企图攻击，鞭 5 下；第二次企图攻击，鞭 10 下；第三次企图攻击，鞭 15 下；第四次企图攻击，则鞭 30 下。如果某人事实上攻击了他人，则第一次鞭 10 下，第二次鞭 15-20 下。可见古波斯法不仅把多次完成犯罪作为加重处罚的基础，还把多次企图犯罪也作为加重处罚的基础。

除了以上提到的世俗法典对累犯制度进行了相关规定之外，《旧约全书》中也包含了对累犯从重处罚的思想，其第 20 章规定，如果你们不服从我的命令，抵御我的法律，我将惩罚你们；但是，如果你们在此之后仍不听从于我，我将把对你们的体罚增加到 7 倍。③

中世纪意大利刑法规定对一些特殊的犯罪，如盗窃、强盗、伪造、渎神、谋杀以及违反自然之奸淫的累犯加重处罚。④ 法兰克时代的日耳曼法也以累犯为加重原因，其所涉罪名有盗窃与妨害名誉等。⑤ 德国 1532 年的《卡洛林纳法典》第 162 条规定，再犯盗窃

---

① 许鹏飞著：《比较刑法纲要》，商务印书馆 1936 年版，第 200 页。

② 苏彩霞著：《累犯制度比较研究》，中国人民公安大学出版社 2002 年版，第 20 页。

③ 季理华著：《累犯制度研究——刑事政策视野中的累犯制度一体化构建》，中国人民公安大学出版社 2010 年版，第 2 页。

④ 陈兴良著：《刑法适用总论》（下卷），中国人民大学出版社 2006 年版，第 380 页。

⑤ 蔡墩铭著：《唐律与近世刑事立法之比较研究》，台湾商务印书馆 1968 年版，第 297 页。

时加重其刑，若三犯盗窃时便采取绝对法定死刑。① 日本的《大宝律》也有类似规定。②

英美法系累犯重罚的起源可以上溯至 16 世纪的英格兰和美洲殖民地的法律。当时，累犯被狭义地限制在反复犯同一罪的范围内。③ 如 16 世纪的英国法律就规定：顽固乞丐应被赤身绑在马车后部鞭打至全身出血；再犯流浪罪者，除鞭打外还应割去半只耳朵；第三次再犯则以重罪论，可处死刑。④ 不过，累犯制度虽然在立法上已经确立，但是适用机会其实并不多。因为当时对于初犯的刑罚就非常严苛，不是死刑就是终身监禁，受刑之后再次犯罪的可能性比较小，所以法庭也就很少有机会适用特别累犯的法律规定。⑤ 另外，在当时的英格兰和威尔士，不受法庭审讯从而免受国家刑罚的神职人员的特权（benefit of clergy）只对初犯者适用，不适用于累犯。1518 年以后，英格兰和威尔士的法庭被要求对适用这类神职人员特权的情况做记录，这可能是官方犯罪记录登记的起源。⑥ 有学者研究了 17 世纪伦敦法院的判决，发现在当时被告人的年龄、社会地位、态度以及之前的犯罪记录对法官形成判决意见

① 许鹏飞著：《比较刑法纲要》，商务印书馆 1936 年版，第 200 页。

② 苏彩霞著：《累犯制度比较研究》，中国人民公安大学出版社 2002 年版，第 21 页。

③ Michael G. Turner, "Three Strikes and You're Out" Legislation：A National Assessment, Sep. *Fed. Probation*, 1995, pp. 16-17.

④ 向泽选、高克强主编：《刑法理论与刑事司法》，中国检察出版社 2000 年版，第 135-136 页。

⑤ Michael G. Turner, "Three Strikes and You're Out" Legislation：A National Assessment," Sep. Fed. *Probation*, 1995, pp. 16-17.

⑥ Julian V Roberts, *Punishing Persistent Offenders：Exploring Community and Offender Perspectives*, Oxford University Press, 2008, p. 5.

已经有非常重要的影响。①

（二）中国古代累犯制度

中国上古时期的刑罚体系由死刑、劓目和截足等残酷的肉刑构成，受刑人在受刑后基本丧失犯罪能力，重复犯罪现象虽存在但是数量甚少，因而，法律上也未形成累犯的概念和处理累犯的原则。累犯重罚是随着刑罚方法的演变逐步出现的社会现象。②

虞舜中期以后，皋陶改革刑制，废除了之前以五种死刑、劓目和截足构成的刑罚体系，代之以墨、劓、髌、宫、大辟组成的刑罚体系，重复犯罪现象开始逐渐增多，刑法上开始出现对累犯的规定。一般认为，《尚书·舜典》中"怙终贼刑"的规定是我国古代已知的关于累犯制度的最早记载。③ "怙谓有所恃，终谓再犯。若人如此而入刑，则虽可当宥当赎者，亦不听其囿，不听其赎，必处以刑。"④ 之后《尚书·皋陶谟》中所记载的"天命有德，五服五章哉；天讨有罪，五刑五用哉"也被认为是两条处罚累犯的律条。所谓"天命有德，五服五章"是指先受到刑事处罚的，后又犯应受刑事处罚的罪，应将其头、手、足分别束缚在木质的十字架上，处以不伤其肌肤的死刑，这是上古时期死刑中最轻的一种。所谓"天讨有罪，五刑五用"是指先杀人吃人，后又杀人吃人的，处以最痛苦的死刑，即先割其头、手、足，后从腰部割断的死刑。⑤

---

① Robert B Shoemaker, *Prosecution and Punishment: Petty Crime and the law in London and Rural Middlesex, c.*1660–1725, Cambridge University Press, 1991, p. 190.

② 宁汉林、魏克家著：《中国刑法简史》，中国检察出版社 1996 年版，第 173 页。

③ 苏彩霞著：《累犯制度比较研究》，中国人民公安大学出版社 2002 年版，第 7 页。

④ 此注为明代朱熹所做，详见《书传辑录纂注》。

⑤ 宁汉林、魏克家著：《中国刑法简史》，中国检察出版社 1996 年版，第 174 页。

到了周朝,《周礼·地官·司救》中规定:"凡民之有袤恶者,三让而罚,三罚而士加明刑,耻诸嘉石,役诸司空。其有过失者,三让而罚,三罚而归于圜土。"① 和虞舜时期相比,周朝对累犯处罚的规定适用范围有所扩大,且对故意过失有所区分。周穆王制定的《吕刑》对累犯处罚的原则作出了规定:"有、并两刑,各重其罪。"② 此规定虽然对累犯和并发罪未做区分,但是它适用于各类犯罪的累犯,将重罚累犯提升到了刑法中的一般原则。

及至汉代,关于累犯的立法又有所发展。据《汉书·刑法志》记载,汉文帝十三年定令:"当斩右止,及杀人先自告,及吏坐受赇枉法,守县官财物而即盗之,已论命复有笞罪者,皆弃市"。③ 学者对这句话中"已论命"的理解有争议。一种说法认为"已论命"是指犯罪已经判决,至于是否执行或执行完毕在所不论。④ 另一种说法认为"已论命"是指先前所判刑罚已执行完毕。⑤ 不管将"已论命"理解为犯罪已判决还是刑罚已经执行完毕,此令将"已论命"作为累犯成立的条件,对累犯和并发罪做了区分,是立法技术上的进步。

此后,北周时期《大律》中规定:"再犯徒,三犯鞭者,一身

---

① 这句话的意思是,老百姓中有犯错的,批评教育三次而不改,便施以肉体惩罚。经过三次肉体惩罚还是不改的,便坐嘉石示众,并且强制劳动。过失犯经过三让三罚之后就归圜土监禁改造。参见蔡枢衡著:《中国刑法史》,广西人民出版社1983年版,第203页。

② 蔡枢衡著:《中国刑法史》,广西人民出版社1983年版,第203页。

③ 这句话的意思是,已经犯有当斩右趾的犯罪或者杀人之后自首、贪赃枉法、监守自盗罪的,"已论命"后又犯有应处笞刑的犯罪的,则处以弃市的死刑。

④ 蔡枢衡著:《中国刑法史》,广西人民出版社1983年版,第203页。

⑤ 宁汉林、魏克家著:《中国刑法简史》,中国检察出版社1996年版,第176页。

永配下役"，对再犯和三犯分别加以规定，再犯的罪刑高于三犯。①

集封建社会法律之大成的《唐律》对于累犯的规定已相当详尽。大多数学者认为《唐律》不仅有累犯的总则性规定，而且在分则中还规定了特别累犯。②《唐律·名例律》中规定："诸犯罪已发及已配而更为罪者，各重其事。即重犯流者，依留住法决杖，于配所役三年。若已至配所而更犯者，亦准此。即累流徒应役者不得过四年。若更犯流徒罪者准加杖例。其杖罪以下，亦各依数决之。累决笞杖者，不得二百。其应加杖者，亦如之。"③此为关于累犯的总则性的规定。④《唐律·贼盗律》还规定："诸盗经断，仍更行盗，前后三犯徒者，流三千里；三犯流者，绞。其于亲属相盗者，不用此律。"这是关于特别累犯"三犯盗"的规定。此外，《唐律》还明确区分了累犯与并发罪。

《唐律》作为封建立法的典范，其确立的累犯制度对后世影响深远。《宋律》关于累犯的规定就完全承袭《唐律》。⑤《元律》对于累犯的规定和《唐律》有显著差别，没有规定普通累犯，只规定了盗窃罪累犯这种特殊累犯，而且出现了初犯、再犯和三犯的概

---

① 高绍先著：《中国刑法史精要》，法律出版社 2001 年版，第 455 页。

② 参见宁汉林、魏克家著：《中国刑法简史》，中国检察出版社 1996 年版，第 174 页；苏彩霞著：《累犯制度比较研究》，中国人民公安大学出版社 2002 年版，第 10 页；邹涛：《唐律中的累犯》，载《社会科学》1985 年第 7 期。

③ 长孙无忌等撰，刘俊文点校：《唐律疏议》，中华书局 1933 年版，第 79 页。

④ 有学者对此持异议，认为这是关于再犯的规定。参见钱大群、夏锦文著：《唐律与中国现行刑法比较论》，江苏人民出版社 1991 年版，第 251 页。

⑤ 宁汉林、魏克家著：《中国刑法简史》，中国检察出版社 1996 年版，第 178 页。

念。① 《明律》、《清律》对于累犯的规定基本同于《唐律》，但在特殊累犯的规定上有自己的特点。② 《明律》和《清律》都以盗窃罪作为特别累犯。《明律·刑律》中规定：“初犯者并于右小臂膊上刺窃盗二字，再犯刺左小臂膊，三犯者绞，以曾经刺字为坐。”与《明律》三犯盗窃罪不论数额多少一律“拟绞”不同，《清律》规定，三犯五十两以上拟绞，十两以上充军，不及十两杖一百，流三千里。③ 从雍正时期开始，反复盗窃现象日渐严重，条例出现，规定：凡属前科窃盗，赦后犯窃，被处军流徒刑，释回后，又连窃三次以上，同时并发，便是积匪滑贼。依照嘉庆修正条例，应发极边烟瘴充军。④ 自此，近似于现在“惯犯”概念的“积匪滑贼”这一概念被提出。

二、近现代累犯制度的演进

(一) 西方近现代累犯制度

近代累犯重罚制度的刑事立法，首见于法国 1791 年刑法典规定。该法典规定，凡曾因第一次犯罪而只被判处剥夺公民权或缚柱示众的人，第二次犯罪如又应处同样的刑罚，则这次刑罚应代之以两年的剥夺自由。⑤

1810 年拿破仑颁布的《法国刑法典》对累犯制度作了更加详

---

① 季理华著：《累犯制度研究——刑事政策视野中的累犯制度一体化建构》，中国人民公安大学出版社 2010 年版，第 16-17 页。

② 高绍先著：《中国刑法史精要》，法律出版社 2001 年版，第 458 页。

③ 宁汉林、魏克家著：《中国刑法简史》，中国检察出版社 1996 年版，第 181-182 页。

④ 宁汉林、魏克家著：《中国刑法简史》，中国检察出版社 1996 年版，第 183 页。

⑤ 苏彩霞著：《累犯制度比较研究》，中国人民公安大学出版社 2002 年版，第 21 页。

尽的规定。该法典第 56 条规定："凡因重罪经判处刑罚，又第二次犯重罪应判处剥夺公权者，处以枷项之刑；如第二次重罪应判处枷项或驱逐出境之刑者，处以轻惩役；如第二次重罪应判处轻惩役之刑者，处以有期重惩役及刺字；如第二次重罪应判处无期重惩役之刑者，处以死刑。"第 57 条规定："凡因犯重罪经判处又犯轻罪又受惩治之处罚者，处以法定最高刑，此项刑罚得加重至原判刑罚之二倍。"第 58 条规定："受惩治刑之判决应拘役一年以上之犯人，又犯轻罪者，处以法定最高刑，此项加重至原判刑罚之二倍；累犯之犯人，并应判处五年以上十年以下之期间受政府之特别监视。"① 该规定相对科学合理，体现了罪刑均衡的原则。此后，法国关于累犯的条文多次被修改。直至 1885 年，法国专门制定了《累犯惩治法》来加强对累犯的惩罚。

19 世纪德国各邦的法典中，累犯是被作为一般刑的加重事由出现的。② 之后 1871 年的《德意志帝国刑法典》以 1851 年的《普鲁士刑法典》为基础，规定"累犯盗窃、强盗或赃物罪，加重其刑"，尽管该法典对累犯制度的相关规定仍然局限于几个特殊犯罪之上，但是这些规定标志着德国累犯制度的正式确立。③ 1886 年的《荷兰刑法典》相比之下扩大了累犯制度适用的罪名范围，其第421 条、第 423 条规定，累犯盗窃、侵占、诈欺及侵害生命、身体罪，加重其刑。④

---

① 王济中：《论累犯》，载台湾《刑事法杂志》1965 年第 6 期。转引自陈兴良著：《刑法适用总论》（下卷），中国人民大学出版社 2006 年版，第384-385 页。

② ［日］大塚仁著：《刑法概说（总论）》，冯军译，中国人民大学出版社 2003 年版，第 461 页。

③ ［德］克劳斯·罗克辛著：《德国刑法学总论》（第 1 卷），王世洲译，法律出版社 2005 年版，第 58 页。

④ 苏彩霞著：《累犯制度比较研究》，中国人民公安大学出版社 2002 年版，第 23 页。

在英美法系，18世纪的英国出现了一系列累犯量刑规定，数量和严厉度都不断增加；① 18世纪晚期，美国各州的累犯立法开始扩大目标群体的范围，将目标群体扩大为多次犯罪的累犯而不论之前的犯罪是不是具有同一性。纽约州第一个采取了这样的累犯制度，其1797年的法律规定，第二次被确定犯重罪者，必须被判处在监狱里终身服苦役或是终身单独监禁或是终身单独监禁且服苦役。之后其他各州也纷纷效仿。②

近代已降，虽然累犯制度纷纷在西方各国正式建立，立法技术和影响范围较古代的累犯制度有了很大的进步，但是由于这一时期刑事古典学派在刑事领域居于主导地位，刑法理论关注的是刑罚的正当性而不是刑罚的目的性或者说有效性，着重的是犯罪行为而不是犯罪人。因此，在这一时期，累犯问题在学界总体来说并没有被当作一个特别重要的问题来对待。③

19世纪中叶之后，西方自由资本主义向垄断资本主义过渡，社会贫富差距进一步增大，社会矛盾日渐尖锐，各国犯罪数量呈井喷状爆发。另外，由于前一时期人道主义思想的影响和传播等原因，各国的刑罚体系基本上摒弃了原来很多残酷的极刑，转而采用越来越轻缓的刑罚，累犯现象的大规模爆发具备了现实的可能性。④ 据统计，在德国、英国、芬兰、美国等欧美国家，累犯总数

① Julian V Roberts, *Punishing Persistent Offenders: Exploring Community and Offender Perspectives*, Oxford University Press, 2008, p. 5.

② Markus Dirk Dubber, "The Unprincipled Punishment of Repeat Offenders: A Critique of California's Habitual Criminal Statute", *Stanford Law Review*, 1990, Vol. 43, p. 195.

③ 参见 Novel Morris, *The Habitual Criminal*, Greenwood Press, Publishers: Westport, connectocut, 1973, p. 18.

④ 参见 Novel Morris, *The Habitual Criminal*, Greenwood Press, Publishers: Westport, connectocut, 1973, p. 18.

增长 44%，而有 3 次以上判刑记录的累犯增长的百分比平均为
66%。① 刑事古典学派的相关理论无力应对当时的社会现实，以犯
罪为卖点的大众新闻报纸的迅速发展又将当时在刑事古典学派理论
指导下法律体系的失败在公众中广为传播。② 在批判反思古典学派
的基础上应运而生的刑事实证学派的理论开始在刑事法领域占据主
导地位，之后各国立法中累犯制度开始从以行为为中心转移到以行
为人为中心，增加了累犯须具备危险性格这一实质条件。

这一时期的德国对 1871 年以刑事古典学派思想为指导的刑法
典进行了多次修改。德国学者戈乐德斯提出，对累犯应该在服完自
由刑以后，被安置在保护性机构中，处于保护性保安处分之下。③
这一思想被德国这一时期的刑事立法充分采纳。1927 年德国刑法
典草案以"常习犯"代替"累犯"的标题，将犯罪人的心理特征
作为加重刑罚的主要考量。该草案除了规定常习犯加重处刑之外，
还出现了保安处分的规定。该草案第 59 条、第 62 条规定，常习犯
除处刑外，并得宣告保安处分，期间为 3 年。④ 之后 1933 年德国
通过的《习惯犯法案》进一步巩固了这一做法，在刑法第 20 条 a
增设危险的习惯犯规定，并在加重其刑的同时又特设了"保安及
改善处分"专章规定对危险的习惯犯可以宣告保安处分。根据该
法案，危险的习惯犯之认定，客观形式方面要求行为人多次发生故

---

① 高铭暄主编：《刑法学原理》（第三卷），中国人民大学出版社 1994
年版，第 276 页。

② 参见 Rothman, D. J., *Conscience and Convenience：The Asylum and its
Alternatives in Progressive America*，Boston：Little Brown，1980，p. 18.

③ ［德］克劳斯·罗克辛著：《德国刑法学总论》（第 1 卷），王世洲
译，法律出版社 2005 年版，第 60 页。

④ 参见林纪东著：《刑事政策学》，台湾中正书局 1963 年版，第 135
页。

意犯罪，实质方面要求行为人必须基于内在性格素质而产生犯罪倾向。① 这一法案促使行为人刑法的影响不仅在由其引入的保安处分方面取得了成功，而且在刑罚方面也取得了成功。第二次世界大战期间，1939 年 9 月 5 日通过的《反对人民的祸害的命令》和 1939 年 12 月 5 日通过的《反对暴力犯罪的命令》将累犯制度的行为人中心主义推向了极端。②

19 世纪末的英国对犯罪人的犯罪记录进行官方登记的做法在立法上得到了确立。1871 年英国的《犯罪预防法》对此作了详细的规定。③ 这一做法为鉴别累犯从而对累犯实行特殊刑事处遇提供了便利的前提条件。1869 年英国通过了《习惯犯法案》（*Habitual Criminal Bill*），规定行为人第三次被定罪时必须强制判处至少 7 年的监禁。④ 1908 年英国通过的《犯罪预防法》对累犯采用双罚制，规定对累犯徒刑执行完毕之后，还须处以 5-10 年的预防性监禁。⑤ 美国也继续保持对累犯加重处罚的传统。加利福尼亚州 1872 年通过的惯犯法规定，因第一次犯罪被判处 5 年以上监禁刑的人再犯罪的，则应判处不少于 10 年的监禁刑；如果因第一次犯罪被判处 5 年监禁刑，再次犯罪应判处的监禁刑不得超过 10 年；如果第一次犯罪是轻微盗窃，则再次犯罪应判处的刑罚为 5 年以下。纽约州

① 参见苏俊雄著：《刑法总论Ⅲ》，台湾大地印刷厂股份有限公司 2000 年版，第 455 页。

② ［德］克劳斯·罗克辛著：《德国刑法学总论》（第 1 卷），王世洲译，法律出版社 2005 年版，第 108-109 页。

③ Julian V Roberts, *Punishing Persistent Offenders*: *Exploring Community and Offender Perspectives*, Oxford University Press, 2008, p. 6.

④ Jonathan Simon, "Criminology and the Recidivist", in David Shichor & Dale K. Sechrest（eds）: *Three Strikes and You're Out*: *Vengeance as Public Policy*, SAGE Publications, 1996, p. 32.

⑤ Anne-Marie Mcalinden, "Indeterminate Sentence for the Severely Personality Disordered", *Criminal Law Review*, Vol. 2001, p. 109.

1873 年也通过了类似的惯犯法。1909 年，宾夕法尼亚州对累犯采取了不定期刑，规定行为人曾两次犯罪而被判处 1 年以上的监禁刑，又再次犯罪的，处以最高限为 30 年的不定期监禁。[①] 20 世纪 20 年代开始，先后有 6 个州通过了以惯犯为打击目标的法律，其中最有名的当属纽约州 1926 年通过的鲍门法（*The Baumen's Law*）。[②] 该法规定，凡在纽约州内，犯重罪或重罪未遂之有罪宣告，或在他州或联邦受相当于纽约州内重罪的宣告的，于纽约州内再犯重罪而受处罚时，如果再犯罪的法定刑为有期监禁，对于再犯之人，应宣告法定最高刑期以上两倍以下期间的监禁；三次以上犯重罪，而受刑的宣告者，如更犯重罪时，应宣告无期监禁。[③]

（二）中国近现代累犯制度

鸦片战争之后，清廷在西方列强的压力之下，被迫删除大清律例中封建落后的部分，甄采各国立法。在此背景下，于 1910 年颁布了《大清新刑律》，此律号称"折衷各国大同之良规，兼采近世最新之学说"，[④] 于第四章辟专章规定了"累犯罪"，首次在刑法中明确使用了"累犯"一词。其 19 条规定："已受徒刑之执行，更犯徒刑以上之罪者，为再犯，加本刑一等，但有期徒刑执行完毕，无期徒刑或有期徒刑执行一部而免除后，逾五年而再犯者，不在加重之限。"其 20 条规定："三犯以上者，加本刑二等，仍依前条之例。"[⑤]

---

① Mable A. Elliott, *Conflicting Penal Theories In Statutory Law*, University of Chicago Press, 1931, pp. 190-193.

② Michael G. Turner, "Three Strikes and You're Out" Legislation: A National Assessment, Sep. *Fed. Probation*, 1995, p. 17.

③ 参见林纪东著：《刑事政策学》，台湾中正书局 1963 年版，第 131-132 页。

④ 曾宪义主编：《中国法制史》，北京大学出版社 2000 年版，第 240 页。

⑤ 蔡枢衡著：《中国刑法史》，中国法制出版社 2005 年版，第 193 页。

《大清新刑律》对后罪的上限采取了执行开始和执行完毕中的择一主义，把5年作为成立累犯前后两罪的时间间距，在明确区分了累犯和数罪并罚的同时也明确区分了累犯和三犯的处罚原则。《大清新刑律》关于累犯的规定是西学东渐的结果，与《唐律》为代表的中华法系传统下的累犯制度已有了质的不同，① 其在累犯观念认识以及立法技术上的进步使得《大清新刑律》已经初具现代累犯制度的雏形。

清朝覆亡之后，中华民国在《大清新刑律》的基础上进一步改进了累犯制度。1928年《中华民国刑法》第65条对普通累犯作了规定："受有期徒刑执行完毕，或受无期徒刑或有期徒刑一部之执行而免除后五年内再犯有期徒刑以上之罪者，为累犯。"与《大清新刑律》不同，此规定明确将累犯的时间条件由执行开始和执行完毕中的择一主义确定为执行完毕主义。同时该法第66条对特殊累犯也作了规定："累犯同一之罪或下列同款之罪一次者，加重本刑二分之一，二次以上者，加重本刑一倍。"另外，该法第69条是对数罪并罚的规定，与累犯处罚有了明确的区分。1935年《中华民国刑法》第47条将累犯修改为"受有期徒刑执行完毕，或受无期徒刑或有期徒刑一部之执行而免除后五年内再犯有期徒刑以上之罪者，为累犯，加重本刑至二分之一"。② 此规定扩大了加重限度，不仅适用于再犯，实际上也可适用于三犯、四犯乃至以上。

另外，革命根据地时期亦有关于累犯的规定，可以称为新中国刑法中累犯制度的滥觞。在革命根据地时期，关于累犯的规定散见于一些地方性的特殊法规之中。例如，1931年《赣东北特区苏维埃暂行刑律》第11条规定，（1）已受徒刑之执行，更犯徒刑以上

---

① 季理华著：《累犯制度研究——刑事政策视野中的累犯制度一体化构建》，中国人民公安大学出版社2010年版，第18页。

② 蔡枢衡著：《中国刑法史》，中国法制出版社2005年版，第193页。

之罪者，为累犯，加本刑一等。但有期徒刑执行完毕、无期徒刑或有期徒刑执行一部而免除后逾五年而再犯者，不在加重之列。（2）三犯以上者，加本刑二等，仍适用前条之例。（3）凡审判确定后，于执行其刑之时，发觉为累犯者，依前二条之例，更定其刑。该规定基本上沿袭了《大清新刑律》的规定，比较合理。①

抗日战争时期和第三次国内革命战争时期对于累犯也都有重罚的规定。例如，《晋冀鲁豫边区妨害公务违抗法令暂行治罪条例》规定："凡违反本条例之累犯，加重处罚"。再如，《辽北省惩治土匪罪犯暂行办法》规定："不持械抢夺财物之累犯，科处 1 年以上 3 年以下有期徒刑，持械抢劫之累犯，科处 5 年以上 10 年以下有期徒刑"。②

三、当代累犯制度的发展

（一）西方当代累犯制度

第二次世界大战以后，累犯制度进入了当代化的发展阶段。西方各国当代累犯制度的发展普遍呈现出两大特点。

第一，西方各国在立法上普遍对累犯进行了更为细致的区分，并在适用刑罚时实行区别对待。以意大利刑法为例，意大利刑法将累犯分为一般累犯、加重累犯和多次累犯，一般累犯是指在有罪判决之后实施另一个犯罪即可构成的累犯，依据刑法可加重其刑罚的 1/6。加重累犯，是指具有下列情节的累犯：前后罪具有同一性质；实施新罪的时间距前罪判决的时间不满 5 年；新罪是在刑罚执行期间、刑罚执行后或逃避刑罚执行期间实施的。具备上述情节之一的，可对累犯加重刑罚的 1/6，具备上述多个情节的，加重刑罚的

---

① 苏彩霞著：《累犯制度比较研究》，中国人民公安大学出版社 2002 年版，第 15 页。

② 苏彩霞著：《累犯制度比较研究》，中国人民公安大学出版社 2002 年版，第 15 页。

1/2。多次累犯是指已构成累犯的人再实施新的犯罪，依刑法可以分别加重 1/2、2/3、1/3-2/3 的刑罚。[①]

第二，除了对累犯做进一步的区分之外，西方各国通过立法进一步细化了法官适用累犯从严时的具体操作。芬兰刑法典第 6 章明确规定了只有当犯罪人的犯罪历史与现罪之间具有相似性且这种相似性明显反映出犯罪人无视法律的禁止和命令时法官才可因此提高对犯罪人刑罚的严厉程度。[②] 荷兰刑法典则规定当累犯前后罪具有相似性时允许法官可加重其刑罚的 1/3。[③] 新西兰在 2002 年量刑改革之后明确规定了法官在量刑时除须秉持罪刑均衡原则之外，还必须将犯罪人之前定罪记录的数量、严重程度、日期、与现罪的相关程度以及性质纳入考量范围。[④]

我国学者普遍认为当代西方关于累犯的刑事政策分别存在向轻缓化和严厉化两极分化发展的趋势，其中德国是累犯政策轻缓化的代表，而美国则是累犯政策严厉化的典型。[⑤] 事实上，笔者认为，对西方当代累犯政策发展趋势的这一解读并不十分准确。确切来说，德国的当代累犯政策只是在形式上走向轻缓化，实质上却呈现

[①] 参见王琪：《累犯的实证研究》，载陈兴良主编：《刑事法判解》（第 8 卷），法律出版社 2005 年版，第 118 页。

[②] 参见 Julian V Roberts, *Punishing Persistent Offenders*：*Exploring Community and Offender Perspectives*, Oxford University Press, 2008, p. 113.

[③] 参见 Julian V Roberts, *Punishing Persistent Offenders*：*Exploring Community and Offender Perspectives*, Oxford University Press, 2008, p. 114.

[④] 参见 Julian V Roberts, *Punishing Persistent Offenders*：*Exploring Community and Offender Perspectives*, Oxford University Press, 2008, p. 107.

[⑤] 参见舒洪水、刘娜、李岚林著：《累犯制度适用》，中国人民公安大学 2012 年版，第 71-72 页；刘绪东著：《累犯制度研究》，中国政法大学出版社 2012 年版，第 43-59 页；季理华著：《累犯制度研究——刑事政策视野中的累犯制度一体化构建》，中国人民公安大学出版社 2010 年版，第 145-153 页。

出严厉化的倾向，至少在 2013 年 5 月之前是如此；而美国当代累犯政策极端严厉化的趋势的象征性意义远大于实际意义，至少在联邦层面以及绝大部分州都是如此。因此，当代西方累犯政策两极化只是形式上的两极化，从实质上来说这种两极分化的差异程度可能并不如学者所预期或者说所宣称的那么突出与显著。应该说，西方累犯制度进入当代之后依然继承了累犯从严的传统内核，大陆法系与英美法系之间并不存在过于太实质性的差异。下面将重点介绍当代累犯制度在德国、美国的发展趋势，对于之前甚少受到学界关注的英国累犯制度的当代发展趋势也会略有涉猎。

1. 德国当代累犯制度的发展趋势

尽管德国刑法删除累犯从严条款宣告了德国累犯政策形式上的轻缓化，但是德国在秉承双轨制的立法传统之下在累犯处遇问题上对于保安处分中保安监督的倚重导致了德国累犯政策事实上存在严厉化的倾向。直至 2013 年 5 月，德国议会对有关保安监督法律条文的修改才真正为德国累犯政策走向实质上的轻缓化提供了可能性。

第二次世界大战之后，德国对于第二次世界大战期间危险习惯犯刑事处罚政策被纳粹滥用的惨痛教训进行了深刻反思，果断摒弃了行为人中心论，采用了新古典主义学派的刑法理论，重新强调了累犯制度中行为的重要性，将原刑法典第 20 条处罚危险习惯犯的规定删除，"原因正是这个规定与构成行为的罪责不相一致"。①1969 年，德国新刑法典增设普通累犯加重处罚的规定，其第 48 条规定："行为人以前至少两次因故意犯罪而受刑罚处罚，且因一次或数次犯罪被判处三个月以上自由刑，现在又故意犯罪，并根据其犯罪种类及情况，如认为以前判处的刑罚对其未起警戒作用，最低自由刑为六个月。法律对该罪的最低刑较重的，依该法规定。法定

---

① ［德］克劳斯·罗克辛著：《德国刑法学总论》（第 1 卷），王世洲译，法律出版社 2005 年版，第 112 页。

最高刑不变".① 但是 1986 年德国通过刑法第 23 条修正案删除了刑法第 48 条关于累犯加重处罚的规定，最终只是在 "改善与保安处分" 一节中规定，将符合一定条件的再犯，并处刑罚和保安处分。② 理由是这个条文只有从认定生活方式罪责的角度才是可以解释的，并且是与构成行为的罪责原则不相一致的，③ 与德国刑法典第 46 条规定的量刑原则也是相冲突的。④ 因此，现行的德国刑法典没有对累犯加重处罚的规定，只是在量刑的时候将再犯作为酌定的量刑情节。德国刑法典关于累犯制度的这一调整是学者普遍认为德国累犯制度走向轻缓化的重要根据。

需要注意的是，尽管德国刑法中删除了对累犯加重处罚的规定，但是仍然在 "改善与保安处分" 一节中规定，将符合一定条件的再犯，并处刑罚和保安处分。根据 1998 年修订之前的德国刑法典第 66 条的规定，如果可以证明被告人对公众存在危险，在给被告人定罪之时，法官可以在被告人的刑期之外酌情判处保安监督。保安监督的适用需要满足以下几个条件：首先，行为人因为本次故意犯罪被判处两年及以上有期徒刑；其次，行为人因为本次犯罪行为之前所实施的故意犯罪行为已经两次被判处一年及以上有期徒刑；再次，行为人因为本次犯罪行为之前的一个或者数个行为已经服过两年及以上有期徒刑或者曾经处于剥夺自由的改善和保安处分的执行之中；最后，对行为人及其行为的总体评价表明，行为人因其嗜好会实施严重的犯罪行为，特别是会因此给被害人造成精神

---

① 韩忠谟：《论累犯之刑事立法》，载蔡墩铭主编：《刑法总则论文选辑》（下），台湾五南图书出版公司 1984 年版，第 754 页。

② 季理华著：《累犯制度研究——刑事政策视野中的累犯制度一体化构建》，中国人民公安大学出版社 2010 年版，第 2 页。

③ 参见 [德] 克劳斯·罗克辛著：《德国刑法学总论》（第 1 卷），王世洲译，法律出版社 2005 年版，第 112 页。

④ 参见张明楷著：《外国刑法纲要》（第二版），清华大学出版社 2007 年版，第 408 页。

的或者身体的严重损害的或者造成严重的经济损害的犯罪行为因而对公众是危险的。① 执行时，先执行刑罚，刑罚执行完毕之后执行保安监督。尽管根据 1998 年修订之前的德国刑法典第 67d 条的规定，行为人首次被判处保安监督的期限不得超过 10 年，但是如若该行为人在首次保安监督期满释放后再犯罪，则其存在再次并处刑罚和保安监督的可能性。从理论上来说，"这个过程可以因为被告人不断重新犯罪而循环，最后保安监督可以不受期限限制，法院有权利对其宣告终身监禁"②。鉴于 20 世纪 90 年代后期暴力犯罪在媒体上的大量报道引起了民众的强烈反应，德国议会为了迎合民意关于"严打"的要求对刑法进行了大量修改，大大放宽了保安监督的适用条件，1998 年修订之后的刑法典取消了行为人首次保安监督期限不超过 10 年的限制性规定，这在实质上使保安监督变成了彻底的不定期关押，而且新规定也适用于此规定生效前被判处保安监督的行为人。③

鉴于德国历来采用双轨制，德国刑法学界的通说一向主张刑罚与保安处分存在本质区别：刑罚所针对的是行为人已经实施的犯罪，其目的在于惩罚，并以罪责原则为基础；而保安处分针对的是行为人的再犯危险性，其目的在于预防，并不以罪责原则为基

---

① 参见江溯：《从形式主义的刑罚概念到实质主义的刑罚概念——欧洲人权法案 2009 年 M 诉德国案》，载赵秉志主编：《刑事法判解研究》（2012 年第 2 辑，总第 25 辑），人民法院出版社 2012 年版，第 247-248 页。

② 参见刘绪东著：《累犯制度研究》，中国政法大学出版社 2012 年版，第 59 页。

③ 参见江溯：《从形式主义的刑罚概念到实质主义的刑罚概念——欧洲人权法案 2009 年 M 诉德国案》，载赵秉志主编：《刑事法判解研究》（2012 年第 2 辑，总第 25 辑），人民法院出版社 2012 年版，第 248-249 页。

础。① 德国联邦宪法法院和德国政府也从形式主义的刑罚概念出发支持德国刑法学界的通说，认为保安处分中的保安监督与刑罚完全不同，保安监督是比刑罚更为轻微的制裁措施。② "与服刑的普通囚犯相比，被保安监督者享有一系列的特权：他们有权穿自己的衣服、与亲人朋友会见的时间更长；他们有自己的零花钱，比服刑的普通囚犯有权接受更多的包裹；如果他们愿意，可以要求白天不关门的单人囚室，而且他们可以按照自己的想法来布置自己的囚室。此外，被保安监督者还有权接受心理和精神的治疗。"③ 因此，从这个角度来看，德国刑法典在刑罚部分删除累犯加重的规定而仅在保安处分部分中保留了累犯适用保安监督的内容确实在一定程度上反映出德国累犯政策轻缓化的趋势。但是笔者认为这个结论仅仅只在形式主义的层面成立。

诚然，保安监督这种制裁措施作为保安处分的一种在德国历来不被认为是一种刑罚，而且被保安监督者与普通的囚犯相比也的确享有更多的权利，但是以上这两条都无法抹杀以下这个事实，即保安监督与有期徒刑在本质上都是剥夺自由的措施，在具体执行方面

---

① 转引自江溯：《从形式主义的刑罚概念到实质主义的刑罚概念——欧洲人权法案 2009 年 M 诉德国案》，载赵秉志主编：《刑事法判解研究》（2012 年第 2 辑，总第 25 辑），人民法院出版社 2012 年版，第 246 页。

② 参见江溯：《从形式主义的刑罚概念到实质主义的刑罚概念——欧洲人权法案 2009 年 M 诉德国案》，载赵秉志主编：《刑事法判解研究》（2012 年第 2 辑，总第 25 辑），人民法院出版社 2012 年版，第 249-251 页。

③ 转引自江溯：《从形式主义的刑罚概念到实质主义的刑罚概念——欧洲人权法案 2009 年 M 诉德国案》，载赵秉志主编：《刑事法判解研究》（2012 年第 2 辑，总第 25 辑），人民法院出版社 2012 年版，第 250 页。

也不存在实质性差别。① 尽管德国通说认为刑罚的目的在于惩罚，保安监督的目的在于预防，但事实上保安监督作为一种无上限的不定期关押（尤其是 1998 年刑法典修订之后），很难说其仅仅是一个纯粹的预防性制裁措施而没有任何惩罚目的。欧洲人权法院就明确指出：保安监督的目的与惩罚的目的是一致的，因此可以将之视为刑罚的一部分。② 因此，如果从实质主义的立场来看，保安监督与作为刑罚的有期徒刑相比，其差异主要存在于称谓或者概念之上，并不存在本质上的差异。从这个意义上来讲，鉴于 1998 年德国刑法修订之后保安监督即使是在第一次适用时也不再存在最长期限限制，德国的保安监督实际上成为比刑罚更为严厉的制裁措施。

另外，因为德国历来奉行双轨制而将保安处分和刑罚区别对待，德国法院在对累犯量刑时受到责任主义的约束，必须立足于报应主义严格遵循罪刑均衡原则，需要受到严格的实体与程序审查。相较而言，保安处分之下的保安监督因为立足于预防而不需受到责任主义的束缚，尽管也有比例原则的要求，但其期限主要是依据被处分人的人身危险性预测的大小而定的，这种预测带有很大的主观性，与刑罚确定的过程相比其实体与程序的审查则没有那么严格。

综上所述，德国在刑法中删去累犯加重处罚的规定而对累犯适用保安监督做法的实际后果可能如下：与之前累犯加重处罚相比，一方面，被适用保安监督的累犯可能会在更长的期限内被剥夺人身自由，而且这个期限根据需要可以无上限；另一方面，法院在作出

---

① 德国行刑法的规定可以成为一个佐证，该法对于保安监督的执行基本没有任何区别于有期徒刑的规定，相反根据该法的规定，关于有期徒刑的规定却当然适用于保安监督。参见江溯：《从形式主义的刑罚概念到实质主义的刑罚概念——欧洲人权法案 2009 年 M 诉德国案》，载赵秉志主编：《刑事法判解研究》（2012 年第 2 辑，总第 25 辑），人民法院出版社 2012 年版，第 252 页。

② M v. Germany, Judgment of 17 December 2009, Europe Court of Human Rights, 5th Section, App. No. 19359/04, p. 130.

以上结果时，无须受到与量刑时一样严格的实体与程序审查的束缚。因此，我们很难说德国的累犯政策实质上转向了轻缓化。

正是因为以上问题的存在，德国议会在欧洲人权法院的压力之下数次修改刑法典中关于保安监督的规定，试图缓和保安监督的刑罚性质，旨在重新建立以自由为导向的治疗型的保安监督，向被适用保安监督者和公众重申保安监督的预防性质。① 2013 年 5 月，德国刑法根据以上精神做了最新一次的修改。德国刑法保安监督相关规定的最新变化为德国累犯政策在实质上走向轻缓化提供了一个契机，但是实际效果如何我们还需拭目以待。

2. 美国当代累犯制度的发展趋势

美国当代累犯制度确实存在严厉化的趋势，这是美国当前"轻轻重重，以重为主"的刑事政策的体现。以往学者在谈论美国累犯制度时往往只谈论三振出局法案，并将此作为美国累犯政策严厉化的有力证据。需要说明的是，联邦和州层面的三振出局法案确实是美国累犯制度最富有特色的部分，但是其并不等于美国累犯政策的全部。理由有二：第一，截至目前，三振出局法案只在联邦层面和 26 个州通过并实施，其他州并没有实施三振出局法案；第二，三振出局法案意图打击的目标群体是累犯群体中对社会危害最大的部分（不同州乃至联邦层面的三振出局法案的目标群体会存在一定的差别），剩下的大部分累犯则被排除在三振出局法案打击范围之外。这些累犯则依照美国联邦层面以及各个州（包括通过三振出局法案的 26 个州）通过的处理"职业罪犯"的法律规定来处理，这些规定允许或者要求对累犯判处更长的监禁刑期，联邦和各

---

① 参见江溯：《从形式主义的刑罚概念到实质主义的刑罚概念——欧洲人权法案 2009 年 M 诉德国案》，载赵秉志主编：《刑事法判解研究》（2012 年第 2 辑，总第 25 辑），人民法院出版社 2012 年版，第 257 页。

州的量刑指南体现了以上精神。[①] 因此，美国联邦以及各个州的量刑指南中对于累犯犯罪记录如何影响累犯量刑的具体规定对广大无法纳入三振出局法案打击范围的累犯的量刑发挥着更为实质性的作用，是美国累犯制度中适用面更广更日常的组成部分。

相较于大名鼎鼎的三振出局法案来讲，美国联邦层面以及各个州的量刑指南对于具有犯罪历史的累犯量刑作出了一般性的指导规定，这类量刑指导性规定对于那些无法进入三振出局法案打击范围的广大累犯的量刑发挥着实质性影响，比三振出局法案在更大范围内影响着现实中累犯的处遇情况。20世纪70年代以后，美国有46个州不同程度地提高了累犯的刑期。绝大多数州对累犯实行加重处罚（只有个别州实行从重处罚），其中有些州以及联邦的量刑指南中都规定对累犯量刑采取"累进加重"（Cumulative Model）的模式，即依据之前定罪记录的次数按照一定的比例累加量刑，累加的比例州与州之间以及各州与联邦之间各有不同。[②] 目前美国联邦和那些对累犯采取累进加重模式量刑的州都依据各自量刑指南的规定在量刑时以二维的量刑格为依据，在为法官提供量刑指导的手册中也详细说明了应当以什么样的方式在量刑时将犯罪人的犯罪历史纳入考量范畴。以明尼苏达州的量刑格为例，犯罪人被定罪量刑现罪的严重程度构成了量刑格的纵轴，犯罪历史的严重程度按照一定的方式被赋值后构成了量刑格的横轴。需要说明的是，二维量刑格横轴上显示的犯罪历史的分值并不仅仅代表之前定罪记录的次数，这一分值是之前犯罪历史多个维度信息的混合体，往往是之前定罪记录的个数、性质、严重程度、新近度（recency）以及与现罪相关

---

① 参见 Michael Tonry, "The Questionable Relevance of Previous Convictions to Punishments for Later Crimes", in Julian V Roberts and Andrew von Hirsch (eds), *Previous Convictions at Sentencing: Theoretical and Applied Perspective*, Hart Publishing, 2010, p. 93.

② 参见储槐植著:《刑事一体化》，法律出版社2004年版，第133页。

度等要素的综合体现。量刑格的二维相交处显示的指导性量刑刑期的长短清楚地表明了犯罪人不同的犯罪历史对于严重程度不同的各种犯罪的量刑结果具有不同的影响。比如说对罪行严重程度排序为第8级的犯罪所设定的刑期长度为41—129个月。一个实施了此类犯罪但是犯罪历史得分值为0的犯罪人（初犯）可能被判处的刑期均值为48个月，而一个实施了此类犯罪而且犯罪历史得分值为6分及以上的犯罪人（具有量刑格模式下最严重犯罪历史的犯罪人）可能被判处的刑期均值为108个月，后者是前者的两倍还要多。犯罪人之前漫长的犯罪历史显然对法官的量刑结果起到了非常直接的"加分"作用。

作为美国累犯制度最富特色的组成部分，美国三振出局法案的出台其实是历史传统与现实困境两者共同孕育出来的产物。第二次世界大战之后的美国深受刑事实证学派的影响，举国轰轰烈烈地开展矫正刑运动。与此同时，与累犯相关的法律在美国各州也得到了长足的发展。截至1968年，全美有23个州的法律规定允许累犯在实施了特定数量的犯罪以后可以被判处终身监禁；有9个州对犯了重罪的累犯规定了强制性最短监禁刑期；所有州的法律都允许但不强制对累犯延长监禁刑期。① 20世纪70年代以后，曾经红极一时的矫正刑运动表现出了事与愿违的无力局面。犯罪率特别是累犯率上升迅猛，民众对犯罪的恐惧感击退了关于矫正刑虚妄的狂热，要求政府对犯罪采取强硬政策的呼声越来越高。20世纪90年代以前，美国很多州对累犯已经有了类似于三振出局制度的规定。比如，1974年得克萨斯州的法律规定，曾犯两次重罪的人再犯暴力重罪，将被判处25年有期徒刑。再如，1978年伊利诺伊州的法律

---

① Michael G. Turner, "Three Strikes and You're Out" Legislation: A National Assessment, Sep. *Fed. Probation*, 1995, p. 17.

也规定，对于曾犯三次严重重罪的犯人，可以判处 20 年有期徒刑。① 这些规定或是没有广泛适用或是在当时的政治环境下没有得到重视而影响不大。②

1993 年，华盛顿州首先通过了三振出局法案，该法案中的"三振"只涵盖了选择性的几个严重的重罪，在第三振时对犯罪人处以终身监禁。1994 年，当时的美国总统克林顿签署了《暴力犯罪控制暨执行法》，此举意味着美国联邦层面上的三振出局法案正式出台，该法案较华盛顿州的三振出局法案而言，其"三振"所涵盖的罪名范围更窄，因为其立法原意是为了解决暴力犯罪。截至 1996 年，大约有 26 个州相继出台了类似的三振出局法案。③

在联邦和这 26 个州的三振出局法案中，加州的三振出局法案是必须重点提及的。加州三振出局法案的提案最初是由一位名叫麦克·雷纳德（Mike Reynolds）的摄影师提出的，他的孩子被一名累犯谋杀。他的提案极其激进，除了显著加重对犯罪人的刑量之外，其"三振"所涵盖的罪名甚至包括诸如入室盗窃罪这类常见轻微的非暴力犯罪。起初该提案除了受到加州监狱守卫联盟和全国来福枪协会这两个团体的支持之外并没有多大的影响力。④ 1993 年

① 郭小峰、郭海霞：《美国三振法案概述与评价》，载《公安学刊》2008 年第 6 期。

② 齐姆林教授将这类法律称为"three‐time loser laws"。参见 FE Zimring, G Hawkins, S Kamin, *Punishment and Democracy*：*Three Strikes and You're Out in California*, Oxford University Press, p. 4.

③ 参见 Clark, John, James Austin, and D. Alan Henry：*Three Strikes and You're Out*：*A Review of State Legislation. National Institute of Justice*, U. S. Department of Justice Programs. Washington, D. C：U. S. Government Printing Office, 1997, p. 31.

④ FE Zimring, G Hawkins, S Kamin, *Punishment and Democracy*：*Three Strikes and You're Out in California*, Oxford University Press, p. 4.

10 月，波利·克莱斯案（Polly Klaas）发生了，[①] 媒体铺天盖地的报道以及最后小女孩悲惨的结局成功激起了加州人民的愤怒。当时州政府正值选举季，政客为了迎合民意争相对犯罪问题表现出强硬姿态。当时的州长彼得·威尔森（Peter Wilson）为了赢得连任，毙掉了加州地区律师协会所递交的更为保守和限缩的三振出局法案提案，于 1994 年 3 月直接通过了以雷纳德提案为蓝本的加州三振出局法案。依照该法案的规定，适用两振刑罚的犯罪人必须曾经有过一次该法案所界定的严重的或者暴力的重罪犯罪记录，而"第二振"所要求的犯罪却包括任何类型的重罪，符合以上条件的犯罪人根据第二振时所犯之罪的刑期加倍处刑，同时规定在监狱服刑至少服满宣告刑的 80%方可出狱；适用三振刑罚的犯罪人必须曾经有过两次该法案所界定的严重的或者暴力的重罪犯罪记录，而"第三振"所要求的犯罪则包括任何类型的重罪，符合以上条件的犯罪人应判处 25 年有期徒刑至终身监禁，同时规定在监狱服刑至少服满 25 年有期徒刑的 80%方可出狱。

与联邦和其他州的三振出局法案相比，加州三振出局法案的涵盖面更广，强制性对累犯加重处罚的力度更大。联邦层面的三振出局法案仅仅局限于几个严重的犯罪，绝大部分其他州的三振出局法案只有在被告人具有符合要求的两次犯罪记录时才显著加重其罚，即在"三振"时才真正发威，而加州的三振出局法案在"两振"时就显著地加重犯罪人的刑罚。[②] 如果将三振出局法案看作打击犯罪、守护民众的看门狗，则虽然顶着同样的法案名称，联邦和其他

[①] Polly Klaas 是个 12 岁的小女孩，于 1993 年 10 月被一个刚刚从州立监狱假释的犯罪人从自己的家中掳走，在遭受性侵犯之后被杀死。经查，该名犯罪人之前就有过两次暴力犯罪记录。

[②] 参见 Clark, John, James Austin, and D. Alan Henry: *Three Strikes and You're Out: A Review of State Legislation*. National Institute of Justice, U.S. Department of Justice Programs. Washington, D.C.: U.S. Government Printing Office, 1997, p. 34.

州的三振出局法案叫得虽然凶但是咬得并不凶（to bark louder than they bite），而加州的三振出局法案实际上咬得比叫得更凶（to bite louder than it barked）。① 因为联邦和其他大部分州的三振出局法案的设计初衷就是要将象征性的影响最大化，同时将实质性的影响最小化。而加州三振出局法案的设计初衷则是对相关犯罪人的宣告刑和执行刑产生尽可能大的实质影响。因此，加州的三振出局法案和其他三振出局法案相比不仅存在程度上的差别，更重要的是存在显著的质的差别。②

概言之，我们可以说美国累犯制度进入当代之后确实存在严厉化的趋势，但是这种严厉化的象征意义大于实质意义，美国当代累犯制度远没有许多国内学者预期的那样极端。

3. 英国当代累犯制度的发展趋势

学界一直将美国累犯制度的变化作为当代累犯制度严厉化发展的典型代表，忽视了英美法系下的另一个国家——英国累犯制度的发展。应该说，英国1991年至2003年的立法变迁对累犯量刑所持立场的重大变化在很大程度上体现出了英国累犯制度严厉化的趋势，这一变化也应当引起我国学界的相当关注。

英国1991年至2003年累犯制度的发展颇有些戏剧性，其对累犯量刑所持立场和态度的变化可谓十分彻底。英国《1991年刑事司法法案》（*Criminal Justice Act* 1991）第29章的规定严格限制了法官在量刑过程中对犯罪人之前定罪记录的考量，明确指出法官不应该基于犯罪人之前任何的定罪记录或者任何他对之前量刑的失败回应行为而将其现在所犯之罪行视为更严重。根据这一规定，犯罪历史似乎应该排除在法官量刑的考量范围之外。然而，该法案的其

---

① 参见 FE Zimring, G Hawkins, S Kamin, *Punishment and Democracy：Three Strikes and You're Out in California*, Oxford University Press, p. ix.

② 参见 FE Zimring, G Hawkins, S Kamin, *Punishment and Democracy：Three Strikes and You're Out in California*, Oxford University Press, pp. 19–28.

他条文同时又作出了与之相互矛盾的规定，允许法官对初犯从宽处理的同时允许对那些犯罪记录中反映出来的某些因素可能增加现罪严重程度的犯罪人从严处罚。①《1991年刑事司法法案》令人费解的规定很快遭到了学界和实务界的批评，尤其是其中反映出来的排除犯罪历史进入量刑考量的倾向更是受到了强烈的抵制。很快，《1993年刑事司法法案》出台替代了1991年法案。在《1993年刑事司法法案》中，相关条文明确规定：在考量犯罪的严重性时，法官可以将犯罪人之前的定罪记录或者任何其对之前定罪记录的失败回应纳入考量。这一规定允许法官将犯罪人之前的犯罪历史作为增加现罪严重程度的考量因素，彻底颠覆了1991年的相关规定。之后，英国的累犯立法效仿美国进一步朝更为严苛的方向发展，《2003年刑事司法法案》的出台便是标志。《2003年刑事司法法案》虽然重申了量刑应当遵循罪刑均衡原则，但是对在量刑过程中如何考量犯罪历史这一方面作出了更加激进的规定，要求犯罪人之前的每一个定罪记录在法官考量犯罪人现罪严重程度以及量刑严厉程度时都必须起到"加分"的作用。② 至此，英国的累犯立法完全背弃了《1991年刑事司法法案》限制犯罪人犯罪历史增加犯罪人现罪刑量的努力，累犯的量刑政策彻底转向了严厉化的发展方向。

总而言之，西方累犯制度发展到当代，立法技术更为成熟，对不同累犯的刑事处遇在立法上作出了更为细致的区分。虽然从形式上看西方累犯制度进入当代以后出现了两极化的趋势，但是实际上这种分化的实际差别可能要远小于预期。总体说来，尽管各国累犯制度对于累犯的犯罪历史如何影响量刑的规定各不相同，但是累犯

① Julian V Roberts, *Punishing Persistent Offenders: Exploring Community and Offender Perspectives*, Oxford University Press, 2008, pp. 99-100.

② Julian V Roberts, *Punishing Persistent Offenders: Exploring Community and Offender Perspectives*, Oxford University Press, 2008, pp. 101-102.

从严依然是这个时期各国累犯制度不变的主旋律。

（二）中国当代累犯制度

新中国成立以后，累犯制度在中华人民共和国刑法的制定过程中一直颇受重视。

1950 年 7 月 25 日由中央人民政府法制委员会"刑法大纲"起草委员会起草的《中华人民共和国刑法大纲草案》就规定了实质意义上的累犯制度的内容，其第 24 条第 5 款把再犯、惯犯实施的犯罪作为从重的犯罪情节处理。[1] 1956 年 11 月 12 日草案第 13 稿详细规定了累犯制度，其第 65 条规定，被判处有期徒刑的犯罪分子，刑期执行完毕或者赦免以后，被判处无期徒刑的犯罪分子，赦免以后，在下列期限以内再犯应当判处有期徒刑以上之罪的，是累犯，从重处罚：（1）不满 5 年有期徒刑的，3 年；（2）5 年以上不满 10 年有期徒刑的，5 年；（3）10 年以上有期徒刑的，7 年；（4）无期徒刑的，10 年。前款规定的期限对于被缓刑或者被假释的犯罪分子，从缓刑期满或者假释期满之日起计算。[2] 1957 年刑法草案第 21 稿对累犯制度有所修改，其第 66 条规定："刑罚执行完毕或者赦免以后，在下列期限以内再犯同类性质罪的，是累犯：（1）原判管制、拘役、不满 5 年有期徒刑，在 3 年内又犯罪的；（2）原判 5 年以上不满 10 年有期徒刑，在 5 年内又犯罪的；（3）原判 10 年以上有期徒刑、无期徒刑，在 7 年内又犯罪的。前款规定的期限，对于被缓刑或者被假释的犯罪分子，从缓刑期满或者假释期满之日起计算"。其第 67 条规定，对于累犯，从重处罚。[3]

---

① 高铭暄、赵秉志编：《新中国刑法立法文献资料总览》（上），中国人民公安大学出版社 1998 年版，第 143 页。

② 高铭暄、赵秉志编：《新中国刑法立法文献资料总览》（上），中国人民公安大学出版社 1998 年版，第 200 页。

③ 高铭暄、赵秉志编：《新中国刑法立法文献资料总览》（上），中国人民公安大学出版 1998 年版，第 234 页。

从刑法草案第 27 稿起，草案开始区分普通累犯和特殊累犯，并将累犯的主观条件限定为故意，第 30 稿、第 33 稿、第 34 稿、第 35 稿草案都沿用了这些规定。第 36 稿、第 37 稿、第 38 稿草案与之前草案的内容相比，只是将累犯成立的时间条件由 5 年修改为 3 年，其他内容保持不变。①

1979 年刑法是新中国成立 30 周年后我国第一部刑法，该法完全采纳了刑法草案第 38 稿中对累犯的规定。② 1979 年刑法第 61 条规定："被判处有期徒刑以上刑罚的犯罪分子，刑罚执行完毕或者赦免以后，在三年以内再犯应当判处有期徒刑以上刑罚之罪的，是累犯，应当从重处罚；但是过失犯罪除外。前款规定的期限，对于被假释的犯罪分子，从假释期满之日起计算。"第 62 条规定："刑罚执行完毕或者赦免以后的反革命分子，在任何时候再犯反革命罪的，都以累犯论处。"第 69 条规定："对于反革命犯和累犯，不适用缓刑。"

1979 年刑法对于累犯的规定应该说是比较科学的，但是两年后，全国人大常委会通过的《关于处理逃跑或者重新犯罪的劳改犯和劳教人员的决定》（以下简称《决定》）对 1979 年刑法关于累犯的规定造成了较大冲击。《决定》第 2 条规定："劳改犯……刑满释放后又犯罪的，从重处罚……"这一规定对刑满释放后又犯罪的犯罪分子予以从重处罚的条件未加任何限制，其与 1979 年刑法关于累犯制度的规定相互之间是什么关系成为刑法学界争论的话题。有一些学者认为《决定》是对 1979 年刑法所规定的累犯制度的否定或修改。根据新法优于旧法的原则，《决定》和 1979 年刑法关于累犯制度的规定有冲突时应当适用《决定》对累犯制度

---

① 高铭暄、赵秉志编：《新中国刑法立法文献资料总览》（上），中国人民公安大学出版社 1998 年版，第 281-506 页。

② 季理华著：《累犯制度研究——刑事政策视野中的累犯制度一体化构建》，中国人民公安大学出版社 2010 年版，第 23 页。

的相关规定。① 另一些学者则认为《决定》与 1979 年刑法规定的两种累犯制度的关系不能一概而论。其与 1979 年刑法规定的一般累犯制度相矛盾，根据新法优于旧法的原则，《决定》优先适用。而《决定》与 1979 年刑法关于反革命累犯这一特殊累犯的处罚规定基本精神一致，因此在处理反革命累犯的时候，《决定》和 1979 年刑法的相关规定可任选其一而行。② 还有一些学者则认为，《决定》既没有否定也没有修改 1979 年刑法规定的累犯制度，反而是对 1979 年刑法规定的累犯制度的辅助和补充。如果犯罪分子既符合累犯条件又符合再犯条件，应当认定为累犯，而适用 1979 年刑法关于累犯制度的规定；如果犯罪分子符合再犯之构成条件而不符合累犯条件，则应当适用《决定》。③

在 1979 年刑法颁行之后，立法机关在数次刑法修改稿中针对累犯成立条件和累犯处罚原则这两大方面对累犯制度进行了不断的调整。

1988 年 9 月，全国人大法工委的刑法修改稿第 61 条规定，被判处有期徒刑以上刑罚的犯罪分子，刑罚执行完毕或者赦免以后，在 5 年以内再犯应当判处有期徒刑以上刑罚之罪的，是累犯，应当从重处罚，但是过失犯罪除外。第 62 条规定，犯危害国家安全罪的犯罪分子，刑罚执行完毕或者赦免以后，在任何时候再犯危害国家安全罪，或者被判处有期徒刑以上刑罚的犯罪分子，在劳动改造期间越狱逃跑再犯应当判处有期徒刑以上之罪的（过失犯罪除

---

① 参见高铭暄主编：《新中国刑法学研究综述（1949-1985）》，河南人民出版社 1986 年版，第 446 页。

② 参见任小江：《〈刑法〉中累犯和人大常委会〈关于处理逃跑或者重新犯罪的劳改犯和劳教人员的决定〉的关系》，载《河北法学》1985 年第 6 期。

③ 参见黄文俊：《累犯制度改变了么?》，载《政治与法律》1983 年第 6 期。

外），都以累犯论处。① 这一修改稿针对累犯制度的规定虽依然坚持累犯从重处罚原则不变，但是因为将判决宣告后又犯新罪这一原本应数罪并罚的情况纳入了累犯的范围，事实上扩大了 1979 年刑法累犯的处罚范围。

与此同时，这一时期实务界与理论界要求对累犯进行加重处罚的呼声也日益高涨。全国人大常委会法工委刑法室整理的多份政法机关、院校、法学研究单位对修改刑法的意见等材料中均体现了这一倾向，这一倾向在同时期的历次刑法草案中也有所体现。② 1988 年 11 月 16 日的刑法修改稿第 62 条规定，被判处拘役、有期徒刑、无期徒刑的犯罪分子，有下列情形之一的，是累犯：（1）在刑罚执行期间又故意犯罪的；（2）在缓刑、假释期间又故意犯罪的；（3）刑罚执行完毕或者赦免以后，在 5 年以内又故意犯罪的。第 63 条规定，对于累犯，应当从重处罚，情节特别严重的，可以在法定最高刑以上处罚。第 64 条规定，犯危害国家安全罪的犯罪分子，刑罚执行完毕或者赦免以后，在任何时候再犯危害国家安全罪的，以累犯论处。③ 这一刑法修改稿极大地放宽了累犯成立前后罪的刑种范围以及对累犯成立时间条件的要求，使得刑法打击的累犯圈显著扩大。更值得注意的是，这一修改稿突破了累犯从重处罚的原则，增加了情节特别严重的累犯可以加重处罚的规定。

1988 年 12 月 25 日的刑法修改稿第 61 条规定，被判处拘役、有期徒刑、无期徒刑的犯罪分子，在刑罚执行期间又故意犯罪的，或者刑罚执行完毕或者赦免以后 5 年以内又故意犯罪的，是累犯。

---

① 参见高铭暄、赵秉志主编：《新中国刑法立法文献资料总览》（上），中国人民公安大学出版社 1998 年版，第 840-841、844 页。

② 参见时延安、薛双喜编著：《中国刑事政策专题整理》，中国人民公安大学出版社 2010 年版，第 456 页。

③ 参见高铭暄、赵秉志主编：《新中国刑法立法文献资料总览》（上），中国人民公安大学出版社 1998 年版，第 877、879-880 页。

对于累犯，应当从重处罚；具有下列情节之一的，可以在法定最高刑以上判处刑罚：（1）刑罚执行期间逃跑以后又犯罪的；（2）所犯后罪情节特别严重的。第 62 条规定，犯危害国家安全罪的犯罪分子，刑罚执行完毕或者赦免以后，在任何时候再犯危害国家安全罪的，以累犯论处。① 这一刑法修改稿与上一稿相比，关于危害国家安全罪的特殊累犯规定不变，在普通累犯的规定上，一方面，限缩了上一稿所划定的累犯圈，取消了在缓刑、假释期间又故意犯罪构成累犯的规定；另一方面，对上一稿累犯加重处罚的规定进行了细化，继续坚持累犯从重处罚之外可以加重处罚的原则。

1995 年 8 月 8 日的刑法总则修改稿第 63 条规定，被判处有期徒刑以上刑罚的犯罪分子，在刑罚执行完毕以前再犯罪的，或者在刑罚执行完毕或者赦免以后，在 5 年以内再犯罪的，是累犯；但是过失犯罪除外。犯危害国家安全罪的犯罪分子，在任何时候再犯危害国家安全罪的，都是累犯。第 64 条规定，对于累犯应当从重处罚；有下列情节之一的，可以加重处罚，但是不得超过法定最高刑的 1/2：（1）刑罚执行期间逃跑以后又犯罪的；（2）对检举人、被害人和有关司法工作人员以及制止其违法犯罪的人行凶报复的；（3）犯罪情节特别严重的。② 这一刑法修改稿明确限定了构成累犯的前罪刑期必须为有期徒刑以上，较上一稿而言进一步限缩了普通累犯圈；在累犯处罚原则方面，本稿继续坚持累犯从重处罚之外可以加重处罚的原则，增加了一种可以加重处罚的情形，同时也对加重处罚的幅度做了限定。

此后 1996 年 6 月 24 日的刑法总则修改稿在维持其他内容不变的前提下对累犯加重处罚的幅度做了进一步限定。该稿第 64 条第

---

① 参见高铭暄、赵秉志主编：《新中国刑法立法文献资料总览》（上），中国人民公安大学出版社 1998 年版，第 913-914、916 页。

② 参见高铭暄、赵秉志主编：《新中国刑法立法文献资料总览》（上），中国人民公安大学出版社 1998 年版，第 1065-1066、1068 页。

2 款规定，加重处罚的刑期，不得超过法定最高刑的 1/2；也不得超过第 67 条对管制、拘役、有期徒刑规定的最高刑期。①

1996 年 8 月 8 日的刑法总则修改稿关于累犯制度的规定集中在第 65 条：被判处有期徒刑以上刑罚的犯罪分子，刑罚执行完毕以后，在 5 年以内再犯罪的，是累犯；但是过失犯罪除外。前款规定的期限，对于被假释的犯罪分子，从假释期满之日起计算。危害国家安全的犯罪分子和毒品犯罪分子在刑罚执行完毕以后，在任何时候再犯危害国家安全罪和毒品罪的，都是累犯。对于累犯，应当从重处罚。② 这一稿关于累犯的规定有了两个重大的修正，其一是扩大了特殊累犯圈，增加了毒品犯罪的特殊累犯；其二是取消了累犯可以加重处罚的规定，重新回到坚持累犯应当从重处罚的轨道上。

1996 年 10 月 10 日的刑法修订草案征求意见稿第 65 条规定，被判处有期徒刑以上刑罚的犯罪分子，刑罚执行完毕或赦免以后，在 5 年以内再犯应当判处有期徒刑以上刑罚之罪的，是累犯，应当从重处罚；但是过失犯罪除外。前款规定的期限，对于被假释的犯罪分子，从假释期满之日起计算。该稿第 79 条首次明确规定了对累犯不得假释。③ 这一稿对累犯制度的规定重新限缩了累犯前后罪的刑种要求，明确了前后罪所受或应受刑罚必须都是有期徒刑以上。另外，该稿完全删除了特殊累犯的规定。

1997 年 1 月 10 日的刑法修订草案重新恢复了特殊累犯制度。该稿第 67 条规定，危害国家安全的犯罪分子和毒品犯罪分子，在

---

① 参见高铭暄、赵秉志主编：《新中国刑法立法文献资料总览》（上），中国人民公安大学出版社 1998 年版，第 1137、1140 页。

② 参见高铭暄、赵秉志主编：《新中国刑法立法文献资料总览》（上），中国人民公安大学出版社 1998 年版，第 1152、1155-1156 页。

③ 参见高铭暄、赵秉志主编：《新中国刑法立法文献资料总览》（上），中国人民公安大学出版社 1998 年版，第 1300-1301、1303-1304 页。

刑罚执行完毕或赦免以后，任何时候再犯危害国家安全罪和再犯毒品罪的，都以累犯论处。① 同年 2 月 17 日的刑法修订草案（修改稿）则将毒品犯罪排除出特殊累犯圈，并且增加了前罪被判处有期徒刑但被宣告缓刑的犯罪人也能构成累犯的规定。②

1997 年 3 月 1 日的刑法修订草案第 67 条规定，被判处有期徒刑以上刑罚的犯罪分子，刑罚执行完毕或赦免以后，在 5 年以内再犯应当判处有期徒刑以上刑罚之罪的，是累犯，应当从重处罚；但是过失犯罪除外。前款规定的期限，对于被假释的犯罪分子，从假释期满之日起计算。第 68 条规定，危害国家安全的犯罪分子在刑罚执行完毕或赦免以后，在任何时候再犯危害国家安全罪的，都以累犯论处。③ 该草案取消了缓刑犯可以构成累犯的规定。

经过上面一系列的修改和调整，1997 年修订后的刑法最终确立了现行的累犯制度。在明确废止了《决定》的前提下，1997 年刑法第 65 条是对普通累犯的规定：被判处有期徒刑以上刑罚的犯罪分子，刑罚执行完毕或者赦免以后，在 5 年以内再犯应当判处有期徒刑以上刑罚之罪的，是累犯，应当从重处罚，但是过失犯罪除外。前款规定的期限，对于被假释的犯罪分子，从假释期满之日起计算。1997 年刑法第 66 条是对特殊累犯的规定：危害国家安全犯罪的犯罪分子在刑罚执行完毕或者赦免以后，在任何时候再犯危害国家安全罪的，都以累犯论处。此外，第 74 条和第 81 条第 2 款分别规定了累犯不得适用缓刑和假释。

和 1979 年刑法相比，1997 年刑法所规定的累犯制度将累犯的

---

① 参见高铭暄、赵秉志主编：《新中国刑法立法文献资料总览》（上），中国人民公安大学出版社 1998 年版，第 1557、1560-1561 页。

② 参见高铭暄、赵秉志主编：《新中国刑法立法文献资料总览》（上），中国人民公安大学出版社 1998 年版，第 1650、1653-1654 页。

③ 参见高铭暄、赵秉志主编：《新中国刑法立法文献资料总览》（上），中国人民公安大学出版社 1998 年版，第 1746、1749-1750 页。

时间间隔要求由"3年"延长至"5年",实际上扩大了累犯圈;同时将特殊累犯中的反革命累犯变更为危害国家安全罪累犯。

2011年2月25日全国人大常委会通过的《刑法修正案(八)》对1997年刑法所确立的累犯制度做了三处实质性的补充和修改。首先,之前的累犯制度只是明确了累犯不得适用缓刑和假释,对于减刑没有任何规定。《刑法修正案(八)》第4条对于累犯在特殊情况下减刑作了限制性规定,规定被判处死刑缓期执行的累犯人民法院根据犯罪情节等情况可以同时决定对其限制减刑。其次,《刑法修正案(八)》第6条明确将未成年人排除出累犯的范畴。依据修改后的刑法,不论前罪、后罪,只要行为人实施其中一个犯罪行为时不满18周岁,就不构成累犯。最后,《刑法修正案(八)》第7条扩大了特殊累犯的范畴,1997年刑法只规定了危害国家安全罪的犯罪分子,在刑罚执行完毕或者赦免以后,在任何时候再犯危害国家安全罪的,构成累犯。《刑法修正案(八)》增加了恐怖活动犯罪、黑社会性质的组织犯罪这两类特殊累犯。这三处对累犯制度的修改体现了宽严相济的特点,一方面,将未成年人明确排除出累犯圈,缩小了累犯制度打击的目标群体范围,同时符合刑法对未成年人采取宽和态度的立法精神;另一方面,将恐怖活动犯罪和黑社会性质的组织犯罪这两类犯罪纳入特殊累犯的构成罪名范畴中,极大扩展了特殊累犯制度的适用范围,能够更好地适应打击犯罪的现实需要,可以更有力地打击目前发案率较高、社会危害甚大的恐怖活动犯罪和黑社会性质的组织犯罪。同时,限制被判处死缓的累犯减刑,避免了实施严重犯罪的累犯因为过度减刑而逃脱应受之刑罚,这一举措实质上也是加强了对这类罪行严重累犯的打击力度。

四、小结

纵观从古到今累犯制度在西方社会和中国的立法嬗变历史,如果说古代累犯制度在西方社会和中国的萌芽和发展可谓是"花开两朵，各表一枝"的状态，那么近现代至今，累犯制度在西方社会和中国的演进则一直处于西学东渐、单向输入的状态。

在古代，社会刑罚体系逐步地去严苛化为重新犯罪现象的出现和蔓延提供了可能性，而重新犯罪现象的存在和壮大，又为累犯制度在西方和我国萌芽破土提供了现实的土壤。面对重新犯罪这种令人不快的社会现实，古人出于朴素的正义观和报应观认为应当对重新犯罪之人从严。累犯制度从某种意义上来讲是古代人类共有的朴素正义观在法律制度上的投射。正如德国学者由·约塞夫·艾法兹指出的那样："这种观念，即重复多次犯罪的人应比初次犯罪的人得到更为严厉的处罚的想法，是如此的自然和如此的能满足人们的正义感。"① 古代中西方社会相似的社会现实和共有的朴素正义观所孕育的累犯制度也不谋而合地存在许多共性。比如，因为古代人们对犯罪及累犯现象认识的粗浅以及立法技术的落后，古代累犯制度在立法上就表现得极为粗疏和狭窄。不论中西方，一开始累犯制度都是和数罪并罚制度混淆在一起的，立法上没有作出明确区分。另外，古代累犯制度基本是以特殊累犯制度的表现形式出现的，立法者没有把累犯作为一般性的从严事由在立法上加以规定，只是针对盗窃等几个有限罪名的累犯作了从严处罚的规定。再如，虽然累犯制度的出现是以古代社会刑罚体系逐渐去严苛化为前提的，但是这种去严苛化的过程是极其缓慢和有限度的。无论是古代西方社会还是古代中国，刑罚体系都很严酷，累犯制度作为严刑峻法的组成部分，每一个毛孔里散发的都是重刑主义的气息。无论是在古代的中国还是古代的西方社会，依照当时的累犯制度，累犯几乎都可以加重处罚直至死刑。比如，欧洲中世纪的德国《卡洛林纳法典》第 162 条规定，三犯盗窃罪以上者，应处死刑。我国《明律·刑

---

① 转引自苏彩霞著：《累犯制度比较研究》，中国人民公安大学出版社2002 年版，第 39 页。

律》也规定，三犯盗窃者，绞。① 总而言之，这一阶段在中西方，累犯制度虽处于"花开两朵，各表一枝"的本土化萌芽和生长时期，却存在着许多不约而同、不谋而合之处。

近现代以降，西方社会和中国社会的前进步伐拉开了差距，中国社会比西方晚了一个多世纪才迈入近代，累犯制度在中国的近代化也比西方晚了一个多世纪。自此之后，累犯制度在中国的发展演进一直或被迫或主动地受到西方社会的影响，这种影响一直是单向的。如果说近现代以来西方累犯制度的发展是根据本土实践经验"摸着石头过河式"的自我调试，那么我国累犯制度的发展则主要是"照葫芦画瓢式"的模仿学习。

近现代以来，累犯制度在西方发展的每一个关键转折点都与西方社会自身经济政治结构的变化息息相关。

近现代以降，西方社会累犯制度的第一个转折点以西方资产阶级革命成功为契机。资产阶级革命的成功将西方社会带入了自由资本主义时期。自由资本主义时期生产力的解放推动了当时累犯制度在立法观念和立法技术上的进步，累犯制度也由此迈入了近代化。在累犯制度的立法观念上，原先简单原始、不加限制的重刑主义被摒弃，刑事古典学派以行为为中心的指导思想逐渐占据主导地位。刑事古典学派发轫于启蒙运动，立足于客观主义，认为刑法应该关注的是犯罪行为，强调主客观责任相统一，主张刑罚应当与已然之罪的危害性相对称。具体到累犯问题上，刑事古典学派的学者首先都认为犯罪是行为人自由意志选择的结果，因而实施犯罪的行为人在道义上具有可谴责性。累犯再次基于自由意志选择犯罪的行为表明其在道义上的可谴责性更大，因而对累犯应当从严处罚，而刑罚则是对付累犯的唯一手段。以刑事古典学派思想为指导的累犯制度与之前相比具有明显的进步，其以客观存在的犯罪行为作为施加刑罚的根据，强调刑罚应该与已然之罪的危害性相对称，避免了在非

---

① 参见许鹏飞著：《比较刑法纲要》，商务印书馆 1936 年版，第 200 页。

累犯制度：规范与事实之间

理性重刑主义的支配下对累犯滥施刑罚，结束了罪刑擅断的黑暗时代，对累犯的权利起到一定的保障作用。在立法技术上，一方面，累犯与数罪并罚相混淆的情况不复存在，累犯制度被单独区分开来；另一方面，累犯成为一般的加重事由，累犯从严不再局限于特定的几类犯罪。这一阶段累犯立法是以行为为中心的，根据犯罪人的犯罪行为来划定落入累犯从严范畴的犯罪人，并不以犯罪人本身的其他特质来做区别。之所以对累犯从严，其正当性在报应。

近现代以降，西方社会累犯制度的第二个转折点发生在自由资本主义向垄断资本主义过渡的时期。当时，一方面，社会结构的剧烈变动导致原先以刑事古典学派思想为主导的累犯制度无法应对新的犯罪态势；另一方面，经济繁荣也推动了自然科学的发展，自然科学领域的研究范式和方法对社会科学领域也产生了显著影响。在此背景之下，刑事实证学派逐渐崛起，成为累犯制度新的指导思想，累犯制度由此进入了现代化阶段。正如美国学者乔纳森·赛蒙（Jonathan Simon）所说："如果说累犯这个概念对于关注人类行为这类高度抽象概念的刑事古典学派来说太过具体的话，那么它对于注重发展对犯罪人进行科学分类的刑事实证学派来说又已然太过笼统了。"[①] 刑事实证学派立足于主观主义，认为刑法应该关注的不是犯罪行为而是犯罪人，主张根据人身危险性对犯罪人进行科学分类，同时强调刑罚的目的在于预防犯罪，防卫社会，为此，某些惩罚可以与犯罪不相当。[②] 具体到累犯制度上，刑事实证学派认为累犯的人身危险性是累犯从严的根据所在，主张对累犯原因进行全面深入的多方面分析，然后对累犯采取多样化的刑事处遇，而不是仅

---

① Jonathan Simon，"Criminology and the Recidivist"，in David Shichor&Dale K. Sechrest（eds）：*Three Strikes and You're Out*：*Vengeance as Public Policy*，SAGE Publications，1996，p. 33.

② 张乃根著：《西方法哲学史纲》（增补本），中国政法大学出版社2002年版，第215页。

仅依靠刑罚，以此来达到消除累犯人身危险性进而防卫社会的最终目的。与刑事古典学派的思想相比，在犯罪原因上，实证学派否定了古典学派的自由意志论，提出行为决定论；在刑罚根据上，实证学派否定了古典学派的行为中心论，提出了行为人中心论；在法律后果上，实证学派否定了古典学派倡导的刑罚万能论，提出刑罚有限论。应该说，这些思想具有相当的进步意义。这一阶段累犯立法是以行为人为中心的，根据犯罪人的人身危险性或者说犯罪倾向来划定落入累犯从严范畴的犯罪人，然后再对这一目标人群进一步地细分，辅以个别化的刑事处遇以期消灭犯罪人的人身危险性。之所以对累犯从严，其正当性在预防，尤其是特别预防。

近现代以降，西方社会累犯制度的第三个转折点出现在第二次世界大战结束之后。一方面，第二次世界大战期间，以刑事实证学派思想为主导的累犯制度走向极端，危险习惯犯等概念被法西斯政权用来肆意践踏人权。以人身危险性来确定刑罚这个丰满的理想遭遇了骨感现实的尴尬，促使以德国为首的西方诸国痛定思痛，在第二次世界大以后摒弃了完全强调行为人人身危险性的累犯制度。另一方面，由于美国在第二次世界大期间没有经历与德国类似的惨痛教训，第二次世界大之后随着福利国家模式的复归，以刑事实证学派思想为指导的累犯制度得以在美国继续发展，刑罚个别化和矫正刑模式逐渐发展到高度精细化阶段。[1] 至 20 世纪 70 年代，日趋上升的累犯率正式宣告了矫正刑模式在美国的失败。自此，以刑事实证学派思想为指导的累犯制度退出历史舞台，一体化刑罚论在 20 世纪 60 年代末 70 年代初这段时间开始在欧美各国占据主导地位。西方社会的累犯制度在一体化刑罚论的主导之下迈入了当代化的发展阶段。一体化刑罚论并不是一个单一的理论，而是一系列立论基

---

① Friedman, L. M., *Crime and Punishment in American History*, New York: Basic Books, 1993, p. 305.

调一致但是具体主张各异的刑罚理论的集合。① 一体化刑罚论总体
而言是刑事古典学派和刑事实证学派思想的调和与折中，既立足于
客观主义，又立足于主观主义，既关注客观的犯罪行为，又关注犯
罪人的人身危险性。具体到累犯制度，一体化刑罚论既不赞同刑事
古典学派认为累犯从严其正当性在于报应的观点，也不赞同刑事实
证学派认为累犯从严其正当性在于预防的观点，而是取两家之长，
认为累犯从严的正当性既在于报应又在于功利，正所谓"因为有
了累犯，为了不再有累犯"②。各国目前的刑事立法基本上采用的
都是以一体化刑罚论为主导的累犯制度，区别只是在于更侧重于报
应还是更侧重于功利。以一体化刑罚论为指导的累犯制度克服了先
前单以刑事古典学派思想或是单以刑事实证学派思想为指导的累犯
制度的片面性，将报应和功利都作为累犯从严的根据，具有相当的
合理性。不过一体化刑罚论并不完美，因为其只是对报应主义和功
利主义的简单相加，并没有内在统一的逻辑来处理这两种截然不同
的立场之间产生的冲突与矛盾，往往容易顾此失彼。

　　相反，近现代以来累犯制度在中国的发展则没有走上自我生长
的道路，几乎都是被动或者主动地学习西方立法经验然后直接嫁接
在本土环境之上，这与近代以来国家发展滞后有很大的关系。从清
末修律时清政府被迫"折衷各国大同之良规，兼采近世最新之学
说"出台《大清新刑律》到1928年国民党政府出台《中华民国刑
法》，再到改革开放之后1997年刑法的出台，累犯制度在中国社会

---

　　① 邱兴隆老师将西方刑罚一体论概括总结为以下九大模式：费尔巴哈
模式、迈耶模式、哈特模式、奎顿模式、帕克模式、哈格模式、赫希模式、
曼可拉模式、帕多瓦尼模式。参见邱兴隆：《西方刑罚一体论的九大模式》，
载《湖南省政法管理干部学院学报》2001年第1期。

　　② 苏彩霞著：《累犯制度比较研究》，中国人民公安大学出版社2002年
版，第57页。

的发展基本都是在直接吸收和借鉴西方累犯制度的经验的基础上生成的。① 正因为没有像西方社会那样经历过刑事古典学派和刑事实证学派思想的争论，也没有因此付出过惨痛的代价，我国跟在西方各国后面亦步亦趋，将舶来的立法经验嫁接于本土之后得到的累犯制度只是与西方社会的累犯制度形似，但神却不甚相似。虽然中国社会近现代以降的累犯制度顶上开着嫁接自西方的花，但是真正扎在本土中的却是自中国古代社会传承而来的乱世用重典这一理念。重刑主义犹如不散的阴魂伴随着累犯制度在中国的发展。

总结古今中外累犯制度的立法沿革，可以将其归结为两个方向上的变动：其一，从局部到整体，这是针对累犯制度涉及的罪名而言。累犯制度在开始出现时仅仅局限于盗窃等特殊的几类犯罪，直到后来才被慢慢承认为一般性的从严事由。累犯制度经历了一个从特殊累犯制到普通累犯制再到混合累犯制的过程。其二，从笼统到具体，这是针对累犯制度打击的目标群体而言。累犯制度在以刑事古典学派思想为主导时仅仅关注犯罪行为这一客观存在，因而对打击的目标群体没有明确的界定。之后随着刑事实证学派提出人身危险性这一概念之后，累犯制度打击的目标群体才得以明确化并开始出现细致分类。累犯制度发展到当代，其主要目的则是找出在社会中虽仅占少数但要对大部分犯罪负责的群体，正所谓高频犯罪人或者职业犯罪人，累犯制度意图打击的目标群体进一步精确化。然而无论累犯制度在不同的时空背景之下如何发展和变动，累犯从严都是古今中外普遍的立法实践。

---

① 新中国成立之后到改革开放之前这段时间比较特殊，因为意识形态和阶级斗争的缘故，我国将西方刑事古典学派和刑事实证学派的观点视为禁区。这段时间累犯制度的构建有些处于自说自话的状态。参见苏彩霞著：《累犯制度比较研究》，中国人民公安大学出版社2002年版，第31页。

第二章 累犯制度的立法根据

为什么各国刑法在已经规定了各个罪名的构成与处罚之外，还要普遍地专门针对累犯特别设置从/加重处罚的规定？换句话说，累犯制度的立法根据是什么？

笔者认为，综合现有中西方学者对此问题的论述，可以尝试从现实必要性和理论正当性这两个维度进行回答。

一、累犯立法的现实必要性

学者普遍认为，之所以各国刑法普遍地专门针对累犯特别设置从/加重处罚的规定，是因为存在着现实必要性。累犯立法的现实必要性又可以形象地归结为以下两个方面：情势所需和人心所向。

（一）情势所需

任何立法都是社会现实需要在法律上的投射，特定的立法是由特定的社会现实条件驱动的，并且会随着后者的变化而变化。累犯立法的出现和发展也是因为特定的情势所需，这里的情势指的是重新犯罪现象的情势。

正如第一章累犯制度的立法嬗变所述，古代中西方社会最初的刑罚体系是由死刑和残酷肉刑组成的，经历过这样刑罚的犯罪人或是从肉体上被消灭或是基本丧失了再次犯罪的可能性，重新犯罪现象在当时即使存在也是相对少见的。因此，当时的社会现实并不存在对累犯制度的立法需求。随着社会的发展，古代严苛的刑罚体系逐渐趋于轻缓化，重新犯罪现象大量蔓延，重新犯罪的犯罪人这一特殊群体的逐渐壮大威胁到社会的稳定发展，累犯立法应运而生。累犯制度在立法上的确立是以重新犯罪现象大量出现为现实前提的。

另外，由于从一开始累犯制度在立法上的确立就是为了应对重新犯罪现象的猖獗，其与生俱来的使命或者说目标就是控制并减少重新犯罪。如果说犯罪是社会这个有机体正常的新陈代谢，那么重新犯罪就是新陈代谢中循环往复的重要一环，其态势随着社会的发展而不断变化，只存在被控制的希望而绝无被消灭的可能性。据2002年对美国75个人口最多的郡县的调查显示，在犯重罪的犯罪人中，有76%的人曾有被逮捕记录，59%的人曾经被定罪量刑；[1] 2005年在英格兰和威尔士定罪量刑的刑事公诉案件中有88%的犯罪人之前有过犯罪记录。[2] 就我国而言，1993年8月10日关于罪犯矫正的白皮书显示我国累犯率只有6%，但是学者认为这一数字显然明显被低估了。[3] 有学者宣称，根据有关部门统计，我国目前的再犯率高达30%以上。[4] 2004年司法部通过统计相关数据指出当年中国重新犯罪率居世界中等水平，而在重大恶性刑事案件中，刑释解教人员重新违法犯罪的占到了70%。尽管此后官方不再公开发布相关数据，而是将此类数据作为绝密材料仅供内部人员研究使用，但还是有学者根据某些相关的官方讲话内容推算出：如果按照全国在押人员150万人为基数，全国监狱中被判刑2次以上的罪犯

---

① 参见 Bureau of Justice Statistics 2006：table 9 and 10.

② 参见 Julian V. Roberts，*Punishing Persistent Offenders：Exploring Community and Offender Perspectives*，Oxford University Press，2008，p. 95.

③ 储槐植著：《刑事一体化》，法律出版社2004年版，第59页。

④ 张中友主编：《预防职务犯罪——新世纪的社会工程》，中国检察出版社2000年版，第158页。

达到 15.98%。① 正因为持续的重新犯罪现象以及居高不下的累犯率对社会安定产生的持续性威胁，对其进行有效控制（哪怕只是象征性的）的社会需求一直存在，累犯立法的现实必要性就一直存在。

（二）人心所向

罗尔斯认为："正义是社会制度的首要价值，正像真理是思想体系的首要价值一样。一种理论，无论它多么精致和简洁，只要它不真实，就必须加以拒绝或修正；同样，某种法律和制度，不管它们如何有效率和有条理，只要它们不正义，就必须加以改造或废除。"② 累犯制度之所以能在中西方社会源远流长，很大程度上在于它满足了人们内心对正义的需求。正如德国学者由·约塞夫·艾法兹所指出的那样："这种观念，即重复多次犯罪的人应比初次犯罪的人得到更为严厉的处罚的思想，是如此的自然和如此的能满足人们的正义感……"③ 因此，除了情势所需之外，累犯立法的现实必要性还在于顺应人心所向。

以累犯从严为核心要义的累犯制度在立法上的设立确实反映了国民的普遍情感诉求。刘绪东博士在其《累犯制度研究》一书中就明确将民意作为累犯制度存在的现实根据之一，认为"群众对重新犯罪人员的本能厌恶和恐慌，对其从重处罚本能的反应，是累犯制度的立法和司法得以实现的基础"④。然而，正如日本西原春

---

① 参见黄河：《重新犯罪率居高不下 刑释人员面临制度性歧视》，载人民网，http://legal.people.com.cn/GB/188502/16844844.html，最后访问时间：2013 年 10 月 25 日。

② ［美］约翰·罗尔斯著：《正义论》，何怀宏等译，中国社会科学出版社 1988 年版，第 1 页。

③ 转引自苏彩霞著：《累犯制度比较研究》，中国人民公安大学出版社 2002 年版，第 39 页。

④ 刘绪东著：《累犯制度研究》，中国政法大学出版社 2012 年版，第 85 页。

夫教授所指出的那样：“在制定刑法时必须考虑的是国民的欲求。当看到要求制定刑法的国民欲求已产生时，立法者就必须制定刑法。反之，不顾国民并没有要求制定刑法而制定刑法，这就不正确了”。但同时他也承认：“在构成国民的欲求之基础的国民个人的欲求中也沉淀着一些并非正确的成分，其中，最具特色的是片面的观点乃至情绪的反应。”① 以普通群众对累犯制度的支持态度作为累犯制度存在的现实根据存在合理的一面，但是也存在有失偏颇的危险。一方面，累犯制度的设立以普罗大众这一国民构成中的最大部分的价值观念作为基础，有助于提升民众对于该制度的信心并且使得该制度预设的效用得到最大化的发挥。正如美国学者罗宾逊所言：“在发挥影响力方面，在避免对一个被认为不公正的制度进行反抗和破坏方面，在促进、传达和维持对于什么是可谴责的、什么是不可谴责的社会舆论方面，以及在通过遵守其道德权威而获得对不明确案件中判决的遵守方面，刑法效力的大小在很大程度上依赖于刑法在其所进行规范的人们心中的道德信誉。这样，如果分配的责任与刑罚的方式与社会正义直觉相一致，那么刑法的道德信誉对于有效控制犯罪是至关重要的，并且可得到提升。相反，偏离社会对公正的刑罚的看法，责任的分配就破坏了该制度的道德信誉及其犯罪控制效力。”② 另一方面，普通民众作为缺乏系统法律训练的直觉审判者（the Intuitive Sentencer）又很容易受到操控和煽动。当今社会大众传媒对于少数累犯实施的严重犯罪铺天盖地的集中报

---

① ［日］西原春夫著：《刑法的根基与哲学》，顾肖荣等译，法律出版社2004年版，第99—100页。

② ［美］保罗·H. 罗宾逊著：《刑法的分配原则——谁应受罚，如何量刑?》，沙丽金译，中国人民公安大学出版社2009年版，第155页。

累犯制度：规范与事实之间

道一方面很容易使普通民众高估现实中的累犯率；[①] 另一方面又容易使普通民众不自觉地将自己代入潜在受害人的角色而陷入对犯罪的恐慌，进而将累犯类型化视为社会的异类或者说是敌人，最后出于对刑罚效用不切实际的幻想为实现防卫社会的目的而主张对累犯这类社会的异类施以重刑，而这种重刑的主张因为缺乏理性的制约颇有沦为"多数人暴政"的危险。

因此，要证明累犯制度的立法实践确实顺应人心因而具有现实必要性，我们必须证明累犯制度的确立是植根于国民的接纳与认同之上，而且必须进一步证明这一制度的确立是植根于国民集体意识中正确理性的部分而非片面乃至情绪的反应之上，只有这样我们才能真正证明累犯制度具有最广泛的人心基础，因而具有迫切的现实必要性。

之前有学者在讨论累犯制度的现实根据时指出累犯立法是出于尊重民意的考虑，其所关注的仅仅是普通公众的观念倾向，笔者认为，除了这种只有论断而无材料佐证的论述方式有待商榷之外，仅以普通公众的态度来证明累犯立法是人心所向也是远远不够的。在笔者看来，"人心所向"中所指的"人"至少应包括以下四个群体：普通民众（累犯制度的旁观者）、法律执业者（累犯制度的参与执行者）、犯罪被害人（累犯制度的利益攸关者）和犯罪人（累犯制度的后果承担者）。只有证明了这四个群体对于累犯制度持普遍接纳态度，我们才能说累犯制度具有广泛而坚实的民意基础，真正顺应了人心所向。

首先，普通民众是最广泛、最基础的"人心"的代表。他们从形式上看是累犯制度的旁观者，从实质上看却都是累犯制度的潜

---

① 在加拿大、美国和西班牙进行的调查研究均显示，公众高估了现实中的累犯率，而低估了现实中初犯所占的比例。参见 Julian V Roberts, *Punishing Persistent Offenders*：*Exploring Community and Offender Perspectives*, Oxford University Press, 2008, pp. 186~187.

在威慑对象同时也是累犯重新犯罪的间接意义上的受害人。他们对累犯制度的认同程度决定了累犯制度在市民社会中的公信力。

其次，法律执业者这一群体受过专门的法律教育因而具有较高的法律素养。因为工作性质的缘故，他们或多或少地会与累犯这一群体接触，也能直接或者间接地参与到累犯量刑和行刑的过程中。作为累犯制度的参与者或者执行者，法律执业者这一群体对累犯制度的认识会比普通公众更为直观和深刻，他们对累犯制度的认同程度反映了累犯制度在法律精英群体中的接纳度。

再次，犯罪被害人作为犯罪的利害攸关者，犯罪人最后的量刑结果代表了国家承认被害人因为犯罪人应受谴责的行为受到了伤害，并且体现出国家在多大程度上苛责了犯罪人对被害人实行的此种侵害行为。刑事司法程序历来有忽视被害人的传统，犯罪被害人无法充分参与犯罪人的定罪量刑过程而只能仰仗司法机关代表国家为他们恢复正义讨还公道，因此国家是否能以让被害人满意的方式来决定对犯罪人的量刑结果对被害人而言至关重要。若国家无法按照被害人的预期对犯罪人定罪量刑，无疑是对被害人进行了二次伤害，被害人蓄积的怨气会极大地冲击司法的公信力。累犯制度作为一种对拥有犯罪历史的犯罪人的量刑结果具有实质性影响的量刑制度也必然受到被害人的关注。被害人对累犯制度的态度直接决定了与累犯相关的具体刑事审判是否取得了满意效果。

最后，犯罪人在定罪量刑的过程中会有相当一部分人因为之前的犯罪历史被认定为累犯而被从严处罚，剩下的一部分人则成为累犯从严处罚的候选人，因此犯罪人这一群体是累犯制度现实或者潜在的法律后果承担者。犯罪人对累犯制度的认可反映出犯罪人对刑事审判程序以及最终结果公正性的认可，进而使他们乐于接受审判结果，为其将来的改过自新打下良好基础。

1. 公众对累犯制度的态度

中国有句老话："公道自在人心。"公众作为一个群体，虽然没有经过系统的法律教育，也不具备专业的法律知识，但其内心所具有的朦胧朴素的正义观足以使其成为"直觉宣判者"（Intuitive Sentencer）。

"对于累犯，群众以一种本能的正义价值指导认为，对于这类犯罪人应予以相比初犯更为严厉的处罚。这种处罚是群众心理恐慌的一种必然结果，是对国家刑罚作用秉持一种信念的结果，是对犯罪分子极度憎恶和恐惧的反应。"① 对累犯施以比初犯更为严厉的刑罚无疑是符合公众价值取向的。正如德国学者李斯特指出的那样，"立法应将存在于人民中间的法律观，作为有影响的和有价值的因素加以考虑，不得突然与这种法律观相决裂"。② 从这个角度看，累犯制度的相关立法完全满足了这一要求。

国外学者在不同年代不同国家展开了一系列实证调查，试图探寻公众对累犯制度所持有的态度。根据问题提出的方式，这些研究又可以分为问题质询型研究和案例分析型研究两大类。所谓问题质询型研究，就是将公众定位为旁观量刑过程的建议者这一角色，针对随机抽取的公众代表直截了当地询问其支持哪些因素影响法官对犯罪人量刑，根据受访公众明示的态度来直接得出研究结论；所谓案例分析型研究，就是将公众定位为参与量刑过程的裁判官，通过分析公众以法官角色对给出的虚拟案例进行量刑这一过程中有意识或者无意识的取舍来推测公众的价值取向。实践表明，这两类研究的研究结果殊途同归，均表明公众普遍支持在量刑中根据犯罪人的犯罪历史对累犯施以比初犯更为严厉的刑罚。

（1）问题质询型研究。

1978 年，美国进行了一项关于法官量刑考量因素的公众调查，结果显示，绝大部分被调查的公众支持因犯罪人之前的犯罪记录加

---

① 刘绪东著：《累犯制度研究》，中国政法大学出版社 2012 年版，第 84-85 页。

② ［德］弗兰茨·冯·李斯特著：《德国刑法教科书》，埃贝哈德·施密特修订，徐久生译，何秉松校订，法律出版社 2000 年版，第 21 页。

重犯罪人本次犯罪的量刑，其中88%的被调查对象认为如果被告人之前由于相同的罪行被定罪，那么对其量刑时应该加重处罚；81%的被调查对象认为即使被告人之前的犯罪记录与现在所犯罪行并不相似，对被告人量刑时也应该加重处罚。① 另外，加拿大和澳大利亚进行的类似调查也显示出公众对于犯罪历史影响犯罪人量刑的支持。加拿大的调查显示，被调查的公众认为在法官量刑时犯罪人之前的犯罪记录和目前犯罪的严重性同为最重要的影响因素。② 而澳大利亚接受调查的公众则认为犯罪人的犯罪记录应该对法官量刑产生影响，其重要性仅次于犯罪人目前犯罪的严重性。③

2001年英国内政部再次针对公众展开类似的调查。该项调查要求参与调查的部分英国公众列出那些他们认为应该对刑事量刑结果产生显著影响的各种因素，凡是受到超过25%的调查对象支持的量刑影响因素均被汇总在下表中。

英国公众支持的量刑影响因素④

量刑影响因素	支持该因素群体所占百分比
以前的犯罪记录	86%
重新犯罪的可能性	72%

---

① 参见 National Center for State Courts，1978. 转引自 Julian V Roberts，*Punishing Persistent Offenders：Exploring Community and Offender Perspectives*，Oxford University Press，2008，p. 94.

② Doob and Roberts，*An Analysis of the Public's View of Sentencing*. Ottawa：Department of Justice Canada。

③ Indermaur，D. Crime Seriousness and Sentencing：*A Comparison of Court Practice and the Perceptions of the Public and Judges*. Mount Lawley：Western Australian College of Advanced Education，1990.

④ 转引自 Julian V Roberts，*Punishing Persistent Offenders：Exploring Community and Offender Perspectives*，Oxford University Press，2008，p. 169.

续表

量刑影响因素	支持该因素群体所占百分比
犯罪是否有预谋	68%
犯罪对被害人的影响	54%
实施犯罪时犯罪人是否心智失常	53%
特定犯罪是否是当地固有的问题	47% ·
犯罪人对受害人是否进行弥补	28%

来源：英国内政部（2001 年）

根据上表所显示的结果，在 2001 年英国内政部针对公众展开的调查中，有超过 4/5 的受访公众支持将犯罪人之前的犯罪历史作为影响法官量刑的重要影响因素，犯罪人的犯罪历史作为量刑影响因素所受到的公众支持度远远高于许多被认为反映了本次犯罪严重性的因素，如犯罪是否有预谋、犯罪对被害人的影响，同时也显著高于以功利主义（无论是预防、威慑还是剥夺犯罪能力）作为主导思想或者说主导思想之一的量刑过程极其看重的一个考量因素——重新犯罪的可能性。

2007 年，麦克·霍夫（Mike Hough）和朱利安·罗伯茨等学者在为英国量刑顾问小组（Sentencing Advisory Panel）所做的名为"量刑原则的公众态度"的研究报告中专门针对公众认为哪些因素会增加犯罪的严重性做了调查。研究人员给接受调查的公众 15 种可能增加犯罪严重性的因素或者情形，然后询问被试者这些因素或者情形是否一直（always）/经常（often）/有时（sometimes）/从不（never）增加犯罪严重性。结果显示，有 88% 的受访者认为犯罪人之前有犯罪记录这个因素会增加犯罪的严重性，其中有 65% 的人认为其一直会增加犯罪的严重性，17% 的人认为其经常会增加犯罪的严重性，6% 的人认为其有时会增加，当犯罪人之前有犯罪记录，但是其犯罪记录与本次犯罪并不相关时，仍有 82% 的受访者认为这种情况依然会增加犯罪的严重性,其中有 38% 的受访者认为其一直会增加犯罪的严重性,22% 的受访者认为其经常会增加犯罪的严重性,另有 22% 的受访者认为其有时会增加犯罪的严重性。① 这一调查结果表明,与认为罪行和罪责是彼此独立存在的报应主义者坚持犯罪人之前有犯罪记录只会增加犯罪人的罪责而与罪行无关的主张截然相反,绝大部分公众认为犯罪人之前有犯罪记录(无论之前的犯罪记录与本次犯罪是否相关)这一因素会增加犯罪人本次犯罪的严重性,即罪行的严重性。这种观念是大部分公众支持对有犯罪记录的犯罪人施以重于初犯刑罚的理由。无独有偶,2007 年由 MORI 调查公司在英国全国范围内针对 2000 名 15 岁以上的国民发起的一项调查研究结果显示,对于同一个犯罪人犯的同一项犯罪行为,公众对于其罪行严重程度的认知会随着犯罪人犯罪历史的增加而提高。调查要求公众在 0-10 的分值区间之内对抢劫 500 英镑的犯罪行为的严重程度进行评估,当犯罪人没有犯罪记录时,公众对其罪行严重性的平均估值是 7.45,当犯罪人之前有两次犯罪记录时,公众对其罪行严重程度的平均估值上升为 7.76,而当犯罪人之前犯罪记录次数为 5 次时,公众对其罪行严重程度的平均估值则跃升为 8.13。②

(2) 案例分析型研究。

案例分析型研究一般让被试者扮演虚拟的法官角色来对一些虚构案件中的犯罪人量刑,这里的量刑包括两个步骤:确定刑种和确定刑期。

---

① Mike Hough, Julian V. Roberts, and Jessica Jacobson ICPR, Nick Moon and Nikki Steel, GfK NOP, *Public Attitudes to the Principles of Sentencing*, Sentencing Advisory Panel Research Report-6, p. 25. http://www.icpr.org.uk/media/10369/Attitudes%20to%20principles%20of%20sentencing.pdf, 最后访问时间:2013 年 5 月 15 日。

② 转引自 Julian V Roberts, *Punishing Persistent Offenders: Exploring Community and Offender Perspectives*, Oxford University Press, 2008, pp. 175-177.

首先，一些案例分析型研究的结果表明，当公众扮演法官角色时，累犯这个群体比初犯更容易被判处更为严厉的刑罚种类。2000年英国犯罪调查（British Crime Survey）显示，仅有9%的调查对象支持对初犯的未成年人实行羁押，而当未成年人被设定为第三次犯罪时，支持对其实行羁押的调查对象百分比上升到59%。① 2002年詹尼佛·塔夫茨（Jennifer Tufts）和朱利安·罗伯茨进行的全国性研究也得出了相似的结论。在该项研究中，被试者被要求对犯了入室盗窃和较轻的故意伤害罪的犯罪人进行量刑，这些犯罪人中有初犯和累犯，有成年人也有未成年人。研究结果显示，犯罪人是否拥有犯罪记录这个因素对于被试者是否决定对犯罪人施以监禁刑有着显著的影响，具体来说，被试者选择对累犯施以监禁刑的概率是对初犯施以监禁刑概率的将近5倍。同样的，2007年麦克·霍夫和朱利安·罗伯茨等学者为英国量刑顾问小组所做的研究也显示出被试者倾向于对有犯罪记录的犯罪人实施监禁刑，而且对同样具有犯罪记录的犯罪人而言，犯罪记录的数目与支持对犯罪人施以监禁刑的被试者百分比呈正相关。具体而言，当犯罪人是初犯时，有11%的被试者支持对其施以监禁；当犯罪人之前有两次犯罪记录时，支持对其施以监禁的被试者百分比上升到65%；最后当犯罪人之前有5次相关的犯罪记录时，支持者的百分比则上升到83%。② 上述一系列研究结果表明，当公众扮演法官面临为被告人选择监禁刑还是非监禁刑这一情况时，公众普遍倾向于对累犯这一

① Mattinson, J. and C. Mirrlees-Black (2000) *Attitudes to Crime and Criminal Justice: Findings from the* 1998 *British Crime Survey.* Home Office Research Study no. 200. London: Home Office, Research and Development Directorate.

② Mike Hough, Julian V. Roberts, and Jessica Jacobson ICPR, Nick Moon and Nikki Steel, GfK NOP, Public Attitudes to the Principles of Sentencing, Sentencing Advisory Panel Research Report - 6, pp. 28 - 29. http://www.icpr.org.uk/media/10369/Attitudes%20to%20principles%20of%20sentencing.pdf, 最后访问时间：2013年5月15日。

群体施以监禁刑这类更为严厉的刑罚种类。这种选择反映出公众对于累犯制度的认可和支持。

其次，另一些案例分析型的研究也表明，当犯罪人被确定施以监禁刑时，公众作为直觉审判官，总是倾向于对累犯判处比初犯更长的刑期。桑德斯和汉密尔顿对日本和俄罗斯的公众进行的调查显示，这两个国家的被试者在对有犯罪记录的犯罪人进行量刑时，都倾向于显著延长其服刑的年份。① 2007 年麦克·霍夫等学者为英国量刑顾问小组所做的研究在相似问题上也呈现出相似的结果：在犯罪人都被判处监禁刑的前提下，被试者针对初犯判处刑期的中位数是 6 个月，而被试者针对之前有两个相关犯罪记录的犯罪人判处刑期的中位数是 12 个月，被试者给累犯分配的刑期显著长于给初犯分配的刑期。② 2007 年由 MORI 调查公司在英国全国范围内针对 2000 名 15 岁以上的国民发起的调查中，要求参与调查者对实施了抢劫 500 英镑的犯罪人进行量刑，同时对犯罪人的犯罪历史背景进行了控制，调查发现，当犯罪人为初犯时，被试公众针对其量刑的刑期均值为 28.63 个月；当犯罪人之前有两次犯罪记录时，被试公众针对其量刑的刑期均值上升至 40.95 个月；当犯罪人之前的犯罪记录次数跃升为 5 次时，被试公众针对其量刑的刑期均值则增至 46.22 个月。③

综上所述，目前案例分析型的研究结果均显示，与初犯相比，

---

① 转引自 Julian V Roberts, *Punishing Persistent Offenders*: *Exploring Community and Offender Perspectives*, Oxford University Press, 2008, p. 170.

② Mike Hough, Julian V. Roberts, and Jessica Jacobson ICPR, Nick Moon and Nikki Steel, GfK NOP, Public Attitudes to the Principles of Sentencing, Sentencing Advisory Panel Research Report - 6, p. 29. http://www.icpr.org.uk/media/10369/Attitudes%20to%20principles%20of%20sentencing.pdf, 最后访问时间：2013 年 5 月 15 日。

③ 转引自 Julian V Roberts, *Punishing Persistent Offenders*: *Exploring Community and Offender Perspectives*, Oxford University Press, 2008, pp. 175~177.

公众作为审判者倾向于对累犯判处监禁这一更为严厉的刑种；当都被判处监禁刑时，相较于初犯而言公众倾向于对累犯判处更长的监禁刑期。

另外，需要指出的是，有研究表明，公众对于累犯制度的支持并不是无限度的。当累犯从严的量刑结果逐渐突破罪刑均衡原则时，公众对累犯制度的支持度就会随之逐渐下降。[①] 因此，普通公众对累犯制度的支持存在着理性的一面。

2. 法律执业者对累犯制度的态度

现有的研究表明，立法上确立累犯从/加重处罚的制度，不仅符合民粹主义的呼唤，也符合法律精英主义的要求。

相较于学者对公众的热切关注，针对法律执业者关于累犯制度态度的调查研究数量相对较少。仅有的几项调查反映了法律执业者这一群体对于累犯制度的支持。1982 年新西兰开展了一项针对法官的调查，结果表明 95% 的受访者支持将犯罪人之前的定罪记录作为影响量刑结果重要的或者是非常重要的因素。[②] 无独有偶，2001 年英国一项针对刑事司法执业人员进行的关于影响量刑最重要因素的调查统计表明，绝大多数调查对象（除了缓刑官这一群体之外）对于累犯从/加重处罚持支持态度，具体结果如下表所示：

---

① 参见 Applegate, B. , Cullen, F. , Turner, M. and Sundt, J. "Assessing Public Support for Three – Strikes – and – You're – Out Laws: Global versus Specific Attitudes, " *Crime & Delinquency* , Vol. 42, 1996, pp. 517–534; Finkel, N. , Maloney, S. , Valbuena, M. , and Groscup, J. "Recidivism, Proportionalism, and Individualized Punishment", *American Behavioural Scientist* , Vol. 39. 1996, pp. 474–487.

② 转引自 Julian V Roberts, *Punishing Persistent Offenders: Exploring Community and Offender Perspectives* , Oxford University Press, 2008, p. 94.

英国刑事司法执业者对累犯从严的态度①

职业	支持累犯从/加重的百分比
警察	94%
检察官	90%
裁判官	83%
法官	78%
狱警	78%
法官助理	72%
大律师	63%
事务律师	58%
缓刑官	51%

来源：英国内政部（2001 年）

3. 被害人对累犯制度的态度

尽管有学者宣称："初犯与累犯的差别，主要是国家的感受。对于直接的受害人或有关人员而言，他感受到的不是犯罪行为人以前是否犯过罪，而是这一次行为对其所造成的具体危害"，② 但是现有研究结果表明，事实可能并非如此，立法上确立累犯从严制度，也满足了被害人这一与累犯犯罪利益紧密相关群体的集体意识。加拿大一项针对严重人身犯罪被害人展开的访谈表明，当被害人发现犯罪人有犯罪记录时，这些被害人对罪犯量刑程序中受到的

---

① 转引自 Julian V Roberts, *Punishing Persistent Offenders*: *Exploring Community and Offender Perspectives*, Oxford University Press, 2008, p. 94.

② 赵秉志、于志刚：《论澳门刑法中的累犯制度》，载《吉林大学社会科学学报》2001 年第 2 期。

宽容待遇持更多的批评意见。① 无独有偶，维克（Wake）等人于2006年针对犯罪被害人这一群体开展了一项研究，研究结果显示，参与研究的被害人普遍同意法官在确定对犯罪人处以适当刑罚时应当将犯罪人以前的犯罪行为以及定罪记录纳入考量范畴。②

很明显，相较于学界对于普通民众关于累犯制度态度的热切关注（虽然民众在某种程度上也可被视为宽泛意义上的受害人），犯罪直接受害人这一因为犯罪人的犯罪行为切身利益直接受到损害的群体对于如何处罚累犯这一类犯罪人所持意见的相关研究显然人气颇低，相关的调查研究数量很少。学术上对被害人群体意见的忽视很可能与刑事司法实践中被害人往往被排除在犯罪人定罪量刑程序之外的刑法传统紧密相关。尽管从形式上说，在全球范围内依照各国的相关法律规定，被害人有影响犯罪人量刑结果的可能性。例如，英美法国家的量刑程序中存在被害人影响陈述（Victim Impact Statement）制度，再如，根据我国2012年最新修改后的刑事诉讼法及《人民法院量刑程序指导意见（试行）》，被害人可以向法庭提交量刑证据，但是被害人实际上仍然无法对犯罪人的量刑结果产生实质性影响。无论如何，为数不多的相关研究还是一致表明了被害人这个群体对累犯制度的支持态度。

4. 犯罪人对累犯制度的态度

犯罪人处于定罪量刑程序的中心，是量刑程序的亲历者也是量刑结果的直接承担者。犯罪人对累犯制度持什么样的态度具有重要意义。

一系列实证研究表明，对司法体系合法性的认同与量刑的威慑

---

① 转引自 Julian V Roberts, *Punishing Persistent Offenders: Exploring Community and Offender Perspectives*, Oxford University Press, 2008, p. 48。

② 转引自 Julian V Roberts, *Punishing Persistent Offenders: Exploring Community and Offender Perspectives*, Oxford University Press, 2008, p. 48。

作用息息相关。① 如果犯罪人认为累犯从严的结果是不公正的，那么刑事制裁作为一个整体就会被他们视为不符合公平正义，进而会使犯罪人关于量刑程序的愤怒日积月累。② 犯罪人对法律体系的这种憎恶会使法律体系让他们避免重蹈犯罪覆辙的努力毁于一旦，违背了适用累犯制度的初衷。

1980 年，沃克（Nigel Walker）分别选择了监狱囚犯和大学生这两个截然不同的群体作为研究对象，在和他们进行非结构访谈的基础上得出了以下结论：累犯从严是量刑政策中最为犯罪人群体憎恨的核心。鉴于这一研究结果是在并不严密的系统的非正式讨论基础上得出的，因而被后来的学者认为其可信度存在较大瑕疵。

1988 年埃克斯泰特（Ekstedt）进行的一项以犯罪人为样本的实证研究发现，当被问及之前因为犯罪被判处非监禁刑的犯罪人重新犯罪以后的处理方案时，有 2/3 的被试犯罪人均认为应该对重新犯罪的犯罪人施以监禁刑。这一研究发现在一定程度上反映出犯罪人群体内心对累犯从严的接纳。③

2006 年，弗里曼（Freeman）等人针对因醉驾被定罪的累犯群体展开了一项调查。之所以选择醉驾累犯这个群体，是因为很多国家都在对危险驾驶类的犯罪人量刑时实行累犯从严。这一调查对象的选择在一定程度上具有普遍意义。经研究发现，尽管量刑时因为累犯身份被从严处罚，但仍有将近 3/4 的调查对象认为他们的量刑结果是公正的。此项研究的发现与埃克斯泰特的研究成果形成了一定的呼应。

① 转引自 Julian V Roberts, *Punishing Persistent Offenders*: *Exploring Community and Offender Perspectives*, Oxford University Press, 2008, p. 120.

② 转引自 Julian V Roberts, *Punishing Persistent Offenders*: *Exploring Community and Offender Perspectives*, Oxford University Press, 2008, p. 120.

③ Ekstedt, J. Justice in Sentencing: Offender Perceptions. Research Reports of the Canadian Sentencing Commision. Ottawa: Department of Justice Canada.

累犯制度：规范与事实之间

2007 年牛津大学的朱利安·罗伯茨教授针对犯罪人展开了一项专门研究，意图探寻犯罪人群体对整体量刑程序以及对累犯从严这一具体量刑制度所持的态度。他在英国牛津郡感化当局的帮助下招募了 77 个犯罪人。根据这些犯罪人的自我报告，他们之中有 1 次定罪记录的犯罪人占 11%，有 2-5 次定罪记录的犯罪人占 10%，有 6-9 次定罪记录的犯罪人占 17%，有 10 次及以上定罪记录的犯罪人占 56%，另有 6% 的犯罪人是否具有犯罪历史情况不详。根据从一般到具体的研究设计，研究者首先要求这些参与者依据其自身经历回答与整个量刑程序相关的问题，接下来再具体要求他们回答与累犯制度相关的一些问题，最后给出涉及不同犯罪历史背景犯罪人的模拟案例来要求参与者充当法官量刑。研究结果显示，大部分被试者认为量刑程序整体而言并不公正，然而他们普遍认可在量刑过程中将犯罪人的犯罪历史纳入法官考量范畴的做法，尤其是犯罪历史的"新鲜度"和与累犯现罪的相关度这两个因素应该被重点考虑。他们在模拟案例中充当法官角色对有不同犯罪历史背景犯罪人的量刑结果也证实了被试者对于累犯制度的支持和认可，因为他们全部对案例中的累犯判处了相较于初犯更重的刑罚。

值得注意的是，被试者在支持累犯制度的同时也对目前累犯从严过于机械化的方式和目的表示异议。参与研究的这些犯罪人认为，累犯重复进行犯罪的行为给了国家正当的理由对其行为实施更多的干预，累犯制度在这个意义上具有正当性，但是他们不认同目前国家仅仅是简单粗暴地以增加累犯刑量的方式来实行累犯从严。被试者指出，犯罪人重复犯罪的行为是一种信号，表明犯罪人存在某方面的问题而急需国家帮助，国家在对累犯定罪量刑的过程中应该花更大的精力去了解为什么犯罪人会选择重新犯罪，国家对其实行累犯从严后的量刑结果应该是针对累犯存在的某一特定问题而对症下药的。换句话说，这些被试者将累犯制度定位为国家对累犯进行的有针对性的帮助，而不是基于累犯具有更大人身危险性或者更深罪责的判断而简单地提高对其刑罚的严厉性。他们认为累犯犯罪历史的存在应该改变累犯现罪刑罚的性质而不是只在机械沿用同种类型刑罚的基础上单纯增大剂量而已。同样的，被试者也不认为累犯制度应该以威慑为目的，而认为累犯制度的目的应该定位于教育。

根据针对普通民众、法律执业者、犯罪被害人和犯罪人这四个不同群体关于累犯制度态度现有研究的分别考察，我们基本可以得出这样一个结论：累犯制度在立法上的确立普遍符合国民的规范意识，因而具有现实必要性。在得出这一基本结论的前提下，我们还应当注意到，由于累犯制度对不同群体的影响方式和影响程度各不相同，因而不同群体对于累犯制度的认同程度也存在明显差异：相较于其他三个群体，犯罪人这一群体作为累犯制度的后果承担者对于累犯制度的态度更为复杂与深刻。他们认同累犯制度在立法上的确立，但是他们并不认同目前累犯制度的政策定位和具体适用方式。他们呼吁累犯制度可以更加关注累犯个人重新犯罪的具体原因，将累犯制度作为解决累犯特定困难的手段而不是简单的从严处罚的手段。犯罪人群体对现有累犯制度的态度引人深思。

二、累犯立法的理论正当性

累犯制度的理论根据，也就是累犯从严在理论上的正当性根据，简单来说就是从理论角度对累犯为什么要从/加重处罚这个问题的回答。虽然人类社会无论东西方均从古代开始就在国家权力的保障之下实行以累犯从严为核心内容的累犯制度直到现在，但是正如我国台湾地区学者苏俊雄指出的那样：刑罚并不像边境军事防卫措施等直接的公共秩序控制措施一样单纯，而是关系到世界观、价值观的问题。[①] 刑罚是以剥夺性痛苦为内容的强制措施，是一种不得已的恶，因而对其的使用必须十分审慎。为什么累犯和非累犯实

---

① 苏俊雄著：《刑法总论Ⅰ》，1998 年版，第 137 页。转引自张明楷著：《刑法的基本立场》，中国法制出版社 2002 年版，第 334 页。

施了同样的犯罪行为，而我们的刑法只针对其中的累犯以制度性的方式对其增加这种剥夺性的痛苦？这个问题不会因为累犯制度的普遍存在而失去意义。相反，正是因为累犯制度的普遍存在，我们才不得不追问这一问题。

在累犯制度的立法嬗变过程中，学者也一直在尝试着回答上面提出的问题。不同的历史阶段不同的学派给出了不同的答案。简单来说，报应主义者认为累犯制度之所以正当是因为其反映了刑罚报应的正义性，因而累犯制度的正当化根据在于"因为有累犯而累犯从严"；功利主义者认为累犯制度之所以正当在于其试图实现的刑罚目的的正当性以及其作为一种手段的有效性，因而累犯制度的正当化根据在于"为了没有累犯而累犯从严"；鉴于报应主义和功利主义都存在片面性，并合主义者将报应主义和功利主义的观点进行了折中，认为实行累犯从严一方面是为了满足刑罚报应的要求；另一方面也是防止累犯所必须且有效的，因而累犯制度的正当化根据在于"因为有累犯并为了没有累犯而累犯从严"。从目前来看，从并合主义出发来论证累犯制度的正当性为学界所普遍接受。当然，需要承认的是，并合主义刑罚论并未实现报应主义和功利主义的有机结合，将报应主义和功利主义折中之后以哪个为侧重点存在争议，因此衍生出报应为主的并合主义和功利为主的并合主义两大分支。下文将依次从报应主义、功利主义和并合主义三大理论视角出发，对中西方学者论证累犯正当性的学说做一个梳理。

（一）报应主义的视角

1. 报应刑论概述

英国学者哈特认为："在可想象出的刑罚制度的正当目的中，报应可以有其一席之地。这里所说的报应，我们将它简单地定义为对在道德上有罪过的罪犯施加惩罚之苦。"① 19世纪英国著名刑法史学家詹姆斯·斯蒂芬曾经精辟地指出："报复情感之于刑法与性欲之于婚姻具有同样重要的关系，对罪犯处以刑罚是普遍冲动的合法发泄方式。"② 当然，虽然报应缘起于古代社会的报复或者说复仇的概念，但是"今天刑法上所谓的报应，概念上已经不是反映过去的'报仇'或者社会仇恨的具有攻击性的意思，而是一种正义的'平衡原则'（Massprinzip）；其作用在于依据行为的危害责任，去决定等价的适度刑罚，而具体表现为'责任刑法原则'的实践意义"③。正如哈特所言，报应主义对于论证刑罚的正当性具有十分重要的意义。

报应主义认为刑罚是对已然之罪的回应，将关注点放在犯罪行为的严重性和犯罪人的罪责大小上，而刑罚的严厉程度应与已然之罪的严重程度相适应，认为"罪犯对社会有一种应偿付之债，社会则因犯罪的恶行而向其回索"，④ 主张"通过使罪犯承担痛苦的方法，使行为人由于自己的行为而加于自身的罪责，在正义的方式下得到报复、弥补和赎罪"，⑤ 以此来实现公平和正义。"根据报应主义，刑事制裁表现出对违法者的道德谴责，从而纠正了被违法者

① ［英］哈特著：《惩罚与责任》，华夏出版社1989年版，第9页。转引自陈兴良著：《刑法的价值构造》，中国人民大学出版社2006年版，第228页。

② Sanford H. Kadish, *Encyclopedia of Crime and Justice*, The Free Press, 1983, p. 518.

③ 苏俊雄：《刑法总论Ⅰ》，1998年版，第141页。转引自张明楷著：《刑法的基本立场》，中国法制出版社2002年版，第355页。

④ 陈兴良著：《刑法的价值构造》，中国人民大学出版社2006年版，第228页。

⑤ Claus Roxin：Strafrecht, Allgemeiner T eil, Band 1, C. H. Beck's Verlagsbuchhandlung, 1997, S. 42ff. 转引自王世洲：《现代刑罚目的理论与中国的选择》，载《法学研究》2003年第3期。

不法行为所打乱的道德平衡"。① 综上所述，报应主义是一种面向过去的理论，其指向是回溯性的、惩罚性的，其在分配刑罚时秉持的是一种"按劳分配"的原则。

报应刑论以意志自由为前提，具有自由意志的人按照其自由意志选择了违法犯罪行为，因而应当对其进行道义上的责难并追究其刑事责任。刑罚正是作为对这种具有道义责任的行为的报应而对行为人科处的恶害。正如日本学者前田雅英指出的那样，报应刑论是从个人（犯人）方面来谈刑罚正当化的。②

作为一种理论形态，报应主义经历了从神意报应到道义报应再到法律报应的演进历程。

古代社会生产力低下，智识上蒙昧未开，人们习惯于万事仰仗于神灵。因此，人们试图将刑罚的正当性根植于所谓的神意之上也是当时环境之下顺理成章的结果。正如陈兴良教授所指出的那样，"报应观念形成以后，很快被神学化，因而神意报应就成为报应主义的第一种形态"。③ 神意报应将神的旨意作为国家刑罚权的来源，认为行为人基于自由意志，选择了犯罪行为，违背了神的旨意，表现了其主观上的恶，因而应受谴责，惩罚他就是对正义的回应。④

随着社会的发展，神意报应与生俱来的过于浓厚的宗教神秘色彩使其越来越不能很好地回应世俗社会中的种种现实问题。德国著名哲学家康德对报应论进行了世俗化和哲学化的改造，提出了道义

---

① Andrew. von. Hirsch, *Doing justice: the choice of punishments: report of the Committee for the Study of Incarceration*, Northeastern University Press, 1986, pp. 47-48.

② ［日］前田雅英著：《刑法总论讲义》，东京大学出版会 1988 年版，第 47 页。转引自张明楷著：《刑法的基本立场》，中国法制出版社 2002 年版，第 335 页。

③ 陈兴良著：《刑法的启蒙》，法律出版社 1998 年版，第 125 页。

④ 参见苏彩霞著：《累犯制度比较研究》，中国人民公安大学出版社 2002 年版，第 41 页。

报应论。康德以道德义务论证报应的正当性，并由此引申出等量报应的观点。① 他运用自己在哲学上所创设的"绝对命令"的概念，提出刑罚是一种与所有的目的性考虑无关的由正义提供的手段，他主张国家有义务通过惩罚每一个违反其法律的行为来重建道德秩序，而惩罚的根据就在于报应。人作为理性的存在，不得作为促进其他的手段，其本身就是目的。犯罪是人基于其自由意志自由选择的结果，惩罚犯罪人正是尊重其作为理性的存在。"正义要求刑罚应与罪恶均等。假如刑罚重于罪恶，则该人受到了过于严重的惩罚，并被用作实现他人幸福的手段；假如刑罚轻于罪恶，则罪恶并未受到应有的报复，该人仍取得了某种不正当的利益。"② 正如陈兴良所指出的那样，道义报应的本质是将刑罚奠基于主观恶性，予以否定的伦理评价。③ 康德的道义报应论完全排斥了刑法的功利性，是极端的报应论。

尽管康德确立的道义报应论为刑罚的合理性提供了有力论证，特别是对其进行了道德角度的论证，但是道义报应论有将道德责任与法律责任混为一谈的嫌疑。由此，黑格尔在区分法与道德的基础上从法的辩证运动的视角提出了法律报应论。与康德不同，黑格尔以法律义务论证报应的正当性，并由此引申出等价报应。他认为法秩序表现的是普遍意志，罪犯在其损害法的行为中表现的是特殊意志，因而犯罪是对法的否定，而刑罚则是对这种否定的否定。通过

---

① 参见陈兴良：《刑罚目的新论》，载《华东政法学院学报》2001年第3期。

② ［美］迈克尔·D.贝勒斯著：《法律的原则——一个规范的分析》，张文显等译，中国大百科全书出版社1996年版，第339页。

③ 参见陈兴良：《刑罚目的新论》，载《华东政法学院学报》2001年第3期。

刑罚可以使普遍意志和特殊意志得到统一，从而重建法秩序。① 因此，与道义报应论以道德罪过作为报应的基础不同，法律报应论以法律规定的客观危害作为报应的基础。另外，法律报应理论又与前面两种报应理论分享共同的理论内核，即主张应该从已然的犯罪中去寻找刑罚的根据。正如黑格尔所指出的那样，"犯人行动中所包含的不仅是犯罪的概念，即犯罪自在自为的理性方面——这一方面国家应主张其有效，不问个人有没有表示同意——而且是形式的合理性，即单个人的希求。认为刑罚即被包含着犯人自己法，所以处罚他，正是尊敬他是理性的存在。如果不从犯人行为中去寻求刑罚的概念和尺度，他就得不到这种尊重"。②

报应主义认为刑罚是作为对犯罪的报应而科处的，主张刑罚以已然之罪为根据，惩罚必须要公平，且与所犯罪行之大小成比例，这些主张使得刑罚的正当性建立在犯罪事实之上，牢固确立了犯罪与刑罚之间的基本关系，也明确了犯罪与刑罚之间的量的关系，具有十分重要的意义。然而，绝对报应刑理论单纯为了满足社会正义感而甚少考虑刑罚的社会效果，也招致众多学者的批评。美国学者劳伦斯·泰勒指出："建立在报应理论基础上的惩罚，其意义相当有限。它除了满足当代的杀戮欲，几乎再没有什么社会效益。报应既未改变犯罪人，也未阻止犯罪人或任何其他犯罪人将来可能进行的伤害。"③ 而约书亚·德雷斯勒（Joshua Dressler）则认为："如

---

① 参见 Hans-Heinrich Jescheck/Thomas Weigend, Lehrbuch des Strafrechts, AT, Duncker&Humblot/Berlin, 1996, S. 71。转引自王世洲：《现代刑罚目的理论与中国的选择》，载《法学研究》2003 年第 3 期。

② ［德］黑格尔著：《法哲学原理》，范扬、张企泰译，商务印书馆 1961 年版，第 103 页。转引自陈兴良：《刑罚目的新论》，载《华东政法学院学报》2001 年第 3 期。

③ ［美］劳伦斯·泰勒著：《遗传与犯罪》，群众出版社 1986 年版，第 7-8 页。转引自陈兴良著：《刑法的价值构造》，中国人民大学出版社 2006 年版，第 242 页。

果刑罚不起作用,刑罚即故意施加痛苦,就是无意义的、甚至是残酷的。可是,报应主义者恰好支持这一点,就是说,施加痛苦不导致未来利益。社会的目标应该是去减少整个人类的痛苦,而不是有意地去引起更多的痛苦。"①

2. 报应主义层面累犯制度正当性之论证

虽然报应刑论存在着不可忽视的缺陷,但是其依然拥有合理的内核,对于实现罪刑法定具有十分重要的意义。

尽管极端的报应主义者如美国学者弗莱彻、辛格和巴加里奇均认为累犯的犯罪历史与累犯后罪的罪责和不法程度均无关系,因而否认报应主义能给累犯制度提供正当化根据,② 但仍有许多其他的报应刑论者尝试着在报应主义的范畴内寻找累犯制度的正当性根据。鉴于"报应意味着科处刑罚是对有责的违法行为的回答,并使得有责的违法行为与报应等价;根据报应思想,已经实施的行为决定刑罚的基础与标准"③,这些报应刑论者在论证累犯制度正当性时最传统的进路是论证累犯的犯罪行为有别于初犯从而正当化累犯从严。在传统的进路下,无论是西方还是我国,报应刑论者目前最主流也最有说服力的论证方式都是通过论证累犯的罪责大于初犯来证明累犯制度的正当性。其他一些学者则试图通过论证累犯的犯罪行为比初犯更为严重来证明累犯制度的正当性。鉴于报应主义层面传统论证存在一些无法克服的缺陷,另有少数学者(主要是英

---

① Joshua Dressler: *Understanding Criminal Law* (4th ed.), 2006, p. 22.

② 参见 Bagaric, M. "Double Punishment and Punishing Character: The Unfairness of Prior Convictions", Vol. 19 *Criminal Justice Ethics*, 2000, *p.* 10; George P. Fletcher, "The Recidivist Premium", *Criminal Justice Ethics*, Vol. 1, 1982, pp. 54–59; George P. Fletcher, *Rethinking Criminal Law*, Oxford University Press, 2000; Richard Singer, *Just Deserts: Sentencing based on Equality and Desert*, Ballinger Publishing Co., 1979.

③ [德] 耶赛克、魏根特著:《德国刑法教科书(总论)》,徐久生译,中国法制出版社 2001 年版,第 84 页。

美法系的学者）另辟蹊径在报应主义层面借助于其他理论提出了一些新兴学说来论证累犯制度的正当性。下文将对累犯制度正当性传统的报应主义论证学说和新兴的报应主义论证学说做简单的介绍与梳理。

（1）报应主义层面的传统论证。

①累犯罪责更大说。

从罪责角度切入来论证累犯制度正当性的方式是报应刑论下最具说服力和最为学界所接受的论证模式，不同法系的学者在采用这一论证方式时分歧也最小。相较而言，大陆法系学者的论证因为教义刑法学之下责任主义原则的束缚更为规矩与小心，而英美法系学者的论证则更为活泼大胆。

a. 大陆法系学者的论证。在大陆法系的代表国家——德国，鉴于责任主义在德国刑法中至高无上的地位，试图从报应主义角度来论证累犯制度正当性的学者基本是在责任这一量刑基础的范围之内探讨累犯从严处罚的根据，差别在于论证的进路或者范式不同。

规范分析的进路是传统的论证范式。采取这一进路的学者试图根据责任主义设定的游戏规则，以作为规范责任要素的违法性意识为切入点来论证累犯因为有更重的责任所以需要承受更严厉的刑罚。比如，有的德国学者就认为，累犯从严处罚的根据在于行为人的违法性意识高于初犯，因为行为人应当而且能够从此前的判决中得到如下认识：法秩序不会容忍他的违法行为，且此前的判决已经强化了行为人形成合法动机的能力，他存在引以为戒的机会，这是初犯不具备的；因而在实施"后罪"之际，其责任更重。① 相似的，另有学者也指出累犯从严是因为前判及刑罚执行的经历强化了

---

① 转引自陈金林：《累犯的前提：犯罪还是刑罚——对〈刑法修正案（八）〉第 6 条的解读》，载《中国刑事法杂志》2011 年第 5 期。

其行为应受处罚的意识，因而责任更重。①

实证研究则是新兴的研究进路。一些学者通过实证研究将累犯制度的根据同样归结到责任层面上。这些学者提出诸如"冲动障碍"（Hemmungsimpulse）和"犯罪能量"（Kriminelle Energie）这些据称与责任联系紧密的新兴概念，通过实证研究或是证明累犯要逾越比初犯更强的冲动障碍或是证明累犯具有比初犯更高的犯罪能量，最后得出累犯责任更重的结论，进而表明累犯制度因此具有正当性。②

在日本，也有一些学者在论证累犯制度正当性时会从罪责层面寻找根据，如大塚仁就认为之所以对累犯进行特别处遇，原因之一就在于"已经用刑罚要求累犯者对其前犯之非予以改悛，但累犯者却不进行充分的反省，以致反复犯罪，这就增加了对其行为的道义性非难"。

其他学者也有类似观点，指出："在现行刑法上把累犯加重的理由，首先一条，对于已判处过一次刑的，但不知悔改竟敢再次犯罪以致增大非难性，因此，在责任上应该加重。"③

需要指出的是，无论是在德国还是在日本，从罪责层面来论证累犯制度正当性的做法并不被学界广泛接受。目前在德国，学界和实务界的主流意见认为：累犯从严"更多是一种针对不顺从态度的附加性惩罚，只能作为生活形成责任加以理解"④。"一般累犯重罚的规定在刑法上涉及违反行为人刑法的争议……用行为人之再犯

---

① 转引自陈金林：《累犯的前提：犯罪还是刑罚——对〈刑法修正案（八）〉第 6 条的解读》，载《中国刑事法杂志》2011 年第 5 期。

② 参见陈金林：《累犯的前提：犯罪还是刑罚——对〈刑法修正案（八）〉第 6 条的解读》，载《中国刑事法杂志》2011 年第 5 期。

③ ［日］木村龟二主编：《刑法学词典》，顾肖荣等译，上海翻译出版公司 1991 年版，第 435 页。

④ 转引自陈金林：《累犯的前提：犯罪还是刑罚——对〈刑法修正案（八）〉第 6 条的解读》，载《法律科学》2011 年第 4 期。

危险性作为处罚之责任内涵则违反了刑法学理上罪责应针对行为评价之罪责原则。"① 正是由于"累犯从重的条文，只能从认定生活方式罪责的角度才是可以理解的，并且与构成行为的罪责原则是不相一致的"，② 德国才将旧版刑法典第48条累犯重罚规定加以删除。与德国的情况类似，日本学界从罪责角度来论证累犯制度正当性的学者也只是少数。这种论证方式并不被广泛接受。日本大部分学者坚持认为刑法为累犯设置了法定构成要件，累犯加重责任适用是因为其要件符合性，加重刑罚不考虑人身危险性。③ 究其原因，很可能由于德、日两国深受刑法教义学的熏陶，在教义学的视野之下，累犯制度的根据更多的在于刑事政策而不在刑法。

b. 英美法系学者的论证。相对于德国学者在责任原则束缚之下循规蹈矩或者说有些缩手缩脚的论证模式来说，英美法系学者从报应主义角度展开的对累犯制度理论根据的论证则更加丰富和大胆。英美法系的学者对累犯从严有一个特定的表达方式——累犯溢价（Recidivist Premium），这一表达方式由刑法大家弗莱彻借用经济学上的概念创立。关于累犯溢价为何具有正当性的问题，有相当一部分学者试图从罪责角度来予以论证。与大陆法系的情况不同，这一类论证被英美学界的接受程度较高，对于实务界的影响也更大。

牛津大学的朱利安·罗伯茨教授的早期观点就认为，影响责任（Culpability）判定的因素应该是广泛的，这些因素应该包含了行为人在实施犯罪之前和犯罪之后的心理状态，而与本次犯罪相关类似

---

① 洪婷瑜：《"我国"累犯刑事立法之比较》，台湾国立中正大学2005年硕士论文，第26页。

② ［德］克劳斯·罗克辛著：《德国刑法学总论》（第1卷），王世洲译，法律出版社2005年版，第110页。

③ 参见［日］大谷实著：《刑法讲义总论》（第二版），黎宏译，中国人民大学出版社2008年版，第469页。

的犯罪前科和对本次犯罪的悔恨反应则是用来判断这些心理状态的证据。重复犯罪的行为与初次犯罪相比，通常表现出对刑法所捍卫的价值的更大蔑视。① 他曾明确指出："重新犯罪，与预谋类似，都显示了犯罪人罪责的加重。"② 而美国学者赫希在其早期著作中也表达了相似的观点："（犯罪人）定罪判刑之后的重新犯罪可被认为（犯罪人）有更重的罪责，因为其在先前（因为犯罪）所受刑罚已经严厉谴责过其犯罪行为之后依然坚持犯罪。"③ 另有学者则将以上观点进一步具体化之后又分别从注意论（Notice）和违抗论（Disobedience or Defiance）这两个角度展开论证。

持注意论观点的学者认为，一个人因从事犯罪行为被定罪处罚之后，其对犯罪行为的违法性认识与其他没有犯过罪的人相比更高。那么当其再次犯罪时，他对犯罪所具有的更高的违法性认识使得其责任更重，因而对其施以更重的惩罚就是正当的。这类论证思路与德国学者主流的论证思路最接近。④

持违抗论观点的学者认为，曾被定罪判刑的犯罪人出狱之后又重新投入犯罪怀抱的行为表明了他对整个社会以及国家政权的违抗

---

① 转引自 Christopher Bennett, "More to Apologise For: Can a Basis for the Recidivist Premium Be Found within a Communicative Theory of Punishment?", in Julian V Roberts and Andrew von Hirsch (eds), *Previous Convictions at Sentencing: Theoretical and Applied Perspective*, Hart Publishing, 2010, p. 75.

② 转引自 Andrew von Hirsch, "Proportionality and Progressive Loss of Mitigation: Further Reflections" in Julian V Roberts and Andrew von Hirsch (eds), *Previous Convictions at Sentencing: Theoretical and Applied Perspective*, Hart Publishing, 2010, p. 5.

③ Andrew von Hirsch, *Doing Jusitice: The Choice of Punishments*, New York: Hill &Wang. 1976, p. 85.

④ 转引自 Youngjae Lee, "Repeated Offenders and the Qquestion of Desert", in Julian V Roberts and Andrew von Hirsch (eds), *Previous Convictions at Sentencing: Theoretical and Applied Perspective*, Hart Publishing, 2010, p. 55.

和不服从。"好像他在说：我明白之前国家对我定罪处罚是为了试图让我成为一名遵纪守法的好市民。但是我拒绝这一切。我选择继续我的犯罪生涯。"① 这种抗命不遵的不顺从加大了累犯的罪责使累犯区别于初犯，因而累犯应受重罚。② 这一角度的论证最符合大众的逻辑，民众谈论如何惩罚累犯时也常常会采用类似的论调。

值得注意的是，在英美法系中，从罪责角度对累犯制度正当性的论证不光被学界普遍认为是报应主义层面论证累犯制度正当性的众多理论中最具说服力的一个，③ 这一理论对于实务界也产生了实实在在的影响。一些国家和地区的刑法中与量刑相关的规定或是针对量刑改革的提案中都采取了犯罪人之前的犯罪历史影响其本次犯罪的罪责程度的立场。

美国的联邦以及一些州的量刑指南手册中就明确采取了累犯之前犯罪历史增大其本次犯罪罪责程度的观点。美国量刑委员会的量刑指南手册第四章就明确指出："先前有犯罪记录的被告人比初犯罪责更大，因而需要判处更严厉的惩罚。"④ 美国犹他州的量刑指南中也有如下规定："量刑指南应该基于犯罪人当前犯罪的性质和由犯罪人犯罪历史评估推断出来的重新犯罪的可能性来反映犯罪人的罪责程度。"⑤ 而美国其他一些州的量刑指南中虽然没有明确将累犯的犯罪历史作为增加累犯罪责的因素，但将其作为独立于犯罪严重性和再犯可能性的因素与以上两者相提并论，实际上还是将犯

---

① George P. Fletcher, "The Recidivist Premium", *Criminal Justice Ethics*, Vol. 1, 1982, p. 57.

② Andrew. von. Hirsch, *Past or Future Crimes: Deservedness and Dangerousness in the Sentencing of Criminals* Manchester University Press, 1986, pp. 77-78.

③ 参见 Julian V Roberts, *Punishing Persistent Offenders: Exploring Community and Offender Perspectives*, Oxford University Press, 2008, p. 67.

④ 参见 US Sentencing Commission 2006.

⑤ 参见 Utah Sentencing Commission 2007: 2.

罪人的犯罪历史视为是与犯罪人罪责相关的因素。①

在英格兰与威尔士，量刑指南是由量刑指导委员会（Sentencing Guidelines Council）来发布的。该委员会在其2004年发布的量刑指导中明确将犯罪人之前的定罪记录列为与罪责相关的因素。② 一系列上诉法院作出的判决也清楚地将犯罪人之前的犯罪记录与罪责问题联系起来。③ 类似的，爱尔兰法律委员会1993年的一个提案中关于如何在量刑中将犯罪人之前的犯罪记录纳入考量的立法建议内容同样明确采取了累犯之前犯罪历史增大其本次犯罪罪责程度的观点。该提案写道："量刑者在决定对犯罪人施加多重的刑罚时，可以将犯罪人之前被定罪判刑的犯罪行为纳入考量，这些罪行可以被视为增加犯罪人罪责的因素。"④

c. 我国学者的论证。我国部分学者在论证累犯制度正当性的时候往往概括地认为累犯之所以要从严处罚，其根据或者说根据之一在于累犯的主观恶性深重。⑤ 苏彩霞博士在此基础上稍做展开，指出累犯之所以要从严是因为累犯主观上的可非难性和应受谴责性比初犯更高，而一般的刑罚法规都是针对初犯的，为表达国家对累犯更重的非难和谴责有必要在刑法总则中专门规定累犯从严的制

① 参见 Julian V Roberts, *Punishing Persistent Offenders*：*Exploring Community and Offender Perspectives*, Oxford University Press, 2008, p.69.

② 参见 Sentencing Guidelines Council 2004：6.

③ 参见 Julian V Roberts, *Punishing Persistent Offenders*：*Exploring Community and Offender Perspectives*, Oxford University Press, 2008, p.69.

④ 参见 Law Reform Commission of Ireland 1993：378.

⑤ 参见陈浩然著：《理论刑法学》，上海人民出版社2000年版，第407页；欧阳涛：《略论累犯》，载李希慧、刘宪权主编：《中国刑法学年会文集（2005年度）第1卷：〈刑罚制度研究〉（上册）》，中国人民公安大学出版社2005年版，第3页。

度。① 与西方学者的论证相比，我国学者从累犯主观状态层面出发的论证只有结论没有论证过程。

②累犯罪行更重说。

根据上文提及的 2007 年麦克·霍夫和朱利安·罗伯茨等学者为英国量刑顾问小组所做的调查结果，公众普遍认为犯罪人的犯罪历史与犯罪人本次犯罪的严重性相关，累犯之所以需要受到更严厉的刑罚是因为其之前的犯罪记录增加了其本次犯罪的严重性。然而，公众对累犯制度正当性根据的认知在学界并不属于主流观点。试图从累犯所犯罪行比初犯更重的进路来论证累犯制度正当性的做法几乎不被大陆法系学者采用。因为从严谨的刑法教义学角度来看，在客观不法层面，累犯与初犯不存在差异。② 不过在英美法系和我国，仍有部分学者尝试从这个角度来对累犯制度正当性进行论证。

在美国，少数学者采取了与普通公众一致的立场，认为犯罪人之前的犯罪记录对犯罪人当前犯罪的严重程度有影响，美国学者杜伦（Durham）统一将此类理论称为"加重危害"（Elevated Harm）的论证。③ 这类理论大致可以分成三种进路：不当得利说、特殊能力说、公信损毁说。

不当得利说为美国学者戴维斯（Davis）所主张。戴维斯认为犯罪之所以不可接受是因为犯罪人通过犯罪行为从那些遵守法律规定的守法公民身上获取了不当得利。针对犯罪人犯罪行为的惩罚要

---

① 参见苏彩霞著：《累犯制度比较研究》，中国人民公安大学出版社 2002 年版，第 60 页。

② 参见陈金林：《累犯的前提：犯罪还是刑罚——对〈刑法修正案（八）〉第 6 条的解读》，载《法律科学》2011 年第 4 期。

③ 参见 Alexis M. Durham III, "Justice in Sentencing: The Role of Prior Record of Criminal Involvement", *The Journal of Criminal Law and Criminology*, Vol. 78, 1987, pp. 626-631.

与犯罪人从犯罪中获取的不当得利相称。① 他认为之所以对累犯要从严是因为尽管累犯和初犯一样都从犯罪行为中获得了不当得利，但是累犯与初犯相比而言，重新犯罪行为从相同的犯罪行为中获取了更大的不当得利。②

特殊能力说认为累犯之前的犯罪经历能够让其具备更高的犯罪技能，也能让其更有效地躲避司法机关的打击和追捕，因此累犯相比初犯来说对社会更具威胁性。为了消除累犯这种额外的能力，司法机关必须以更大力度的惩罚性回应以做应对。③

公信损毁说指出累犯与初犯相比，其重新犯罪的行为使得公众在更大程度上丧失了对司法机关控制犯罪能力的信任，加深了人们对犯罪的恐惧，进一步降低了人们的生活质量，因而累犯的犯罪行为具有更大的危害性进而需要从严。④

很明显，特殊能力说和公信损毁说事实上是从累犯犯罪社会危害性更大的角度来论证累犯制度正当性的。这种论证模式与我国传统的刑法理论相互兼容，我国一些学者也同样试图采取类似于特殊能力说或是公信毁损说的论证进路从犯罪行为严重性的角度对累犯从严的正当性作出论证。高铭暄先生就采取了与公信损毁说相近的观点，认为累犯之所以需要从严是因为"累犯削弱了国家法律权

---

① 参见 Davis M. "How to make the punishment fit the crime", *Ethics*, Vol. 93, 1983, pp. 726–752.

② 参见 Davis M. "Just deserts for recidivists", *Criminal Justice Ethics*, Vol. 4, 1985, pp. 29–50.

③ 参见 Alexis M. Durham Ⅲ, "Justice in Sentencing: The Role of Prior Record of Criminal Involvement", *The Journal of Criminal Law and Criminology*, Vol. 78, 1987, p. 629.

④ 参见 Alexis M. Durham Ⅲ, "Justice in Sentencing: The Role of Prior Record of Criminal Involvement", *The Journal of Criminal Law and Criminology*, Vol. 78, 1987, p. 630.

威，动摇了社会心理秩序"。① 而周振想老师则综合了特殊能力说与公信损毁说提出累犯从严的根据在于累犯的社会危害性大于初犯，具体表现在以下几个方面：第一，累犯往往会耗费国家司法机关在司法过程中更多的资源。累犯有过的犯罪经历使其在犯案、归案、服刑过程中更具逃避和反抗的经验，势必会给司法机关开展工作增加困难。第二，累犯削弱国家法律权威。累犯的出现意味着刑法遏制犯罪、改造犯罪人、保护人民利益功能的失效，从而使人们对刑法的权威和尊严产生怀疑。第三，累犯对社会心理秩序的破坏要大于初犯。某人初次犯罪后给人们造成的心理恐惧会随着犯罪人受到惩罚而逐渐消失，而当该人刑满释放后再次实施犯罪时，人们就会随之对国家刑法失望，心理上的恐惧和不安程度也会增加。即使累犯再次受到惩罚，社会的心理秩序也难以恢复正常。②

（2）报应主义层面传统论证之批判。

从传统意义上来说，"报应意味着科处刑罚是对有责的违法行为的回答，并使得有责的违法行为与报应等价；根据报应思想，已经实施的行为决定刑罚的基础与标准"③，而累犯之前的犯罪记录与构成累犯后罪的有责违法行为无涉。上文所列的各种从报应主义层面对累犯制度正当性的传统论证的共同点就是设定累犯之前的犯罪记录揭示了累犯某些隐藏的不同于初犯的涉罪特质，通过扩张传统的罪责或不法的概念，对违法的有责行为做超规范的过度阐释来将这些所谓的隐藏于累犯犯罪历史的涉罪记录囊括其中。这种做法存在很大的问题，招致其他学者的强烈批判。

---

① 高铭暄著：《刑法学原理》（第三卷），中国人民大学出版社 1994 年版，第 293 页。

② 周振想著：《刑罚适用论》，法律出版社 1990 年版，第 291-292 页。

③ ［德］耶赛克、魏根特著：《德国刑法教科书（总论）》，中国法制出版社 2001 年版，第 84 页。

①对累犯罪责更大说的批判。

现代刑法中的责任主义只限于消极的责任主义,即主张"没有责任就没有刑罚"。责任主义的题中之义在于限制刑罚,而非扩张刑罚。从这个意义上来说,在报应主义层面试图通过扩张罪责概念来正当化累犯从严的做法似乎与责任主义的本意是背道而驰的。

同为报应刑理论拥趸的美国学者弗莱彻和辛格就对这种理论论证方式提出了严厉的批评。辛格认为,对于国家权力的不服从不是天生应受谴责的。举例来说,一个人有意地反复触犯带有种族歧视的法律规定,以此来反抗种族压迫,从定义上来说,他也构成累犯。然而在这种情况下,人们很难将行为人通过其行为表现出的对国家警告的不遵从视为道德上的罪错。因此,如果忽视上一次定罪处罚所代表的国家警告本身算不上是一种道德罪错,那么它也不能用来增加累犯的罪责。① 为了论证犯罪人对法律的不服从不能作为增加其罪责的因素,弗莱彻将家庭生活与社会生活进行类比从而展开更为深入的阐释。他在《反思刑法》一书中举了这样一个例子:"设想一位家长惩罚不按时回家的少年。惩罚已经延续一个星期了。如果少年仍然顽固坚持晚上在外面鬼混,家长就可能加重惩罚。毕竟家长是希望家规被遵守的。"② 弗莱彻认为,在这种家庭生活语境下,因为少年屡教不改的行为显示出来的对家长权威的蔑视而对少年加重惩罚是合理的。但是在市民社会的语境下因为累犯重新犯罪行为显示出来的对法律和国家权力的蔑视而对累犯从严则是不合理的。弗莱彻对此是这样解释的:在家庭里和在自由社会中,惩罚的动机是不同的。一方面,家庭内的惩罚冲动主要来自维

① Markus Dirk Dubber, "The Unprincipled Punishment of Repeat Offenders: A Critique of California's Habitual Criminal Statute", *Stanford Law Review*, Vol. 43, 1990, p. 206.

② [美]乔治·弗莱彻著:《反思刑法》,邓子滨译,华夏出版社 2008 年版,第 340 页。

持家长权威和遵守家规的需要。少年的冥顽不化损害了家长的权威，构成了不断破坏家规的更大的违法。家长之所以可以采取更严厉的惩罚手段来应对是因为只有维持家长权威才能保证稳定的家庭生活。如果父母丧失了落实家规的能力，则要么出现家庭的混乱，要么导致家庭的解体。另一方面，自由社会并不脱胎于家庭这个模型，自由社会以法治为基础，权威不具有至高无上的权力，只是一种形式的存在。立法者、法官和执法者作为法律执业者没有资格像他们的权威遭受了挑战一样对累犯这种顽固的罪犯加重惩罚。这是自由社会与家庭生活的区别，也是自由社会与专制社会的区别。①弗莱彻进一步指出了累犯罪责更大说的根本缺陷：累犯重罚假设累犯比初犯的罪责大，这等于创造了一类在对犯罪人定罪处罚时所必须要求的超越自愿的超自愿（a category of hyper-voluntariness in excess of the voluntariness），而这一类别是刑法迄今为止从来没有关注过的。换句话讲，累犯之所以要比初犯受到更重的惩罚，是因为累犯比初犯在犯罪的时候更加自愿。这显然是说不通的。② 这两位美国学者主张严格秉持报应主义最传统的旨意，反对累犯的刑罚因为其犯罪历史而加重。

我国也有学者对国内主张累犯主观恶性更大的观点提出了批评，认为"这种论述模式更多是一种文化政治意义上的评价，而不像规范分析"③。熊建明教授指出：如果认为累犯重新犯罪的事实就能证明累犯罪责比初犯大，"同样无可辩驳的是，一个首次犯罪就故意杀害他人的恶性远重于一个前次犯盗窃罪被判刑三年、刑

---

① ［美］乔治·弗莱彻著：《反思刑法》，邓子滨译，华夏出版社 2008年版，第 340-341 页。

② Markus Dirk Dubber, "The Unprincipled Punishment of Repeat Offenders: A Critique of California's Habitual Criminal Statute", *Stanford Law Review*, Vol. 43, 1990, p. 207.

③ 陈金林：《累犯的前提：犯罪还是刑罚——对〈刑法修正案（八）〉第 6 条的解读》，载《中国刑事法杂志》2011 年第 5 期。

满释放后第四年再犯可能判处三年徒刑的累犯。除非依据可以指标化体系，对类似犯罪之犯罪事实情节危害后果等进行实证比较，否则很难单凭犯罪次数断定哪种犯罪恶性程度更高，即仅凭一个人只犯一次罪，和另一个人犯了两次罪这一事实就断然宣称后者恶性高于前者的理由相当不充足，因而是非理性的。如果不具备比较的可能性和可操作性，恶性程度孰轻孰重的人际衡量难以进行，这正如经济学中的序数效用，在人际间无法比较一样"①。

②累犯罪行更重说的批判。

与累犯罪责更重说相比，累犯罪行更重说的瑕疵更为明显。弗莱彻在《反思刑法》一书中就明确指出："很难看出以前认定的一系列夜盗罪如何增加了当前指控的夜盗罪的违法程度。"② 从另一个角度来说，如果累犯和初犯各自采用相同的方式盗窃了相同价值的财物，我们也很难看出累犯的盗窃行为如何比初犯的盗窃行为更严重。正如巴加里奇所指出的那样："一个累犯所累计实施的 100 个夜盗罪与 100 个初犯每人分别实施一个夜盗罪所造成的损害数量是完全一样的。"③ 陈兴良老师也有类似的观点，指出"初犯杀死一人与累犯杀死一人，在社会危害性上来说没有区别，初犯盗窃他人 1 万元与累犯盗窃 1 万元在社会危害性上来说同样没有区别。"④ 朱利安·罗伯茨也认为，累犯罪行更重说属于让人第一眼看上去就无法信服的理论。因为对犯罪行为的社会危害性的判断应该是基于各种客观因素的，如犯罪行为对受害人造成了多大的人身伤害？被

---

① 熊建明：《累犯通说的反省与批判》，载《环球法律评论》2011 年第 3 期。

② ［美］乔治·弗莱彻著：《反思刑法》，邓子滨译，华夏出版社 2008 年版，第 339 页。

③ Bagaric，M. *Punishment and Sentencing：A Rational Approach*，Cavendish Publishing，2001，p. 17.

④ 陈兴良著：《刑法适用总论》，中国人民大学出版社 2006 年版，第 409 页。

偷窃或者被损毁的物品价值几何？这些客观因素都有较为确定的答案。犯罪行为社会危害性的判断不应该将某些主观臆断囊括进来。① 累犯罪行更重说的几种论证模式事实上都是对犯罪行为社会危害性的概念做了不恰当的扩张。

正如李海东博士指出的那样：对于犯罪本质做社会危害性说的认识，无论它受到怎样言词至极的赞扬与称颂，社会危害性并不具有基本的规范质量，更不具有规范性。它只是对于犯罪的政治的或者社会定义的否定评价。这一评价当然不能说是错的，问题在于它不具有实体的刑法意义，当然没有人会宣称所有危害社会的行为都是犯罪和都应处罚。但是，如果要处罚一个行为，社会危害性说就可以在任何时候为此提供超越法律规范的根据，因为它是犯罪的本质，在需要的情况下是可以决定规范形式的。社会危害说不仅通过其"犯罪本质"的外衣为突破罪刑法定原则的刑罚处罚提供一种貌似具有刑法色彩的理论根据，而且也在实践中对于国家法治起着反作用。② "社会危害性是对犯罪的一种超规范解释，尽管这一概念在某种情况下具有强大的解释功能，但恰在这一点上有可能与罪刑法定原则形成冲突。"③

社会危害性这个概念本身就饱受质疑，从这个概念入手来试图说明罪刑均衡原则下累犯应受重罚的根据的问题也是行不通的。社会危害性是一个十分空泛的概念，认为累犯的社会危害性大于初犯事实上只是学者理论上的假设，缺乏实证数据的支持。

首先，如果认为累犯有丰富的犯罪经验而使司法机关需要动用

---

① Julian V Roberts, *Punishing Persistent Offenders: Exploring Community and Offender Perspectives*, Oxford University Press, 2008, p. 65.

② 李海东：《社会危害性与危险性：中、德、日刑法学的一个比较》，载陈兴良主编：《刑事法评论》（第 4 卷），中国政法大学出版社 1999 年版，第 68 页。

③ 陈兴良：《社会危害性理论——一个反思性检讨》，载《法学研究》2000 年第 1 期。

更多的资源来对付累犯，从而得出累犯因此造成的社会危害性大于初犯因而要重罚的结论，我们同样可以假设这样一种情况：一个虽无犯罪经验但智商超群的初犯甲，和另外一个智力平庸的初犯乙一起实施了强奸行为，乙很容易就在司法机关面前败下阵来，而甲因其出众的头脑给司法机关在定罪量刑的过程中带来了极大麻烦。难道我们可以鉴于司法机关在对付甲时动用了比对付乙更多的人力、物力而在定罪量刑的时候对甲处以比对乙更重的惩罚？显然这一论点是不能成立的。

其次，从法律权威的削弱、社会心理秩序的破坏这些非物质的角度来说明累犯的社会危害性大于初犯，使社会危害性这个本来就空泛的概念愈显苍白，因为法律权威的削弱和社会心理秩序的破坏是抽象而不可测的。凡是犯罪都具有这些危害，累犯和初犯的差别对于受害人和一般公众而言并不是那么有意义，这是国家才关心的事情。从很大程度上来讲，累犯和初犯如若实施了相同的犯罪行为，其造成的客观危害是相同的。

综上所述，试图从累犯比初犯的社会危害性大这个角度来阐释罪刑均衡原则中累犯所造成之"罪"大于初犯，所以其应受之"刑"也要大于初犯的径路是不通的。现在一般认为，累犯与初犯犯同样的罪，所造成的客观危害是一样的。[①]

很明显，从报应主义层面对累犯制度正当性进行传统论证的种种尝试存在不能克服的缺陷。究其根本原因，笔者认为还是因为报应主义是行为刑法的应有之义，而累犯制度本质上还是行为人刑法的产物，[②] 以行为人的人格为基底而非以行为为基底，其根本落脚

---

① 苏彩霞：《累犯制度比较研究》，中国人民公安大学出版社2002年版，第136页。

② 台湾地区的林东茂老师也持有相似观点，认为累犯此规定是纯粹的"行为人刑法"。参见林东茂著：《刑法综览》，中国人民大学出版社2009年版，第21页。

点在于行为人的人身危险性。正如福柯所指出的那样："对于重复犯罪，人们的目标不是法律规定的某种行为的责任者，而是犯罪者主体，是显示其怙恶不悛本性的某种意向。渐渐地，不是罪行，而是犯罪倾向成为刑法干预的对象。"① 累犯制度与报应主义理论这种内在的不可调和的本质矛盾决定了报应主义尤其是传统的报应主义无法为其提供一个圆满的正当化理由。

（3）报应主义层面的非传统论证。

鉴于报应主义的传统论证路径无法为累犯制度提供一个令人信服的正当化根据，一些学者主要是英美法系的学者则试图在报应主义层面另辟蹊径，抛开罪责、不法这些传统概念倚仗刑法理论之外的来源发展出一些新兴理论来试图论证累犯制度的正当性。这些报应主义层面的非传统理论之前从未引起我国学者的注意，但是它们在西方法学界尤其是英美法系学界具有一定的影响力。因而在此有必要对它们做些基本介绍并进行简单点评。这些从报应主义层面论证累犯制度正当性的新兴理论概括起来主要有以下几种：不作为论、抱歉论、犯罪黑数论以及失足理论。其中前三种理论是在明确支持累犯从严的前提下为累犯制度的正当性寻找理论根据，主张犯罪人之前的每一次犯罪记录都应当对其当前犯罪的量刑起到加重的作用。而失足理论的提出是以形式上反对累犯从严支持初犯从宽为前提的，但这种理论的立场从实质上看依然是支持累犯从严，因为在犯罪人没有完全丧失初犯从宽的待遇之前，犯罪人随着犯罪记录的增加而逐渐丧失量刑宽和的待遇事实上与累犯因为犯罪记录的增加逐渐被加重刑罚是同一事物的一体两面。总的来说，前三种理论所支持的累犯从严量刑模式是"逐步累进量刑模式"（the Cumulative Sentencing Model），而最后一种理论所支持的累犯从严量刑模式是"渐失宽和量刑模式"（the Progressive Loss of Mitigation）。

---

① ［法］米歇尔·福柯著：《规训与惩罚》，刘北成、杨远婴译，三联书店 1999 年版，第 110-111 页。

①不作为论（Omissions Theory）。

这一理论为李英在所主张。与其他学者不同，李英在将累犯制度的正当性建立在团体性义务（associative obligation）的概念之上。① 他认为累犯溢价的正当性不在于累犯的罪责更大或是累犯通过其再次犯罪所表现出来的违抗和不服从，而是在于累犯没有采取措施防止自己进一步犯罪的不作为。李英在认为，累犯因为之前的犯罪经历了国家的定罪处罚刑事程序因而与国家之间形成了一种关系，这种关系使得累犯负有避免今后重新犯罪的义务（因为初犯之前没有因为犯罪而被定罪处罚的经历，所以初犯不负有这样的义务）。累犯重新犯罪的事实表明了累犯没有履行该义务，这种不作为使得累犯应该受到更重的处罚。② 李英在认为其提出的不作为理论与其他从报应层面来论证累犯制度正当性的学说相比，既可以解释人们针对累犯的额外憎恶，又不存在涉及惩罚犯罪人人格的嫌疑，还可以限制累犯从严的幅度，因而具有先进性。

②抱歉论。

抱歉论事实上是对不作为论的一种修正或者改良。该理论的提出者是克里斯托弗·班尼特（Christopher Bennett），在认同不作为理论优于其他论证方式的同时，他指出不作为理论无法很好地解释为什么累犯负有合理组织其生活避免从事犯罪的义务而初犯没有这样的义务，因为从理论上来讲，所有的公民，无论是否是累犯，都负有合理组织自己的生活避免从事犯罪的义务。因此，他借助刑罚的沟通理论试图论证不作为论之下累犯所特别负有的义务的存在。与李英在类似，他认为应该将刑罚看作一种与犯罪人沟通并且传达

---

① 罗纳德·德沃金在《法律帝国》一书中首次提出了团体性义务理论，该理论已经成为当今西方有关政治义务问题的核心理论之一。

② 参见 Youngjae Lee, "Repeated Offenders and the Question of Desert", in Julian V Roberts and Andrew von Hirsch（eds）, *Previous Convictions at Sentencing：Theoretical and Applied Perspective*, Hart Publishing, 2010, pp. 49-71.

社会对其谴责的过程，但是同时他也认为犯罪人服刑的过程也是一种道歉仪式（Apology Ritual），累犯因为之前的犯罪已经历了这样一个道歉仪式，因而他们就负有改过自新的义务，而初犯因为之前没有经历过这种道歉仪式，因而他们就不负有这样的义务。所以，当累犯因为重新犯罪被再次定罪量刑时，他们相对于初犯对于国家和社会需要作出更多的道歉，因为他们没有履行第一次道歉时所承诺的改过自新的义务，因此，对他们的刑罚应该与他们对社会的歉意成比例。①

③犯罪黑数论。

学者摩尔（Moore）及其拥趸认为，鉴于刑事司法体系的效率低下，累犯与非累犯相比，没有受到刑事司法体系追究的实际犯罪行为要更多，进而得以更多地逃避本应接受的惩罚，这就是累犯重罚的正当化根据。

"鉴于累犯应得惩罚的大小，人们会合理地质疑相对于那些初犯来讲累犯是否承受了他们罪有应得的惩罚。因为累犯实际所接受的惩罚比他们应得的要少，一种法律体系下的不公就产生了。那些罪大恶极的犯罪人受到的惩罚要小于基于他们的行为原本应该得到的惩罚。如果对累犯实行重罚，正义可能得到进一步伸张，因为这样一来刑罚的分配可能更贴合犯罪频率的分配"。这一理论的立论点在于现实中存在大量的犯罪暗数这个事实，进而推演出累犯真正实行的犯罪行为远比他们被怀疑的要多。如果我们的刑事司法体系足够有效，这些累犯犯下的犯罪暗数就会明明白白地展现于众人眼前，那么就不会有人反对对这些犯罪施以惩罚。但是我们现在的刑事司法体系的效率还不是那么尽如人意，所以累犯犯下的那些不为

---

① Christopher Bennett, "'More to Apologise For': Can A Basis for the Recidivist Premium Be Found within a Communicative Theory of Punishment?" in Julian V Roberts and Andrew von Hirsch (eds), *Previous Convictions at Sentencing*: *Theoretical and Applied Perspective*, Hart Publishing, 2010, pp. 73-88.

人知的罪行就只能通过对累犯已知的犯罪进行重罚来追究了。

这种观点显然存在很多问题。首先，认为累犯除了犯下为大家所知的罪行之外还犯有其他不为人知的罪行这一论点在没有被确切证实之前是虚妄的。累犯不一定是犯罪暗数的犯罪人，也很可能是犯罪暗数的受害人。为了让那些所谓犯罪暗数的犯罪人受到应有的惩罚而使得这些可能是犯罪暗数的受害人承受更重的惩罚，无论从报应主义还是功利主义来看都是说不通的。其次，这也违反正当程序原则。传统的刑事诉讼允许被告人当庭提交证明自己无罪的证据，但是在这种情况下被告人的这项权利被忽略了，因为对他们可能犯下的罪行从来没有被当庭指控过，刑罚的加重只不过是基于犯罪暗数的假设，被告人因为他们从未受到指控的罪行而受到更严厉的惩罚，这种不正义的程序如何能产生一个公平正义的结果？

④失足理论（The Lapse Theory）。

与持以上三种学说的论者不同，英美法系中有一部分报应刑论者认为报应主义无法很好地为累犯从严提供正当化理由，因此他们不再尝试寻找累犯从严的报应主义根据，转而尝试从报应主义层面来寻找初犯从宽（First Offender Discount）的正当化根据。鉴于此，这些学者提出了"失足理论"来从报应主义层面论证初犯从宽的正当性，这部分学者主要有马丁·沃斯克、安德鲁·阿什沃思。冯·赫希在后期著作中也放弃了累犯罪责更大说，转而采取这种论证进路。

失足理论的立论前提在于人非圣贤，孰能无过。行为人因为一时的软弱或是其他原因偶尔丧失自控能力陷入了犯罪的境地体现出的是人性固有的弱点，因此社会应该对此表现出有限度的宽容。在承认人性固有弱点的同时，失足理论也坚信人具有知错能改的能力。综上所述，对人性弱点的宽容与对人知错能改能力的确信构成了失足理论的核心。①

　　具体到对犯罪人量刑的问题上，因为初犯对于犯罪与刑罚的后果没有充分的认识，而且其在犯罪之前一直遵纪守法表现出良好的人格，尽管初犯因为一念之差从事了犯罪行为，但是法官依然可以基于以上理由对其进行从宽处罚。但需要注意的是，对于初犯量刑时的宽容是有限度的，如果初犯辜负了法院对其的宽和依然选择继续实施犯罪行为，其在量刑时可以享受到的从宽待遇便会随着其重复犯罪次数的增加而逐渐丧失，直至恢复到国家法律规定的正常量刑的严厉度。在那以后，无论犯罪人又重新实施了多少次犯罪行为因而又重新被定罪量刑多少次，法院均不能因为犯罪人之前的犯罪记录对其从严处罚。这类学者之间尚存争议的一点是初犯究竟重新被定罪处罚多少次之后对其量刑的优待才能完全丧失。②

　　这种论证进路是为了回避累犯从严在报应主义层面无法自圆其说的困境所提出的，诚然，当初犯在数次重新犯罪进而定罪量刑之后丧失了量刑从宽的优待，之后无论其再重新犯罪多少次，对其的量刑也不会随着其犯罪记录次数的增加而加重，这从某一方面来讲

---

　　① 参见 Andrew von Hirsch，"Proportionality and Progressive Loss of Mitogation：Further Reflections" in Julian V Roberts and Andrew von Hirsch（eds），*Previous Convictions at Sentencing：Theoretical and Applied Perspective*，Hart Publishing，2010，pp. 1-16.

　　② 参见 Martin Wasik，"Guidance，Guidelines and Criminal Record"，in M Wasik and K Pease（eds），*Sentencing Reform：Guidance or Guidelines*? Manchester University Press，1987；Andrew von Hirsch and Andrew Ashworth，*Proportionate Sentencing：Exploring the Principles*，Oxford University Press，2005；Andrew von Hirsch，"Criminal Record Rides Again"，Criminal Justice Ethics，Vol. 10，1991，pp. 55-57；Jesper Ryberg，"Recidivism，Retributivism and the Lapse Model of Previous Convictions"，in Julian V Roberts and Andrew von Hirsch（eds），*Previous Convictions at Sentencing：Theoretical and Applied Perspective*，Hart Publishing，2010，pp. 37-48.

确实不需要再面对从报应主义层面论证犯罪人的犯罪记录为何可以加重犯罪人刑量的问题。然而，从另一方面来说，在犯罪人没有耗尽量刑从宽的优待之前，其刑量依然是随着犯罪人犯罪记录的增加而加重的。因此，主张所谓的初犯从宽，从另一个角度来看就是支持所谓的累犯从严，只是这种累犯从严是阶段性的罢了。从这一理论进路提出的对累犯从严的批判实质上只是形式上的批判，在犯罪人完全丧失初犯量刑的优待之前依然承认犯罪人的犯罪历史应该起到增加犯罪人刑量的作用。鉴于失足理论本质上仍然是分阶段有限度地允许犯罪人的犯罪历史增加犯罪人的刑量，因此与其说这一理论是对累犯从严的批判，不如说这一理论是采用曲线救国的方式换了一种说法在报应主义层面上论证了累犯从严的合理性。

（二）功利主义的视角

1. 功利刑论概述

柏拉图曾在《法律篇》中这样论述刑罚的正当性根据："刑罚并不是对过去的报复，因为已经做了的本来是不能再勾销的，它的实施是为了将来的缘故，它保证惩罚的个人和那些看到他受惩罚的人既可以学会彻底憎恶犯罪，还至少可以大大减少他们的恶习。"[1] 贝卡利亚在《论犯罪与刑罚》这一经典著作中则对柏拉图的思想进行了重申，指出"刑罚的目的仅仅在于：阻止罪犯再重新侵害公民，并规诫其他人不要重蹈覆辙。因此，刑罚的目的既不是要摧残折磨一个感知者，也不是要消灭已犯下的罪行"[2]。因而在功利主义者看来，惩罚的实施是因为已经犯下的罪行，可是这个"因为"不是真正的理由，只是惩罚的近因，理由应当从后果中去寻找，而后果不在过去而在将来：惩罚是为了使犯罪者将来不再犯罪

---

[1] 转引自［美］戈尔丁著：《法律哲学》，齐海滨译，三联书店1987年版，第141页。

[2] ［意］切萨雷·贝卡利亚著：《论犯罪与刑罚》，黄风译，中国大百科全书出版社1988年版，第42页。

而由国家当局施行在犯罪者身上的一种痛苦。① 惩罚本身不是一件好事，其本身并没有什么意义，只有在为了实现一定目的即减少犯罪的意义上才具有价值。刑罚的正当化根据在于刑罚目的的正当性与有效性。②

功利主义要求刑罚不是对已然之罪的报应，而是对未然之罪的预防，主张刑罚的严厉程度应与预防犯罪的需要相适应，认为刑罚的正当性在于它的合目的性及有效性，其目的可能是威慑，可能是改造，也可能是隔离，这些具体的目的又被统摄于防卫社会这个大目标之下。概括来说，功利主义是一种面向未来的理论，其指向是前瞻性的、预防性的，其在分配刑罚时秉持的是"按需分配"的原则。

与报应刑论不同，功利刑论认为刑罚在广义上是为了实现防止犯罪的目的而科处的，其否认犯罪人的自由意志，认为犯罪是由犯罪人的性格与环境所导致的必然现象，犯罪行为是行为人反社会人格的表征，为了实现减少犯罪、防卫社会这一统摄性的目的，必须将刑罚作为手段施加于犯罪人之上对其改造或威慑或隔离。因而与报应刑论相比，功利刑论是从社会方面来谈刑罚的正当化的。

功利刑论将刑罚正当性建立在适用刑罚意欲实现的目的之上，这种主张自然也受到了学者的诸多批评。一方面，学者认为功利刑论过于关注刑罚所带来的善，很可能会践踏公平正义。黑格尔就曾一针见血地指出："如果把犯罪及其扬弃（随后被规定为刑罚）视为仅仅是一般祸害，于是单单因为已有另一个祸害存在，所以要采用这一祸害，这种说法当然不能认为是合理的。关于祸害的这种浅

---

① ［德］包尔生著：《伦理学体系》，中国社会科学出版社 1988 年版，第 525 页。

② ［日］早稻田司法考试研究室：《刑法总论》，早稻田经营出版社 1990 年版，第 12 页。转引自张明楷著：《刑法的基本立场》，中国法制出版社 2002 年版，第 333 页。

近性格,在有关刑罚的各种不同理论中,如预防说、警戒说、威吓说、矫正说等,都被假定为首要的东西;而刑罚所产生的东西,也同样肤浅地被规定为善。但是问题既不仅仅在于恶,也不在于这个或那个善,而肯定地在于不法和正义。如果采取了上述肤浅的观点,就会把对正义的客观考察搁置一边。然而这正是在考察犯罪时首要和实体性的观点。"① 正如麦克洛斯基在《对功利主义惩罚的评论》一文中展示的那样,如果奉行功利主义,那么人们就可以为了避免成百上千的人死去而去诬陷一个无辜者。在这种情况下,一个非正义的惩罚体系比一个正义的惩罚体系更为有效。② 尽管麦克洛斯基只是在逻辑层面上证明了功利主义可能带来的非正义的危险,但是功利刑论中蕴含的为了所谓的善而惩罚无辜的危险却是实实在在地存在的。美国学者弗莱彻就认为,功利刑论的缺陷在于如果刑罚的功利主义目的成为了刑罚的绝对根据,人们就会将注意力集中在随之而来的善,而忽视刑罚承受者是否罪有应得。他对此进一步阐述道:"德国纳粹就很清楚,为了控制集中营里的人,不时吊死一个无辜的人能够有效震慑其他不服从的人。审理交通案件的法官也可能被这样的想法所吸引:无论特定的嫌疑人是否已经犯罪,惩罚性的罚款或罚金都会使他以后更小心地驾驶。迁善的目的尤其阴险,因为国家的强制力在此披上了仁慈动机的外衣。如果嫌疑人有病,急需治疗,那么他是否因一个特别偶然的原因'碰巧'犯了罪就似乎完全无关紧要了。"③ 另一方面,功利刑论不惜以牺牲正义为代价所追求的善能否如人所愿得到实现也存在很大的疑

① 参见 [德] 黑格尔:《法哲学原理》,范扬、张企泰译,商务印书馆1961年版,第101页。转引自陈兴良著:《刑法的价值构造》(第二版),中国人民大学出版社2006年版,第244页。

② 参见 [澳] 斯马特、[英] 威廉斯:《功利主义:赞成与反对》,牟斌译,中国社会科学出版社1992年版,第67页。

③ [美] 乔治·弗莱彻著:《反思刑法》,邓子滨译,华夏出版社2008年版,第303-304页。

问。正如弗莱彻所说，"所有这些可预见的善，都属于高度的玄想和推测。惩罚在何种程度上实现这些目标，原本就是有争议的，尤其在个案当中，几乎不可能预见，多惩罚一个犯罪人，或者再一次惩罚一个惯犯，会有什么增加的价值。这些玄想的目标都有赖于未来发生的情况"①。因此，有批评者就作出了如下振聋发聩的预警："以未来的目标确定刑罚正义性常常伤害了我们的正义感。如果功利主义的目标被接受为确定刑法的基础，那就等于打开了潘多拉之盒。"②

2. 功利主义层面累犯制度正当性之论证

与在报应主义层面对累犯制度正当性论证所遇到的困难相比，从功利主义层面对累犯制度进行正当性论证要容易得多。"在一个试图通过面向未来的功利主义战略来减少犯罪的法律体系下，累犯重罚似乎很容易正当化。其正当性与防卫公众安全相连，而不是和增强刑事司法体系的公正性相连。"③

与报应主义的观点不同，功利主义认为累犯与初犯的本质区别既不在于犯罪行为的罪责大小也不在于犯罪行为的严重程度，而是在于人身危险性的差异。相较于初犯而言，累犯的人身危险性更大，这一点是从累犯无视前次犯罪的刑罚体验而重新犯罪这个事实中推断出来的。例如，梁根林教授就认为："现代刑事政策对于累犯予以特别处遇的内在根据在于，累犯无视前次犯罪的刑罚体验、拒绝对所犯罪行进行反省，通过其再次犯罪展现了特别的人身危险

---

① ［美］乔治·弗莱彻著：《反思刑法》，邓子滨译，华夏出版社 2008 年版，第 303－304 页。

② ［美］理查德·霍金斯等著：《美国监狱制度——刑罚与正义》，孙晓雳译，中国人民公安大学出版社 1991 年版，第 100 页。

③ Alexis M. Durham Ⅲ, "Justice in Sentencing: The Role of Prior Record of Criminal Involvement", *The Journal of Criminal Law and Criminology*, Vol. 78, 1987, p. 618.

性，因而应当予以特别的道义非难和惩治处遇。"① 应该说，此种立足于人身危险性之上的见解是我国学界对于累犯制度根据的较为主流的观点。

以人身危险性概念为出发点，功利刑论者认为累犯制度正当化的根据在于累犯从严能够改造、压制或隔离累犯的人身危险性从而达到减少未来犯罪、防卫社会的目的。尽管功利刑论者一致认为累犯从严有助于实现防卫社会这个统摄性目的，但是不同学者对于累犯从严能够实现何种具体目的从而来防卫社会这一点上的理解存在分歧。根据对累犯人身危险性的不同认识以及在此基础上形成的对累犯从严具体效果的不同预期，功利刑论者对累犯制度正当化的论证也就可以依次分为以下三大类：第一类观点认为累犯制度之所以正当是因为其有助于实现刑罚之改造目的从而达到防卫社会的终极目的（以下简称改造论）；② 第二类观点认为累犯制度之所以正当是因为其有助于实现刑罚之威慑目的从而达到防卫社会的终极目的（以下简称威慑论）；第三类观点则认为累犯制度之所以正当是因为其有助于实现刑罚之隔离目的从而达到防卫社会的终极目的（以下简称隔离论）。③

这三种功利主义论证均采取了行为人刑法的进路，将累犯从严与累犯的人身危险性相联系，把累犯制度作为实现防卫社会终极目的之手段，以目的之正当性来证明手段的正当性，克服了报应主义层面论证时的逻辑缺陷，因而在理论上是可以自圆其说的。然而，功利主义论证逻辑上的自洽并不代表这种论证在现实中能够得到经

---

① 梁根林著：《刑事制裁：方式与选择》，法律出版社 2006 年版，第 60 页。

② 在本书中，改造与矫正、迁善在同一意义上使用。

③ 隔离的英文为 Incapacitation，也有学者将其翻译为剥夺。参见翟中东著：《国际视域下的重新犯罪防治政策》，北京大学出版社 2010 年版，第 57 页。

验的支持，也不意味着这种论证不存在伦理上的危险性。下文将对三类累犯制度功利主义正当性论证——展开阐述和点评。

(1) 三类功利主义论证概述。

德国学者李斯特的著名宣言"矫正可以矫正的罪犯，无法矫正的罪犯不使为害"事实上囊括了三类累犯制度功利主义正当性根据。其中，"矫正可以矫正的罪犯"是改造论对累犯制度正当性根据的定位，而"无法矫正的罪犯不使为害"则是威慑论和隔离论对累犯制度正当性根据的定位。这三类功利主义的论证对于人性的认识依次呈现从乐观到悲观的走向，而对累犯制度的实际效果的期许也呈现出由高到低的趋势。

改造论者对改造人性持乐观态度，笃信刑罚的教育功能，认为累犯的人身危险性虽然较大，但是可以改造矫治，最后实现降低乃至消灭的效果，因此他们认为累犯制度的功利主义正当性在于累犯从严可以矫治罪犯，实现迁善的目的。依照这种理论，作为累犯从严期间的改造效果，累犯被释放之后将很少或者不再有从事犯罪活动的冲动，[1] 如此就可实现预防犯罪、防卫社会的终极目标。例如，我国台湾地区学者高仰止就持此种见解："累犯之人，既受刑之执行，自当知所悔改，乃于刑之执行完毕后，再行犯罪，足见尚未改善，基予特别预防之原理，应予加重其刑，使犯人有所警惕，并予以较长时间之教诲，以期彻底悔悟，改过自新，而达防卫社会之目的"。[2]

威慑论者对人性持中立态度，虽不相信每个人都具有改恶从善

---

① 参见 Julian V Roberts, *Punishing Persistent Offenders*: *Exploring Community and Offender Perspectives*, Oxford University Press, 2008, pp. 35 - 36; [美] 乔治·弗莱彻著：《反思刑法》，邓子滨译，华夏出版社 2008 年版，第 303-304 页。

② 高仰止著：《刑法总论之理论与实用》，台湾五南图书出版公司 1986 年版，第 369 页。

的能力，但笃信人是能做苦乐衡量的理性存在，肯定人的主观能动性。基于此，他们认为累犯制度这种痛苦的刑罚安排一来可以抵消受刑累犯因重新犯罪而获得的快乐，令其在刑满释放之后因为这种威慑而不敢再犯，从而实现特殊威慑之效果；二来可以杀鸡儆猴以此威慑其他潜在的犯罪人不敢重蹈覆辙，从而实现一般威慑之效果。在这种情况下，即使犯罪人或者其他潜在的犯罪人的人身危险性没有降低或者消失，其也会在累犯制度的威慑之下受到有效控制，如此一来，累犯制度的威慑效用可以保证预防犯罪、防卫社会这一终极目的实现。

隔离论对人性持悲观态度，既不奢望累犯制度能够改造累犯实现其人身危险性的降低或消灭，也不相信累犯制度能够发挥威慑作用威慑累犯以及其他潜在的犯罪人，该理论将对累犯制度效用的预期建立在累犯制度相当肯定的监禁后果之上，认为即使累犯制度无法对累犯的人身危险性产生矫正或者威慑的作用，其至少也可以在累犯从严处罚期间将人身危险性大的累犯关押在监狱，与社会隔离。在对累犯延长监禁的时段里，尽管累犯的人身危险性没有任何变化，但是其客观上因为隔离于社会而被剥夺了在社会上继续从事犯罪活动的能力。因此，累犯制度可以通过隔离人身危险性大的累犯来实现预防犯罪、防卫社会的目的。波斯纳曾经从法经济学的角度对此种观点表示支持："具有前科者通过其行为已经表明其对犯罪的癖好，那么对其监禁更长时间就比对偶犯监禁更长时间更有希望在相同时期内预防更多的犯罪，因为偶犯的癖好是较难预测的，因而同样的监狱资源就能够'购买'到更大的犯罪量减损。"①

功利主义者普遍认为累犯又犯新罪就是之前对其的定罪量刑没有发挥应有效果的明显证据，因为之前的定罪量刑太宽仁了。因此，累犯应该接受更重的惩罚，因为他们还没有从上一次经历中吸

---

① ［美］波斯纳著：《法律的经济分析》，蒋兆康译，中国政法大学出版社 1997 年版，第 303 页。

取教训。① 从这一共同的前提出发，对累犯制度正当性的三种功利主义论证因为对累犯制度效用的预期不同而将累犯制度的正当性根据做了不同的具体定位，但最终都将累犯制度的正当性奠基于预防犯罪、防卫社会这一终极目的之上，可谓殊途同归。

（2）功利主义论证的实证疑问。

尽管累犯制度的功利主义论证在逻辑上可以自圆其说，但是这种论证是否真正可靠还需要倚重实证经验的证明。功利主义者将累犯制度的正当性建立在其作为能实现防卫社会目的手段的有效性之上。因此，需要迫切回答的问题是：功利主义者预期的累犯制度之效用（改造、威慑、隔离）在现实中能否实现？如果能，这种效用能在多大程度上实现？所实现的效用能否抵消累犯制度运行的成本？

根据现有的实证研究，累犯制度的现实效用显然并不乐观。

如果将累犯制度的效用定位为改造，则相关实证研究结果表明刑罚的改造效果并不理想。以美国为例，美国曾于 1940 年至 1970 年推崇矫正刑，将刑罚定位为矫正犯罪人的工具并且奉行医疗模式，但是犯罪率攀升以及重大暴力犯罪层出不穷的现实最终宣告了矫正刑运动的失败。美国学者戴维·沃德（David Ward）自 1967 年起就在加州矫正机构从事刑罚改造效用的研究，他根据多年的研究得出结论，认为监狱的改造措施对于受刑人有负面影响。政府在改造罪犯上投入了大量资源，但是效果却令人存疑。② 罗伯特·马丁森（Robert Martinson）等人在担任纽约市犯罪防治特别委员会委员期间对 1000 余篇关于监狱矫治犯人的报告进行了元分析，最后也得出了相似的结论，认为"除少数或独特的案例之外，矫治的

---

① 参见 Julian V. Roberts，"The Role of Criminal Record in the Sentencing Process"，*Criminal and Justice*，Vol. 22，1997，p. 317.

② 参见 Ward, David A. "Evaluative research for corrections." In Ohlin, Lloyd E（ed），*Prisoners in America*. Prentice-Hall，1973，pp. 190-191.

努力对于降低再犯并无客观成效。"① 罗伯特·马丁森的报告在当时引起了很大的震动，被称为"马丁森炸弹"，正式宣告了矫正"检讨"时代的来临。另外，赖特（Wright）于 1977 年经研究发现：矫治是无效能的，而且也没有足够证据显示矫治方案能够有效降低累犯。② 改造无效论这种说法一经提出即成为美国各界的共识，直接导致了矫正刑退出历史舞台。这一说法可能过于激进，但是在犯罪率居高不下的现实情况下，政客和民众对此却非常买账。美国国家刑事司法标准委员会曾对改造作出如下官方评价："监狱、改造营仅留下失败的记录。关于矫正机构制造犯罪而不是预防犯罪的证据是压倒性的。"③ 美国学者保罗·罗宾逊（Paul Robinson）对于刑罚的改造效果曾做过如下客观评价："如果说改造没有作用这不符合事实，有些改造项目还是成功的。即使成功，一般也只是使累犯略微减少。"④ 他认为，在针对一般的监狱囚犯项目中，教育项目、职业培训项目和治疗这三者还是取得了一定的成功，但是连最成功的改造项目显示出的成功率都非常低。一般来说，再犯罪的可能性的减少幅度不到 10% 或 15%。⑤ 累犯制度的核心是对累犯从严，从严方式主要是通过延长监禁时间来实现的，这种单纯提高刑罚严厉性的方式所能实现的改造效用与专门设计的改造项目相比显然更令人担忧。

---

① 参见 Robert Martinson, "What works? —Questions and answers about prison reform", *Public Interest*, Vol. 35, 1974, p. 25.

② 参见赖雍连：《"矫治无效论"后犯罪防治发展》，载《警学专刊》第 33 卷第 2 期。

③ National Advisory Commission on Criminal Justice Standards and Goals, *Task Force Report on Corrections*, Washington: Government Printing Office, 1973.

④ ［美］保罗·H. 罗宾逊著：《刑法的分配原则——谁应受罚，如何量刑》，沙丽金译，中国人民公安大学出版社 2009 年版，第 107 页。

⑤ ［美］保罗·H. 罗宾逊著：《刑法的分配原则——谁应受罚，如何量刑》，沙丽金译，中国人民公安大学出版社 2009 年版，第 114 页。

累犯制度：规范与事实之间

如果认为江山易改，本性难移而将累犯制度的效用定位为威慑，认为累犯从严虽不能起到教育改造的作用，但是能够震慑犯罪人从而压制其人身危险性，研究情况表明现实依然不尽如人意。美国自 20 世纪 50 年代开始就有很多学者涉足累犯制度威慑效用的检验问题（该部分内容会在本书中篇的第六章详细展开），至今已有很丰富的学术传承。令人遗憾的是，这些直接或者间接与测量累犯从严威慑实效相关的实证研究中只有极少数得出了累犯从严可以通过威慑机制在一定程度上发挥减少犯罪的效果[1]，绝大部分的实证研究结果都不支持更严厉的刑罚可以更好地起到威慑效果这一结论，这类实证研究的发展史实际上体现出的是越来越怀疑累犯从严威慑效应的趋势。杜布（Doob）和韦伯斯特（Webster）提出的关于刑罚严厉性改变不会对犯罪产生不同威慑效应的零假设为美国大多数学者所接受。[2] 美国的有关研究表明，76% 的活跃罪犯和 89% 的暴力罪犯在从事犯罪活动时不是没有考虑被逮捕的风险，而是没有考虑对他们所犯罪行相对应的惩罚。[3] 类似的，在我国台湾地区进行的一项犯罪人访谈中，有相当一部分犯罪人对提高刑罚量这种方式的威慑效果持否定态度，认为会去犯罪的人不会考虑刑罚的轻重，有些人因为各种各样的原因，即使知道要受重罚仍然会选择从事犯罪，而有些职业犯罪人依赖犯罪所得生活因而不断重复犯罪行为，并不在乎刑罚的轻重。[4]

---

① Lewis, Donald E. "The General Deterrent Effect of Longer Sentences." *British Journal of Criminology*, Vol. 26, 1986, pp. 47–62.

② Anthony N. Doob, Cheryl Marie Webster, "Sentence Severity and Crime: Accepting the Null Hypothesis", in *Crime and Justice: A Review of Research*, Vol. 30, 2003.

③ 转引自［美］保罗·H. 罗宾逊著：《刑法的分配原则——谁应受罚，如何量刑》，沙丽金译，中国人民公安大学出版社 2009 年版，第 38 页。

④ 蔡德辉、杨士隆：《重刑化刑事政策对于再犯威慑效果之研究》，第 cxii 页。

退一步来讲，如果对人性持悲观态度，认为犯罪人的人身危险性既不能被消灭也无法被压制而将累犯制度的效用定位于隔离之上，因为这种效用产生于刑罚执行期间而不是刑罚执行之后，因而比改造和威慑都更为确定。然而，即使是累犯制度的隔离效用在现实生活中也依然大打折扣。目前的累犯制度把累犯之前的犯罪记录作为其人身危险性的判断依据，而不是通过对每一个累犯的具体审查来确定该人事实上的再犯风险。尽管一些研究表明犯罪人之前的犯罪历史可以预测将来的犯罪，① 但是事实上累犯犯罪历史和累犯人身危险性的关联仅仅是大致相关。研究表明，目前学者通过使用犯罪人现有数据来预测其未来犯罪行为的能力并不乐观，用累犯的犯罪历史作为预测的基础则更加欠缺准确性。以美国的情况为例，有学者指出，即使是在最好的情况下，每对一个犯罪人的重新犯罪风险作出正确预测的同时也会伴随着对两个犯罪人未来重新犯罪风险作出假阳性的误判。② 从某种意义上来说，曾经犯过罪的人容易再次犯罪这是事实，但是也有很多犯罪人在刑满释放之后却不再继续从事犯罪活动。例如，美国明尼苏达州立法审计办公室发布的成年累犯重新犯罪的报告就表明：55%的重罪犯罪人在第一次被定罪处罚之后三年之内都没有再次因为犯罪而被定罪处罚。另外，杀人犯的累犯率最低。③ 因此，以隔离为导向的累犯制度究竟能在多大程度上实现隔离效果进而防卫社会也不容乐观。

---

① 参见 Gabor. T, *The Prediction of Criminal Behavior*. University of Toronto Press, 1986; Champion. D, *Measuring Offender Risk*: *A Criminal Justice Sourcebook*, Greenwood Publishing Group, 1994.

② 参见 Michael Tonry: "The Questionable Relevance of Previous Convictions to Punishments for Later Crimes", in Julian V Roberts and Andrew von Hirsch (eds), *Previous Convictions at Sentencing*: *Theoretical and Applied Perspective*, Hart Publishing, 2010, p. 112.

③ 参见 http://www.auditor.leg.state.mn.us/ped/1997/pe9701.htm. 最后访问时间：2013 年 11 月 30 日。

累犯制度：规范与事实之间

进一步讲，即使我们承认累犯制度在现实中确实存在或改造或威慑或隔离的效用，那么这种效用是否大到足以抵消累犯制度运行所耗费的成本呢？答案依然存在很大的疑问。

弗莱彻曾帮助功利主义者在累犯重罚的问题上建立起了一个成本—收益模型，并在此基础上对累犯制度正当性的功利主义进行驳斥。他指出："有人可能认为，从功利主义的观点来看，因为累犯显示出更大的社会危害所以对累犯重罚是有正当性的。那些曾经犯过错的人，很可能在未来继续那样做。如果真是那样的话，通过对累犯加重惩罚所得到的社会防卫方面的收益将会增长迅速并且超过重罚累犯所带来的成本。这种功利主义的计算在具体案例下是否能够成立取决于对犯罪行为的预测指标以及我们对犯罪和监禁的规范评价。累犯重罚所产生的社会收益取决于：第一，在监禁期间被告人如果不被监禁可能会出去犯罪的可能性。第二，我们对上述可能产生的犯罪所带来危害的规范评估。监禁的成本包括被监禁者所受的折磨以及因重罚累犯而延长其监禁时间所必须消耗的社会资源。在考虑了那么多因素之后，累犯重罚的功利主义根据就仅仅在于重罚累犯所产生的社会收益能否超过其产生的成本。通过这样的功利主义的计算来正当化累犯重罚显然存在技术上的困难。"[1] 用来衡量重罚累犯所带来的收益的两个指标很难量化，因而不可测量，用来衡量累犯重罚成本的指标之一——被监禁者所受的折磨也存在同样的问题。就用来衡量累犯重罚成本的另一个指标——因重罚累犯而延长其监禁时间所必须消耗的社会资源而言，存在一定的量化可能。根据 2003 年 9 月 1 日作出的《关于最高人民法院、最高人民检察院、公安部、司法部〈关于开展社区矫正试点工作的通知〉有关问题的说明》中的相关数据显示，我国每年需要 210 亿元的监狱运转费用。据我国监狱管理部门的测算，国家每年对每名在押

---

[1]　George P. Fletcher, "The Recidivist Premium", *Criminal Justice Ethics*, Vol. 1, 1982, p. 55.

犯投入的改造成本在 5 万元左右，而且这个数字还在不断逐年提升。① 依据美国学者保罗·罗宾逊的测算，在美国，每个服刑人员每年消耗的国家财政拨款金额则高达 3 万美元以上。② 这些数据作为累犯重罚所产生的成本中可测算的一小部分，显示出累犯制度运行成本之高昂。累犯制度可能并不理想的实效与累犯制度也许非常巨大的成本之间的紧张关系无疑会在很大程度上削弱累犯制度正当性功利主义论证的说服力。

（3）功利主义论证的伦理危险。

关于累犯制度正当性的功利主义论证除了缺乏充分的经验支持之外，在伦理上也存在极大的危险倾向。总体来说，这类论证方式都是从国家本位出发，将犯罪人物化，将其视为预防犯罪、防卫社会的一种介质或工具，严重违背了自由社会中对个人自治的尊重，其理论倾向与极权主义有暗合之处。正如美国学者帕克所指出的："对刑法的功能的一种大致属于预防的看法的事实是无可批驳的。除此以外任何的东西都是最纯粹的野蛮。但是，这样一种纯粹预防的看法———一种像在今天一样得到对控制人类行为的可能性的一种科学的与决定论的态度所强化的看法，带有这样的危险，即对预防犯罪的目的的一味追求会藐视并最终挫败法律的最终目的，这一目的是要自由而不是抑制。"③

首先，就改造论来讲，黑格尔曾将犯罪人定位为应使其变成无害的有害动物。在自由社会中，为什么社会中的一部分人有权矫正另一部分人？为什么矫正者的观念可以强加给被矫正者？这些问题

---

① 黄永维著：《中国减刑假释制度的改革与发展》，法律出版社 2012 年版，第 99 页。

② 转引自［美］保罗·H. 罗宾逊著：《刑法的分配原则——谁应受罚，如何量刑》，沙丽金译，中国人民公安大学出版社 2009 年版，第 115 页。

③ Herbert L. Packer：*The Limits of the Criminal Sanction*，Stanford：Stanford University Press，1968，p. 64.

需要合理而且谨慎的解释。迁善论的主张者事实上主张以哈耶克所称的那种"工程师式的心态"来重新构建社会，但是强制改变一个人的天性可能涉及对个人自治的严重侵犯，这种侵犯甚至比被迫承受刑罚更加严重，因为这种理论的倾向与极权主义是相一致的。这种担忧并不只存在于逻辑层面，改造论在第二次世界大战期间沦为法西斯主义加强刑事镇压的工具，这一血淋淋的事实证实了这种担忧。另外，美国在20世纪60年代曾轰轰烈烈地推广矫正刑运动，但是最后也以全面失败而告终。基于这一失败经验，美国学者弗莱彻认为改造论既过于根深蒂固又过于天真烂漫，他这样批判道："我们现在所看到的、过去几十年的所谓迁善思想，并不是一种助人自新的真诚努力，而是对犯罪者人性的制度化剥夺。"① 因此，将累犯制度的正当性建立在改造目的之上存在极大的伦理隐患，因为改造本身具有潜在的不道德，并有以治疗为伪装滥用制裁的倾向。

其次，就威慑论来讲，如果将累犯制度的正当性建立在通过提高累犯刑罚严厉性而获得的威慑效果之上，那么为了追求这种威慑效果的最大化，是否可以尽量增加累犯的刑罚量而不论其前后罪的轻重？为了使威慑效果最大化，我们最好对犯了轻罪的犯罪人处以严苛的刑罚。麦克洛斯基曾经在《对功利主义惩罚的评论》一文中令人信服地证明了如果允许威慑论的成立，那么我们甚至必须支持对一个无辜者进行惩罚，因为那样可以取得最大的社会效益。因为在威慑论的框架之下，为了追求威慑效果而偏离正义的刑罚往往比正义的刑罚更加行之有效。黑格尔就曾经对威慑论的伦理危险作出如下一针见血的评论：威吓毕竟把正义撂在一边。心理的强制仅仅与犯罪在质和量上的差别相关，而与犯罪本身的本性无关，所以

---

① ［美］乔治·弗莱彻著：《反思刑法》，邓子滨译，华夏出版社2008年版，第304页。

根据这种学说所指定的法典，就缺乏真正的基础。① 将威慑特别是一般威慑作为刑罚的根据，意味着把处罚犯罪人纯粹视为一种工具性的手段，其目的不在于惩罚犯罪人，而在于杀鸡儆猴，这种做法"孕育着允许国家刑罚权无限扩张，并在事实上造成对真正的恐怖统治的认可：只要符合防止人们实施某些犯罪的需要，就没理由阻止国家对这些犯罪规定极其严厉、特别残酷的刑罚"②。

最后，以累犯再犯风险预测为基础的隔离论同样存在危害公平正义的可能，而且此理论所隐含的政府滥用权力的危险性更大。一方面，从逻辑上讲，依照隔离论的主张，刑罚的施加无须等到犯罪行为真正实施之后，对未来犯罪行为的可靠预测就可为刑罚的运用提供正当化根据。相反，即使犯罪人当前实施的犯罪非常严重，但是只要预测其不存在再犯的风险，就可以不对其进行惩罚。这种理论主张就可能基于对累犯未来重新犯罪风险预测的结果，允许对前后罪均为轻罪的累犯较大幅度从严量刑而对前后罪都为重罪的累犯较小幅度从严量刑。这种结果显然背离公平正义的原则。另一方面，隔离论将重点放在累犯未来再犯风险之上，势必会导致影响累犯当前犯罪量刑的因素主要会是与其当前所实施的犯罪本质关系甚小甚至毫无关系的经历和特征之上。正如美国学者保罗·罗宾逊指出的那样："如果以前的受雇用经历在预期累犯中有很大的关联性，那么以前那些没有受雇用的年代会加重犯罪级别或者增加刑期。如果性别、年龄或家庭情况是未来犯罪行为的预示，那么它们也会成为增加或减少责任和惩罚的基础。"③ 从本质上讲，以隔离

---

① 参见 [德] 黑格尔：《法哲学原理》，范扬、张企泰译，商务印书馆1961年版，第101、102页。

② [意] 帕多瓦尼著：《意大利刑法原理》，陈忠林译，法律出版社1998年版，第343页。

③ [美] 保罗·H. 罗宾逊著：《刑法的分配原则——谁应受罚，如何量刑》，沙丽金译，中国人民公安大学出版社2009年版，第14页。

为目的的累犯从严将累犯置于为了社会利益而遭受自由被剥夺的苦痛境地，政府权力的滥用在司法正义外衣的掩饰之下对于犯罪人的人权可能会造成严重践踏。

总体来说，累犯制度的功利主义论证很容易导致政府以社会需要为名而无限扩张政府权力，帕克就曾经对此种情况作出这样的警告，"在一个自由社会，法律，包括刑法，必须最终根据其在促进人的自由方面的成功以及个人成长与发展方面的能力来评价。如果自由要生成，预防犯罪便是所要求的环境保护的一个基本方面。但是，它是一个否定的方面，而且是以忠诚的热情追求但可能以产生这样一种环境而告终的一个方面，在其中，所有人都安全，但谁也不自由"[1]。

（三）并合主义的视角

尽管报应主义和功利主义都可以从某一角度来论证累犯制度的正当性，但是这两种理论却都不能独自为累犯制度提供完整的正当性论证，因为无论是报应刑论还是功利刑论都存在着无法克服的缺陷。正如哈特指出的那样，那种认为只存在一种可据以回答有关刑罚之正当根据的所有问题的最高价值或目的（如遏制、报应或改造）的观点，多多少少存在一定的错误。[2] 另外，事实上报应刑论和功利刑论互相之间并不完全排斥。"因为承认刑罚功能或本质（报应）的人，也可能承认刑罚的目的（预防），反之亦然。"[3] 正如李斯特所说，目的刑与报应刑不是对立的，认为"因为"与"为了"之间存在对立，是幻想的产物。换言之，镇压与预防没有

---

[1] Herbert L. Packer：*The Limits of the Criminal Sanction*，Stanford：Stanford University Press，1968，p. 64.

[2] ［英］哈特著：《惩罚与责任》，王勇译，华夏出版社1998年版，第2页。

[3] 张明楷著：《刑法的基本立场》，中国法制出版社2002年版，第336页。

任何对立。因此，既可以说刑罚是以镇压来预防，也可以说是以预防来镇压。①

哈特认为，在我们谈论或思考刑罚的传统方式中，很可能存在某种由来已久的倾向，即需要分别考虑的多重性问题过分简单化。要反对这一倾向，最需要的不是简单地承认，而是应该将作为对与刑罚的正当根据有关的某一单个问题的相关解答提出来，不是某一单个的价值或目的（遏制、报应、改造或任一其他价值），而是多种不同的价值或目的。所需要的是，应该认识到不同的原理（其中每一项都可称为一种"正当根据"）在从道德上讲得通的任何说明中，不同程度地彼此关联。我们所寻求的是对诸如此类问题的解答：刑罚的一般措施的正当性由什么来证明？刑罚可以施加于何人？刑罚的分量应多重？在解决有关刑罚的这些问题或其他问题时，我们应该牢记，正如在其他绝大部分社会制度中一样，在刑罚制度中，对一个目的的追求可能受到不应错过的追求其他目的的机会的限制或可能提供这种机会。只有当我们对刑罚的这种复杂性有了这样的意识时，我们才能恰当地估计到整个刑罚制度已被关于人类心理的新信念所渗透的范围或它必须适应这些新信念的范围。②正因为单独从报应主义或功利主义层面对累犯正当性论证存在的无法克服的缺陷以及报应主义和功利主义两者之间的某种兼容性，将报应主义和功利主义两者折中之后来对累犯制度进行正当性论证的模式逐渐成为当下学界的主流。这种并合主义的立场认为累犯制度的正当性根据既在于报应又在于功利，即认为累犯制度的正当化根据在于"因为有累犯且为了没有累犯"。

---

① 参见［日］庄子邦雄著：《李斯特》，载木村龟二编：《刑法学入门》，有斐阁1957年版，第98页。转引自张明楷著：《刑法的基本立场》，中国法制出版社2002年版，第336页。
② ［英］哈特著：《惩罚与责任》，王勇译，华夏出版社1998年版，第2-3页。

1. 折中刑论概述

并合主义又称折中刑论或者综合理论，这种理论的基本观点认为报应和功利都是刑罚赖以存在的正当性根据，二者缺一不可。并合主义是对报应主义和功利主义的折中，这种折中意在克服单独强调两者之一时产生的片面性而并合两者的优点。正如德国学者所指出的："综合理论试图调和绝对理论和相对理论，当然不是将相互矛盾的观点简单相加，而是就刑罚对涉及之人适用的实际情况和可能对公众所具有的功能，进行有益的思考，将全部刑罚目的处于均衡的关系之中（辩证的方法）。"①

并合主义论的内部因为对报应主义或者功利主义的侧重点不同，以及对两者折中方式的理解不同又可以分为众多不同的并合主义理论模式。下文将对影响较大的几种并合主义理论模式进行简单介绍。②

（1）哈特模式。

哈特及其拥趸认为，刑罚根据不是一成不变的，而是随着刑事活动阶段的不同而变化。在刑事立法阶段，即规定什么样的行为应受惩罚以及应受多重的惩罚，其根据在于一般预防。正如哈特所指出的那样："立法者将某些行为规定为犯罪，是为了向社会宣告，不得实施这些行为并确保少发生这样的行为。这便是把任何行为当作刑事违法行为的一般直接目的。"③ 在刑事审判阶段，刑罚分配

---

① ［德］耶赛克、魏根特著：《德国刑法教科书》（总论），中国法制出版社 2001 年版，第 95 页。

② 参见陈兴良著：《刑法的价值构造》，中国人民大学出版社 2006 年版，第 246-248 页；王世洲：《现代刑罚目的理论与中国的选择》，载《法学研究》2003 年第 3 期；邱兴隆、许章润著：《刑罚学》，群众出版社 1988 年版，第 49-50 页；邱兴隆：《西方刑罚一体论的九大模式》，载《湖南省政法管理干部学院学报》2001 年第 1 期。

③ H. L. A. Hart. *Punishment and Responsibility*, New York：Oxford University Press, 1968, p. 8.

的根据就在于报应。然而需要指出的是，在这一阶段哈特并不主张绝对的报应主义，他认为报应对刑罚分配应该只限于阻止无罪施罚与轻罪重罚，而不应该排斥特定情况下的有罪不罚与重罪轻罚。在行刑阶段，对犯罪人是否实际执行已判处的刑罚，实际执行刑罚的方式还有实际执行刑罚的量，其根据则在于个别预防，以教育改造犯罪人这一需求为导向。具体来说，在哈特模式中，刑罚的根据包括了一般预防、报应与个别预防。一般预防与个别预防是决定哪些行为应该作为刑罚惩罚的犯罪的根据，而报应则是决定刑罚应该在什么样的条件下发动与所分配的刑罚的分量的主要根据，除此之外，一般预防和个别预防还可以作为免除刑罚的发动与减轻所分配的刑罚的分量的根据。

（2）帕克模式。

受哈特模式的影响，帕克也提出了自己的并合主义模式。帕克及其拥趸认为，一方面，"被适用刑罚的人被认定在允许其行为被描述为应受谴责的情况下实施了一种犯罪，是惩罚的必要的条件，但又不是其充分的条件"[1]；另一方面，"刑罚旨在预防犯罪的实施，是刑罚的一项必要的条件，但不是其充分的条件"。[2] 因此，只有报应和功利两者取长补短，相互结合，互相补充，才是对刑罚根据的完全解释。刑罚同时具有报应与功利两方面的目的，这是由刑法规范中规定犯罪的属性不同所决定的。对杀人、抢劫等传统的自然犯罪进行惩罚的原因是由于这些犯罪是悖德型犯罪，对于此类犯罪施加刑罚，目的主要在于表达社会对其行为的严重谴责，因而其正当性根据在于报应。而对于非法停车等法定犯罪进行惩罚，并非是由于其悖德性，对于此类犯罪施加刑罚，目的主要出于社会对

---

① Herbert L. Packer：*The Limits of the Criminal Sanction*，Stanford：Stanford University Press，1968，p. 66.

② Herbert L. Packer：*The Limits of the Criminal Sanction*，Stanford：Stanford University Press，1968，p. 63.

阻止此类行为的功利性需要，因而其正当性根据在于功利。具体来说，在帕克模式中，一般预防、报应与个别预防都被分别安放在特定的位置。刑罚的发动与否由一般预防与报应决定，这二者之间相互构成一种被限制与限制的关系，而个别预防对刑罚的发动与否虽不产生影响，但对刑罚的分配量产生影响。

（3）赫希模式。

美国学者赫希及其拥趸主张，刑罚既蕴含痛苦又潜藏谴责。出于对威慑的考虑，刑罚对人施加痛苦，以便压制犯罪使其保持在可以容忍的范围之内，其根据在于功利。而刑罚的谴责性只针对犯罪人已经实施的犯罪而并不针对其将来的行为，其根据在于报应。赫希反对将道德谴责作为一般预防的派生物进而将一般预防作为证明刑罚之存在的正当性的唯一根据，而主张道德谴责是独立于预防犯罪之外而与预防犯罪并存的一种证明刑罚的存在之正当性的根据。正如赫希指出："刑法所处理的行为主要是错误的行为亦即侵犯其他人的权利的行为。如果国家要对这样的行为实现权威性的反应——它必须如此，因为它施加任何类型的制裁于其实施者——那么，它便应该以证明对行为是错误的之认可的方式这样做。以一种在道德上中立的方式作出反应，将行为仅仅作为对实施者的代价的一种来源，易受到异议，因为它未能提供这种认可。此外，这样做会贬低被犯罪行为所侵犯的权利的重要性。"① 具体来说，在赫希模式中，刑罚的存在根据是一般预防与报应并行，而刑罚的分配根据则是以报应为主，个别预防为辅。

（4）迈耶模式。

与哈特类似，迈耶也认为刑罚根据随着刑事活动阶段的变化而变化，但是他对每个特定的刑事活动阶段的刑罚根据的主张却与哈

---

① Von den Hirsch：*Past or Future Crimes*：*Deservedness and Dangerousness in the Sentencing of Criminals*，New Brunswick and London Rutgers Universi ty Press，1987，pp. 35-36.

特不尽相同。在立法阶段，鉴于立法者对轻重不同的犯罪规定相应的轻重不同的法定刑具有报应的意义，他认为刑之规定的根据在于报应。在量刑阶段，刑之裁量的根据在于维护法律规定的尊严与意义，因而主要还是以报应为根据的。在行刑阶段，鉴于行刑机关根据法律与政策对服刑人实行教育改造使之复归社会因而具有预防意义，他认为刑之执行的根据在于特殊预防。具体来说，在迈耶模式中，立法和司法是以报应为根据的，而行刑则是以特殊预防为根据的。迈耶模式得到了日本学者福田平和大塚仁的基本肯定，他们也认为刑罚在立法上的存在是基于报应，而对犯罪人行刑则是出于特殊预防的需要，因为行刑阶段是以教育改造犯罪人为目的的。不过，与迈耶不同的是，他们认为在刑之裁量阶段，刑罚的根据既包括报应也包括预防，原因如下：一方面，在审判阶段，刑罚适用的是立法上根据报应主义而确立的刑罚规定，因而其根据依然是以报应为基础的；另一方面，鉴于刑罚的适用对象是具体的犯罪人，故而应该将教育改造犯罪人这一需求纳入考量，从而为行刑阶段的特殊预防创造前提条件，因此其根据也奠基于预防之上。

（5）曼可拉模式。

同样是在哈特的影响之下，芬兰学者曼可拉提出了刑罚存在根据和刑罚分配根据并立的并合主义模式。刑罚根据可以分为刑罚的存在根据和刑罚的分配根据，这两者是相互独立且完全不同的。刑罚的存在根据在于为了防止将来不受欢迎的犯罪行为的发生，是一种前瞻性的思维，因而刑罚的存在根据是功利；相比之下，刑罚的分配根据则在于报应，因为犯罪的轻重以及犯罪人罪责之大小决定了刑罚的轻重，其思维模式是回顾式的。美国学者威廉斯也持有相似的主张。[①]

---

① Von den Hirsch：*Past or Future Crimes*：*Deservedness and Dangerousness in the Sentencing of Criminals*，New Brunswick and London Rutgers University Press，1987，pp. 48-52.

正如哈特所指出的那样，正是由于对某个单一的社会目的的追求总是有其限制因素，我们主要的社会制度才总是具有许多特点，而这些特点又只能理解为是某些部分相矛盾的原理的折中。① 刑罚作为人类社会一种主要的社会制度具有的众多特点显然不是单独依靠报应主义或是功利主义就可以阐释清楚的。因此，并合主义者基于此种考虑，怀揣着调和报应与功利这两种理论的美好愿望将刑罚制度的根据同时定位于报应和功利之上，希望能够克服单独运用两者之一时所产生的弊端而叠加两者本身所固有的优点。

然而，批评者对于这种努力存在担忧，认为并合主义对报应和功利的折中很可能只是一种表面化和形式化的妥协，"两件撕破了的衣服是不可能缝成一件让国家穿的衣服的"②。美国学者戈尔丁认为，除最低限度的报应论以外，我们已经考虑的那些理论——功利主义——威慑论、最大限度的报应论——也都不能独自成立。我们需要某种多元化的刑罚理论，但并不是指这样一种理论。例如，这种理论只是认为：（1）功利主义——威慑论是对"为什么完全需要刑罚"的回答；（2）报应论仅仅是对"我们应当对谁施用刑罚"的某些回答；（3）对"在多大程度上施用刑罚"的某种报应论的（或功利主义—威慑论的）回答。我们需要一种更复杂的多元论。因此笔者认为，两种报应论和威慑论的考虑都与所有这些论点有关。无论如何，尚没有人为多元论做过像边沁曾为提出古典威慑理论而做的那种细致的工作。一种在伦理上坚实一致的多元论是否有可能成立，这一前景仍然不清楚。③ 陈兴良老师在一定程度上

---

① ［英］哈特著：《惩罚与责任》，王勇译，华夏出版社1989年版，第10页。

② 转引自王世洲：《现代刑罚目的理论与中国的选择》，载《法学研究》2003年第3期。

③ ［美］戈尔丁著：《法律哲学》，齐海滨译，三联书店1987年版，第201页。

持相同观点，认为现存的那些并合主义理论对于报应与预防的统一都不够彻底，因而缺乏理论上的贯穿性与透彻性。他进而指出，报应与预防作为刑法正当性的根据，植根于社会结构之中，任何脱离社会结构抽象地谈论报应与预防或者两者折中的观点都是肤浅的。[①]

2. 并合主义层面累犯制度正当性论证

鉴于20世纪70年代以来，并合主义逐渐占据了刑罚论的主导地位，将累犯制度的正当性植根于并合主义之上的方式也逐渐成为学界主流。

（1）西方并合主义层面的论证。

英美法系著名学者诺威尔·莫里斯（Norval Morris）在认识到单纯依靠报应主义来论证累犯制度正当性存在无法克服的困难的情况下，将功利主义的要素吸收到报应主义的理论框架之中提出有限报应主义（Limiting Retributivism）来论证累犯制度的正当性。他认为，在任何情况下准确说出对一个犯罪行为应该施以多么严厉的惩罚是不太可能的事情，一方面是因为这些事情只有上帝才知道但是他不会告诉你，另一方面是因为每个人心里都有自己的答案，众口难调。尽管我们无法对什么是罪刑均衡作出准确的判断，但是我们比较容易判断出什么是罪刑不均衡，即分配给某一具体犯罪行为的刑罚是否过轻或是过重。人们对罪刑不均衡的共识为刑罚划定了不可逾越的上下限，这种量刑框架的设定是报应主义的。在这个报应主义框架之内，允许出于功利主义的考虑因为累犯之前的犯罪历史而对累犯从严，但是从严量刑的量刑结果必须在这个上下限之间。

日本的并合主义者认为："在现行刑法上，把累犯刑加重的理由，首先一条，对于已判处过一次刑的，但不知改悔竟敢再次犯罪以致增大非难性，因此，在责任上应该加重。但与此同时，也不可

---

① 陈兴良著：《刑法的价值构造》，中国人民大学出版社2006年版，第248页。

否认它具有保安刑的意义，使行为人所表现出的反社会的强烈危险性得到处理。"①

（2）我国并合主义层面的论证。

①我国学者的观点。

我国现行刑法第 5 条规定："刑罚的轻重，应当与犯罪分子所犯罪行和承担的刑事责任相适应。"这是我国刑法中关于罪刑相适应原则的规定。正如张明楷教授认为的那样："刑法第 5 条关于罪刑相适应原则的规定，实际上是要求刑罚的轻重必须与犯罪的社会危害性和犯罪人的人身危险性相适应。其中的社会危害性，从组成结构上说，是客观行为的侵害性与主观意识的罪过性相结合的社会危害程度；其中的人身危险性，是犯罪主体本身对于社会的潜在威胁和再次犯罪的危险程度。犯罪的社会危害性与犯罪人的人身危险性便是制刑、量刑和行刑的尺度。"② 由此可见，我国刑法采纳了并合主义的立场，将刑罚制度整体的正当性根据奠基于报应和功利的折中统一之上。

那么，累犯制度作为一项具体的刑罚制度，我国学者是怎样从并合主义层面来探寻其正当性根据的呢？

受折中刑论者"因为有犯罪且为了不再有犯罪"这一观点的启发，我国学者苏彩霞认为，"因为有累犯且为了不再有累犯"是累犯制度的设立根据，因为有累犯，说明累犯制度是针对已经再次犯罪的人而设定的，其根据在于报应；为了不再有累犯，说明累犯制度不是为了惩罚而惩罚，惩罚是为了预防和减少累犯，其根据在于功利。总而言之，报应是累犯制度的正义性根据，而功利是累犯制度的目的性根据，其中通过对累犯者从严处罚，预防其再次成为累犯是主要功利目的，而通过累犯制度本身和对累犯者的从严处

① ［日］木村龟二主编：《刑法学词典》，顾肖荣等译，上海翻译出版公司 1991 年版，第 435 页。

② 张明楷著：《刑法格言的展开》，法律出版社 1999 年版，第 64 页。

罚，预防其他初犯者成为累犯是次要功利目的。在主张从并合主义层面论证累犯制度正当性的同时，她进一步指出，出于限制国家刑罚权、保护人权的考虑，报应优先，兼顾功利是我国累犯制度应然的理论归依。①

尽管季理华博士也赞同将并合主义作为累犯制度正当性的来源，但是他主张累犯制度的理论根据应当是矫正优先，兼顾惩罚犯罪人与保护社会。他认为，"矫正的人道、人权价值不应与功利主义混为一谈，防卫社会是实现人道价值的手段，矫正犯罪人的人道价值应当优先于保护社会的目的得到考虑，保护社会必须在矫正犯罪人、尊重犯罪人、爱护犯罪人的这个核心与前提满足后才能加以考虑。"②

刘绪东博士承认累犯制度正当性在于并合主义的前提之下，明确指出，累犯从严的依据应仅在于人身危险性，社会危害性不能成为累犯从严的依据，但是出于罪刑法定的根本要求，对累犯处罚时必须以社会危害性作为主要考察指标。因此，实际上他认为累犯制度的正当性根据主要在于功利主义（对累犯的特殊预防）。

与刘绪东博士的观点相似，于志刚教授也认为"前科制度立法设置的初衷和导致后罪从重处罚的理论根据，是犯罪人实施之后罪所反映出的社会危害性与犯罪人本人所具有的人身危险性的结合，但是二者并不是处于平行的位置，而是以后罪的社会危害性作为基础的，但是犯罪人的人身危险性才是前科制度立法设置的初衷和据以对具有前科者所犯之后罪从重处罚的最终根据"③。

---

① 苏彩霞著：《累犯制度比较研究》，中国人民公安大学出版社 2002 年版，第 59-65 页。

② 季理华著：《累犯制度研究——刑事政策视野中的累犯制度一体化建构》，中国人民公安大学出版社 2010 年版，第 114 页。

③ 于志刚：《论前科效应的理论基础》，载《政法论坛》2002 年第 2 期。

②小结与评述。

很明显，我国学者从并合主义层面对累犯制度的论证呈现出两个特点：其一，形式上存在侧重报应刑的并合主义论证和侧重功利刑的并合主义论证的观点分歧；其二，无论哪一派的观点都没有采纳哈特模式的分阶段论证方式，而均采取了概括式的论证。

笔者认为，我国学者之所以从并合主义视角来论证累犯制度正当性时会出现观点分歧，在很大程度上是因为两派学者对于累犯群体特殊性的认识有所不同。

在探寻累犯制度正当性时，我们需要清楚区分以下两个层面的问题：为什么处罚累犯和为什么从严处罚累犯。如前文所述，累犯制度是在刑法规定了一般性的罪与罚条文之外专门对如何处罚累犯予以明确规定的制度，这一制度又以累犯从严为核心。因此，当我们在探寻累犯制度正当性的时候，我们需要追问的不是为什么要处罚累犯这一问题，而是为什么需要从严处罚累犯这一问题。为什么从严处罚累犯这个问题的答案才是累犯制度设立的根本性根据所在。

为什么要在刑法上对累犯和其他犯罪人加以区分？最朴素的回答是因为累犯群体相对于其他犯罪人而言具有特殊性。那么，累犯群体特殊在哪？对这个问题的认识分歧是导致我国学者从并合主义视角论证累犯正当性时意见相左的根本原因。相较于其他犯罪人，报应主义者认为累犯的罪责更大或者累犯的罪行更重，而功利主义者则否认了以上两点，认为累犯群体的特殊性仅仅在于其人身危险性更大。

作为侧重于报应的并合主义者，苏彩霞一方面认为累犯群体的特殊之处既在于主观上的可非难性和应受谴责性比初犯更高，又在于累犯群体的人身危险性更大，① 据此她认为报应是累犯制度的正

---

① 参见苏彩霞著：《累犯制度比较研究》，中国人民公安大学出版社2002年版，第59-65页。

义性根据而功利是累犯制度的目的性根据，将两者结合之后认为我国累犯制度应然的正当性根据应该是报应优先，兼顾功利。

相比之下，其余学者的观点则不承认累犯群体在报应层面有任何有别于其他犯罪人的特质，坚持累犯群体区别于其他犯罪人的特殊之处仅在于累犯群体的人身危险性更大。因为累犯人身危险性不同于非累犯，所以对累犯要采取不同于非累犯的处罚方式，即对累犯从严处罚，其最终目标也是着眼于减少或者消灭累犯的人身危险性。因此，他们认为累犯制度最本质或者说最主要的根据在于功利主义。功利主义才是为什么要对累犯从严处罚的最终答案。因此，在解答为什么要对累犯从严处罚这一问题上，这些学者事实上是不折不扣的功利主义者。之所以还是将他们归入并合主义者的阵营，是因为他们意识到仅仅将累犯制度建构于功利主义之上会存在国家无限扩张刑罚权和将犯罪人过度工具化从而严重侵犯个人自由的巨大危险，在这一认识的基础上，他们在从功利主义角度回答了为什么要从严处罚累犯这一问题后又用为什么处罚累犯这一问题的答案对前一个问题的答案进行了限制。刑法之所以规定要处罚累犯，是基于累犯的重新犯罪行为，而不是累犯的人身危险性，累犯后罪的轻重为其量刑的轻重划定了上下限，也为累犯制度的功利主义根据的适用范围限定了框架。用报应主义限制功利主义，保障了累犯制度设立根据的正当性。因此，侧重于功利的并合主义者认为累犯制度设立的本质性根据在于功利主义，不过这种功利主义并不是漫无边际的，受报应主义限制的功利主义才是累犯制度的正当性根据。笔者比较倾向于这一派学者的观点。

因此，尽管苏彩霞老师和其他学者在立论基础与论证结果上观点有所不同，但是最后对如何处罚累犯这一问题的主张并无太大差异。无论是侧重于报应的并合主义论者还是侧重于功利的并合主义论者在如何处罚累犯这一问题上均主张在报应主义设定的量刑框架下适用功利主义，其中报应主义对功利主义构成限制，报应主义处于优先地位，而功利主义处于核心地位。

最后，笔者认为如果只是笼统地讨论累犯制度的正当性而不将其置于刑事活动的各个环节中具体考量的做法不免有些肤浅，因为累犯制度作为一种刑罚规定的特殊形式在刑事活动的不同阶段其具体的正当性根据也会随之变化。因此，在确立我国累犯制度的正当性根据时，哈特的分阶段论证模式值得参考。根据笔者个人的观点，在我国刑事立法阶段，立法上规定累犯从严主要是为了实现威慑潜在累犯的效果，但是同时又规定了对累犯从严处罚必须是在法定刑的幅度内，所以这一阶段累犯制度的本质性根据在于一般预防，但是以报应主义为限制，而在我国刑事司法阶段，涉及如何针对具体的累犯个人判处刑罚时，鉴于罪刑均衡原则，刑罚加诸于罪行之上需要考虑，犯罪的社会危害性大小划定了累犯的量刑范围，而出于对累犯人身危险性的考量又需要在划定的范围内适当提高刑罚量，所以在量刑阶段累犯制度的本质性根据在于特殊预防，但是受到报应主义的限制；在我国刑事行刑阶段，出于行刑个别化的要求，这一阶段累犯制度的正当性根据主要在于特殊预防，同样受到报应主义的限制。

第三章　累犯制度的立法预期

　　在回顾了中外累犯制度从古至今的立法嬗变以及梳理了累犯制度立法根据的各种论证之后，笔者认为，尽管各国累犯制度发展到现在因为历史传承或者文化背景等因素在具体制度设置等外在方面存在这样或那样的差异，但是立法根据层面上的相似性保证了各国当代累犯制度核心精神的相似性。在笔者看来，我们可以将各国当代累犯制度内在的共同性归纳为三个最基本的立法预期，这三个基本预期的内容涵盖了对累犯制度目标群体、累犯制度运行方式以及累犯制度预期效果的构想，是当代各国累犯制度之间的最大公约数，具有普适性意义。下文将对当代累犯制度的三个普适性立法预期分别做简单的陈述。

一、累犯群体特殊论

　　当代累犯制度第一个普适性的立法预期可以简单概括为累犯群体特殊论。具体来说，所谓累犯群体特殊论，是指立法者预期累犯群体与众不同，明显有别于其他犯罪人（特别是有别于初犯群体），正因如此，才需要在刑法分则已经规定了一般性的罪与罚条款之外对累犯作出特别的规定进行区别对待。第一个立法预期是对累犯制度所欲打击的目标群体的一种预设。

　　那么，累犯群体究竟特殊在什么地方？人们在不同的历史发展阶段对这个问题给出了不同的答案，应该说人们对这个问题的认识程度是随着历史的发展而逐渐加深的，由表及里，逐渐从现象深入到本质。

因为古代社会的刑罚体系由极端残酷向略微宽缓方向转变，重新犯罪逐渐成为可能并且作为一种恼人的社会现象开始蔓延。出于朴素的报应观和正义观，人们认识到重复犯罪不同于初次犯罪，只有对重复犯罪者处以比初犯更重的刑罚，才能满足心中的正义感。因此，无论是西方社会还是我国，古代的立法者均对累犯作出了从严处罚的刑罚安排。不过，因为累犯制度在古代的滥觞缘起于重新犯罪行为的逐渐猖獗，因此在很长一段时间内，人们的关注点集中在累犯的重新犯罪行为之上而非累犯本人之上。在立法上安排累犯应该从严处罚不是因为累犯本身具有何种内在特质，而是因为累犯实施的重新犯罪的行为。因此，这一阶段累犯的特殊之处在于其实施重新犯罪的行为。

近代刑事古典学派兴起，对重新犯罪现象的关注远大于对累犯群体的关注这一情况依然持续存在。因为刑事古典学派立足于客观主义，强调刑罚应与已然之罪的危害性相对称，推行的是"以行为之存在为科刑之依据之刑法"①。他们的注意力依然集中在犯罪行为之上而非犯罪人之上。不过需要指出的是，刑事古典学派并非漠视"人"的存在，只不过他们视野中的"人"是彼此之间没有差异的"抽象人"、"理性人"，这些人虽然实施的犯罪行为五花八门，但是在这些纷繁复杂的犯罪行为背后，行为的实施者具有整齐划一的共性。因此，从古代到刑事古典学派盛行的近代，尽管立法上累犯制度的确立由来已久，但是累犯尚未被类型化为某种特殊的犯罪人群体。刑法对累犯专门作出从严处罚的规定只是因为累犯实施了重新犯罪行为这一表象，而不是因为累犯内在的某种特质。因此，这一阶段与之前一样，如果非要总结出累犯的特殊之处，那么我们只能说累犯从事重新犯罪的行为使其区别于其他犯罪人。抛开

---

① 参见蔡墩铭著：《现代刑法思潮与刑事立法》，台湾汉林出版社1988年版，第125页。

外在行为模式的差异，累犯作为犯罪人本身与其他犯罪人并无二致。

19世纪后半期资本主义转型，社会问题层出不穷，犯罪率特别是累犯率激增。刑事古典学派理论因为无力应对现实而衰落，刑事实证学派应运而生。刑事实证学派立足于主观主义，开始将关注点从犯罪行为转移到犯罪人之上，提出"应受刑罚处罚的不是行为而是行为人"。与刑事古典学派不同，刑事实证学派奉行的是行为人刑法模式，其视野中的"人"是各不相同的"具体人"、"感性人"。刑事实证学派认为犯罪人实施的犯罪行为千差万别只是表象，犯罪行为背后犯罪人人格的五花八门才是本质，"行为人刑法所处罚者为具有特别性格之人，纵具有此性格之人未发为行为，亦得因其社会的危险性而加以处罚，是所处罚者非因其有恶行，乃因其为恶人"[1]。因此，人身危险性这一概念被作为刑事实证学派的核心观点一再强调。在这种情况下，累犯之所以特殊，不是在于其实施重新犯罪的行为，而是在于累犯的人身危险性比非累犯要大。自此，累犯开始被类型化为以人身危险性大为核心特征的特殊犯罪人群体而被重点关注。在刑事实证学派理论盛行的历史阶段，累犯群体特殊论成为人们的共识，人们不再满足于用外在表征来区分累犯和初犯，而是试图探寻两者内在人格特质的差异来区分两者。在这一历史阶段，人们认为累犯群体之所以特殊是因为累犯群体的人身危险性更大。

鉴于刑事实证学派理论被法西斯滥用酿成的惨痛教训，第二次世界大战之后，各国又开始向刑事古典学派的理论适度回归，摒弃了单纯的行为人刑法模式，转而采取以行为刑法模式为基础，兼顾行为人刑法模式的折中模式。由此，折中刑时代到来。然而在折中刑时代，由于目的刑理论的盛行，累犯制度依然被认为是行为人刑

---

[1]　参见蔡墩铭著：《现代刑法思潮与刑事立法》，台湾汉林出版社1988年版，第129页。

法或者说主观主义刑法的产物，[①] 人身危险性这一概念依然作为该制度的出发点和落脚点占据着重要地位。只是在当代，犯罪行为是刑罚发动的原因，对人身危险性的判断必须以犯罪行为作为基本参照和限制，人身危险性概念不可以脱离犯罪行为而凭空存在。因此，尽管存在争议和担忧，但学界依然认同累犯因为其重新犯罪行为反映出来的较大的人身危险性而成为特殊犯罪人群体的观点。

二、累犯处遇从严论

当代累犯制度的第二个普适性的立法预期可以简单概括为累犯处遇从严论。所谓累犯处遇从严论，就是立法者预期累犯会受到比其他犯罪人更为严厉的处置与对待。根据当代累犯制度具体设置的不同，累犯处遇从严论又可以表现为累犯刑罚处遇从严论和累犯非刑罚处遇从严论这两种情况。第二个立法预期是关于当代累犯制度运行方式的制度设想。

顾名思义，累犯刑罚处遇从严论指的是按照立法者预期累犯应该受到比非累犯更严厉的刑罚处罚，而累犯非刑罚处遇从严论指的是立法者预期累犯应该受到比非累犯更为严厉的非刑罚处罚。

从形式上来说，累犯刑罚处遇从严预期可以分为累犯量刑从严预期和累犯行刑从严预期，其中前者为累犯刑罚处遇从严论的核心。累犯非刑罚处遇从严预期则主要指的是根据对累犯再犯危险性的判断在刑罚之外对累犯再适用保安处分中的保安监督措施。

应该说，累犯刑罚处遇从严论是各国累犯制度最传统、最稳定的核心要义，累犯制度在滥觞之初就是以累犯刑罚处遇从严为主要内容的，及至当代，大多数国家的累犯制度所持有的累犯处遇从严的立法预期也是以累犯刑罚处遇从严论为主要甚至是唯一的内容。相比之下，累犯非刑罚处遇从严论则是 19 世纪中叶以后刑事实证

---

① 林东茂著：《刑法综览》，中国人民大学出版社 2009 年版，第 21 页。

学派为累犯制度注入的新内容。尽管起步较晚，但是累犯非刑罚处遇从严的立法预期在累犯制度的发展过程中历久弥新，占据着越来越重要的地位。

古代社会无论东西方统治者都奉行重刑主义，因此刑罚成为统治者维护其统治地位的重要工具。为了专门应对重新犯罪现象的蔓延，累犯制度从一般的刑罚制度中被特意分列出来作为一种特殊的刑罚设置。因此，累犯制度在诞生之时每一个毛孔都散发着重刑主义的气息，累犯刑罚处遇从严从最初便是累犯制度核心的应有之义。

近代以降，刑事古典学派兴起，他们将犯罪人犯罪的原因归结为意志自由的产物，要求限制罪刑擅断而主张罪刑相适应。刑罚是他们在处理犯罪问题时唯一倚重的工具，也是他们在应对重新犯罪问题时所采取的唯一对策。因此，这一时期累犯制度的核心要义依然是累犯刑罚处遇从严论。

自由资本主义向垄断资本主义转型时期犯罪率特别是累犯率的增长宣告了刑事古典学派理论的破产，同时也为刑事实证学派的崛起提供了机会。刑事实证学派将关注点从犯罪行为转向犯罪人本身，导致了累犯制度由行为中心论转向行为人中心论。从那时起，以德国为代表的一些欧洲国家开始引入保安处分制度，确立起刑罚与保安处分分立的双轨制制裁体系，这一体系不再以个人罪责为制裁根据，而是以行为人的再犯危险性作为制裁基础。① 这一时期，累犯制度的核心内容开始出现累犯刑罚处遇从严与累犯非刑罚处遇从严并存的情况，累犯非刑罚处遇从严大有后来者居上之态势。以德国 1933 年通过的《习惯犯法案》为例，刑法典一方面在刑罚部分规定了累犯量刑从严；另一方面又特设了"保安与改善处分"

---

① 关于 20 世纪欧洲各国保安处分制度的状况，参见 Deutscher Buderstag, Drucksache, 13/2859, p. 3.

专章，规定对危险的习惯犯在刑罚之外可宣告保安监督。①

　　及至当代，鉴于第二次世界大战时期行为人中心论的累犯制度对人权严重践踏的残酷教训，各国累犯制度均摒弃了完全的行为人中心论，逐渐回归到以行为中心为主兼采行为人中心的混合模式。这一时期，累犯刑罚处遇从严论又逐渐恢复到大多数国家累犯制度的核心地位，但还是有部分国家在立法上保留了刑罚与保安处分并存的双轨制模式，为累犯非刑罚处遇从严留下了继续发展的空间。因此，这些国家的累犯制度核心内容是以累犯刑罚处遇从严为主而以累犯非刑罚处遇从严为辅的。需要特别指出的是，当代德国累犯制度在累犯处遇从严的立法预期之上采取了以累犯非刑罚处遇从严为主，以累犯刑罚处遇从严为辅的模式。德国从刑法中删除了累犯从严处罚的规定，将犯罪人的犯罪历史仅作为酌定从严的量刑情节供法官考量，而将保安处分中的保安监督作为应对累犯的主要手段。

　　综上所述，各国当代累犯制度以累犯处遇从严这一立法预期为核心内容，其中大多数国家累犯制度的累犯处遇从严论以累犯刑罚处遇从严论为主，以累犯非刑罚处遇从严为辅。

三、累犯从严有效论

　　当代累犯制度第三个普适性的立法预期可以简单概括为累犯从严有效。所谓累犯从严有效论，指的是立法者预期通过以累犯从严为核心要义的累犯制度的施行可以实现其在设立累犯制度时所期望达到的功利主义目的。第三个立法预期是关于累犯制度施行效果的设想。

　　累犯制度作为一种特殊的刑罚安排，分享着刑罚"刑期无刑"

---

　　① 参见苏俊雄著：《刑法总论Ⅲ》，台湾大地印刷厂股份有限公司2000年版，第455页。

的终极目的，并且将这一目的进一步具体化。按照当代最流行的并合主义的观点，设立累犯制度的根据在于"因为有累犯且为了不再有累犯"，其中因为有累犯是累犯制度存在的现实根据，最初累犯制度是立法者为了应对古代社会以死刑和肉刑为主的重刑体系略微轻缓化之后重新犯罪现象的蔓延而专门创制的特殊刑罚安排，重新犯罪现象的存在和变化决定了累犯制度的存在和变化；为了不再有累犯是累犯制度的目的性根据，累犯制度从一开始就承载着立法者希望借此打击重新犯罪的期许。之后累犯制度虽然因为不能有效应对社会转型时期剧增的重新犯罪率而数次作出重大调整，但是历经风雨之后依然在当代大多数国家的刑法典中占据重要位置，这也是出于立法者对以累犯从严为核心要义的累犯制度效果的笃信。

概言之，立法者确立累犯制度是预期累犯制度能够实现减少累犯、预防犯罪进而达到防卫社会的效果。想要达到这一终极效果，立法者预期累犯制度也许可以同时或者分别通过以下三个途径来实现：改造（或迁善或矫正）、威慑和隔离。

不同时代不同国家的立法者对于累犯制度终极效果的预期基本一致，但是对累犯制度实现终极效果途径的设想却存在分歧和变化。在报复时代、威慑时代和等价时代，各国立法者可能更多地预期累犯制度可以主要通过实现威慑目的来最终实现预防犯罪的效果；在矫正刑时代，各国立法者则可能更多地设想累犯制度可以主要通过实现改造目的来最终实现预防犯罪的效果；在折中刑时代，各国立法者对于累犯制度实现预防犯罪的途径的预期则更为多元化。① 举例来说，当代德国的累犯制度就预期累犯制度主要通过改造和隔离效果来实现预防犯罪的终极目的，因为德国累犯制度以保安处分中的保安监督为累犯处遇的主要内容。而我国累犯制度则更偏重预期累犯制度可以通过改造和威慑的效果来实现预防犯罪的终

---

① 以上对刑罚史的划分，参见邱兴隆著：《刑罚理性评论》，中国政法大学出版社 1999 年版，第 6-118 页。

极效果。当代美国的累犯制度在如何实现预防犯罪的终极效果这一问题上的认识则经历了一个极大的转折，20世纪五六十年代，美国的立法者笃信累犯制度可以主要通过矫正犯罪人来实现预防犯罪的目的，但是70年代犯罪率和累犯率的飞速增长宣告了矫正刑模式的彻底失败，自此之后美国的累犯制度就重新转向了报应刑模式，立法者预期累犯制度可以主要通过威慑和隔离效果的实现来达到预防犯罪的终极效果。

综上所述，累犯制度在诞生之初就被立法者寄予减少累犯、预防犯罪的厚望，也正是因为立法者对累犯制度可以有效实现这一希望的确信使得累犯制度一直在各国刑法中占有重要的地位。以累犯从严为核心要义的累犯制度行之有效是各国立法者超越时空的一致预期。

中 篇

事实层面的累犯制度

上篇第三章所归纳的当代累犯制度三个普适性的立法预期是上篇规范层面的累犯制度之小结，更是本篇事实层面的累犯制度展开之起点。本篇将关注视角从规范层面转向事实层面，从以立法为中心的研究模式转向以司法为中心的研究模式，这三个立法预期就是沟通累犯制度规范与事实、立法与司法的桥梁。

第四章　累犯制度立法预期之本土展开

作为当代各国累犯制度核心内容的最大公约数，累犯群体特殊论、累犯处遇从严论和累犯从严有效论这三个立法预期从一定意义上来说是具有普适性的，因而也为我国规范层面的累犯制度所分享。在中国的语境下，累犯群体特殊论、累犯处遇从严论和累犯从严有效论这三个立法预期经过本土化展开之后构成了我国规范层面累犯制度的核心内容。

一、中国语境下的累犯群体特殊论

累犯群体特殊论这一立法预期虽然没有为我国刑法所明文规定，但却是其暗含的应有之义。

根据我国刑法第 65 条的规定，普通累犯是指因故意犯罪被判处有期徒刑以上刑罚的犯罪分子，在刑罚执行完毕或者赦免以后，在 5 年内再犯应当判处有期徒刑以上刑罚之故意犯罪的犯罪分子。从立法规定上来看，我国刑法以累犯外在客观的犯罪行为为特征（如犯罪次数、后罪发生时间等）来界定普通累犯，其间并不充分涉及累犯内在的人格、人身危险性等主观方面的特征（前后犯罪均要求"故意"略微涉及人身危险性)，再加上我国对累犯处遇的规定单一，立法上仅使用刑罚这一手段来处理累犯，因而从形式上来看，我国刑法上的累犯制度是一个行为中心论的累犯制度。然而，实际上我国的累犯制度也兼采了行为人刑法的要素，为什么要处罚累犯固然是因为累犯实施的重新犯罪行为，但是为什么要从严处罚累犯却是因为通过累犯重新犯罪行为所反映出来的累犯人身危险性。

诚然，人身危险性这一概念并未明确出现在我国刑法关于累犯制度的相关规定之中，但是在立法层面，累犯群体人身危险性大这一特殊内在人格特征事实上暗含在刑法规定之中并且产生了实际的影响。之所以认为上篇归纳的累犯制度第一个立法预期——累犯群体特殊论暗含于我国的累犯制度之中，可以从以下三个方面来证明：

（一）其他刑法条文的相互印证

尽管刑法在累犯相关规定中没有明确累犯人身危险性大这一内在特质，但是立法对累犯这一内在主观特质的肯定和关注却可以在缓刑、假释和减刑的相关规定中得到印证。按照我国刑法的相关规定，根据犯罪分子的犯罪情节和悔罪表现，适用缓刑确实不致再危害社会，是我国缓刑适用的实质条件。然而，我国刑法第74条却明确规定："对于累犯和犯罪集团的首要分子，不适用缓刑。"类似的，按照我国刑法相关规定，假释的适用要求罪犯必须有悔改表现，且必须以其释放出去确实不致再危害社会为条件。然而，刑法第81条第2款也作出如下规定："对累犯以及因故意杀人、强奸、抢劫、绑架、放火、爆炸、投放危险物质或者有组织的暴力性犯罪被判处十年以上有期徒刑、无期徒刑的犯罪分子，不得假释。"此外，尽管减刑适用的实质条件是只要求犯罪分子在刑罚执行过程中确有悔改或立功表现，不以释放之后不致再危害社会为条件，但是根据《刑法修正案（八）》修改之后的刑法第50条第2款规定："对被判处死刑缓期执行的累犯以及因故意杀人、强奸、抢劫、绑架、放火、爆炸、投放危险物质或者有组织的暴力性犯罪被判处死刑缓期执行的犯罪分子，人民法院根据犯罪情节等情况可以同时决定对其限制减刑。""累犯之所以不适用缓刑，这是由累犯的人身危险性所决定的。因为累犯受过刑事处罚，仍不思悔改，在较短时间内又犯新罪，足以表明这种犯罪分子恶习难改或者屡教不改，具有较大的人身危险性。对于这样的犯罪分子，放到社会上改造，难以防止其再次危害社会。"① 同样的，"假释之所以不适用于累犯，主要是因为累犯属于屡教不改的犯罪分子，因为犯罪被判过刑，又在法定期间内再次犯罪，表明累犯的主观恶性和再犯可能性较大"②。而死缓累犯被限制减刑的本质原因也是在于累犯人身危险性大这一特征。

综上所述，尽管我国刑法在界定累犯时没有明确将其奠基于人身危险性概念之上，没有明示累犯群体之所以成为特殊的犯罪人类型，根本原因在于累犯与初犯相比具有较大的人身危险性，然而刑法中的缓刑、假释和减刑相关的条文中对累犯或排斥或限制的规定无不反映出我国刑事立法对累犯群体人身危险性大这一特殊内在特征的肯定与关注。

（二）刑事政策的明确肯定

众所周知，我国目前实行的是宽严相济的刑事政策。最高人民法院《关于贯彻宽严相济刑事政策的若干意见》第 6 条明确规定："宽严相济刑事政策中的从'严'，主要是指对于罪行十分严重、社会危害性极大，依法应当判处重刑或死刑的，要坚决地判处重刑或死刑；对于社会危害大或者具有法定、酌定从重处罚情节，以及主观恶性深、人身危险性大的被告人，要依法从严惩处。在审判活

---

① 参见陈兴良著：《刑法适用总论》（下卷），中国人民大学出版社2006 年版，第 530 页。

② 参见陈兴良著：《刑法适用总论》（下卷），中国人民大学出版社2006 年版，第 608 页。

动中通过体现依法从'严'的政策要求，有效震慑犯罪分子和社会不稳定分子，达到有效遏制犯罪、预防犯罪的目的。"立足于宽严相济刑事政策从严的立场和要求，第11条进而明确规定："要依法从严惩处累犯和毒品再犯。凡是依法构成累犯和毒品再犯的，即使犯罪情节较轻，也要体现从严惩处的精神。尤其是对于前罪为暴力犯罪或被判处重刑的累犯，更要依法从严惩处。"之所以要依法严惩累犯，尤其是要严惩前罪为暴力犯罪或被判处重刑的累犯，其根本原因还是在于累犯重新犯罪体现出来的较大人身危险性[①]：累犯作为一类特殊犯罪群体因为人身危险性大需要从严，而累犯中前罪为暴力犯罪或被判处重刑的累犯则是这一群体中人身危险性尤其大的一部分人，所以更要依法从严。

(三) 刑法理论的普遍共识

我国学界普遍认为累犯得以成为一种特殊犯罪人类型是因为累犯人身危险性大这一内在特征。比如张明楷教授就认为"与初犯相比，累犯因无视前刑的体验而具有更大的再犯罪可能性"[②]。陈兴良教授亦认为累犯是一种人身危险性较大的犯人类型。[③] 而有学者在主张构建人格刑法学的同时以犯罪危险性人格为标准将犯罪人分为以下几种类型：真正的犯罪人、亚犯罪人和落法者。所谓真正的犯罪人，是指完全具备了犯罪危险性人格即反社会人格的犯了罪的人。这类人具有比较强烈的犯罪倾向，很容易实施犯罪。他们实施犯罪的主因是其内在的犯罪危险性人格。他们的规范意识钝化、被犯罪习性深深浸染。论者认为惯犯和多数累犯都属于真正的犯罪

---

① 参见张军、赵秉志主编：《宽严相济刑事政策司法解读——最高人民法院〈关于贯彻宽严相济刑事政策的若干意见〉的理解与适用》，中国法制出版社2011年版，第113页。

② 张明楷著：《刑法学》，法律出版社2011年版，第516页。

③ 参见陈兴良著：《刑法适用总论》（下卷），中国人民大学出版社2006年版，第387页。

人。他们存在屡教不改的犯罪倾向，犯罪习性很深，一遇到犯罪诱因，就极有可能再实施犯罪，有时甚至会受内心驱使主动制造机会犯罪。① 持该论者亦赞同英国学者海纽曼的观点，认为"对于累犯，刑罚的着眼点不是已然的犯罪行为，而是未然的行为人的反社会性格"②。此处所谓的累犯的反社会人格，事实上等同于累犯的人身危险性。由此可见，累犯群体因为人身危险性大这一特征而成为一种特殊的犯罪人类型是我国学界对我国累犯制度的共同解读。

综上所述，可以肯定地认为，我国规范层面的累犯制度预期其打击的目标群体——累犯群体——与其他犯罪人有明显不同。与其他犯罪人特别是初犯相比，累犯群体的人身危险性更大。累犯群体人身危险性更大是我国累犯制度中累犯群体特殊论这一立法预期的具体内容。

二、中国语境下的累犯处遇从严论

因为我国没有采取刑罚和保安处分并存的双轨制立法模式，所以我国语境下的累犯处遇从严论事实上仅仅指的是累犯刑罚处遇从严论。根据中国刑法的明文规定，我国累犯制度中累犯刑罚处遇从严的这一立法预期由以下两部分构成：累犯量刑从严与累犯行刑从严。累犯量刑从严预期指的是刑法上对于累犯应当从重处罚的规定以及累犯不得使用缓刑的规定，而累犯行刑从严预期则指的是刑法上关于累犯不得适用假释以及限制减刑的规定。这两部分结合起来构成了中国规范层面的累犯处遇从严的全部内容。由于刑罚裁量是刑罚执行的前提和主要依据，因此量刑阶段的累犯从严也就是累犯量刑从严相较于累犯行刑从严更为重要，是我国立法上累犯处遇从

---

① 参见张文、刘艳红、甘怡群著:《人格刑法学导论》，法律出版社2005年版，第108页。

② 转引自马克昌主编:《刑罚通论》，武汉大学出版社1999年版，第405页。

严的主要内容。

普通累犯被作为一项应当型的法定从重情节规定于我国现行刑法第65条。该条文明确规定，被判处有期徒刑以上刑罚的犯罪分子，刑罚执行完毕或者赦免以后，在5年以内再犯应当判处有期徒刑以上刑罚之罪的，是累犯，应当从重处罚，但是过失犯罪和不满18周岁的人犯罪的除外。前款规定的期限，对于被假释的犯罪分子，从假释期满之日起计算。除此之外，刑法第74条规定，对于累犯，不适用缓刑。以上两个条文与刑法第66条关于特殊累犯以累犯论处的规定共同构成了我国立法上对于累犯量刑从严预期的全部内容。这三个刑法条文明确显示了我国立法者在如何处罚累犯这一问题上和其他国家立法者持有相同的态度：累犯应当从严处罚。

因此，我国刑法中作为累犯制度核心内容的累犯处遇从严论是以累犯刑罚处遇从严论的形式出现的，又是以累犯量刑从严的预期为主要内容的。

尽管我国刑法明确持有累犯量刑应当从严的预期，但是在累犯量刑应该如何从严这一问题上却没有给出清楚明晰的指导性设想。例如，累犯量刑时从重的幅度应该是怎样一个区间？再如，所有一般累犯从重处罚的幅度是否应该一致？又如，累犯从重处罚的幅度如果不是固定不变的，那么哪些因素会对其产生影响？可以想见，上述问题在刑事审判实践中都是无法回避的，而我们的立法者却对这些问题保持缄默，至少从刑法条文上来看确实如此。概括而言，我国刑法在累犯量刑问题上是明确而模糊的：法有明确态度，法无具体内容，这样一来，司法实践中法官在量刑阶段行使自由裁量权时没有具体根据，容易导致对累犯从严适用的不规范、不统一，进而出现量刑失衡的危险。

于2010年10月1日试行的《人民法院量刑指导意见（试行）》（以下简称《量刑指导意见》）在一定程度上为累犯量刑应当如何从严给出了规范性的指导。一方面，《量刑指导意见》首先概括性地规定了法官量刑时的四个指导原则：一是量刑应当以事实为根据，以法律为准绳，根据犯罪的事实、犯罪的性质、情节和对于社会的危害程度，决定判处的刑罚。二是量刑既要考虑被告人所犯罪行的轻重，又要考虑被告人应负刑事责任的大小，做到罪责刑相适应，实现惩罚和预防犯罪的目的。三是量刑应当贯彻宽严相济的刑事政策，做到该宽则宽，当严则严，宽严相济，罚当其罪，确保裁判法律效果和社会效果的统一。四是量刑要客观、全面把握不同时期不同地区的经济社会发展和治安形势的变化，确保刑法任务的实现；对于同一地区同一时期，案情相近或相似的案件，所判处的刑罚应当基本均衡。毫无疑问，法官适用累犯从严时也必须遵从以上四个统摄性的量刑指导原则，在以事实为依据、以法律为准绳的前提之下，以报应和功利相统一的折中主义刑罚论为导向，将刑事政策因素纳入累犯量刑的考量之中，做到累犯从严因时因地制宜。另一方面，《量刑指导意见》对于法官如何在量刑阶段适用累犯从严也给出了具体的针对性规定：对于累犯，应当综合考虑前后罪的性质、刑罚执行完毕或赦免以后至再犯罪时间的长短以及前后罪罪行轻重等情况，可以增加基准刑的10%-40%。尽管《量刑指导意见》对于基准刑并无明白易懂的说明，但是与刑法关于累犯从严的相关规定相比，《量刑指导意见》还是进一步明确了累犯前后罪性质和轻重、累犯前罪刑罚执行完毕或赦免与累犯后罪时间间隔对于累犯从严的幅度应该有影响。

自此，我国累犯处遇从严论的核心——累犯量刑从严论这一立法预期的构成内容得以明确。

三、中国语境下的累犯从严有效论

在累犯从严有效论的立法预期中"有效"二字指的是累犯制度作为手段实现目的之有效性。因此，要在我国语境下对累犯从严有效论进行本土化的展开，必须先要明确作为手段的累犯制度所要实现的"目的"是什么。

累犯制度作为一种特殊的刑罚制度，其目的与我国刑罚制度的目的是紧密相联的。关于我国刑罚的目的是什么这一问题曾经存在很多争论，有学者概括出了七种观点①：

一是惩罚说，认为刑罚的目的在于限制和剥夺犯罪人的自由与权利，使他们感到压力与痛苦，以制止犯罪发生；二是改造说，认为刑罚的目的是通过惩罚手段来改造罪犯以达到让其重新做人的目的；三是预防说，认为刑罚的目的是预防犯罪，包括特殊预防和一般预防两方面；四是双重目的说，认为刑罚的目的是惩罚犯罪人和教育改造犯罪人；五是三目的说，认为刑罚的目的是惩罚和改造犯罪人，预防他们重新犯罪，教育和警戒社会上的不稳定分子；六是预防和消灭犯罪说，认为刑罚的目的是预防犯罪以致最终消灭犯罪；七是根本目的与直接目的说，认为根本目的是预防犯罪、保卫社会，直接目的是惩罚犯罪以伸张正义，威慑犯罪分子与社会上的不稳定分子，改造犯罪分子。

上述学说之间的争论在很大程度上是学者混淆了刑罚目的、刑罚属性和刑罚功能之间的关系，厘清这三个概念之间的关系和界限之后，目前我国通说认为，我国刑罚的目的是预防犯罪，包括一般预防和特殊预防这两方面。② 我国刑法第 2 条关于刑罚的职能在于"同一切犯罪行为作斗争"，将刑罚明确定位为对付犯罪的有效手段，为通说提供了法律根据。刑罚通过制定、适用和执行，能对犯罪人本人及其周围的一般人产生影响，从而达到预防犯罪的效果。张明楷老师认为这是一种符合社会大众心态的普遍历史事实。③

根据对我国刑罚目的的确认，可以此来确认我国累犯制度的目

---

① 参见高铭暄主编：《新中国刑法学研究综述》，河南人民出版社 1986 年版，第 408 页；马克昌主编：《刑罚通论》，武汉大学出版社 1999 年版，第 59 页。
② 参见陈兴良著：《刑法适用总论》（下卷），中国人民大学出版社 2006 年版，第 50 页；张明楷著：《刑法学》，法律出版社 2011 年版，第 459 页。
③ 参见张明楷著：《刑法学》，法律出版社 2011 年版，第 459 页。

的。我国的累犯制度作为一种特殊的具体刑罚安排是专门应对重新犯罪的有效手段。立法者确信通过累犯制度的确立、适用和执行，能对累犯和其他一般人产生影响，通过减少重新犯罪来最终实现预防犯罪的效果。我国刑法制定、适用和执行累犯制度，固然有一般预防的考量，但主要是出于对累犯特殊预防的考虑。立法者认为确立累犯制度主要是为了实现特殊预防的目的，立法者也坚信累犯制度作为手段可以有效实现这一目的。

在累犯制度可以通过何种途径来实现特殊预防目的之问题上，我国立法者则希望可以通过刑罚的改造功能和威慑功能来实现。我国监狱法第 1 条关于制定监狱法是为了"正确执行刑罚，惩罚和改造罪犯，预防和减少犯罪"的规定明确了我们在刑罚整体的执行中对威慑和改造这两个功能的依赖和追求，在我国，累犯制度事实上是以累犯刑罚处遇从严为核心的刑罚制度，因此我国立法者预期累犯制度主要通过改造和威慑这两个刑罚功能来实现预防犯罪尤其是特殊预防这一目的也是理所当然的。

上文将上篇结尾归纳的当代累犯制度三个普适性的立法预期在中国的语境下进行了本土化展开，相应归纳出当代中国累犯制度的三个立法预期。累犯制度的研究从普适性问题的研究正式转入中国问题的研究。

我国累犯制度这三个立法预期是中国规范层面累犯制度的核心内容，也是下文探寻我国事实层面累犯制度之现实时用来对照的理论假设。下文将在当代中国的语境之下以大样本的实证研究方法来对我国累犯制度上述三个核心立法预期进行逐一检验，从而完成累犯制度规范层面与事实层面、立法层面与司法层面的相互映照。需要说明的是，我国累犯制度由普通累犯制度和特殊累犯制度这两部分组成，上篇所总结的三个立法预期显然对这两部分都适用，但是由于目前实证研究的样本中缺乏特殊累犯相关的刑事判决书，所以在本篇中所考查的事实层面的累犯制度准确来说只限于一般累犯制度，因而得出的所有结论也仅适用于我国的一般累犯制度。

第五章　累犯群体特殊论之本土检验

一、人身危险性之界定与重构

累犯群体人身危险性大是我国规范层面累犯制度关于累犯群体特殊论立法预期的主要内容。人身危险性对于刑事实证学派而言是一个极为重要的概念，它伴随着实证学派的崛起而受到重视。人身危险性作为我国累犯制度实质上的核心概念，有必要对其定义做一个准确理解，并尝试在此基础上对其进行更具体的重构。

（一）人身危险性的界定

要理解人身危险性，首先要将其与主观恶性这个概念进行区分。

"人身危险性作为犯罪人的人身特征，往往被理解为某种犯罪倾向性。"① 因此，人身危险性反映的是行为人一贯的、一般的性格。主观恶性不同于人身危险性，主观恶性反映的不是行为人一贯的品格，而是行为发生时的性格。② 人身危险性可能与某一具体犯罪行为发生时的罪犯性格一致，也可能不一致。因此，作为累犯的犯罪人，其人身危险性大并不意味着在实施具体犯罪行为时，其主

---

① 陈兴良著：《刑法的人性基础》，中国方正出版社 1999 年版，第 116 页。

② 于志刚主编：《刑罚制度适用中疑难问题研究》，吉林人民出版社 2001 年版，第 203-204 页。

观恶性也必然随之而增大。① 主观恶性并不是累犯区别于初犯的显著特征，初犯在实施犯罪行为时也存在主观恶性甚至在程度上较累犯更大。②

就笔者的理解而言，我国刑法语境下时常出现的"主观恶性"事实上接近于犯罪人不法行为的罪责这个概念，不法构成行为的罪责大小与累犯和初犯无关，只与不法行为相联。主观恶性这个概念是行为刑法模式下的概念。而人身危险性强调的是行为人一贯的品格，是具有某种稳定性的人身特征，是持续表现出的犯罪倾向，这是行为人刑法模式下的概念。准确来说，主观恶性属于已然之罪的范畴，而人身危险性则属于未然之罪的范畴。

关于人身危险性这个概念的界定，学界主要存在以下两种学说：

（1）再犯可能性说，也称狭义说，认为"所谓人身危险性，指的是犯罪人的存在对社会所构成的威胁，即其再犯罪的可能性。"③ "它所表现的是犯罪人主观上的反社会性格或危险倾向。"④简而言之，该说将人身危险性的主体仅限于已经犯罪的人，而将其他人排除在外。"初犯可能性发生在行为人实施犯罪行为之前，属于未然领域，作为一种客观存在的社会现象，应当由犯罪学加以研究。刑法学意义上的犯罪是指符合犯罪构成要件的危害社会的行为，从这一立场出发，刑罚使用中应当考虑的人身危险性只能是再犯的可能性。"

（2）犯罪可能性说，也称广义说，认为"人身危险性并非再

① 于志刚主编：《刑罚制度适用中疑难问题研究》，吉林人民出版社2001年版，第204页。
② 季理华著：《累犯制度研究——刑事政策视野中的累犯制度一体化构建》，中国人民公安大学出版社2010年版，第52页。
③ 邱兴隆、许章润著：《刑罚学》，群众出版社1988年版，第259页。
④ 高铭暄著：《刑法问题研究》，法律出版社1994年版，第156页。

犯可能的同义语，除再犯可能，人身危险性还包括初犯可能。从这个意义上说，人身危险性是再犯可能与初犯可能的统一"①。具体来说，"广义上的人身危险性又分为两种：一种是无犯罪前科的人的犯罪可能性，我们称之为初犯可能性；另一种是犯罪人再次犯罪的可能性，我们称之为再犯可能性或狭义上的人身危险性"②。这种学说具体来讲又可以进一步划分为两派③：一派一面将人身危险性的主体做了最宽泛的界定：既包括犯罪人，也包括初犯；既包括有刑事责任能力者，也包括无刑事责任能力者以及限制刑事责任能力者。一面将人身危险性的实质内容划定了最低的门槛：所谓的人身危险性强调的是行为人对整体法规范侵犯的可能性，包括了犯罪可能性和违法可能性。另一派对人身危险性的界定更为严格，认为人身危险性的主体既包括犯罪人也包括初犯，但是都仅限于有刑事责任能力者，同时在行为人侵犯法益可能性的程度方面也做了更高的要求，认为行为人的人身危险性仅限于犯罪的可能性。

　　笔者认为，对人身危险性概念界定的这两种学说之所以出现分歧，是因为论者立论时所采取的视野不同：狭义说立足于刑法层面，而广义说则立足于刑事政策以及犯罪学的层面。在各自特定的视野之下，两种学说都有道理。针对本书目前探讨的累犯制度来说，因为立足于规范刑法层面，所以狭义说可能更为适合。

　　（二）人身危险性的重构

　　尽管本书对人身危险性的界定倾向于狭义说的立场，但还是必须承认，目前学界对人身危险性的定义还是太过提纲挈领，笼统而

---

　　① 陈兴良著：《刑法哲学》，中国政法大学出版社 1997 年版，第 139 页。

　　② 赵秉志著：《犯罪总论问题探索》，法律出版社 2002 年版，第 265 页。

　　③ 参见陈伟著：《人身危险性研究》，法律出版社 2010 年版，第 33-34 页。

缺乏概括性。犯罪人的再犯可能性具体指的是什么？是多维度的概念还是单维度的概念？这些问题都不清楚。

有学者曾试图在人身危险性的笼统界定之上做进一步具体化的努力，提出"人身危险性是质与量二维向度的整合"，在判断行为人人身危险性有无时，主要是对行为人人身危险性质的规定性进行判断，而在判断行为人人身危险性大小时，主要是对行为人人身危险性量的规定性进行判断。[①] 该论者对人身危险性考察的先后顺序进行了明确划分，首先判断人身危险性的有无，在得出有的结论之后，再判断人身危险性的量是否达到需要我们戒备的程度。这种观点从表面上看起来成立，但是实际细究起来却存在很大问题。因为依照该论者的逻辑来看，他所主张的二维向度其实名不副实，因为他主张二维向度中的人身危险性的有无这一维和大小这一维事实上可以合并简化为人身危险性的大小这一单维的数轴来表示，人身危险性的有无这一质向维度可以缩略构成该数轴的原点。

尽管如此，该论者提出的二维向度的思路还是很具有启发性，本书将借鉴这一思路对人身危险性概念做一个重构。

从某种意义上来说，可以认为犯罪人人身危险性的大小是质与量的二维向度整合。依照人身危险性概念界定的狭义说，人身危险性是犯罪人再犯罪的可能性。那么，这种再犯罪的可能性可以分为以下两个维度：

在质的维度上，需要判断犯罪人再犯可能性中未来可能犯罪罪质的严重性，包括犯罪人将来可能犯什么类型的罪，可能以什么形式犯罪等。举例来说，假设犯罪人甲和犯罪人乙将来可能犯罪的次数同为3次，但是犯罪人甲将来可能实施3次抢劫罪而犯罪人乙将来只可能实施3次盗窃罪，那么我们肯定认为犯罪人甲的人身危险性大于犯罪人乙。再如，假设犯罪人甲和犯罪人乙将来可能犯罪的次数同为3次，

---

① 参见陈伟著：《人身危险性研究》，法律出版社2010年版，第52-53页。

犯罪类型也均为抢劫罪，但是犯罪人甲可能采取持枪或者结伙抢劫的方式，而犯罪人乙则是单独作案由其他罪名转化为抢劫罪，那么我们肯定也认为犯罪人甲的人身危险性大于犯罪人乙。

在量的维度上，需要判断的是犯罪人再犯可能性中未来可能犯罪的数量或者频率。举例来说，假设犯罪人甲和乙将来可能犯罪的类型都是抢劫罪，而且犯罪方式都类似，但是其中甲可能在未来10年内犯3次抢劫罪，而乙则可能在未来10年内只犯1次抢劫罪，那么我们肯定认为甲的人身危险性比乙要大。

在分别对人身危险性大小的两个维度进行考察之后，需要将质与量的两个维度整合起来，如此便构成了人身危险性质量二维体系的全部内容，其中量的维度代表犯罪人未来再犯罪频率的可能性，质的维度代表犯罪人未来再犯罪严重程度的可能性。用图对此做一粗略的表述如下：

未来再犯罪频率/数量的可能性

人身危险性质量二维体系

根据重构后的人身危险性概念，我国累犯制度中累犯群体之所以特殊是因为人身危险性较非累犯群体更大这一立法预期可以进一步具体化为以下假设：累犯群体整体的人身危险性在质和量两个维度上均比非累犯群体更大。

二、人身危险性之预测可能

由于人身危险性代表的是一种未然的可能性，直接比较累犯群体和其他犯罪人的人身危险性无疑是不可能完成的任务。然而，众多研究表明，人身危险性可以根据客观的已然事实进行评估与预测，这些已知的客观事实被称为人身危险性的征表。从未知转化为已知这一路径的存在为笔者的研究提供了新的方向。国内外对人身危险性评估的各项研究结果表明，人身危险性的征表主要包括犯罪人的个人情况、犯罪人的犯中表现以及犯罪人在犯罪前后的表现这三个方面。[①]

(一) 犯罪人的个人情况

所谓犯罪人的个人情况，也称为犯罪人的个人中性特征。[②] 因为这些因素与人身危险性的概念不同，其本身并不具有反社会的特征而在刑法评价上是中性的。然而，这些因素依然可以作为测定行为人人身危险性的根据，主要包括：

1. 性别

研究显示，男性比女性更容易从事犯罪活动，特别是暴力犯罪。[③]

---

① 参见陈兴良著：《刑法哲学》，中国政法大学出版社 2009 年版，第127-136、175-176 页；邱兴隆、许章润著：《刑罚学》，群众出版社 1988 年版，第 259 页；周振想著：《刑罚适用论》，法律出版社 1990 年版，第 194 页；刘绪东著：《累犯制度研究》，中国政法大学出版社 2012 年版，第 145-155 页。

② 参见曲新久：《试论刑法学的基本范畴》，载《法学研究》1991 年第1 期。

③ 参见刘绪东著：《累犯制度研究》，中国政法大学出版社 2012 年版，第145 页。

2. 年龄

年龄是体现犯罪可能性并影响定罪量刑的重要因素。一般来说，未成年人因为年龄尚小，心智不成熟，人格可塑性强，易受教育改造，因而人身危险性较小。而成年人由于思想人格已经定型，其选择犯罪是以对犯罪行为及其后果有全面的认知为前提的，对其改造的难度相对较大，因而人身危险性大。老年人虽然思想人格也已定型，但是鉴于其生理上已经衰老，犯罪能力因为体力衰竭而逐渐减弱，所以其人身危险性也较小。①

3. 家庭

家庭对人，尤其是对未成年人的影响极大。一般来说，家庭和睦，父母关系正常的，行为人再犯的可能性较小。而家庭不和睦或破裂，特别是家长有犯罪记录的，行为人的再犯可能性就较大。家庭这一因素事实上反映出了行为人稳定性方面的情况。

4. 婚姻

稳定和谐的婚姻在一定程度上会限制乃至消除行为人的人身危险性，而没有婚姻关系或者说婚姻失和乃至破裂则对行为人将来再犯罪的可能性存在一定的助长作用。"没有家庭的制约，往往缺乏社会责任感，易于导致再犯。"② 与家庭因素相似，婚姻也是对行为人稳定性的反映。

5. 受教育程度

受教育程度对行为人的人身危险性也有很大的影响。受教育程度的高低反映出行为人在社会上生存竞争能力的大小。根据默顿的紧张理论，行为人的手段与社会目标之间的不对称性容易引发越轨

---

① 参见陈兴良著：《刑法哲学》，中国政法大学出版社 2009 年版，第129-130 页；刘绪东著：《累犯制度研究》，中国政法大学出版社 2012 年版，第 146 页。

② 陈兴良著：《刑法哲学》，中国政法大学出版社 2009 年版，第 131页。

行为。一般来说，行为人的受教育程度越低，行为人达到社会公认目标（财富或者成功等）的手段越有限，越可能铤而走险选择用犯罪的方式来实现自己的目标，而行为人受教育程度越高，行为人实现目标的资源手段越丰富，越不可能选取犯罪行为作为实现目标的手段。此外，受教育程度低的人因为对刑罚教育改造的接受能力较低，比较不易于改造，再犯可能性高。而受教育程度高的人则可能较易接受改造，再犯可能性低。[①] 从另一方面来讲，行为人受教育程度对其人身危险性质的维度也有显著影响。一般来说，受教育程度低的行为人再犯的主要犯罪类型是街头犯罪，其不可能实施白领犯罪之类的高智商犯罪，而受教育程度高的行为人再犯罪类型则比较不可能是盗窃这一类街头犯罪，实施白领犯罪等高智商犯罪的可能性就比较高。

6. 职业

职业与行为人人身危险性的关系类似于受教育程度与行为人人身危险性的关系，因为职业也是实现社会目标的重要途径。一般来说，有稳定职业的人经济来源稳定，人际交往圈也相对固定，人身危险性较小。而没有职业或者职业不稳定的人则生活动荡，经济收入无法得到保障，更可能选择犯罪行为来实现生存的目标，因此人身危险性较大。在此意义上，职业因素与家庭、婚姻一样也是行为人稳定性的反映。此外，行为人的职业角色也在一定程度上影响了行为人人身危险性质的维度。体力劳动者再犯罪时可能更多实施的是街头犯罪，而白领或者是公职人员则可能实施的是白领犯罪或职务犯罪。

7. 弱势身份

社会中的人因为天生或者人为的属性会被划分为不同类别，被划分到某一类别的人很可能因为在生活环境中属于少数而处于弱势

---

① 参见刘绪东著：《累犯制度研究》，中国政法大学出版社2012年版，第147页。

地位，遭受各种各样的歧视。这种弱势身份也在一定程度上加剧了行为人手段与目标之间的紧张关系，导致行为人再犯的可能性因此而提高。例如，在美国这个移民国家种族歧视盛行，有色人种尤其是黑人作为少数族裔在社会中处于弱势地位。与美国种族歧视相似，我国存在户口歧视的问题，城乡之间发展不平衡导致农村居民受到歧视。户口制度在限制人口迁移的同时也导致了城市本地居民对非本地居民的歧视，外来人口无法享受本地居民的诸多待遇。一般来说，弱势身份与行为人人身危险性的关系并不直接，无法直接断言说黑人的人身危险性比白人大或者说非本地户口的犯罪人比本地户口的犯罪人再犯可能性大。弱势身份往往通过职业、受教育程度这些变量来间接影响行为人人身危险性的大小。另外，随着市场经济的发展，为了追逐经济利益人口出现大规模流动，外来人口犯罪逐渐成为一个令人头疼的问题。所谓的外来人口，即没有本地户口的人。有无本地户口也反映出行为人稳定性的大小，从而影响行为人的人身危险性。

8. 犯罪人的其他个人情况

包括犯罪人的性格、气质、心理状态乃至癖好等。

（二）犯罪人的犯中表现

所谓犯罪人的犯中表现，指的是与犯罪人犯罪相关的一系列主客观情况，主要包括以下几个因素：

1. 犯罪类型

刑法上对犯罪类型存在多角度的不同划分，比如暴力犯罪与非暴力犯罪、人身犯罪与财产犯罪、自然犯罪与法定犯罪等。行为人目前的犯罪类型被认为对行为人的人身危险性尤其是质的维度有直接影响。普遍认为犯重罪的犯罪人的人身危险性大于犯轻罪的犯罪人，暴力犯罪人的人身危险性大于非暴力犯罪人的人身危险性，人身犯罪人的人身危险性大于财产犯罪人的人身危险性等。当然，犯罪类型对人身危险性的影响也不是绝对的。比如，1997 年美国明尼苏达州立法审计办公室发布的关于成年重罪犯重新犯罪率的报告就显示，尽管杀人是一种极为严重的犯罪类型，但是杀人犯的累犯率最低。①

2. 犯罪动机

行为人实施了同一类型的犯罪行为，但是犯罪动机却可能不同。不同的犯罪动机显示出行为人不同的人身危险性。例如，因为好吃懒做意图通过不劳而获而进行盗窃的犯罪人的人身危险性就比因为意外生活困顿为糊口而进行盗窃的犯罪人要大。同样的，为了掩盖自己的丑闻而杀人灭口的犯罪人的人身危险性也比因为长期受虐待而杀死施虐者的犯罪人要大。

3. 罪过

一般认为，由故意犯罪的主观性质决定，故意犯罪的实施者具有较大的人身危险性，过失犯罪的人虽然在一定条件下也可能再次实施犯罪，但是一般来说，过失犯罪的犯罪人本身具有的人身危险性是很小甚至是根本没有的。② 因为"在故意犯罪的情况下，行为人对于危害社会结果是希望或者放任其发生的，因而犯罪人再次犯罪的可能性极大。在重新犯罪的人数中，故意犯罪的比例相当大，而过失犯罪的比例极小。因为过失犯罪是不意误犯，犯罪以后行为人往往追悔莫及，痛心不已，因而在一般情况下往往能够吸取教训"③。但是，也不能将此绝对化。有学者就指出，我们可以认为故意犯罪的犯罪人人身危险性比较大，但是我们不能就此推论说过失犯罪的犯罪人的人身危险性就比较小。④ "刑罚惩治过失犯罪是

---

① 参见 http：//www. auditor. leg. state. mn. us/ped/1997/pe9701. htm，最后访问时间：2013 年 12 月 7 日。

② 参见高铭暄著：《刑法学原理》（第 3 卷），中国人民大学出版社 1994 年版，第 282 页。

③ 陈兴良著：《刑法适用总论》（下卷），中国人民大学出版社 2006 年版，第 387 页。

④ 参见刘绪东著：《累犯制度研究》，中国政法大学出版社 2012 年版，第 150 页。

为了引起行为人对其注意义务的高度重视，防止犯罪人再次违反注意义务，减少其再犯可能，但若经过刑罚处罚后，过失犯罪人仍怠于履行注意义务，造成了严重的危害社会的后果，则刑罚的预防功能未得以实现，行为人的人身危险性不可谓不大。"①

4. 犯罪手段

犯罪手段是否恶劣乃至残忍反映出行为人犯罪时内心的决绝，因而在某种程度上也反映出行为人的人身危险性。犯罪手段越恶劣，犯罪人的人身危险性就越大。举例来说，犯罪人甲以凌迟手段故意杀人，而犯罪人乙以一枪毙命的方式故意杀人，甲的人身危险性就比乙要大。再如，犯罪人甲持枪抢劫，而犯罪人乙以麻醉方式抢劫，甲的人身危险性就比乙大。

5. 犯罪后果

一般认为犯罪后果越严重，犯罪人的人身危险性就越大。以财产犯罪来说，犯罪人造成的财产损失越大，其人身危险性就越大。以人身犯罪来说，犯罪人伤害乃至杀害被害人的数量越多，其人身危险性就越大。

6. 犯罪语境

犯罪实施的时空环境在一定程度上也能反映出犯罪人的人身危险性。比如，趁火打劫者就比一般的抢劫者人身危险性要大。再如，在光天化日之下于闹市区杀人者又比在僻静无人处杀人者的人身危险性要大。

7. 犯罪对象

一般认为，人身犯罪者的人身危险性比财产犯罪者的人身危险性要大。而即使同为人身犯罪者或同为财产犯罪者，犯罪对象不同也反映出犯罪人不同的人身危险性。如果侵害对象是孕妇、残疾人、未成年人或者老人，犯罪人的人身危险性就大于那些以一般人

---

① 赵辉：《对普通累犯制度几个问题的思考》，载《法学论坛》2002 年第 3 期。

为侵害对象的犯罪人。因为前者的行为表明"其主观意识与社会伦理准则具有较强的对立性，人身危险性也就较大"①。

8. 犯罪数量

犯罪人在服法之前实施的犯罪行为很可能不止一个。那些因为实施了多起犯罪行为而被司法机关数罪并罚的犯罪人，因其对犯罪行为的反复坚持体现出其怙恶不悛的内在特质，因而其人身危险性大于那些没有被数罪并罚的犯罪人。

9. 犯罪人角色

所谓的犯罪人角色，指的是犯罪人犯罪时究竟是单独犯罪还是共同犯罪，如果是后者，又需要分辨其在共同犯罪中扮演了什么角色。一般认为，共同犯罪比单独犯罪的社会危害性要大。然而，在人身危险性问题上，无法得出共同犯罪人比单独犯罪人人身危险性大的结论，需要具体情况具体分析。可以肯定的是，共同犯罪人的人身危险性一般来说会大于过失单独犯罪人。在共同犯罪中，主犯的人身危险性最大，从犯次之，胁从犯的人身危险性最小。

（三）犯罪人犯罪前后的表现

1. 犯罪前表现

所谓犯罪前表现，指的是犯罪人在实施犯罪行为以前的一贯表现。② 正所谓冰冻三尺，非一日之寒，犯罪前表现对于预测犯罪人今后的再犯可能性很有帮助。"一般而言，行为人平时的行为表现不仅反映出行为人的心理状况，而且还影响着其心理。一贯表现良好，因种种原因偶尔犯罪的人，再犯的可能性很小，甚至无再犯的可能性。"③ 而平时表现不好，生活散漫，违法乱纪，大错不犯，

---

① 刘绪东著：《累犯制度研究》，中国政法大学出版社 2012 年版，第152 页。

② 陈兴良著：《刑法哲学》，中国政法大学出版社 2009 年版，第 134页。

③ 周振想著：《刑罚适用论》，法律出版社 1990 年版，第 196 页。

小错不断的人，其内心所具有的反社会性是导致其犯罪的主要原因，也意味着其人身危险性较大。至于那些之前就有犯罪历史的犯罪人，其经过之前的刑罚体验仍怙恶不悛，在一定程度上表明其犯罪习性已经形成，未来再犯罪的可能性更高。

2. 犯罪后表现

犯罪人在犯罪之后对自己实施犯罪行为所抱的态度也能在很大程度上反映出犯罪人的人身危险性大小。就犯罪后拒不认罪、毫无忏悔之意的犯罪人而言，其对自己的犯罪行为不以为耻，反以为荣，因而人身危险性就较大；就认罪服法的犯罪人而言，其在一定程度上能认识到自己犯罪行为的错误，其人身危险性就比前者要小；就坦白悔罪或投案自首乃至于检举立功的罪犯而言，其能在犯罪之后主动服法和交代自己的罪行，为自己的罪行感到真诚忏悔，除此之外还具有检举他人犯罪的立功表现，这些行为均显示犯罪人的人身危险性程度较前两者更小。

对于犯罪人的人身危险性进行预测，不能单独倚重上述一个或者几个因素，而是需要将这些因素综合起来全盘考虑。限于目前人类的认识水平和技术水平，将以上因素作为人身危险性的征表来对犯罪人人身危险性进行预测的准确度尚待提高。尽管如此，以上所列因素对于预测犯罪人的人身危险性仍然具有很重要的参考意义。

三、累犯群体特殊论之有限证成

（一）研究样本的选取

本书所有实证研究的样本均来自一个巨大的案例库。这个案例库中所有的案例或是来自北京大学实证法务研究所 10 年来通过公开渠道从全国各地各级法院收集的刑事判决书或是来自最高人民法院量刑规范化课题组提供的全国 21 个省市 77 家法院的刑事判决书。鉴于任何刑罚裁量都是以具体的犯罪行为为对象，而一份刑事判决书中通常可能有多个被告人，而一个被告人又通常可能犯有多种罪行，该案例库将上述判决书拆解开来，最终将一个具体犯罪行为及其所对应的刑罚这种具体的罪刑关系作为最小的分析单位，这些具体的罪刑关系构成了下文进行实证研究时的样本来源。

从以上数据库中选取了判决年份为 2000 年至 2011 年这 12 年间的所有刑事判决书样本供本章实证研究使用，共计 277363 个，其中累犯的样本个数为 12141 个，初犯的样本个数为 246271 个，前科非累犯的样本个数为 18951 个。

样本的空间分布为：安徽省 2089 个，北京市 14767 个，福建省 4663 个，甘肃省 691 个，广东省 12837 个，广西壮族自治区 2528 个，贵州省 460 个，海南省 3924 个，河北省 1521 个，河南省 112683 个，黑龙江省 671 个，湖北省 1691 个，湖南省 26112 个，吉林省 1508 个，江苏省 1547 个，江西省 3315 个，辽宁省 662 个，内蒙古自治区 239 个，宁夏回族自治区 558 个，青海省 233 个，山东省 2946 个，山西省 280 个，陕西省 4499 个，上海市 51202 个，四川省 1312 个，天津市 223 个，西藏自治区 8 个，新疆维吾尔自治区 10 个，云南省 2422 个，浙江省 5677 个，重庆市 2962 个，最高人民法院 299 个，其余另有 12824 个样本所属地域不明。

样本的时间分布为：2000 年判决样本 3474 个，2001 年判决样本 2654 个，2002 年判决样本 1523 个，2003 年判决样本 3544 个，2004 年判决样本 4070 个，2005 年判决样本 4717 个，2006 年判决样本 13042 个，2007 年判决样本 11337 个，2008 年判决样本 16234 个，2009 年判决样本 63964 个，2010 年判决样本 85759 个，2011 年判决样本 67045 个。

尽管样本在时空分布上并不十分均衡，但是样本数量巨大以及样本来源基本覆盖我国各个地区，这两点在一定程度上保证了下文研究结果的可信度。

由于选取的累犯样本仅限于普通累犯，因而下文研究所得结果也只适用于我国普通累犯制度。

（二）研究方法的选择

我国规范层面的累犯制度预期累犯群体因为人身危险性更大而

不同于其他犯罪人，这种立论是建立在将累犯群体与其他非累犯群体相比较的基础上。为了检验这一预期，笔者以外部比较法作为主要的研究方法。

所谓外部比较法，就是根据样本提供的行为人人身危险性的种种表征将样本中累犯群体的人身危险性和样本中的非累犯群体进行比较。非累犯群体又可以细分为两个群体：初犯群体与前科非累犯群体。后者指的是虽有刑事前科但又不符合刑法上累犯规定的犯罪人群体。一方面，毋庸置疑，无论是学界还是实务界，大家一致预期累犯比初犯的人身危险性大。另一方面，从立法在量刑部分规定累犯是法定从重情节而前科只是酌定从重情节这一做法来看，可以推定在立法者眼中累犯的人身危险性也大于前科非累犯。综上所述，关于这三个群体的人身危险性大小，立法者预期的顺序依次为：累犯>前科非累犯>初犯。采取外部比较法就是为了验证这一预期。外部比较法试图检验的是累犯作为一类特殊的犯罪人类型其整体上是否比其他类型的犯罪人具有更大的人身危险性。

（三）累犯群体基本情况概述

在选取的 277363 个研究样本中，累犯样本的个数为 12141 个。根据这些累犯样本反映出来的信息，对于累犯群体的基本情况汇总如下：

1. 性别分布

12141 个累犯样本中有 10599 个样本提供了累犯的性别信息。在这些有性别信息的累犯样本中，男性犯罪人占 98.2%，女性犯罪人仅占 1.8%。

2. 年龄分布

12141 个累犯样本中有 8486 个样本提供了累犯的年龄信息。这些有年龄信息的累犯样本显示，累犯群体的年龄分布呈现中间大，两头小的橄榄状，青壮年犯罪人是累犯的主要组成部分。

3. 犯罪历史分布

12141 个累犯样本中，累犯拥有的刑事前科次数（包含了累犯前罪）从 1 次到 10 次不等。累犯刑事前科次数的分布呈金字塔状，随着刑事前科次数的增加相应的累犯数量随之减少，仅有 1 次犯罪前科的累犯即所谓的二次累犯数量最多，几乎占到总数的 70%，而有 3 次及以上犯罪前科的累犯即通常意义上的屡教不改者所占比例最少，只有总数的 1/10 左右，但是这 1/10 左右的犯罪人的刑事前科次数之和却占了累犯全部刑事前科次数总和的 1/4 左右。

累犯刑事前科次数具体分布如下：

刑事前科次数	样本数	所占百分比
1 次	8248	68.0%
2 次	2574	21.2%
3 次	875	7.2%
4 次	295	2.5%
5 次	101	0.8%
6 次	29	0.2%
7 次	11	0.1%
8 次	5	0
9 次	0	0
10 次	3	0
合计	12141	100%

刑事前科次数	累犯样本个数占比	刑事前科次数累计占比
1 次	67.9%	45.8%
2 次	21.2%	28.5%
3 次及以上	10.9%	25.7%
合计	100%	100%

4. 累犯后罪分布

在 12141 个累犯样本中，累犯后罪最主要的犯罪类型依次为盗窃罪，抢劫罪，走私、贩卖、运输、制造毒品罪（以下简称毒品犯罪），故意伤害罪和寻衅滋事罪，累犯后罪为这五类犯罪的样本几乎占总数的 80%，仅累犯后罪为盗窃罪的样本就占了总数的 51.3%。此外，累犯后罪为故意杀人罪、故意伤害罪、抢劫罪和强奸罪这四类较为严重的暴力犯罪的样本仅占总数的 17.2%。因此，样本中累犯后罪从手段上看绝大多数为非暴力犯罪，从目的上看，又以牟利型犯罪为主。

5. 犯罪历史与累犯后罪

将犯罪历史和累犯后罪类型做交互分析，累犯群体呈现出以下特点：

（1）如果按照刑事前科次数将累犯分为 1 次刑事前科累犯、2 次刑事前科累犯、3 次及以上刑事前科累犯这三组，那么每一组累犯样本的累犯后罪最主要的犯罪类型都是盗窃罪、抢劫罪、毒品犯罪、故意伤害罪和寻衅滋事罪这五种，这一点不因累犯刑事前科次数的增加而改变。

（2）随着累犯刑事前科次数的增加，样本中累犯后罪类型越来越集中于上述五大罪名特别是盗窃罪之上，累犯后罪类型的多样化程度随之减弱。具体如下：

刑事前科次数	累犯后罪为五大罪样本占比	累犯后罪为盗窃罪样本占比
1 次	78.1%	46.7%
2 次	80.9%	57.5%
3 次及以上	85.5%	67.7%

（3）按照刑事前科次数划分的三组累犯中，累犯后罪均以非暴力犯罪为主。累犯后罪为故意杀人罪、故意伤害罪、抢劫罪和强奸罪这四类严重暴力犯罪的样本在每一组中均占少数，而且所占比

例随着刑事前科次数的增加而逐渐减少，具体如下：

刑事前科次数	累犯后罪为四大暴力犯罪样本占比
1 次	19.6%
2 次	13.5%
3 次及以上	8.9%

（四）累犯群体与非累犯群体之比较

尽管不同类型犯罪人的人身危险性作为一种未来的可能性无法直接进行比较，但是凭借前文提及的那些人身危险性表征因素，还是可以将未然的可能性奠基于已然的事实之上，通过直接比较客观存在的人身危险性表征因素，进而间接比较累犯群体与其他犯罪人群体之间人身危险性的大小。

由于研究样本脱胎于刑事判决书，而我国的刑事判决书往往篇幅简短，格式固定，书写不规范，其所能提供的信息相当有限，因而所能获得的犯罪人人身危险性的表征因素也较为有限，在这有限信息之上得出的分析结果我们应持谨慎和保守的态度。

1. 人身危险性表征之犯罪人的个人情况比较

作为一种中性特质，尽管犯罪人的个人情况不与犯罪直接相关，但是对预测犯罪人的人身危险性具有重大意义。所选判决书样本提供的犯罪人个人信息包括性别、年龄、户口。

（1）性别。

在 277363 个研究样本中，12141 个累犯样本里有 10599 个样本提供了累犯的性别信息，18951 个前科非累犯样本里有 16706 个样本提供了前科非累犯的性别信息，246271 个初犯样本里有 208757 个样本提供了初犯的性别信息。将不同类型犯罪人群体中的性别比例汇总，具体结果如下：

性别	累犯	前科非累犯	初犯
男	98.2%	96.7%	91.3%
女	1.8%	3.3%	8.7%
合计	10599	16706	208757

结果显示，尽管样本中累犯、前科非累犯和初犯这三种犯罪人类型都呈现出男性犯罪人所占比例显著高于女性犯罪人的规律，但是累犯群体中男性犯罪人所占比例相较于其他两类犯罪人更大。在选取的研究样本中，累犯中男性占累犯总数的98.2%，女性仅占累犯总数的1.8%，而在前科非累犯中男性占前科非累犯总数的比例则轻微下降到96.7%，女性所占比例略微上升至3.3%，及至初犯，男性占初犯总数的比例则显著下降至91.3%，而女性所占比例则显著上升至8.7%。因此，根据样本提供的信息，累犯群体中男性犯罪人所占比例要高于前科非累犯群体和初犯群体，而前科非累犯群体中男性犯罪人所占的比例又大于初犯群体。单从性别的角度来说，累犯群体的人身危险性较其他两类犯罪人更大。

（2）年龄。

在277363个研究样本中，12141个累犯样本里有8486个样本提供了累犯的年龄信息，18951个前科非累犯样本里有12817个样本提供了前科非累犯的年龄信息，246271个初犯样本里有167197个样本提供了初犯的年龄信息。

首先，分别计算累犯、前科非累犯和初犯这三个群体犯罪人年龄的均值和中值，结果如下：

	累犯	前科非累犯	初犯
年龄均值	31	33	32
年龄中值	30	33	30
样本总数	8486	12817	167197

其次，将犯罪人的年龄划分为不同的年龄段然后比较累犯、前科非累犯和初犯群体中各年龄段犯罪人所占比例，汇总结果如下：

年龄段	累犯	前科非累犯	初犯
14-18 岁	0.9%	2.8%	3.6%
18-25 岁	27%	22.7%	29.7%
25-35 岁	39%	31.3%	29.6%
35-45 岁	26.8%	32.8%	24.8%
45-60 岁	5.9%	10.0%	11.1%
60 岁及以上	0.4%	0.4%	1.2%
样本总数	8486	12817	167197

第一个表格显示，尽管三类犯罪人年龄的均值和中值都集中在30岁出头的阶段，但是累犯群体年龄的均值和中值与前科非累犯群体和初犯群体相比均略微要小。在犯罪人年龄均值方面，前科非累犯年龄均值最大为33岁，初犯群体年龄均值居中为32岁，而累犯群体年龄均值最小为31岁。在年龄中值方面，前科非累犯群体依然最大为33岁，累犯群体与初犯群体相同为30岁。

第二个表格的内容在一定程度上解释了第一个表格的发现。第二个表格显示，尽管三类犯罪人的年龄分布都呈现出两头小，中间大的橄榄形，但是累犯群体的年龄分布相对于另两类犯罪人而言两头更小，中间更大。具体来说，首先，累犯群体处于14-18岁这一未成年阶段者的百分比仅为0.9%，而前科非累犯中这一百分比则为2.8%，初犯中这一百分比更高，为3.6%，累犯群体中未成年犯的比例明显低于前科非累犯和初犯。其次，累犯群体处于45岁及以上这一年龄段者所占的百分比又显著低于前科非累犯和初犯。累犯群体在45-60岁这一年龄段者所占比例为5.9%，而前科非累犯中这一比例为10.0%，初犯中这一比例则有11.1%。再次，

累犯制度：规范与事实之间

累犯群体中处于 60 岁以上这一年龄段者所占比例与前科非累犯群体一样仅为 0.4%，而初犯群体的相应百分比则为 1.2%。最后，可以看到，累犯集中高发的年龄段为 25-35 岁，[①] 累犯群体处于这一年龄段者所占比例为 39%，明显高于前科非累犯的 31.3% 和初犯群体的 29.6%。

尽管《刑法修正案（八）》将未成年人排除出了累犯构成的适格主体，但是鉴于该修正案的颁布时间为 2011 年 2 月 25 日，而样本的时间跨度为 2000 年至 2011 年，所以《刑法修正案（八）》的相关规定可能会对样本中累犯群体内未成年人所占比例有一定影响，但是影响的程度不会很大。与其他两类犯罪人群体相比，累犯群体的年龄构成呈现出两头更小，中间更大的特征，在一定程度上反映出累犯群体整体的人身危险性大于其他两个群体。因为未成年人心智不成熟，人格尚未定型，接受教育改造的可能性大，而年龄偏长特别是老年犯虽然犯罪人格已经固定成型，但是因为体力的衰退客观上也造成了犯罪能力的衰退，所以这两类犯罪人被认为人身危险性较小。而处于青壮年期的犯罪人正是年富力强之时，其犯罪人格已经基本定型，犯罪模式也趋于成熟，而距离其犯罪生涯的结束又有相当长的时间，因此处于这一年龄段的犯罪人被认为人身危险性较大。在研究样本中，累犯群体中未成年犯罪人和年龄偏长的犯罪人所占比例明显低于其他两个类型的犯罪人群体，而青壮年特别是 25-35 岁这一年龄段的犯罪人占比又明显高于其他两类犯罪人，所以单从年龄分布的角度来讲累犯群体整体比其他两类犯罪人显示出较大的人身危险性。

---

① 这一发现与天津社会科学院法学所王志强的研究结果可以相互印证。王志强以 1999 年和 2002 年对天津市当年入狱全部罪犯调查为基础进行关于累犯问题的犯罪学实证研究。他发现，25-35 岁是累犯的高发年龄。参见王志强：《关于累犯问题的犯罪学实证分析》，载《青少年犯罪研究》2004 年第 5 期。

（3）户口。

在 277363 个研究样本中，12141 个累犯样本里有 10635 个样本提供了累犯的户口信息，18951 个前科非累犯样本里有 16532 个样本提供了前科非累犯的户口信息，246271 个初犯样本里有 216880 个样本提供了初犯的户口信息。将三类犯罪人中本地人口和外来人口所占比例汇总结果如下：

户口类型	累犯	前科非累犯	初犯
本地人口	83%	90.5%	87.3%
外来人口	17%	9.5%	12.7%
样本总数	10635	16532	216880

根据上表显示的结果，累犯群体中外来人口所占比例明显高于初犯群体和前科非累犯群体，累犯群体中外来人口占比为 17%，而初犯和前科非累犯中这一比例分别为 12.7% 和 9.5%。累犯群体中外来人口占比相较于其他两类犯罪人群体而言更大，表明累犯群体中背井离乡者更多：一方面，这类人因为背井离乡所以生活较为动荡，稳定性差；另一方面，这类人缺乏本地户口直接限制了他们受教育和就业的机会，与有本地户口的当地居民相比，他们的受教育程度可能更低，职业状况可能更差。综合以上两方面，犯罪人中的外来人口可能具有更大的人身危险性，而累犯群体中外来人口所占比例明显比其他两类犯罪人高，这一事实也从一定程度上反映出累犯群体整体而言比非累犯群体的人身危险性更大。

2. 人身危险性表征之犯罪人的犯中表现

犯罪人的犯中表现即犯罪人本次犯罪的主客观情况，与犯罪人的人身危险性程度直接相关。所选判决书样本能提供的关于犯罪人犯中表现的人身危险性表征有犯罪类型、犯罪人角色。

（1）犯罪类型。

因为我国刑法对累犯前后两罪都限定于故意犯罪，所以样本中

累犯制度：规范与事实之间

累犯群体中所有的判决罪名都是故意犯罪，而样本中前科非累犯和初犯群体的判决罪名中则有一部分是过失犯罪。

判决罪名类型	前科非累犯	初犯
故意犯罪	98.4%	92.8%
过失犯罪	1.6%	7.2%
样本总数	18951	246271

一般认为，过失犯罪的犯罪人比故意犯罪的犯罪人人身危险性要小。单从这一点来看，样本中累犯群体的人身危险性肯定大于另外两类犯罪人中过失犯罪的犯罪人。接下来需要迫切回答的问题是，从犯罪类型的角度看，累犯群体整体上是否比前科非累犯和初犯群体中的故意犯罪人的人身危险性更大？

在277363个研究样本中，12141个累犯样本判决罪名的犯罪类型均为故意犯罪，18951个前科非累犯样本中有18641个样本判决罪名的犯罪类型为故意犯罪，246271个初犯样本中有228594个样本判决罪名的犯罪类型为故意犯罪。将累犯群体中具体判决罪名的百分比构成与另两类犯罪人群体做对比，结果如下：

累犯		前科非累犯		初犯	
盗窃罪	51.3%	盗窃罪	38.7%	盗窃罪	25.6%
抢劫罪	8.8%	毒品犯罪	9.4%	故意伤害罪	13.5%
毒品犯罪	7.6%	故意伤害罪	8.9%	抢劫罪	8.2%
故意伤害罪	7.4%	抢劫罪	6.5%	寻衅滋事罪	5.9%
寻衅滋事罪	4.4%	寻衅滋事罪	5.1%	毒品犯罪	4.5%
其他	20.5%	其他	31.4%	其他	42.3%
合计	100%	合计	100%	合计	100%

　　根据上表显示，累犯群体判决罪名中最主要的故意犯罪类型与前科非累犯、初犯群体完全一致，均为盗窃罪、抢劫罪、毒品罪、故意伤害罪和寻衅滋事罪这五类，而且盗窃罪均为三类犯罪人故意犯罪中最高发的犯罪类型。尽管如此，三种类型的犯罪人故意犯罪判决罪名的分布还是存在不同，集中表现为累犯群体判决罪名分布更为集中。一方面，累犯群体中有半数以上的样本判决罪名均为盗窃罪（具体百分比为51.3%），而前科非累犯中仅有38.7%的样本判决罪名是盗窃罪，及至初犯群体，这一比例更低，仅为25.6%。另一方面，判决罪名为盗窃罪、抢劫罪、毒品犯罪、故意伤害罪和寻衅滋事罪这五大罪名的累犯样本几乎占了累犯总数的80%，而在前科非累犯群体中所占比例则不到70%，初犯群体中这一比例最低，不到58%。因此，累犯群体犯罪类型比较集中且固定，前科非累犯群体特别是初犯群体故意犯罪类型分布更为多元化。

　　犯罪类型的另一种划分方式是将犯罪分为暴力犯罪和非暴力犯罪。一般认为，暴力犯罪的犯罪人比非暴力犯罪的犯罪人人身危险性（主要是在人身危险性质的维度上）要大。选择故意杀人罪、故意伤害罪、抢劫罪和强奸罪这四个生活中最常见、研究样本判决罪名中最主要的暴力犯罪罪名来分别比较它们在累犯、前科非累犯和初犯三个群体故意犯罪判决罪名中所占比例，结果如下：

暴力犯罪类型	累犯	前科非累犯	初犯
故意杀人罪	0.6%	0.8%	1.4%
故意伤害罪	7.4%	8.9%	13.4%
抢劫罪	8.8%	6.5%	8.2%
强奸罪	0.4%	0.4%	0.6%
合计	17.2%	16.6%	23.6%

根据上表显示，四大暴力犯罪在三种类型犯罪人的故意犯罪判决样本中总占比均不高，其中初犯群体中主要暴力犯罪总占比最高，为23.6%，累犯群体中这一比例下降至17.2%，前科非累犯群体中这一比例最低，仅占16.6%。具体到每一个暴力犯罪而言，除了抢劫罪这一以牟利为目的的暴力犯罪在累犯群体判决罪名中所占比重要略微高于另两类犯罪人之外，其余三个以侵犯人身为目的的暴力犯罪在累犯群体判决罪名中所占的比例均低于另两类犯罪人。累犯判决罪名中主要暴力犯罪所占比例并不高于其他两类犯罪人群体，甚至低于初犯群体。累犯判决罪名中主要暴力犯罪以抢劫罪这种牟利型犯罪占比最高，而其他两类犯罪人判决罪名中主要暴力犯罪则以故意伤害罪这种纯人身犯罪占比最高。

综合以上两个表格的结果，可以得出这样的结论：从最主要的判决罪名类型来看，累犯群体与其他两类非累犯群体并无二致；相较于其他两类犯罪人群体而言，累犯群体罪名分布更为集中，而且主要集中于盗窃罪这类社会危害性不大的非暴力犯罪；累犯判决罪名中暴力犯罪以抢劫罪这种牟利型犯罪最多，暴力的人身犯罪所占比例甚至小于初犯群体。因此，从犯罪人当前的犯罪类型这一角度来看，在质的维度上，无法得出累犯群体的人身危险性大于前科非累犯和初犯群体的结论。

（2）犯罪人角色。

如前文所述，犯罪人角色是人身危险性一个比较复杂的表征，需要具体情况具体分析。

在277363个研究样本中，12141个累犯样本中单独犯罪的样本个数为5256个，共同犯罪的样本个数为6885个。在共同犯罪的样本中，被认定为共同犯罪主犯的样本个数为1744个，被认定为共同犯罪从犯的样本个数为791个，其他不分主从的共同犯罪者样本个数为4350个；18951个前科非累犯样本中单独犯罪的样本个数为7853个，共同犯罪的样本个数为11098个。在共同犯罪的样本中，被认定为共同犯罪主犯的样本个数为2550个，被认定为共同犯罪从犯的样本个数为1393个，被认定为共同犯罪胁从犯的样本个数为1个，其他不分主从的共同犯罪者样本个数为7154个；246271个初犯样本中单独犯罪的样本个数为102667个，共同犯罪的样本个数为143604个。在共同犯罪的样本中，被认定为共同犯罪主犯的样本个数为28278个，被认定为共同犯罪从犯的样本个数为23869个，被认定为共同犯罪胁从犯的样本个数为68个，其他不分主从的共同犯罪者样本个数为91389个。将累犯、前科非累犯和初犯群体的犯罪人角色分布汇总，结果如下：

犯罪人角色	累犯	前科非累犯	初犯
单独犯罪者	43.3% （n=5256）	41.4% （n=7853）	41.7% （n=102667）
共同犯罪之主犯	14.4% （n=1744）	13.5% （n=2550）	11.5% （n=28278）
共同犯罪之从犯	6.5% （n=791）	7.4% （n=1393）	9.7% （n=23869）
共同犯罪之胁从犯	0.0% （n=0）	0.0% （n=1）	0.0% （n=68）
不分主从的共犯	35.8% （n=4350）	37.7% （n=7154）	37.1% （n=91389）
合计	100% （N=12141）	100% （N=18951）	100% （N=246271）

根据上表显示，我们有以下发现：首先，尽管累犯、前科非累犯和初犯群体中共同犯罪者所占比例均高于单独犯罪者所占比例，但是累犯群体中单独犯罪者所占比例还是略高于其他两类犯罪人（累犯群体中单独犯罪者占43.3%，而前科非累犯和初犯群体中单独犯罪者所占比例分别为41.4%和41.7%）；其次，累犯群体中担

任共同犯罪主犯者所占比例略高于前科非累犯群体中共同犯罪主犯比例，明显高于初犯群体中共同犯罪主犯所占比例；再次，累犯群体中共同犯罪从犯占比略低于前科非累犯群体中从犯占比，显著低于初犯群体中从犯占比；最后，尽管三类犯罪人中共同犯罪胁从犯占比均近似为 0.0%，但需要指出的是累犯群体中确实没有胁从犯的样本，前科非累犯中有 1 个胁从犯样本，而初犯群体中有 68 个胁从犯样本。

尽管无法简单比较单独犯罪者与共同犯罪者之间的人身危险性，但是从某种程度上来说，单独犯罪者比共同犯罪者犯罪更为便利和隐蔽，犯罪之后也更不容易被发现，因而其再犯可能性在这个意义上会高一些。从犯罪人在共同犯罪中担任的角色来看，一般认为主犯的人身危险性大于从犯和胁从犯，而累犯群体中主犯所占比例高于其他两类犯罪人中主犯所占比例，而累犯从犯所占比例又比其他两类犯罪人的比例低，又加上累犯群体中没有胁从犯，而初犯群体和前科非累犯群体中都有一定数量的胁从犯存在，由此可以认为，从犯罪人在共同犯罪中的角色分布角度来讲，累犯群体的人身危险性明显大于前科非累犯和初犯群体，而前科非累犯群体的人身危险性又明显大于初犯群体。

3. 人身危险性表征之犯罪人的犯前犯后表现

犯罪人犯罪前后的表现对于判断其人身危险性有着极大的参考价值，因此立法规定在量刑时可以将行为人某一些犯前犯后的表现作为其人身危险性大小的表征纳入法官的考量之中。根据研究样本所提供的信息，我们能获得犯罪人犯前犯后表现的人身危险性表征有劣迹情况、前科情况、自首情况、立功情况。

（1）劣迹。

所谓劣迹，一般是指行为人犯罪之前所受到的行政处罚的经历。从形式角度来看，根据行政处罚法第 8 条的规定，行政处罚的种类包括：警告；罚款；没收违法所得、没收非法财物；责令停产停业；暂扣或者吊销许可证、暂扣或者吊销执照；行政拘留。另外,法律、行政法规规定的其他行政处罚主要有三种:劳动教养①;驱逐出境;通报批评。从实质角度来看,行政处罚又可以分为申诫罚、财产罚、行为罚、人身罚四种。其中,最能反映行为人人身危险性程度的是行为人是否有行政处罚中人身罚的经历,即行为人有无行政拘留和劳动教养的经历。

在277363个研究样本中,12141个累犯样本中有1655个样本有被行政处罚的经历,其中574个样本有被行政拘留的经历,1076个样本有被劳动教养的经历;18951个前科非累犯样本中有2901个样本有被行政处罚的经历,其中1221个样本有被行政拘留的经历,1683个样本有被劳动教养的经历;246271个初犯样本中有8965个样本有被行政处罚的经历,其中6278个样本有被行政拘留的经历,2397个样本有被劳动教养的经历。将受过行政处罚样本在三类犯罪人样本中所占百分比汇总,结果如下:

劣迹种类	累　犯	前科非累犯	初　犯
行政处罚	13.6%	15.3%	3.6%
行政拘留	4.7%	6.4%	2.5%
劳动教养	8.9%	8.9%	1.1%

上表显示:一方面,累犯群体和前科非累犯群体中之前有劣迹者(无论是行政拘留经历还是劳动教养经历)所占比例明显高于初犯群体中有劣迹者所占比例:从行政拘留来看,初犯群体中之前有行政处罚经历样本所占比例仅有3.6%,累犯群体中这一百分比高达13.6%,前科非累犯群体中这一百分比最高,达15.3%。从劳动教养来看,累犯群体和前科非累犯群体中曾被劳动教养者所占比例均明显高于初犯群体,平均高出7个百分点。另一方面,前科

---

① 由于我国的劳动教养制度在2013年才正式废除,而该样本判决时间在2000-2011年,因此彼时劳动教养还是正式的行政处罚之一。

非累犯群体中有劣迹者的占比略高于累犯群体中有劣迹者的占比，除了有劳动教养经历者在两类犯罪人中占比大小一样外（均为8.9%），前科非累犯中有行政拘留经历者的比例要略高于累犯群体中的相应比例。因此，若以劣迹作为行为人人身危险性表征来判断，累犯群体整体的人身危险性明显高于初犯群体，然而却略低于前科非累犯群体。

（2）前科。

与劣迹相比，刑事前科被公认为是更能反映行为人人身危险性的表征。尽管前科这个概念在我国刑法上并未被明确使用，但在刑法理论上却是一个通行的专业术语。所谓前科，就是指曾被法院认定有罪并被判处刑罚的情形。初犯，顾名思义就是第一次犯罪的人，因而这一群体并不存在刑事前科的问题。那么，同样是有刑事前科的群体，累犯和前科非累犯这两类犯罪人是否存在明显差异呢？

从样本反映出的信息可知，12141 个累犯样本曾经犯罪次数累计达到 18027 次，其中曾经犯罪次数最多的样本为曾犯罪 10 次，最少为 1 次；18951 个前科非累犯样本曾经犯罪次数累计达到 23974 个，其中曾经犯罪次数最多的样本为曾犯罪 8 次，最少也为 1 次。对两类犯罪人刑事前科次数做一个频数分析，结果如下：

刑事前科次数	累 犯	前科非累犯
1 次	67.9%	81.4%
2 次	21.2%	13.2%
3 次及以上	10.9%	5.4%
合计	100%	100%

根据上表可以发现：一方面，累犯群体和非累犯群体中犯罪人刑事前科次数的分布样态均呈金字塔状，只有 1 次刑事前科的犯罪人占了大多数，随着刑事前科次数的递增相应犯罪人占比随之递

减。有 3 次及以上刑事前科的犯罪人在两类犯罪人中都是少数。另一方面，相比之下，累犯群体中只有 1 次刑事前科者所占比例明显小于前科非累犯中只有 1 次刑事前科者所占的比例，而累犯群体中有 2 次及以上刑事前科者的比例又明显大于前科非累犯群体中的相应占比，尤其是有 3 次及以上刑事前科的犯罪人在累犯群体中所占比例更是在前科非累犯群体中同类比的 2 倍。因此，从刑事前科次数这个表征来看，累犯群体整体的人身危险性——在量的维度上——确实要明显大于前科非累犯群体，当然也比初犯群体要大。

（3）自首。

在 277363 个研究样本中，12141 个累犯样本中被认定为自首的样本个数为 1251 个；18951 个前科非累犯样本中被认定为自首的样本个数为 2596 个；246271 个初犯样本中被认定为自首的样本个数为 46212 个。将三类犯罪人样本中有自首情节的样本所占百分比汇总，结果如下：

是否自首	累犯	前科非累犯	初犯
是	10.3%	13.7%	18.8%
否	89.7%	86.3%	81.2%

根据上表显示的结果，具有自首情节的样本在累犯群体中占比小于在前科非累犯群体样本中的占比，更是明显小于其在初犯群体样本中的占比。从自首情节这一人身危险性表征的角度来讲，累犯的人身危险性大于初犯和前科非累犯群体。

（4）立功。

在 277363 个研究样本中，12141 个累犯样本中被认定为立功的样本个数为 539 个，被认定为重大立功的样本个数为 27 个；18951 个前科非累犯样本中被认定为立功的样本个数为 783 个，被认定为重大立功的样本个数为 56 个；246271 个初犯样本中被认定为立功的样本个数为 7379 个，被认定为重大立功的样本个数为

577 个。将三类犯罪人样本中有立功情节的样本所占百分比汇总，结果如下：

立功情况	累 犯	前科非累犯	初犯
立功	4.4%	4.1%	3.0%
重大立功	0.2%	0.3%	0.2%
合计	4.6%	4.4%	3.2%

　　根据上表显示的结果，初犯群体中立功和重大立功者占比明显小于累犯和前科非累犯群体中立功和重大立功者所占比例。是否可以认为，从立功这一人身危险性表征的角度来讲，初犯的人身危险性大于累犯和前科非累犯群体？答案显然是否定的。初犯群体中立功者比例少的原因很可能不是"主观不为"，而是在于"客观不能"。

　　根据我国刑法的相关规定，立功是指犯罪分子有揭发他人犯罪行为，查证属实的，或者提供重要线索，从而得以侦破其他案件的行为。所谓重大立功表现，是相对于一般立功表现而言，主要是指犯罪分子检举、揭发他人的重大犯罪行为，如揭发了一个犯罪集团或犯罪团伙，或者因提供了犯罪的重要线索，使一个重大犯罪案件得以侦破。对于多次立功的，也应认为是重大立功表现。因此，立功的关键在于为他人或者他案提供信息。

　　之所以初犯群体中立功者所占比例低于累犯和前科非累犯群体，很可能是因为累犯和前科非累犯犯罪生涯长，与其他犯罪人的互动多，掌握他人的犯罪信息就比较多，同时其也可能更多地牵涉到其他犯罪案件中去，这在客观上为其立功提供了基础和可能性。初犯因为刚刚开始犯罪生涯，相当一部分还是单独犯罪，与其他犯罪人互动少因而无法获知太多他人的犯罪信息，立功少很可能是因为其客观上缺乏立功能力而非主观上不愿立功，因此不能由此判断初犯的人身危险性大于其他两类犯罪人。

（五）研究结论

通过以上分析和比较，至少可以得出以下结论：

整体而言，综合人身危险性各个表征来看，累犯群体整体的人身危险性确实大于前科非累犯和初犯群体。因此，在我国，针对普通累犯群体而言，其整体的人身危险性确实比非累犯群体要大。

具体来说，累犯群体之所以相较于非累犯群体人身危险性更大，很可能主要是因为累犯群体整体的人身危险性在量的维度上而非质的维度上相对于非累犯群体更大。多项研究显示，累犯的犯罪历史是预测其未来再犯罪可能性最相关的表征。一方面，根据对累犯和非累犯当前判决犯罪轻重的比较，笔者发现累犯群体被判决的累犯后罪的严重性程度不仅没有明显高于反而略低于非累犯被判决罪名的严重性程度，大多数累犯相对于非累犯而言更倾向于实施牟利型犯罪以及暴力程度很低的滋扰社会型犯罪，累犯后罪中严重暴力犯罪所占比例甚至低于初犯群体判决罪名中严重暴力犯罪所占比例。基于这些事实，无法得出累犯群体的人身危险性在质的维度上大于非累犯群体的判断。另一方面，累犯群体与非累犯群体（包括初犯和前科非累犯）相比而言，其特殊之处在于累犯群体整体而言拥有更多的刑事前科，这一事实显示累犯群体整体相较于非累犯群体在将来再犯罪数量会更多或者频率会更高的预测。

综上所述，累犯群体整体相较于非累犯群体人身危险性更大，主要表现为累犯群体整体的人身危险性在量的维度上相对于非累犯群体更大，而非在质的维度上相对于非累犯群体更大。换句话说，从人身危险性的各项表征来看，我国累犯群体相较于非累犯而言，其特殊性主要体现为再犯罪的频率会更高，而非再犯罪的严重程度会更高。因此，我国累犯群体特殊论的假设被有限证成。

需要说明的是，由于人身危险性指的是未来再犯罪的可能性，时间应该是研究的重要维度，因此最理想的方式应该是纵向研究。目前以刑事判决书为研究样本展开横截面研究来探讨累犯人身危险性的问题并不算合适，有待来日研究条件具备时进一步完善。

第六章　累犯处遇从严论之本土检验

一、累犯量刑从严论之分解

（一）　检验的两个步骤

由于累犯处遇从严论在我国语境下的主要表现形式为累犯刑罚处遇从严论，而后者又是以累犯量刑从严为主要内容的，因此下文对累犯处遇从严论立法预期的检验就仅限于对累犯量刑从严论的检验。

具体来说，累犯量刑从严论这一立法预期可以拆分为累犯量刑应当从严之预期和累犯量刑应当按照立法要求的方式从严之预期两大部分。为了检验我国规范层面关于累犯量刑从严的预期是否在事实层面得以实现，我们在本章需要先后进行以下两个步骤的验证：

第一步，检验我国司法实践中累犯量刑是否确实从严，也就是探索当我国立法者对累犯量刑明确持有应当从重处罚的态度时，累犯在司法实践中是否真的被从重处罚？量刑实践中有没有在犯了类似罪行的情况下累犯受到与非累犯差不多甚至更轻处罚的情况？这一步的检验可以简称为累犯从严存在论之检验。

第二步，如果第一个问题得出的是肯定回答，那么需要进一步检验的是我国司法实践中累犯量刑是否按照立法预期的方式从严？如果累犯确实被从重处罚，那累犯从严幅度又受到了哪些因素的影响？哪些按照规范预期应该影响累犯从严幅度的因素真正发挥了显著的作用？而哪些则没有？这一步的检验可以简称为累犯从严影响论之检验。

只有以上两个步骤的检验依次被证成时，我国规范层面的累犯量刑从严预期在事实层面才完全得到了实现。

（二）研究样本的选取

为了检验上述假设是否成立，在样本大库中随机选择了我国2000年至2011年这12年间各地各级法院106556份刑事判决书作为本章的研究样本。① 这些样本涉及的判决罪名有三个：盗窃罪、抢劫罪和故意伤害罪。具体的罪名分布为：盗窃罪样本57886个，抢劫罪样本21411个，故意伤害罪样本27259个。之所以选择这三个罪名，主要是因为这三类故意犯罪常见多发，颇具代表性。此外，这三类犯罪既有暴力犯罪又有非暴力犯罪，既有财产犯罪又有人身犯罪，既有一般意义上的轻罪又有一般意义上的重罪，犯罪性质全面多样，便于进行多种角度的比较研究。必须注意的是，由于特殊累犯情节在量刑实践中适用不多，相关判决书难以大规模获取，样本中涉及累犯情节适用的仅限涉及普通累犯情节适用的刑事判决书，共计14956份，另有未涉及累犯情节适用的刑事判决书共

---

① 样本的时间分布具体为：2000年判决样本975个，2001年判决样本706个，2002年判决样本503个，2003年判决样本1629个，2004年判决样本1880个，2005年判决样本2077个，2006年判决样本6884个，2007年判决样本6201个，2008年判决样本7194个，2009年判决样本24999个，2010年判决样本30079个，2011年判决样本23429个；样本的空间分布具体为：安徽省744个，北京市7690个，福建省1957个，甘肃省280个，广东省6658个，广西壮族自治区1086个，贵州省135个，海南省1727个，河北省577个，河南省38261个，黑龙江省278个，湖北省858个，湖南省11554个，吉林省538个，江苏省464个，江西省1644个，辽宁省283个，内蒙古自治区90个，宁夏回族自治区271个，青海省109个，山东省1502个，山西省89个，陕西省2051个，上海市17929个，四川省401个，天津市83个，新疆维吾尔自治区1个，云南省685个，浙江省2508个，重庆市1119个，最高人民法院101个，其余另有4883个样本所属地域不明。

计 91600 份。最后，还要指出的是，鉴于累犯情节的构成要件要求累犯前后两罪的刑种必须是有期徒刑及以上，又由于有期徒刑是我国司法实践中适用最广泛的刑种，故而累犯刑期从严是累犯量刑从严适用的主要表现形式，而且最高人民法院颁布的《量刑指导意见》也只是针对累犯刑期从严给出了具体的指导意见，因此本研究样本的筛选还以犯罪人被判处有期徒刑且判决书提供了有期徒刑刑期的信息为标准，样本中并不包含犯罪人被判处无期徒刑或死刑的刑事判决书。鉴于研究样本存在上述特点与限制，下文关于累犯从严量刑适用实证研究所得的结果仅适用于判处有期徒刑的普通累犯量刑从严的情况。

二、累犯从严存在论之证成

（一）累犯量刑从严的参照系

在检验累犯从严存在论之前，我们需要搞清楚的第一个问题是何谓累犯从严。关于这个问题，我国刑法学界存在以下三种观点①：一是法定刑中线以上说。该说认为所谓累犯从严，就是对累犯量刑一律在法定刑中线以上判刑。二是参照初犯说。该说认为累犯从严不意味着顶格判，而是以初犯为参照系对累犯判处较重刑罚。三是参照无累犯情节说。该说认为累犯从严应采用从重情节的具体适用方法，即对犯罪人先不考虑其累犯情节，而是按其所犯罪行的具体情况在法定刑幅度内大体决定一个与之相适应的刑罚，然后在此基础上，根据累犯情节的具体情况适度加大刑罚的分量。

关于法定刑中线以上说，我国学者普遍认为从理论层面上来看

---

① 参见马克昌主编：《刑法通论》，武汉大学出版社 1995 年版，第 438-439 页；陈兴良著：《刑法适用总论》，中国人民大学出版社 2006 年版，第 412 页。

此种观点过于机械而不可取。① 从实证角度来看，该说也被证实不符合司法实践的实际情况。白建军教授在一项关于量刑情节适用幅度的实证研究中选取了抢劫罪、抢夺罪、盗窃罪、寻衅滋事罪、强奸罪、聚众斗殴罪、贩卖毒品罪、故意伤害罪这 8 种罪名来分别观察未成年犯、未遂、自首、从犯、主犯和累犯这些量刑情节的适用幅度，结果表明，就累犯这一法定从重量刑情节而言，无论本罪为以上 8 种罪名中的哪一个，其适用幅度均不超过本罪的法定刑中线。②

关于参照初犯说和参照无累犯情节说，这两者均否定了法定刑中线以上说这种"一刀切"的武断方式，转而采取在具体语境下相对照的方式，只是选择的参照系有所不同。事实上，笔者认为这两种观点本质上都是一种拟制参照，两者不是并列关系而是包含和被包含的关系。这两种观点不存在本质上的矛盾，之所以存在一定的分歧，是因为我国刑法中的累犯采取的是形式的基准而非事实的基准，具有刑事前科的犯罪人不一定能构成我国刑法上的累犯，只有符合我国刑法要求的有刑事前科的犯罪人才能称为累犯。比如，要构成我国刑法上的普通累犯必须前后两罪都是故意犯罪且前罪被判处有期徒刑以上刑罚而后罪也应当被判处有期徒刑以上的刑罚，同时后罪发生时间必须在前罪所判处的刑罚执行完毕或者赦免以后的 5 年之内。此外，根据《刑法修正案（八）》的规定，行为人在实施前后罪时都必须已满 18 周岁。因此，我国在对犯罪人分类时仅仅将其分为累犯和初犯是不能将所有犯罪人都囊括其中的。刑法意义上累犯的反义词不是初犯，而是非累犯，而非累犯包括了初犯和前科非累犯这两类犯罪人。参照初犯说拟制了与累犯实施了相

---

① 陈兴良著：《刑法适用总论》，中国人民大学出版社 2006 年版，第 412 页。

② 参见白建军著：《刑法规律与量刑实践：刑法现象的大样本考察》，北京大学出版社 2011 年版，第 230-284 页。

同罪行的初犯，要求在犯相同罪行的情况下，对累犯的处罚应当重于初犯。这种认为累犯从重处罚是有所针对的，在一般情况下应当是比照初犯从重处罚的观点①是正确的，但是不够全面。参照无累犯情节说拟制了与累犯实施了相同罪行的非累犯群体，要求在犯相同罪行的情况下，具有累犯情节的犯罪人的处罚应当重于不具有累犯情节的犯罪人，后者既包括了犯了相同罪行的初犯群体也包括了犯了相同罪行的前科非累犯群体。因此，参照无累犯情节说事实上包含了参照初犯说。

根据刑法和《量刑指导意见》的相关规定，累犯是应当型的法定从重情节，不构成累犯的刑事前科则是酌定从重情节，而且确定根据不构成累犯的刑事前科对犯罪人从重处罚的话，其从重幅度应当小于累犯情节的从重幅度。② 鉴于此，笔者认为累犯从严不仅是相对于初犯而言，也是相对于前科非累犯而言。因此，本书对何为累犯从严的认定采取参照无累犯情节说，即在犯相同罪行的情况下，如果具有累犯情节的犯罪人的处罚重于不具有累犯情节的犯罪人，就可认定累犯量刑确实从严。

（二）累犯量刑从严的表现形式

在明确了累犯量刑从严的参照系之后，累犯量刑从严的具体表现形式是什么？结合刑法的相关规定和累犯从严参照系的确定，所谓的累犯量刑从严主要是指对累犯在法定刑的幅度内判处较非累犯更重的刑罚。因此，从法理逻辑上来看，累犯量刑从严的表现形式应该有累犯刑种从严和累犯刑期从严这两大类。

---

① 参见陈兴良著：《刑法适用总论》，中国人民大学出版社 2006 年版，第 411 页。

② 根据《量刑指导意见》的规定，对于累犯，应当综合考虑前后罪的性质、刑罚执行完毕或赦免以后至再犯罪时间的长短以及前后罪罪行轻重等情况，可以增加基准刑的 10%-40%；对于有前科劣迹的，综合考虑前科劣迹的性质、时间间隔长短、次数、处罚轻重等情况，可以增加基准刑的 10% 以下。

1. 累犯刑种从严

累犯刑种从严首先体现为依照我国刑法的相关规定，对累犯不适用缓刑。具体来说，在犯相同罪行的情况下，按照法律规定应判处 3 年以下有期徒刑的非累犯因为被认为适用缓刑不致危害社会而被判处缓刑，但是累犯却因为累犯这一法定从重情节的存在被认为人身危险性大而不适用缓刑，尽管两者的主刑种类均为有期徒刑，但是因为缓刑适用的不同选择导致刑种上的升格（升半格）。

除此之外，我国刑法中很多分则罪名的法定刑幅度之内往往囊括了数个刑种的选择。例如，根据刑法第 263 条关于抢劫罪的规定，以暴力、胁迫或者其他方法抢劫公私财物的，入户抢劫或在公共交通工具上抢劫，抢劫银行或者其他金融机构，多次抢劫或者抢劫数额巨大，抢劫致人重伤、死亡，冒充军警人员抢劫，持枪抢劫，抢劫军用物资或者抢险、救灾、救济物资，应处 10 年以上有期徒刑、无期徒刑或者死刑，并处罚金或者没收财产。因此，当累犯实施抢劫罪并属于以上 8 种情形之一的，其法定刑幅度内可供选择的主刑刑种就有有期徒刑、无期徒刑和死刑 3 种。累犯刑种从严也包括在这类有多种刑种选择的法定刑限度内对累犯的主刑刑种进行升格的情况，有升半格的情况（从死缓到死刑），也有升满格的情况（从有期徒刑到无期徒刑或从无期徒刑到死刑）。

2. 累犯刑期从严

累犯刑期从严全称应该为累犯有期徒刑的刑期从严，指的是在犯相同罪行且应当判处有期徒刑的情况下，累犯的有期徒刑刑期应当比非累犯的刑期更长。鉴于有期徒刑是我国刑法中适用最广泛的一个刑种，[1] 累犯刑期从严的适用应该远比累犯刑种从严的适用更广泛，因而构成了我国司法实践中累犯量刑从严的主要表现形式。最高人民法院颁行的《量刑指导意见》关于累犯情节在量刑中具

---

[1] 参见陈兴良著：《规范刑法学》，中国政法大学出版社 2003 年版，第 235 页。

体适用的指导意见也只是针对累犯刑期从严这种情况来进行规范，很可能就是因为司法实践中累犯刑期从严的情况远多于累犯刑种从严的情况。

综上所述，就我国刑法上量刑环节的累犯从严而言，尽管其表现形式包括累犯刑种从严和累犯刑期从严这两大类，但是在司法实践中累犯刑期从严这种情况构成了累犯从严的主要表现形式。鉴于此，下文关于累犯从严量刑适用的实证研究也只观察经验层面累犯刑期从严的量刑适用问题。

（三）研究假设与方法

1. 研究假设

需要检验的第一个问题是：在司法实践中累犯是否按照刑法规定被从重处罚？这个问题需要观察的是，累犯情节作为一个二分变量，其整体上是否对累犯的量刑结果产生了从严调节的作用？鉴于本书只研究普通累犯情节对判处有期徒刑累犯刑期的影响，我们将这个问题转换成更具可操作性的提法：在其他情况相似的前提下，判处有期徒刑的累犯是否比非累犯更容易判处较长的刑期？

根据我国刑法所预设的立场，可以提出以下这个研究假设：在其他情况相似的前提下，判处有期徒刑的累犯比非累犯更容易判处较长的刑期。这一假设有待下文实证研究进行检验。只有这一假设被证成时，我们才能说累犯在司法实践中确实符合规范预期被从重处罚，累犯情节作为一个整体确实对被判处有期徒刑累犯的量刑结果产生了从严调节的作用。

2. 研究方法

由于样本数目的庞大和样本信息质量的局限性，在检验累犯刑期从严这个问题上笔者选择采用独立样本 T 检验的方法，先后比较在盗窃罪、抢劫罪和故意伤害罪同一罪名项下，被判处有期徒刑的累犯组和被判处有期徒刑的非累犯组刑期均值是否存在显著差异，以此来验证累犯是否存在刑期从严的问题。

（四）累犯情节整体对量刑的影响

1. 盗窃罪累犯刑期从严之检验

在所选盗窃罪样本库中，将样本中所有有期徒刑刑期转换为以月为单位，经过统计，提供了有期徒刑刑期这一信息的累犯样本数为11394个，非累犯样本数为46492个。这些样本进入独立样本T检验。

首先，分别计算出盗窃罪累犯组和非累犯组这两个独立样本的均值，结果如下：

盗窃罪累犯和非累犯有期徒刑刑期均值比较

	样本数	均值	标准差	均值的标准误差
累犯	11394	36.63	39.88	.3736
非累犯	46492	32.23	38.33	.1778

从上表显示的结果来看，盗窃罪11394个提供有期徒刑刑期信息的累犯样本其有期徒刑刑期的均值为36.63个月，而46492个非累犯样本的有期徒刑刑期均值为32.23个月。也就是说，盗窃罪中若累犯和非累犯都被判处有期徒刑，累犯组有期徒刑的均值要比非累犯组有期徒刑的均值多4.4个月。自此，还不能得出结论说盗窃罪累犯有期徒刑的刑期要比非累犯的刑期长，还需要进行独立样本T检验来观察盗窃罪累犯和非累犯有期徒刑刑期均值的差异在统计学意义上是否显著。

在进行独立样本T检验之前，首先需要对两组独立样本进行方差齐性检验，因为在方差齐性和方差不齐性这两种情况下所运用的T检验方法是不同的。根据SPSS独立样本T检验的输出结果，方差方程的Levene检验这一栏显示检验方差齐性的F值为24.927，p值<0.01。因为p<0.05，F检验的零假设即两总体的方差无显著性差异被推翻，两个总体的方差存在显著性差异。在方差不齐性这种情况下，SPSS独立样本T检验的输出表格显示，盗窃罪被判处

有期徒刑的累犯组和非累犯组两个独立样本 T 检验的值为 t = 10.636，p 值<0.01，因此拒绝独立样本 T 检验关于两个样本所代表总体的均值相同这一零假设。自此，可以得出结论：盗窃罪被判处有期徒刑的累犯和非累犯在刑期上存在显著差异，实施盗窃罪的累犯平均有期徒刑刑期显著长于非累犯。

2. 抢劫罪累犯刑期从严之检验

在所选抢劫罪样本库中，提供了有期徒刑刑期这一信息的累犯样本数为 2041 个，非累犯样本数为 19370 个。这些样本进入独立样本 T 检验。

首先，分别计算出抢劫罪累犯组和非累犯组这两个独立样本的均值，结果如下：

抢劫罪累犯和非累犯有期徒刑刑期均值比较

	样本数	均值	标准差	均值的标准误差
累犯	2041	91.79	48.84	1.08118
非累犯	19370	70.73	47.86	.34387

从上表显示的结果来看，抢劫罪 2041 个提供有期徒刑刑期信息的累犯样本其有期徒刑刑期的均值为 91.79 个月，而 19370 个非累犯样本的有期徒刑刑期均值为 70.73 个月。也就是说，抢劫罪中若累犯和非累犯都被判处有期徒刑，累犯组有期徒刑的均值要比非累犯组有期徒刑的均值多 21.06 个月。与盗窃罪的情况相似，仅仅凭借上述结果还不能得出结论说抢劫罪累犯有期徒刑的刑期要比非累犯的刑期长，还需要进行独立样本 T 检验来观察抢劫罪累犯和非累犯有期徒刑刑期均值的差异在统计学意义上是否显著。

根据 SPSS 独立样本 T 检验的输出结果，方差方程的 Levene 检验这一栏显示检验方差齐性的 F 值为 22.705，p 值<0.01。因为 p<0.05，F 检验的零假设即两个总体的方差无显著性差异被推翻，两个总体的方差存在显著性差异。在方差不齐性这种情况下，SPSS

独立样本 T 检验的输出表格显示，抢劫罪被判处有期徒刑的累犯组和非累犯组两个独立样本 T 检验的值为 t＝18.565，p 值<0.05，因此拒绝独立样本 T 检验关于两个样本所代表总体的均值相同这一零假设。自此，可以得出结论：抢劫罪被判处有期徒刑的累犯和非累犯在刑期上存在显著差异，实施抢劫罪的累犯平均有期徒刑刑期显著长于非累犯。

3. 故意伤害罪累犯刑期从严之检验

在随机选取的故意伤害罪样本库中，提供了有期徒刑刑期这一信息的累犯样本数为 1521 个，非累犯样本数为 25738 个。这些样本进入独立样本 T 检验。

首先，分别计算出故意伤害罪累犯组和非累犯组这两个独立样本的均值，结果如下：

故意伤害罪累犯和非累犯有期徒刑刑期均值比较

	样本数	均值	标准差	均值的标准误差
累犯	1521	43.58	44.39	1.13816
非累犯	25738	36.52	42.55	.26523

从上表显示的结果来看，故意伤害罪 1521 个提供有期徒刑刑期信息的累犯样本其有期徒刑刑期的均值为 43.58 个月，而 25738 个非累犯样本的有期徒刑刑期均值为 36.52 个月。也就是说，故意伤害罪中若累犯和非累犯都被判处有期徒刑，累犯组有期徒刑的均值要比非累犯组有期徒刑的均值多 7.06 个月。与盗窃罪和抢劫罪的情况相似，仅仅凭借上述结果还不能得出结论说故意伤害罪累犯有期徒刑的刑期要比非累犯的刑期长，还需要进行独立样本 T 检验来观察故意伤害罪累犯和非累犯有期徒刑刑期均值的差异在统计学意义上是否显著。

根据 SPSS 独立样本 T 检验的输出结果，方差方程的 Levene 检验这一栏显示检验方差齐性的 F 值为 21.558，p 值<0.01。因为

P<0.05，F检验的零假设即两个总体的方差无显著性差异被推翻，两个总体的方差存在显著性差异。在方差不齐性这种情况下，SPSS独立样本 T 检验的输出表格显示，故意伤害罪被判处有期徒刑的累犯组和非累犯组两个独立样本 T 检验的值为 t=6.041，p 值<0.01，因此拒绝独立样本 T 检验关于两个样本所代表总体的均值相同这一零假设。自此，可以得出结论：故意伤害罪被判处有期徒刑的累犯和非累犯在刑期上存在显著差异，实施故意伤害罪的累犯平均刑期显著长于非累犯。

4. 累犯刑期从严之证成

通过分别检验盗窃罪、抢劫罪和故意伤害罪这三种罪名项下累犯量刑是否存在刑期从严的情况，我们得到了一致的结论：在其他情况相似的情况下，被判处有期徒刑的累犯的刑期显著长于非累犯的刑期，上文提出的假设得以证成。在我国的司法实践中累犯确实符合规范预期被从重处罚，累犯情节作为一个整体确实对被判处有期徒刑累犯的量刑结果产生了从严调节的作用。

三、累犯从严影响论之局部证否

(一) 从模糊到清晰的立法预期

累犯量刑从严论的证实构成了这一部分的前提和起点。既然我国司法实践中累犯量刑确如立法预期那样实现了从严，那么紧接着需要检验的第二个问题就是：司法实践中的累犯量刑是否按照立法所预期的方式进行了从严？

要针对这个问题展开验证，首先需要明确的问题是：规范层面对于累犯应当如何从严持有何种预期？

所谓累犯量刑从严，事实上指的是累犯后罪的量刑从严。对于累犯后罪的量刑来说，后罪的社会危害性是后罪量刑的决定性因素，而累犯情节作为一种体现人身危险性的量刑情节对后罪的量刑结果只起到一种次要的朝更严厉方向调整的作用。那么我国刑法对于累犯情节如何从严调整累犯后罪量刑是否给出了明确的规定呢？

答案是否定的。我国刑法只在对于累犯量刑是否从严问题上态度鲜明，但是在涉及究竟应该如何进行累犯从严时则语焉不详。刑法在这一重要操作性指导问题上的沉默无疑存在很大问题。"关于如何把握累犯这一法定从重处罚情节对量刑的具体影响，司法实践中的认识并不统一，由此影响了法律适用的统一性和量刑的准确性。"①

及至 2010 年，《量刑指导意见》的出台终于为累犯究竟如何从严进一步提供了更为清晰的规范指导。《量刑指导意见》对于法官如何在量刑阶段实行累犯从严给出了如下具体的针对性规定：对于累犯，应当综合考虑前后罪的性质、刑罚执行完毕或赦免以后至再犯罪时间的长短以及前后罪罪行轻重等情况，可以增加基准刑的10%-40%。从《量刑指导意见》"可以增加基准刑的 10%-40%"这一规定来看，《量刑指导意见》显然将累犯从严的内容限定在累犯刑期从严之上，而将累犯刑种从严排除在外。根据《量刑指导意见》的上述规定，我国立法预期前后罪的性质、刑罚执行完毕或赦免以后至再犯罪时间的长短以及前后罪罪行轻重等情况应当对累犯刑期从严的幅度产生显著影响。

之后不久，最高人民法院出台了《关于处理自首和立功若干具体问题的意见》，其中对于被告人具有自首、立功情节，同时又有累犯、毒品再犯等法定从重处罚情节这一情况的规定部分反映出了《量刑指导意见》中关于累犯如何从严的指导意见的精神。《关于处理自首和立功若干具体问题的意见》中第 8 条关于对自首、立功的被告人的处罚中有如下规定："对于被告人具有自首、立功情节，同时又有累犯、毒品再犯等法定从重处罚情节的，既要考虑自首、立功的具体情节，又要考虑被告人的主观恶性、人身危险性

---

① 张军、赵秉志主编：《宽严相济刑事政策司法解读——最高人民法院〈关于贯彻宽严相济刑事政策的若干意见〉的理解与适用》，中国法制出版社 2011 年版，第 114 页。

等因素，综合分析判断，确定从宽或者从严处罚。累犯的前罪为非暴力犯罪的，一般可以从宽处罚，前罪为暴力犯罪或者前、后罪为同类犯罪的，可以不从宽处罚。"按照此规定，当有立功、自首情节存在时，累犯前罪性质以及累犯前后罪性质的关系应当显著影响累犯从严处罚的幅度，从而影响累犯最后的量刑结果。这一规定显然遵循了《量刑指导意见》关于累犯如何从严指导意见的精神，对于累犯前罪性质以及累犯前后罪性质的关系这两个因素对累犯从严幅度的显著影响特别做了强调。

如前所述，我国立法对累犯应该如何从严的预期经历了一个从模糊到逐渐清晰的过程。截至目前，立法者除了希望累犯被从严处罚之外，还希望以下规范性因素应当对累犯从严的幅度产生影响：累犯前后罪的性质、累犯前后罪的轻重、刑罚执行完毕或赦免以后至再犯罪时间的长短。

（二）从二分变量到多维面向的累犯情节

我国立法上对累犯应该如何从严的预期由模糊到清晰的过程背后，实际上伴随的是对累犯情节本身构成丰富性和多维性的一种逐渐确认的过程。

刑法上关于累犯应当从重处罚的概括性规定事实上是将累犯情节整体作为一个单维的二分变量（a unidimensional dichotomous variable）来对待。所谓二分变量，即只分有无，不论其他，有则从重处罚，无则不必。《量刑指导意见》关于累犯从严的操作性指引则还原了累犯情节内部构成的丰富性和多维性，将关注点从累犯情节整体深入到累犯情节的各个面向，确认了累犯从严量刑适用过程中，累犯情节各个构成维度都应该对量刑结果有显著影响。根据《量刑指导意见》的相关规定，累犯情节至少具有以下 6 个构成维度：

1. 累犯前罪的性质

犯罪性质有多种划分方式，不同的划分方式反映出累犯前罪性质的不同侧面。举例来说，可以从是否是暴力犯罪的角度来观察累犯前罪是暴力犯罪还是非暴力犯罪。在累犯情节其他内部构成相同的情况下，累犯前罪是暴力犯罪的累犯情节比累犯前罪是非暴力犯罪的累犯情节更为严重，因此前者累犯从严的幅度应该更大。

2. 累犯前罪的轻重

累犯前罪的轻重可以分两个角度来观察：其一，累犯前罪罪名在刑法规定的整个罪名体系中属于较重的犯罪还是较轻的犯罪：如果在累犯情节其他内部构成相同的情况下，累犯前罪为抢劫罪的累犯情节应当认为比累犯前罪为盗窃罪的累犯情节要严重，所以前者累犯从严的幅度应该更大。其二，累犯前罪的量刑结果是较轻还是较重：如果在累犯情节其他内部构成相同的情况下，累犯前罪被判处无期徒刑的累犯情节应当认为比累犯前罪被判处有期徒刑的累犯情节要严重，所以前者累犯从严的幅度应该更大。

3. 累犯后罪的性质

累犯后罪的性质与累犯前罪的性质内涵相同，在累犯情节其他内部构成相同的情况下，累犯后罪性质恶劣的累犯情节应当认为比累犯后罪性质不恶劣的累犯情节要严重，所以前者累犯从严的幅度应该更大。需要指出的一点是，因为累犯从严指的是累犯后罪量刑从严，所以累犯后罪性质对于累犯情节整体的影响应当大于累犯前罪的性质。

4. 累犯后罪的轻重

累犯后罪轻重的界定与累犯前罪轻重也无二致。在累犯情节其他内部构成相同的情况下，累犯后罪较重的累犯情节应当认为比累犯后罪较轻的累犯情节要严重，所以前者累犯从严的幅度应该更大。需要指出的是，累犯后罪的轻重对于累犯情节整体的影响也应当大于累犯前罪的轻重，"其理论和法律根据就是罪刑均衡原则，罪为因刑为果，罪有多重刑才有多重。体现到量刑情节的幅度选择上就是，量刑情节从轻从重幅度的大小，在很大程度上取决于本罪本身的轻重"①。

5. 累犯前后罪的关系

累犯前后罪的关系有很多种衡量和组合的方式。一种衡量方式是累犯前后罪是否罪名相同。累犯前后罪罪名相同说明该累犯与其他累犯相比更为屡教不改，怙恶不悛，因而从功利主义的角度来看，累犯前后罪罪名相同的累犯情节比累犯前后罪罪名不同的累犯情节更严重。② 在累犯前后罪罪名不一致的情况下，又存在多种关系模式。从犯罪性质是否是暴力犯罪的角度划分有：暴力犯罪+暴力犯罪、暴力犯罪+非暴力犯罪、非暴力犯罪+暴力犯罪、非暴力犯罪+非暴力犯罪等；从罪行轻重的角度划分有：轻罪+重罪、轻罪+轻罪、重罪+重罪、重罪+轻罪等。以上累犯前后罪的组合模式均体现出累犯的人身危险性，但是不同组合反映出的人身危险性大小存在区别，因此累犯前后罪组合模式的不同也会导致累犯情节整体的严重性不同，从而影响最后累犯从严的幅度。

6. 累犯前罪刑罚执行完毕或赦免以后至再犯罪时间的长短

国外相关研究表明，随着时间的推移，之前的犯罪记录对于累犯未来再犯罪可能性的预测效力会逐渐降低直至完全消失。③ 由此可知，累犯前罪刑罚执行完毕或赦免以后至再犯罪时间间隔的长短事实上与累犯人身危险性的大小呈正相关关系：这一时间间隔越短，说明累犯的人身危险性越大，累犯情节整体而言也就越严重，累犯从严的幅度应该更大；这一时间间隔越长，说明累犯人身危险

---

① 白建军著：《刑法规律与量刑实践：刑法现象的大样本考察》，北京大学出版社 2011 年版，第 233 页。

② 累犯情节前后罪罪名是否具有一致性从报应主义的角度来看就没有那么重要，前后罪罪名相同或者相近，并不能说明后罪的罪责更大或者罪行更严重，也不能影响累犯从严的适用幅度。See Julian V. Roberts, "The Role of Criminal Record in the Sentencing Process", 22 *Crime and Justice*, 331 (1997)。

③ See Julian V. Roberts, "The Role of Criminal Record in the Sentencing Process", 22 *Crime and Justice*, 335 (1997).

性越小,累犯情节整体而言也就越轻缓。

以上所列累犯情节的 6 个构成维度中任何一个改变都会影响到累犯情节整体的严重性,进而显著影响对累犯后罪量刑结果的从严调整。

(三) 研究假设的提出

根据《量刑指导意见》的相关规定,可以得到以下六个假设:

假设一:(累犯后罪轻重对累犯刑期从严的影响):在其他情况相似的前提下,累犯后罪越重,累犯后罪从严幅度越大;

假设二:(累犯后罪性质对累犯刑期从严的影响):在其他情况相似的前提下,累犯后罪性质越恶劣,累犯后罪从严幅度越大;

假设三:(累犯前罪轻重对累犯刑期从严的影响):在其他情况相似的前提下,累犯前罪越重,累犯后罪的从严幅度越大;

假设四:(累犯前罪性质对累犯刑期从严的影响):在其他情况相似的前提下,累犯前罪性质越恶劣,累犯后罪从严幅度越大;

假设五:(累犯前后罪关系对累犯刑期从严的影响):在其他情况相似的前提下,当累犯前后罪罪名相同时累犯后罪从严幅度大于累犯前后罪罪名不同时累犯后罪的从严幅度;

假设六:(累犯前罪刑罚执行完毕或赦免以后至再犯罪之间的时间间隔对累犯刑期从严的影响):在其他情况相似的前提下,累犯前罪刑罚执行完毕或赦免以后至再犯罪时间越短,累犯后罪的从严幅度越大。

需要说明的是,累犯从严指的是累犯后罪量刑从严,因此累犯后罪的轻重与性质和其他累犯内部构成具有不一样的地位。根据罪刑均衡衍生出来的罪为因刑为果的原则,累犯后罪量刑的轻重主要是由累犯后罪的轻重与性质决定的,因此累犯后罪作为"本罪",其性质和轻重一方面决定着本罪的量刑结果;另一方面又影响着累犯情节对本罪量刑结果的调节幅度,累犯后罪的轻重和性质对于累犯情节而言既有外部性的属性又有内部性的属性。需要将累犯后罪的轻重和性质作为本罪对量刑产生的影响与其作为累犯情节构成维度之一对量刑产生的影响区分开来。

鉴于此，检验假设一和假设二来观察作为累犯情节构成维度的累犯后罪轻重和性质的变化对累犯从严幅度的影响，需要在不同的本罪罪名项下进行比较；而在检验假设三到假设六时，对于累犯前罪轻重和性质、累犯前后罪是否一致以及间隔时间这些累犯情节的内部构成要素而言，则需要在同一本罪（累犯后罪）罪名项下进行内部比较。

因此，下文在检验这6个假设时将假设一和假设二单独分为一组，其余四个假设另成一组，两组假设将分别使用不同的方法和样本进行实证研究。

（四）假设一与假设二的证成

1. 两种研究方法

在检验累犯后罪轻重和性质的改变对累犯从严幅度的影响时，因为累犯后罪性质和轻重对于累犯情节同时具有外部性和内部性的特点，可以同时通过决定本罪的量刑和通过累犯情节对本罪量刑结果的调节对累犯后罪最终的量刑结果起作用，因此测量累犯后罪最终量刑结果的长短显然无法区分以上两者，需要将累犯从严幅度这一概念进一步可操作化。

为了完成不同量刑情节轻重幅度的测量和比较，白建军教授在其研究中独创了一个量刑幅度的测量方法，笔者将其称为"有期徒刑底线参照法"，具体操作方法为：某罪法定刑（有期徒刑）上线减去下线，被具有某量刑情节的该罪样本平均刑期与法定刑下线之差除，以所得结果距具有该罪法定刑（有期徒刑）下线的远近来判断从宽幅度和从严幅度的大小。[①] 这一方法在比较不同量刑情节适用幅度大小时显然是实用且独特的开创性方法，对于笔者要检验的同一量刑情节在不同本罪项下适用幅度大小也具有很大的借鉴

---

① 参见白建军著：《刑法规律与量刑实践：刑法现象的大样本考察》，北京大学出版社2011年版，第234页。

意义。

如果采用"有期徒刑底线参照法",那么可以将累犯后罪为某罪时累犯从严幅度可操作化为以下这个计算公式:累犯后罪为某罪的累犯从严幅度 = (具有累犯情节的某罪样本平均刑期–该罪有期徒刑法定刑下线) / (该罪有期徒刑上线–该罪有期徒刑下线) × 100%。除此之外,因为前文中将累犯从严的参照系确定为非累犯,所以笔者认为,沿用这一比较的逻辑,在将累犯从严概念可操作化的过程中可以采用另一种测量方法,即"非累犯刑期参照法"。

如果以非累犯量刑结果作为累犯量刑从严的参照系,可以将累犯后罪为某罪时累犯从严幅度可操作化为以下计算公式:累犯后罪为某罪的累犯从严幅度 = (具有累犯情节的某罪样本平均刑期–不具有累犯情节的某罪样本平均刑期) / 不具有累犯情节的某罪样本平均刑期×100%。

下文将同时采取以上两种方法来分别检验累犯后罪对累犯从严幅度的影响,最后将所得结果相互对照以检验能否互相印证。需要说明的是,因为样本范围的变化,以上任何一种方法计算得到的累犯从严幅度的结果数值都会发生变化,但是不同罪名之间累犯从严幅度结果的排序则是相对固定的。因此,本研究并不着重关注按照以上方法计算所得的累犯从严幅度的绝对值,不同累犯后罪罪名项下累犯从严幅度结果比较之后的排序才是本研究所关注的重点。

2. 累犯后罪性质与轻重对量刑影响的考察

在筛选所得的三罪样本库中,从犯罪性质上看,抢劫罪和故意伤害罪是暴力犯罪、盗窃罪是非暴力犯罪。从犯罪轻重上看,这三个罪名在刑法罪名体系中的轻重排序依次为抢劫罪、故意伤害罪、盗窃罪。下面将分别按照"有期徒刑底线参照法"和"非累犯刑期参照法"来检验累犯后罪性质和轻重是否按照立法预期的方式对累犯从严幅度产生影响。

第一,"有期徒刑底线参照法"之检验。经过 SPSS 软件的均值计算,在随机抽取的盗窃罪样本中,11394 个盗窃罪累犯样本的刑期平均值为 36.63 个月；在随机抽取的抢劫罪样本中，2041 个抢劫罪累犯样本的刑期均值为 91.79 个月；在随机抽取的故意伤害罪样本中，1521 个故意伤害罪累犯样本的刑期均值为 43.58 个月。

如果采用"有期徒刑底线参照法"，那么可以将累犯后罪为某罪时累犯从严幅度可操作化为以下计算公式：累犯后罪为某罪的累犯从严幅度 ＝（具有累犯情节的某罪样本平均刑期－该罪有期徒刑法定刑下线）／（该罪有期徒刑上线－该罪有期徒刑下线）×100%。按照以上公式分别计算累犯后罪为盗窃罪、抢劫罪和故意伤害罪的累犯从严幅度，所得结果如下表所示：

"有期徒刑底线参照法"三罪累犯从严幅度比较

罪名	法定刑幅度月数	累犯平均刑期	累犯从严幅度
盗窃罪	174	36.63	21%
抢劫罪	144	91.79	64%
故意伤害罪	174	43.58	25%

根据上表可知，按照"有期徒刑底线参照法"得出的三罪累犯从严幅度从大到小依次为：累犯后罪为抢劫罪的样本累犯从严幅度最大，为64%，累犯后罪为故意伤害罪的样本累犯从严幅度次之，为25%，而累犯后罪为盗窃罪的样本累犯从严幅度最小，为21%。根据累犯从严幅度的排序，可以得出以下两个结论：其一，累犯后罪性质与累犯从严幅度的关系：累犯后罪为暴力犯罪的累犯从严幅度一般大于累犯后罪为非暴力犯罪的累犯从严幅度；其二，累犯后罪轻重与累犯从严幅度的关系：累犯后罪为重罪的累犯从严幅度一般大于累犯后罪为轻罪的累犯从严幅度。

第二，"非累犯刑期参照法"之检验。根据"非累犯刑期参照法"，累犯后罪为某罪的累犯从严幅度计算公式为：累犯后罪为某罪的累犯从严幅度 ＝（具有累犯情节的某罪样本平均刑期－不具有累犯情节的某罪样本平均刑期）／不具有累犯情节的某罪样本平均刑期×100%。按照上述公式分别计算样本库中累犯后罪为盗窃罪、抢劫罪和故意伤害罪的累犯从严幅度，所得结果如下表所示：

"非累犯刑期参照法"三罪累犯从严幅度比较

罪名	累犯刑期均值	非累犯刑期均值	刑期均值差	累犯从严幅度
盗窃罪	36.63	32.23	4.4	13.7%
抢劫罪	91.79	70.73	21.06	29.8%
故意伤害罪	43.58	36.52	7.06	19.3%

根据上表可知，按照"非累犯刑期参照法"得出的三罪累犯从严幅度从大到小依次为：累犯后罪为抢劫罪的样本累犯从严幅度最大，为29.8%，累犯后罪为故意伤害罪的样本累犯从严幅度次之，为19.3%，而累犯后罪为盗窃罪的样本累犯从严幅度最小，为13.7%。根据累犯从严幅度的排序，可以得出以下两个结论：其一，累犯后罪性质与累犯从严幅度的关系：累犯后罪为暴力犯罪的累犯从严幅度一般大于累犯后罪为非暴力犯罪的累犯从严幅度；其二，累犯后罪轻重与累犯从严幅度的关系：累犯后罪为重罪的累犯从严幅度一般大于累犯后罪为轻罪的累犯从严幅度。

分别采取"有期徒刑底线参照法"和"非累犯刑期参照法"对累犯后罪为盗窃罪、抢劫罪和故意伤害罪的样本进行累犯从严幅度的测量和比较，得到的累犯从严幅度排序结果完全一致。据此可以得到以下结论：累犯后罪的轻重和性质确实影响累犯从严幅度的适用，累犯后罪越重、性质越恶劣，累犯从严幅度就越大。前文提出的假设一和假设二得以证成。在我国司法实践中，累犯后罪的轻重和性质作为累犯情节内在的构成维度确实符合规范预期对累犯的量刑结果产生了从严调整的作用。

（五）假设三至假设六的证否

1. 研究方法的选择

在同一累犯后罪罪名项下对累犯前罪轻重和性质、累犯前后罪是否一致以及间隔时间进行内部比较时，因为本罪（累犯后罪）罪名相同，可以将检验这几个累犯情节内在构成因素对于累犯后罪从严幅度的影响转换成检验这几个累犯情节内在构成因素对于累犯后罪刑期长短的影响。因此，检验假设三到假设六时，采取的方法是将累犯后罪刑期长短作为因变量，将除了累犯后罪性质和轻重之外的其他累犯情节内部构成要素与累犯后罪本罪相关的一些要素等作为自变量，进行多元线性回归分析。

2. 研究样本的再筛选

为了检验除了累犯后罪性质和轻重之外的其他累犯情节内部维度是否在同一累犯后罪名项下对累犯量刑结果产生从严调整作用，由于精力有限，笔者进一步在之前选取的三罪数据库中再次随机筛选了累犯前罪和累犯后罪均被判处有期徒刑并且提供了累犯后罪有期徒刑刑期的盗窃罪累犯样本 535 个，抢劫罪累犯样本 429 个，故意伤害罪累犯样本 493 个，共计 1457 个样本。

样本的空间分布为：安徽省 27 个，北京市 200 个，福建省 45 个，甘肃省 13 个，广东省 194 个，广西壮族自治区 16 个，贵州省 4 个，海南省 48 个，河北省 9 个，河南省 199 个，黑龙江省 1 个，湖北省 19 个，湖南省 191 个，吉林省 8 个，江苏省 6 个，江西省 63 个，辽宁省 12 个，内蒙古自治区 2 个，宁夏回族自治区 3 个，青海省 3 个，山东省 31 个，陕西省 61 个，上海市 132 个，四川省 15 个，天津市 4 个，新疆维吾尔自治区 3 个，云南省 18 个，浙江省 80 个，重庆市 50 个。

样本的时间分布为：2000 年判决样本 24 个，2001 年判决样本 20 个，2002 年判决样本 11 个，2003 年判决样本 34 个，2004 年判决样本 38 个，2005 年判决样本 78 个，2006 年判决样本 251 个，2007 年判决样本 124 个，2008 年判决样本 116 个，2009 年判决样本 232 个，2010 年判决样本 277 个，2011 年判决样本 252 个。

3. 其他累犯情节内部构成要素对累犯从严的影响

根据我国刑法第 61 条规定，对于犯罪分子决定刑罚的时候，应当根据犯罪的事实、犯罪的性质、情节和对于社会的危害程度，依照本法的有关规定判处。这是我国刑法中对量刑原则的基本规定。根据这一规定，犯罪分子的量刑结果主要由判决罪名本罪的轻重和性质来决定，正所谓罪为因刑为果；与此同时，量刑情节对于最后的量刑结果起到调节的作用。因此，当涉及累犯的量刑时，累犯最后的量刑结果至少是累犯后罪本罪轻重相关因素、累犯情节相关因素和其他或法定或酌定的量刑情节相关因素综合作用的产物。

此外，形势在一定程度上也被认为应当影响累犯最终的量刑结果。形势因素中最主要的变量应该是刑事政策。刑事政策应否影响量刑曾一度存在争论①，目前通说普遍认为犯罪人的量刑应当受到刑事政策的影响："刑事政策与刑事法律从本质上来说，应当是统一的。刑事政策不仅是刑事法律的灵魂，而且也是刑事司法的指南。量刑当然应当依照刑事法律的规定，但这并不意味着可以不受刑事政策的指导。"② 此外，形势因素中比较重要的还有经济发展情况，这一变量可以转化为地域变量来进行测量。我国幅员辽阔，各地经济发展水平不均衡，立法明确预期经济水平的差异对于犯罪人的量刑特别是财产犯罪人的量刑应该产生显著影响。比如，关于盗窃罪的量刑标准的司法解释就明确规定了各省、自治区、直辖市高级人民法院可根据该地区经济发展状况，并考虑社会治安状况，在规定的数额幅度内，分别确定该地区执行的"数额较大"、"数额巨大"、"数额特别巨大"的标准。

综上所述，如果将累犯后罪为某罪的累犯量刑结果视为因变量的话，那么自变量可以分为以下四个范畴：与累犯后罪本罪相关的自变量、与累犯情节相关的自变量、与其他法定或酌定情节相关的

---

① 参见高铭暄主编：《新中国刑法学研究综述（1949-1985）》，河南人民出版社1986年版，第440-444页。

② 参见陈兴良著：《刑法适用总论》（下卷），中国人民大学出版社2006年版，第300页。

自变量以及与累犯后罪时空因素相关的自变量。将采取多元线性回归的方式，在除累犯后罪轻重和性质以外的其他累犯情节内部构成因素与其他范畴的自变量综合作用之下，检验累犯情节的相关自变量是否按照立法预期对累犯从严产生了影响。

（1）其他累犯情节内部构成要素对盗窃罪累犯量刑的影响。

鉴于累犯最终量刑结果至少是由累犯后罪本罪、累犯情节、其他法定或酌定的量刑情节以及累犯后罪的时空因素四个方面综合作用的产物，为了检验除了累犯后罪性质和轻重之外的其他累犯情节内部构成因素是否按照立法预期的方式对于累犯后罪为盗窃罪的累犯样本最终量刑结果产生从严的影响，结合样本所提供信息，初步确定进入首次探索性回归分析的自变量清单如下：

首先，与累犯情节相关的自变量有：

①累犯前后罪名同一性，即累犯前后罪的罪名是否相同，如果相同取值为1，不同则取值为0。

②累犯前罪是否是重罪。如果累犯前罪罪名在刑法罪名体系中属于重罪，取值为1，属于轻罪则取值为0。

③累犯前罪刑期长短。由于选取的累犯样本中累犯前罪的主刑均为有期徒刑，因而累犯前罪刑期长短也是除累犯前罪是否是重罪之外衡量累犯前罪轻重的一个变量。累犯前罪刑期的单位为月。

④累犯前罪是否是暴力犯罪。如果累犯前罪属于暴力犯罪，取值为1，属于非暴力犯罪，则取值为0。

⑤累犯前罪实际服刑率，即累犯前罪的执行刑期限与宣告刑期限的比。累犯在前罪刑罚执行过程中会因为良好表现得到减刑甚至假释等待遇，前罪执行刑与宣告刑的比值在一定程度上反映出累犯在前罪刑罚执行完毕之后的人身危险性大小。

⑥累犯前罪刑罚执行完毕或赦免以后至再犯罪时间的长短。这一时间间隔的单位为月。

其次，与累犯后罪盗窃罪本罪相关的自变量有：

①盗窃数额，即累犯盗窃所获得财物折合成人民币的绝对值。

这是衡量盗窃后果严重程度的线性变量。

②盗窃数额是否较大，即判决书中是否认定累犯盗窃数额绝对值达到数额较大的标准，是取值为1，否取值为0。这是衡量盗窃数额的分类变量之一。

③盗窃数额是否巨大，即判决书中是否认定累犯盗窃数额绝对值达到数额巨大的标准，是取值为1，否取值为0。这是衡量盗窃数额的分类变量之一。

④盗窃数额是否特别巨大，即判决书中是否认定累犯盗窃数额绝对值达到数额特别巨大的标准，是取值为1，否取值为0。这是衡量盗窃数额的分类变量之一。

⑤是否入户盗窃，如果是取值为1，不是则取值为0。

⑥是否多次盗窃，如果是取值为1，不是则取值为0。

再次，与其他法定或酌定的量刑情节相关的自变量有：

①未成年犯。尽管2011年2月25日通过的《刑法修正案（八）》将未成年人排除出累犯的主体适格范围，但是鉴于样本中大多数样本的判决年份都在2011年以前，未成年犯这一量刑情节在这些样本量刑时均发挥了实质性作用，因此，在本研究中，尊重事实保留未成年犯这一量刑情节。有未成年犯情节的取值为1，没有的则取值为0。

②未遂犯，即累犯样本中是否存在未遂情节，若有取值为1，无则取值为0。

③自首，即累犯样本中是否存在自首情节，若有取值为1，无则取值为0。

④立功，即累犯样本中是否存在立功情节，若有取值为1，无则取值为0。

⑤主犯，即累犯样本中是否存在主犯情节，若有取值为1，无则取值为0。

⑥从犯，即累犯样本中是否存在从犯情节，若有取值为1，无则取值为0。

⑦累犯前罪以外刑事前科次数。根据《量刑指导意见》的相关规定，前科也属于量刑时的酌定情节，前科从严的幅度小于累犯从严的幅度。当前科和累犯情节同时存在时，允许两者对量刑结果同时发挥作用。

⑧累犯是否曾被劳教。这是反映累犯之前劣迹的变量之一。根据《量刑指导意见》的相关规定，可以根据犯罪人的劣迹对其量刑从严。若有取值为1，无则取值为0。

⑨累犯是否曾被行政拘留。这也是反映累犯之前劣迹的变量之一。若有取值为1，无则取值为0。

最后，与形势因素相关的自变量有：

①刑事政策类型，样本判决时间处于严打刑事政策阶段的取值为1，处于宽严相济刑事政策阶段的取值为2。

②是否属于东部地区。样本判决地点处于经济发展水平较高的东部地区的取值为1，若不是则取值为0。

③是否属于西部地区。样本判决地点处于经济发展水平较低的西部地区的取值为1，若不是则取值为0。

将累犯后罪的有期徒刑刑期作为因变量，采用强迫引入法（enter）使上面所列的全部自变量依次进入多元线性回归模型，发现以下变量的p值不满足等于或小于0.05的统计学要求因而被排除出回归模型：累犯前后罪名同一性、累犯前罪是否是重罪、累犯前罪是否是暴力犯罪、累犯前罪实际服刑率、累犯前罪刑罚执行完毕或赦免以后至再犯罪时间的长短、盗窃数额是否较大、立功、主犯、累犯前罪以外刑事前科次数、累犯是否曾被劳教、累犯是否曾被行政拘留、是否属于西部地区。这意味着在选取的500多个盗窃罪累犯样本中，以上这些因素对于盗窃罪累犯有期徒刑的长短不起显著作用。最终，p值符合显著性要求的变量为以下12个：累犯前罪刑期长短、盗窃数额、盗窃数额是否巨大、盗窃数额是否特别巨大、是否入户盗窃、是否多次盗窃、未成年犯、未遂犯、自首、从犯、是否属于东部地区、刑事政策类型。

采用逐步回归法（stepwise）将最终选定的 12 个自变量引入多元线性回归分析后，未遂犯和是否入户盗窃又因为 p 值不显著被排除出模型，最终得到每个自变量的标准化回归系数以及模型的回归决定系数 R^2 结果如下：

累犯后罪为盗窃罪的量刑结果影响因素

变量名	标准化回归系数（Beta 值）	显著性（p 值）
盗窃数额是否特别巨大	0.727	$p<0.05$
盗窃数额是否巨大	0.433	$p<0.05$
盗窃数额	0.131	$p<0.05$
是否多次盗窃	0.085	$p<0.05$
从犯	−0.075	$p<0.05$
累犯前罪刑期长短	0.065	$p<0.05$
是否属于东部地区	−0.060	$p<0.05$
刑事政策类型	−0.055	$p<0.05$
自首	−0.041	$p<0.05$
未成年犯	−0.038	$p<0.05$
$R^2=0.871$		
$N=535$		

根据上表显示的结果，我们发现：

首先，根据回归决定系数 R^2 的数值来判断，可以说由包括累犯前罪刑期长短在内的以上 10 个自变量构成的多元线性回归模型拟合度较高，总体解释力较强。根据统计学的知识，回归决定系数 R^2 越接近 1，说明模型内各个自变量对因变量累犯后罪盗窃罪有期徒刑刑期的解释力越强，回归决定系数越接近 0，说明模型内各个自变量的解释力就越弱。上表中 $R^2=0.871$ 表明，用进入多元线性回归模型的 12 个因变量综合作用来解释 535 个样本中盗窃罪有期徒刑刑期长短，尽管没能找出决定盗窃罪有期徒刑刑期长短的全部因素，但仍然具有很强的解释力，共解释了87.1%的刑量变化。

其次，从进入最终模型的自变量数量上来看，有4个自变量属于和累犯后罪盗窃罪本罪相关的自变量，有1个自变量属于和累犯情节相关的自变量，有3个自变量属于和其他法定量刑情节相关的自变量，还有2个自变量属于形势因素。由此可以证明，在对盗窃罪累犯量刑的过程中，对累犯后罪盗窃罪有期徒刑刑期具有实际影响的4大类因素中，法官更多地根据与累犯后罪盗窃罪本罪相关的因素来对盗窃罪累犯的刑量进行分配。而在与累犯情节相关的变量中，只有累犯前罪刑期长短这一个反映累犯前罪轻重的累犯情节内在构成部分对累犯后罪盗窃罪的刑期长短产生了显著性的影响。

再次，从各个自变量作用的程度来看，10个自变量根据其Beta值绝对值的大小排序，与累犯后罪盗窃罪本罪相关的4个自变量Beta值排名前四，累犯前罪刑期长短这一变量的Beta值居于从犯情节之后排名第六，未成年犯这一情节的Beta值排名最后。作为标准化回归系数，Beta值的大小代表了同时考虑到其他自变量存在的情况下各自变量对因变量作用的大小。因此，以上排序说明，如果没有模型以外的其他因素的影响，在回归模型内的10个因素综合作用的情况下，各因素对累犯后罪盗窃罪有期徒刑刑期影响的相对重要性分别是：盗窃数额是否特别巨大等4个与盗窃罪本罪相关的自变量作用力最大，从犯这一法定减轻情节的作用力次之，累犯前罪刑期长短这一累犯情节内部构成因素的作用力再次之，2个形势因素再次之，自首这一法定量刑情节居倒数第二，未成年犯这一法定量刑居最后。这意味着在累犯后罪为盗窃罪的量刑过程中，法官主要根据与盗窃罪本罪相关的因素来决定盗窃罪最终的量刑结果，这一发现与前文的发现可以相互印证。此外，累犯前罪刑期长短这一累犯情节内部构成因素对于累犯后罪盗窃罪的量刑结果确实具有显著影响，这一影响小于累犯后罪本罪以及从犯情节对累犯后罪盗窃罪的刑量影响，但是大于形势因素、自首和未成年犯情节对累犯后罪盗窃罪的刑量影响。

同时，从各自变量作用的方向来看，根据 Beta 值前的正负号可以判断其各自对应的自变量与因变量之间存在的是正相关还是负相关关系，笔者发现在司法实践中，只要有盗窃数额特别巨大、盗窃数额巨大、多次盗窃这三个因素时，法官更容易增加分配给盗窃罪累犯的刑量。与此同时，盗窃数额与累犯前罪刑期长短这两个线性变量与盗窃罪累犯有期徒刑的刑期之间呈现显著的正相关关系：在其他情况不变的前提下，盗窃数额越大，盗窃罪累犯被判处的有期徒刑刑期越长；在其他情况不变的前提下，累犯前罪刑期越长，盗窃罪累犯被判处的有期徒刑刑期越长。此外，当盗窃罪发生在经济发达的东部地区，或者盗窃罪判决时处于宽严相济的刑事政策之下，或者有从犯、自首、未成年犯情节时，法官更倾向于减少盗窃罪累犯的刑量分配。

最后，单独从累犯情节对累犯后罪盗窃罪刑量的影响上来看，累犯前罪是否是暴力犯罪这一反映累犯前罪性质的变量、累犯前罪是否是重罪这一反映累犯前罪轻重的变量、累犯前后罪的同一性这一反映累犯前后罪关系的变量以及累犯前罪刑罚执行完毕或赦免以后至再犯罪时间间隔这四个累犯情节内部构成变量均因为 p 值不显著被排除出回归模型，因此这四个累犯情节内部构成的变量对于累犯后罪的量刑不存在显著影响，只有累犯前罪刑期长短这一反映累犯前罪轻重的变量留在回归模型中显示与累犯后罪盗窃罪的量刑结果呈现显著正相关的关系，因此前文所列的假设四、假设五、假设六均被证否，而只有假设三被部分证成。

（2）其他累犯情节内部构成要素对抢劫罪累犯量刑的影响。

同样的，为了检验除了累犯后罪性质和轻重之外其他累犯情节内部构成因素是否按照立法预期的方式对于累犯后罪为抢劫罪的累犯样本最终量刑结果产生从严的影响，结合样本所提供信息，初步确定进入首次探索性回归分析的自变量清单如下：

首先，与累犯情节相关的自变量有：

累犯制度：规范与事实之间

①累犯前后罪名同一性，即累犯前后罪的罪名是否相同，如果相同取值为1，不同则取值为0。

②累犯前罪是否是重罪。如果累犯前罪罪名在刑法罪名体系中属于重罪，取值为1，属于轻罪则取值为0。

③累犯前罪刑期长短。由于选取的累犯样本中累犯前罪的主刑均为有期徒刑，因而累犯前罪刑期长短也是除累犯前罪是否是重罪之外衡量累犯前罪轻重的一个变量。累犯前罪刑期的单位为月。

④累犯前罪是否是暴力犯罪。如果累犯前罪属于暴力犯罪，取值为1，属于非暴力犯罪，则取值为0。

⑤累犯前罪实际服刑率，即累犯前罪的执行刑期限与宣告刑期限的比。累犯在前罪刑罚执行过程中会因为良好表现得到减刑甚至假释等待遇，前罪执行刑与宣告刑的比值在一定程度上反映出累犯在前罪刑罚执行完毕之后的人身危险性大小。

⑥累犯前罪刑罚执行完毕或赦免以后至再犯罪时间的长短。这一时间间隔的单位为月。

其次，与累犯后罪抢劫罪本罪相关的自变量有①：

①抢劫数额，即累犯抢劫所获得财物折合成人民币的绝对值。这是衡量抢劫后果严重程度的线性变量。

②抢劫数额是否较大，即判决书中是否认定累犯抢劫数额绝对值达到数额较大的标准，是取值为1，否取值为0。这是衡量抢劫数额的分类变量之一。

③抢劫数额是否巨大，即判决书中是否认定累犯抢劫数额绝对值达到数额巨大的标准，是取值为1，否取值为0。这是衡量抢劫数额的分类变量之一。

④抢劫数额是否特别巨大，即判决书中是否认定累犯抢劫数额

---

① 需要说明的是，因为选取的样本中不存在抢劫银行或者其他金融机构的情况和抢劫军用物资或者抢险、救灾、救济物资的情况，所以在与抢劫罪本罪相关的自变量设计中排除了以上两种加重情节。

绝对值达到数额特别巨大的标准，是取值为1，否取值为0。这是衡量抢劫数额的分类变量之一。

⑤是否致人轻伤，即犯罪人的犯罪行为与受害人轻伤结果之间是否存在因果关系，如果存在取值为1，不存在则取值为0。

⑥轻伤人数，这是衡量抢劫罪后果严重性的线性变量之一。

⑦是否致人重伤，即犯罪人的犯罪行为与受害人重伤结果之间是否存在因果关系，如果存在取值为1，不存在则取值为0。

⑧重伤人数，这是衡量抢劫罪后果严重性的线性变量之一。

⑨是否致人死亡，即犯罪人的犯罪行为与受害人死亡结果之间是否存在因果关系，如果存在取值为1，不存在则取值为0。

⑩死亡人数，这是衡量抢劫罪后果严重性的线性变量之一。

⑪抢劫次数，这是衡量抢劫罪后果严重性的线性变量之一。

⑫是否入户抢劫，如果是取值为1，否则取值为0。

⑬是否在公共交通工具上抢劫，如果是取值为1，否则取值为0。

⑭是否多次抢劫，如果是取值为1，否则取值为0。

⑮是否冒充军警抢劫，如果是取值为1，否则取值为0。

⑯是否持枪抢劫，如果是取值为1，否则取值为0。

⑰是否持管制刀具抢劫，如果是取值为1，否则取值为0。

⑱是否转化抢劫，如果是取值为1，否则取值为0。

⑲是否结伙抢劫，如果是取值为1，否则取值为0。

再次，与其他法定或酌定的量刑情节相关的自变量有：

①未成年犯。尽管2011年2月25日通过的《刑法修正案（八）》将未成年人排除出累犯的主体适格范围，但是鉴于样本中大多数样本的判决年份都在2011年以前，未成年犯这一量刑情节在这些样本量刑时均发挥了实质性作用，因此，在本研究中，尊重事实保留未成年犯这一量刑情节。有未成年犯情节的取值为1，没有的取值为0。

②未遂犯，即累犯样本中是否存在未遂情节，若有取值为1，

无则取值为 0。

③自首，即累犯样本中是否存在自首情节，若有取值为 1，无则取值为 0。

④立功，即累犯样本中是否存在立功情节，若有取值为 1，无则取值为 0。

⑤主犯，即累犯样本中是否存在主犯情节，若有取值为 1，无则取值为 0。

⑥从犯，即累犯样本中是否存在从犯情节，若有取值为 1，无则取值为 0。

⑦累犯前罪以外刑事前科次数。根据《量刑指导意见》的相关规定，前科也属于量刑时的酌定情节，前科从严的幅度小于累犯从严的幅度。当前科和累犯情节同时存在时，允许两者对量刑结果同时发挥作用。

⑧累犯是否曾被劳教。这是反映累犯之前劣迹的变量之一。根据《量刑指导意见》的相关规定，可以根据犯罪人的劣迹对其量刑从严。若有取值为 1，无则取值为 0。

⑨累犯是否曾被行政拘留。这也是反映累犯之前劣迹的变量之一。若有取值为 1，无则取值为 0。

最后，与形势因素相关的自变量有：

①刑事政策类型，样本判决时间处于严打刑事政策阶段的取值为 1，处于宽严相济刑事政策阶段的取值为 2。

②是否属于东部地区。样本判决地点处于经济发展水平较高的东部地区的取值为 1，若不是则取值为 0。

③是否属于西部地区。样本判决地点处于经济发展水平较低的西部地区的取值为 1，若不是则取值为 0。

将累犯后罪的有期徒刑刑期作为因变量，采用强迫引入法（enter）使上面所列的全部自变量依次进入多元线性回归模型，发现以下变量的 p 值不满足等于或小于 0.05 的统计学要求因而应该被排除出回归模型：累犯前罪是否是重罪、累犯前罪是否是暴力犯罪、累犯前罪刑期长短、累犯前罪实际服刑率、累犯前罪刑罚执行完毕或赦免以后至再犯罪时间的长短、抢劫数额是否较大、抢劫数额、是否致人轻伤、是否致人重伤、轻伤人数、重伤人数、是否转化抢劫、是否结伙抢劫、主犯、累犯前罪以外刑事前科次数、累犯是否曾被劳教、累犯是否曾被行政拘留、是否属于东部地区、是否属于西部地区、刑事政策类型。这意味着在我们选取的 400 多个抢劫罪累犯样本中，以上这些因素对于抢劫罪累犯有期徒刑的长短不起显著作用。除此之外，是否致死这一自变量因为相关的样本个数过少（只有 1 个）被排除出回归模型。最终，p 值符合显著性要求的变量为以下 16 个：抢劫数额是否巨大、是否入户抢劫、是否多次抢劫、是否持枪抢劫、从犯、是否在公共交通工具上抢劫、死亡人数、未成年犯、未遂犯、抢劫数额是否特别巨大、是否冒充军警抢劫、是否持管制刀具抢劫、立功、累犯前后罪名同一性、自首和抢劫次数。

采用逐步回归法（stepwise）将最终选定的 16 个自变量引入多元线性回归分析后，累犯前后罪名同一性、自首和抢劫次数这 3 个自变量又因为 p 值不显著被排除出模型，最终得到每个自变量的标准化回归系数以及模型的回归决定系数 R^2 结果如下：

累犯后罪为抢劫罪的量刑结果影响因素

变量名	标准化回归系数（Beta 值）	显著性（p 值）
抢劫数额是否巨大	0.518	p<0.05
是否入户抢劫	0.375	p<0.05
是否多次抢劫	0.354	p<0.05
是否持枪抢劫	0.176	p<0.05
从犯	−0.143	P<0.05
是否在公共交通工具上抢劫	0.133	p<0.05
死亡人数	0.127	p<0.05

变量名	标准化回归系数（Beta 值）	显著性（p 值）
未成年犯	-0.103	$P < 0.05$
未遂犯	-0.095	$P < 0.05$
抢劫数额是否特别巨大	0.094	$p < 0.05$
是否冒充军警抢劫	0.087	$p < 0.05$
是否持管制刀具抢劫	0.075	$p < 0.05$
立功	-0.061	$p < 0.05$
$R^2 = 0.722$		
$N = 429$		

根据上表显示的结果，我们发现：

首先，根据回归决定系数 R^2 的数值来判断，可以说由以上 13 个自变量构成的多元线性回归模型拟合度较高，总体解释力较强。根据统计学的知识，回归决定系数 R^2 越接近 1，说明模型内各个自变量对因变量累犯后罪抢劫罪有期徒刑刑期的解释力越强，回归决定系数越接近 0，说明模型内各个自变量的解释力就越弱。上表中 $R^2 = 0.722$ 表明，用进入多元线性回归模型的 13 个因变量综合作用来解释 429 个样本中抢劫罪有期徒刑刑期长短，尽管没能找出决定抢劫罪有期徒刑刑期长短的全部因素，但仍然具有很强的解释力，共解释了 72.2% 的刑量变化。

其次，从进入最终模型的自变量数量上来看，有 9 个自变量属于和累犯后罪抢劫罪本罪相关的自变量，有 4 个自变量属于和累犯情节以外其他法定量刑情节相关的自变量，没有与累犯情节相关的变量，也没有与形势相关的变量。由此可以证明，在对抢劫罪累犯量刑的过程中，对累犯后罪抢劫罪有期徒刑刑期具有实际影响的四大类因素中，法官主要根据与累犯后罪抢劫罪本罪相关的因素来对抢劫罪累犯的刑量进行分配，从犯、立功、未成年犯和未遂犯这些法定量刑情节对于抢劫罪刑量只起到次要的调节作用。

再次，从作用的大小来看，按照 Beta 值绝对值大小对累犯后罪抢劫罪刑量影响作用力的大小排序，对最终刑量这一因变量作用力从大到小的自变量依次为：抢劫数额是否巨大、是否入户抢劫、是否多次抢劫、是否持枪抢劫、从犯、是否在公共交通工具上抢劫、死亡人数、未成年犯、未遂犯、抢劫数额是否特别巨大、是否冒充军警抢劫、是否持管制刀具抢劫、立功。与累犯后罪抢劫罪本罪相关的因素不仅在数量上占绝对优势，在对抢劫罪刑量的作用力大小上也占绝对优势。从犯、未成年犯、未遂犯和立功相对于本罪因素而言对最终量刑结果的作用力则较小。

此外，从作用的方向上来看，在司法实践中，只要有抢劫数额巨大、入户抢劫、多次抢劫、持枪抢劫、在公共交通工具上抢劫、抢劫数额特别巨大、冒充军警抢劫、持管制刀具抢劫这 8 种情形时，法官更容易增加分配给抢劫罪累犯的刑量。与此同时，死亡人数与抢劫罪累犯有期徒刑刑期长短呈显著正相关。另外，当出现从犯、未成年犯、未遂犯、立功这 4 种情形时，法官倾向于缩短分配给抢劫罪累犯的有期徒刑刑期。

最后，单独从累犯情节对累犯后罪抢劫罪刑量的影响上来看，累犯前罪是否是暴力犯罪这一反映累犯前罪性质的变量，累犯前罪刑期长短和累犯前罪是否是重罪这两个反映累犯前罪轻重的变量，累犯前后罪的同一性这一反映累犯前后罪关系的变量以及累犯前罪刑罚执行完毕或赦免以后至再犯罪时间间隔这 5 个累犯情节内部构成变量均因为 p 值不显著被排除出回归模型，这 5 个累犯情节内部构成的变量对于累犯后罪抢劫罪的量刑均不存在显著影响。因此，在累犯后罪为抢劫罪的样本中，除了累犯后罪性质和轻重之外累犯情节其他内部构成要素对累犯从严均无显著影响，前文所列的假设三、假设四、假设五、假设六均被证否。

（3）其他累犯情节内部构成要素对故意伤害罪累犯量刑的影响。

为了检验除了累犯后罪性质和轻重之外其他累犯情节内部构成因素是否按照立法预期的方式对于累犯后罪为故意伤害罪的累犯样本最终量刑结果产生从严的影响，结合样本所提供的信息，初步确定进入首次探索性回归分析的自变量清单如下：

首先，与累犯情节相关的自变量有：

①累犯前后罪名同一性，即累犯前后罪的罪名是否相同，如果相同取值为1，不同则取值为0。

②累犯前罪是否是重罪。如果累犯前罪罪名在刑法罪名体系中属于重罪，取值为1，属于轻罪则取值为0。

③累犯前罪刑期长短。由于选取的累犯样本中累犯前罪的主刑均为有期徒刑，因而累犯前罪刑期长短也是除累犯前罪是否是重罪之外衡量累犯前罪轻重的一个变量。累犯前罪刑期的单位为月。

④累犯前罪是否是暴力犯罪。如果累犯前罪属于暴力犯罪，取值为1，属于非暴力犯罪则取值为0。

⑤累犯前罪实际服刑率，即累犯前罪的执行刑期限与宣告刑期限的比。累犯在前罪刑罚执行过程中会因为表现良好得到减刑甚至假释等待遇，前罪执行刑与宣告刑的比值在一定程度上反映出累犯在前罪刑罚执行完毕之后的人身危险性大小。

⑥累犯前罪刑罚执行完毕或赦免以后至再犯罪时间的长短。这一时间间隔的单位为月。

其次，与累犯后罪故意伤害罪本罪相关的自变量有①：

①是否致人轻伤，即犯罪人的犯罪行为与受害人轻伤结果之间是否存在因果关系，如果存在取值为1，不存在则取值为0。

②轻伤人数，这是衡量故意伤害罪后果严重性的线性变量之一。

---

① 需要说明的是，因为选取的样本中不存在抢劫银行或者其他金融机构的情况和抢劫军用物资或者抢险、救灾、救济物资的情况，所以在与抢劫罪本罪相关的自变量设计中排除了以上两种加重情节。

③是否致人重伤，即犯罪人的犯罪行为与受害人重伤结果之间是否存在因果关系，如果存在取值为1，不存在则取值为0。

④重伤人数，这是衡量故意伤害罪后果严重性的线性变量之一。

⑤是否致人死亡，即犯罪人的犯罪行为与受害人死亡结果之间是否存在因果关系，如果存在取值为1，不存在则取值为0。

⑥死亡人数，这是衡量故意伤害罪后果严重性的线性变量之一。

再次，与其他法定或酌定的量刑情节相关的自变量有：

①未成年犯。尽管2011年2月25日通过的《刑法修正案（八）》将未成年人排除出累犯的主体适格范围，但是鉴于样本中大多数样本的判决年份都在2011年以前，未成年犯这一量刑情节在这些样本量刑时均发挥了实质性作用，因此，在本研究中，尊重事实保留未成年犯这一量刑情节。有未成年犯情节的取值为1，没有的取值为0。

②未遂犯，即累犯样本中是否存在未遂情节，若有取值为1，没有则取值为0。

③自首，即累犯样本中是否存在自首情节，若有取值为1，若无取值为0。

④立功，即累犯样本中是否存在立功情节，若有取值为1，若无取值为0。

⑤主犯，即累犯样本中是否存在主犯情节，若有取值为1，若无取值为0。

⑥从犯，即累犯样本中是否存在从犯情节，若有取值为1，若无取值为0。

⑦正当防卫，即累犯样本中是否存在正当防卫情节，若有取值为1，无则取值为0。

⑧累犯前罪以外刑事前科次数。根据《量刑指导意见》的相关规定，前科也属于量刑时的酌定情节，前科从严的幅度小于累犯

从严的幅度。当前科和累犯情节同时存在时，允许两者对量刑结果同时发挥作用。

⑨累犯是否曾被劳教。这是反映累犯之前劣迹的变量之一。根据《量刑指导意见》的相关规定，可以根据犯罪人的劣迹对其量刑从严。若有取值为1，无则取值为0。

⑩累犯是否曾被行政拘留。这也是反映累犯之前劣迹的变量之一。若有取值为1，无则取值为0。

最后，与形势因素相关的自变量有：

①刑事政策类型，样本判决时间处于严打刑事政策阶段的取值为1，处于宽严相济刑事政策阶段的取值为2。

②是否属于东部地区。样本判决地点处于经济发展水平较高的东部地区的取值为1，若不是则取值为0。

③是否属于西部地区。样本判决地点处于经济发展水平较低的西部地区的取值为1，若不是则取值为0。

将累犯后罪的有期徒刑刑期作为因变量，采用强迫引入法（enter）使上面所列的全部自变量依次进入多元线性回归模型，发现以下变量的 p 值不满足等于或小于0.05的统计学要求因而应该被排除出回归模型：累犯前罪是否是重罪、累犯前罪是否是暴力犯罪、累犯前罪刑期长短、累犯前罪实际服刑率、累犯前罪刑罚执行完毕或赦免以后至再犯罪时间的长短、轻伤人数、立功、累犯前罪以外刑事前科次数、累犯是否曾被劳教、累犯是否曾被行政拘留、是否属于西部地区、未成年犯、未遂犯、刑事政策类型。这意味着在选取的400多个故意伤害罪累犯样本中，以上这些因素对于故意伤害罪累犯有期徒刑的长短不起显著作用。最终，p 值符合显著性要求的变量为以下10个：是否致人轻伤、是否致人重伤、重伤人数、是否致人死亡、死亡人数、是否属于东部地区、正当防卫、自首、主犯、从犯。

采用逐步回归法（stepwise）将最终选定的10个自变量引入多元线性回归分析后，是否致人重伤这个自变量又因为 p 值不显著被排除出模型，最终得到每个自变量的标准化回归系数以及模型的回归决定系数 R^2 结果如下：

累犯后罪为故意伤害罪的量刑结果影响因素

变量名	标准化回归系数（Beta 值）	显著性（p 值）
死亡人数	0.700	$p < 0.05$
重伤人数	0.325	$p < 0.05$
从犯	−0.225	$p < 0.05$
是否致人死亡	0.217	$p < 0.05$
是否致人轻伤	−0.112	$p < 0.05$
正当防卫	−0.091	$p < 0.05$
自首	−0.085	$p < 0.05$
是否属于东部地区	0.073	$p < 0.05$
主犯	0.060	$p < 0.05$
$R^2 = 0.734$		
$N = 493$		

根据上表显示的结果，我们发现：

首先，根据回归决定系数 R^2 的数值来判断，可以说由以上 9 个自变量构成的多元线性回归模型拟合度较高，总体解释力较强。根据统计学的知识，回归决定系数 R^2 越接近 1，说明模型内各个自变量对因变量累犯后罪故意伤害罪有期徒刑刑期的解释力越强，回归决定系数越接近 0，说明模型内各个自变量的解释力就越弱。上表中 $R^2 = 0.734$ 表明，用进入多元线性回归模型的 9 个因变量综合作用来解释 493 个样本中故意伤害罪有期徒刑刑期长短，尽管没能找出决定故意伤害罪有期徒刑刑期长短的全部因素，但仍然具有很强的解释力，共解释了 73.4% 的刑量变化。

其次，从进入最终模型的自变量数量上来看，有 4 个自变量属于和累犯后罪故意伤害罪本罪相关的自变量，有 4 个自变量属于和累犯情节以外其他法定量刑情节相关的自变量，有 1 个形势相关变量。由此可以证明，在对故意伤害罪累犯量刑的过程中，对累犯后罪故意伤害罪有期徒刑刑期具有实际影响的 4 大类因素中，对故意伤害罪刑量大小具有实际影响的因素中，绝大多数是与累犯本罪相关的自变量和与累犯情节以外其他法定情节相关的自变量。

再次，从作用的大小来看，按照 Beta 值绝对值大小对累犯后罪故意伤害罪刑量影响作用力的大小排序，对最终刑量这一因变量作用力从大到小的自变量依次为：死亡人数、重伤人数、从犯、是否致人死亡、是否致人轻伤、正当防卫、自首、是否属于东部地区、主犯。尽管对累犯后罪故意伤害罪最终刑量存在实质性影响的累犯后罪故意伤害罪本罪相关的自变量个数与累犯情节之外的其他量刑情节相关的自变量个数相当，但是从作用的大小来看，前者对于最终刑量的解释力还是远大于后者。法官在确定累犯后罪故意伤害罪有期徒刑刑期的时候，故意伤害罪本罪相关的因素还是起到了决定性作用，其他量刑情节起到的只是微调作用。

同时，从作用的方向上来看，在司法实践中，只要有属于东部地区、致人死亡和主犯这 3 种情形时，法官更容易增加分配给故意伤害罪累犯的刑量。与此同时，死亡人数和重伤人数这 2 个变量与故意伤害罪累犯有期徒刑刑期长短呈显著正相关。另外，当出现从犯、正当防卫、致人轻伤和自首 4 种情形时，法官倾向于减少分配给故意伤害罪累犯的有期徒刑刑期。

最后，单独从累犯情节对累犯后罪故意伤害罪刑量的影响上来看，累犯前罪是否是暴力犯罪这一反映累犯前罪性质的变量，累犯前罪刑期长短和累犯前罪是否是重罪这两个反映累犯前罪轻重的变量，累犯前后罪的同一性这一反映累犯前后罪关系的变量以及累犯前罪刑罚执行完毕或赦免以后至再犯罪时间间隔这 5 个累犯情节内部构成变量均因为 p 值不显著被排除出回归模型，这 5 个累犯情节内部构成的变量对于累犯后罪为故意伤害罪样本的量刑均不存在显著影响。因此，在累犯后罪为故意伤害罪的样本中，除了累犯后罪性质和轻重之外其他5个累犯情节内部构成要素对累犯从严均无显著影响，前文所列的假设三、假设四、假设五、假设六均被证否。

（4）小结。

从累犯后罪为盗窃罪、抢劫罪和故意伤害罪这三组累犯样本量刑的回归分析结果来看，除了累犯后罪性质和轻重以外，其他累犯情节内部构成要素对累犯从严量刑基本上没有产生任何影响，只有在盗窃罪样本中累犯前罪刑期长短这一反映累犯前罪轻重的变量对于盗窃罪累犯量刑结果存在统计意义上的显著影响，但是这种影响也是极其微小的。因此，可以肯定的是，在2000-2011年这12年的司法实践中，法官在考虑对累犯从严量刑时，基本没有按照立法预期将累犯后罪轻重和性质以外的其他累犯情节内部构成要素纳入考量范畴。上文提出的假设三至假设六均被证否。

第七章　累犯从严有效论之本土检验

一、累犯从严有效论之合理怀疑

累犯从严作为一种普遍的量刑制度广泛存在于各个时期各个国家的刑法规定之中。[①] 这一制度能够超越时空历久弥新的重要原因之一是立法者笃信累犯从严能够实现减少犯罪、防卫社会的目的。我国也概莫能外。正如有学者所指出的那样，"因为有累犯，为了不再有累犯，正是累犯制度的设立根据⋯⋯为了不再有累犯，说明累犯制度不是为了惩罚而惩罚，惩罚是为了预防和减少累犯"[②]。累犯从严有效论是我国规范层面累犯制度最核心的立法预期之一。那么，实践中累犯从严真的能够达到减少犯罪、防卫社会的目的吗？

这个问题的答案至关重要。因为"累犯从严"这四个字不仅仅是刑法条文中国家所持的立场和态度，更是司法实践中能对相当数量犯罪人的量刑产生实质性影响的量刑情节，它在很大程度上牵

---

① 英国牛津大学的朱利安·罗伯茨教授认为累犯从严和量刑均衡是各国刑法量刑部分的两个通行做法。参见 Julian V. Roberts, *Punishing Persistent Offenders: Exploring Community and Offender Perspectives*, Oxford University Press, 2008, p. x.

② 苏彩霞著：《累犯制度比较研究》，中国人民公安大学出版社 2002 年版，第 63-64 页。

涉到广大累犯的人权保护、司法审判的公正、国家刑罚资源的配置等重大问题。如果采取累犯从严这一昂贵的手段仅仅是建立在累犯从严能够减少犯罪这一未经验证的理论预期之上，仅凭此就让累犯承受额外的痛苦，给监狱系统增加额外的负担，让国家财政背负沉重的包袱，这种做法既非理性也非正义。

令人遗憾的是，累犯从严是否有效这个问题从来没有在中国的语境下被回答过。尽管累犯从严这一做法贯穿了整个中国刑罚史，但是我们对其的坚持更多的是建立在累犯从严减少犯罪这一信仰之上，似乎累犯从严有效论是一种不证自明的真理。缺乏事实真相的支撑，对累犯从严有效论的坚持只能看作立法者危险的一厢情愿。在重新犯罪现象猖獗与刑罚资源有限的当今中国，检测累犯制度从严是否有效具有十分重要的现实意义。

二、累犯从严有效论之实现途径

（一）理论上有效论的三条实现途径

我国立法者坚信累犯制度可以实现预防犯罪，特别是特殊预防的刑罚目的。从理论上来说，预防犯罪特别是特殊预防的实现，可以分别或者同时通过刑罚的以下三种机能来完成：隔离、威慑、改造（迁善或矫正）。因此，累犯制度作为一种特殊的刑罚制度，理论上也可以分别或同时通过隔离、威慑和改造这三种功能的发挥来实现预防犯罪的目的。

隔离就是通过对累犯实行刑罚处遇从严而将其在更长时间内与社会相隔绝，客观上阻绝其在被隔离期间重新犯罪的可能性，从而实现预防犯罪的目的；威慑则是通过对累犯从严处罚来对累犯施以更多的刑罚痛苦，抵消累犯重新犯罪时所获之快乐，从而抑制累犯内心之犯罪欲望，使其内在的人身危险性得到控制，从而实现预防犯罪的目的；改造则是通过对累犯从严处遇来使犯罪人从中吸取教训，养成良好的遵纪守法意识，消除内在犯罪思想根源，改过自新重新做人，降低甚至消灭累犯的人身危险性，从而实现预防犯罪的目的。

以上三个途径除了对人性的乐观程度是逐步提升的之外，对于预防犯罪效果的预期也是层层递进的：隔离机能致力于使人不能再犯，威慑机能致力于使人不敢再犯，改造机能则致力于使人不愿再犯。

如果要将这三个途径做一个大致的归类，那么隔离可以单列一类，威慑和改造合起来为一类，理由如下：

从发挥作用的时间上看，隔离这一进路关注的是确保累犯在服额外的监禁刑期间客观上无法再实施犯罪行为，而威慑（特殊威慑）和改造这两条进路看重的是保证累犯在服完额外的监禁刑回归社会之后不再从事犯罪活动。简而言之，隔离意在扼杀累犯当下重新犯罪的可能性，威慑（特殊威慑）和改造意在预防累犯未来重新犯罪的可能性。

从发挥作用的条件上来看，隔离机制的实现是累犯制度实行以后的客观结果，无须创制额外的条件。而威慑和改造则需要在实施累犯制度的过程中额外创制很多条件才可以发挥威慑效应和改造效应，其中改造机制的发挥要求的额外条件更多。因此，隔离机制是累犯制度必然存在的副产品，而威慑和改造机制则是需要努力才能实现的。

应该说，以上三个实现累犯从严预期效果的途径在理论上区分清楚，层次分明，因此在规范层面进行论述时不存在任何问题。从我国累犯制度的具体情况来说，尽管我国立法者只强调了累犯制度应该从改造和威慑两个途径来实现减少犯罪的效果，但是隔离途径无论是否被强调，事实上都在或多或少地发挥着减少犯罪的客观效果。因此，从理论上来说，我国累犯制度要实现减少犯罪的效果，也存在以下三种实现途径：改造、威慑、隔离。

（二）实践中改造和威慑效应区分困难

尽管隔离、威慑和改造在理论上可以清楚区分，但是在实践中，区分累犯制度分别通过这三个途径各自实现了多少预防犯罪的效应时，却存在一定的困难。准确来说，在实践中存在无法将改造效应和威慑效应区分开来的情况。

如上所述，在累犯制度三种作用机制之中，隔离是从客观层面起作用的，与威慑和改造这两个作用于主观层面的机制有明显差异，因而在实践中也容易区分。然而，对于在作用时间等方面存在诸多共同点的改造和隔离两者来说，如何将现实中的改造效应和威慑效应区分开来存在很大的困难。

1. 改造与威慑区分不能之例一

也许有人认为，如果累犯从严之后在一段时间内不犯罪，但是之后又重新犯罪，则这一重新犯罪的行为证明了累犯只是被累犯从严威慑而没有被改造，因而被累犯从严之后没有犯罪的时间段里减少犯罪的效应应该归于累犯制度的威慑效应。这一观点乍一看十分有理，因为累犯被累犯从严之后依然重新犯罪的行为表明累犯经过从重处罚内心的犯罪欲望只是被暂时遏制，因此证明只是累犯制度的威慑机制发挥了作用而非改造机制。但是，再进一步思考之后，笔者认为还是存在威慑效应和改造效应区分不能的问题。

根据改造的定义，改造是通过改变人的本质、能力或倾向性，使之不再倾向于或较少地倾向于实施犯罪，[①] 因此累犯制度若是能够使累犯较少地倾向于实施犯罪，这一预防犯罪的效应也可被视为累犯制度的改造效应。另外，无论是根据早期犯罪学对于犯罪原因论的学说，[②] 还是根据现代犯罪学对于犯罪原因的研究，[③] 学者都公认犯罪人的主观因素不是犯罪的主因。因此，很可能累犯被从严之后一段时间内再犯罪主要是受现实所迫而非其内心所愿。举例来说，累犯从严之后该累犯被放归社会，之后 8 年间不再重新犯罪，

---

① 参见［美］罗宾逊著：《刑法的分配原则——谁应受罚，如何量刑？》，沙丽金译，中国人民公安大学出版社 2009 年版，第 106 页。

② 如菲利的犯罪原因三元论和李斯特的犯罪原因二元论。

③ 如社会结构理论、社会冲突理论、社会过程理论。

第九年因为重新犯罪入狱。这种情况存在三个可能性：一是累犯被从严之后一直受到累犯制度的威慑，导致其被释放后的 8 年间都不敢犯罪，这自然属于累犯制度的威慑效应；二是累犯受到累犯制度改造机制的影响，本来倾向于 1 年至少实施一次犯罪，但是被从严之后降至 9 年实施一次犯罪，因此累犯从严之后放归社会的 8 年间没有重新犯罪这一情况也可认为是累犯制度的改造效应；三是累犯被从严之后受到改造，内心不愿再继续从事犯罪活动。然而，在刑满释放之后，累犯因为受到社会歧视无法就业、缺乏经济来源等，最终为了糊口在第九年重新犯罪。在这种情况下，过去 8 年的无犯罪效应在很大程度上也应该被归为是累犯制度的改造效应。

2. 改造与威慑区分不能之例二

也许又有人认为，累犯从严之后，该累犯刑满释放之后一生不再从事犯罪活动，这可以确认是累犯制度的改造机制在起作用。这一观点乍一看有理，但是细究起来同样存在问题。

累犯经过从严之后一生不再从事犯罪活动也存在两种可能：一是累犯制度的改造机制发挥了圆满的作用，使累犯彻底洗心革面，重新做人，一生不愿再重新犯罪。在这种情况之下，自然属于累犯制度的改造效应。二是累犯制度的威慑机制发挥了长足的作用，累犯虽然心头犯罪欲念未消，但是因为从严处罚的经历一直使其心有余悸，一生不敢再重新犯罪，这就应该属于累犯制度的威慑效应。

（三）改造效应和威慑效应区分不能归因

笔者认为，累犯制度威慑效应和改造效应事实上的区分不能主要是因为理论上将威慑和改造两者区分的关键定位在犯罪人内心活动的差别之上。按照定义，改造是指通过累犯从严使犯罪人不愿再犯罪，而威慑则是指通过累犯从严令犯罪人不敢再犯罪。俗话说："人心难测"。根据累犯从严之后不再重新犯罪或者在一段时间内不再重新犯罪这一相同的外在事实表现来试图探知和把握犯罪人内心的不敢和不愿犯罪之差别，显然是十分困难之事。若再要试图根据这种难以把握的内心活动的差别来区分累犯从严的威慑效应和改造效应，在现实中显然是一项不可能完成的任务。

除此之外，我国累犯制度从严方式单一、改造方式简单也在一定程度上增大了在现实中甄别累犯制度改造效应和威慑效应的困难。我国累犯从严仅仅指累犯刑罚处遇从严，即通过量刑和行刑这两方面从严对待累犯。在这种单一从严方式之下，我国对累犯的改造又主要是以劳动改造的方式进行的。根据我国目前劳动改造的现状，劳动改造的改造目的被淡化，经济目的被不当拔高，在这种情况下强迫性的高强度体力劳动对于接受劳动改造的犯罪人来说事实上更具惩罚性而非改造性。① 因此，劳动改造所取得的预防犯罪的效果在一定程度上属于威慑效果而不是改造效果。我国累犯制度的改造机制事实上的异化也进一步加剧了现实中累犯制度改造效应和威慑效应的区分困难。

（四） 一种可接受的处理方式

从某种意义上来说，威慑与改造其实具有共通性，改造是最彻底的威慑，威慑是不完全的改造。威慑与改造在理论上可能是一种非黑即白的关系，但是在现实中却呈现出一种混沌状态。为了测量我国累犯制度预防犯罪的实效，在无法确定从严之后的累犯是不敢还是不愿犯罪而没有再实施犯罪行为的情况下，最保守的做法是降低对人性和刑罚效果的乐观预期，将其视为威慑效应的结果。

鉴于此，下文检验累犯从严实效时，仅限于对我国累犯制度威慑机制和隔离机制效应的测量。

三、累犯从严有效论之可测机制

在否定了累犯从严改造机制效果测量的可能性之后，正如有学者所言，累犯从严"至少可以通过三种方式来减少犯罪：（1）对

---

① 参见王美玉、陈立毅：《我国劳动改造的现状分析》，载《湖北警官学院学报》2010年第5期；陈晓强：《对新时期劳动改造的研究与思考》，载《法制与社会》2013年第5期。

犯罪人施以额外的监禁刑，在客观上起到将犯罪人与社会在更长时间里相隔离的效果，通过让犯罪人在本来极有可能重新犯罪的时间段里继续服刑而不是回归社会重新犯罪，以此来达到减少犯罪的目的；（2）那些被延长刑期的犯罪人可以更好地体会到刑罚的风险远大于将来犯罪的收益这个道理；（3）监狱以外的某些潜在犯罪人可以因此受到威慑而远离犯罪"①。其中，第一种减少犯罪的方式就是隔离，第二种减少犯罪的方式是特别威慑，而第三种方式则是一般威慑。下文将对隔离和威慑这两种机制分别进行阐述。

（一）隔离效应的形成机制

1. 隔离机制的作用原理

隔离作为一种减少犯罪的路径，边沁认为其作用原理简单到只需要具备"学龄童的逻辑能力"就可以理解。通过把犯罪人监禁起来与社会隔离，在此期间犯罪人的人身自由和实施犯罪活动的可能性在客观上受到了限制，其原本可能拥有的犯罪机会因此而丧失，从而实现减少犯罪的目的。隔离机制的相关措施在监狱高墙内针对犯罪人进行，而隔离效应则产生于高墙外的现实社会生活中。隔离机制若要发挥作用，有一个前提假设必须成立：如果不对犯罪人采取隔离而放归社会，犯罪人就很可能在这一时间段里实施犯罪。被隔离的犯罪人如果不被监禁就被放归社会越可能实施更多更严重的犯罪，隔离效应就越大；反之，如果被隔离的犯罪人即使被放归社会也不会再重新犯罪，则隔离效应为零。

2. 隔离机制的客观限制

由于隔离机制主要依靠让犯罪人在监狱内服监禁刑的方式来剥夺犯罪人在监禁期间重新犯罪的可能性，监狱空间的有限性就成了隔离机制无法逃避的客观限制。要尽量克服这一客观限制，尽可能大地发挥隔离机制的效用，存在两种方式：其一，通过不断扩建或

---

① Frank E. Zimring and Gordon J. Hawkins, *Deterrence: The Legal Threat in Crime Control*, University of Chicago Press, 1973, p. 58.

者新建监狱来扩大监狱容量。其二，在不改变现有监狱容量的前提下，有选择性地隔离那些最需要隔离的犯罪人，提升隔离机制在减少犯罪方面的有效性。

第一种方式虽在理论上具有可行性，但实际上却只是扬汤止沸之举，从长远来看，不仅不能使隔离机制发挥更大的效用，反而可能使隔离机制饱受诟病而被其他减少犯罪的措施所取代。一方面，国家刑罚资源投入的有限性决定了监狱空间的扩展终有限度，扩建监狱作用只在一时，很快又会碰到天花板。另一方面，扩大监狱容量以便隔离更多的犯罪人这种方式太过昂贵，所能取得的减少犯罪的收益很可能远不及这种方式所耗费的成本高。

第二种方式在接受监狱空间有限性这一客观限制的前提下着力于提高隔离的准确度从而使有限的监狱空间发挥最大的隔离效用。这种方式的可行性立足于这样一个事实基础：每个犯罪人的犯罪频率存在实质性的差异①：一些犯罪人如果不用监禁的方式与社会隔离，他们就会在社会上以很高的频率继续犯罪。而另一些犯罪人如果不被隔离就被放归社会，他们也很可能不再重新犯罪或者只会犯下少量罪行。这一事实基础的存在，保证了有选择性地隔离一部分人而不是大规模地隔离犯罪人，就可以在很大程度上实现减少犯罪的目的。

那么，由此引出的一个关键问题是：我们要选择隔离哪部分犯罪人？隔离效应的最终目标是减少犯罪，这一目标又可以被拆解为两个维度上的下降：其一，整体犯罪数量的下降。其二，整体犯罪严重程度的下降。数量维度上的下降要求有选择性地隔离那些放归社会之后可能犯罪频率很高的犯罪人并尽量延长隔离时间；质量维度上的下降要求有选择性地隔离那些放归社会之后可能犯下严重罪

---

① 参见 Greenwood, Peter W. and Alan Abrahamse, *Selective Incapacitation*: *Report Prepared for the National Institute of Justice*. Santa Monica, CA: Rand Corporation, 1982, p. xix.

行的犯罪人并尽量延长隔离时间。

齐姆林（Zimring）教授等人曾经以犯罪人预期犯罪的严重程度高低和犯罪人预期犯罪的数量多少这两个二分变量模拟交互分析的形式来探讨选择性隔离对象的问题，得到的表格如下[①]：

犯罪人预期犯罪严重程度与预期犯罪数量的交互关系

		预期犯罪的严重程度	
预期犯罪		高	低
的	多	A	B
数量	少	C	D

如上表所示，犯罪人群体 A 和犯罪人群体 D 是最容易判断是否应该被隔离的人群。群体 A 中的犯罪人预期可能犯罪的数量多而且严重程度高，这两个特质使群体 A 成为任何选择性隔离方案都最想隔离的对象，因为隔离这一部分人可以在罪量和罪质这两个维度上都产生最大的减少犯罪的效用。相比之下，群体 D 中的犯罪人预期犯罪的数量少而且严重程度低，这两个特质使群体 D 成为任何选择性隔离方案都最不愿意隔离的对象，因为隔离这一部分人所产生的减少犯罪的效用最小。与群体 A 和群体 D 这两组处于极端位置的犯罪人群相比，群体 B 和群体 C 是处于中间位置的犯罪人群。隔离这两个群体的犯罪人都只能在单维度（或是罪量或是罪质）上产生减少犯罪的效果，无论选择其中哪一个群体作为选择性隔离的对象，所能取得的隔离效应都必然小于隔离群体 A 所能取得的隔离效应，但是又必然大于隔离群体 D 所能取得的隔离效应。齐姆林教授等人明确指出："重要的是要注意，在如果处于自由状态预期犯罪数量大而犯罪严重程度相对较低的群体 B 和

---

① 参见 Franklin E. Zimring and Gordon Hawkins, *Incapacitation：Penal Confinement and the Restraint of Crime*, Oxford University Press，1995，p. 48.

尽管预期犯罪数量少但是预期犯罪严重程度高于平均水平的群体 C 之间进行选择时没有任何先验的基础（以供参照——引者注）。"[1] 不同的选择性隔离机制会根据其初衷的不同决定对这二者中的某一个群体实行优先隔离：如果选择性隔离强调隔离对象预期犯罪的罪质多于罪量，那么群体 C 优先于群体 B 成为选择性隔离的对象，这种选择性隔离倾向于隔离潜在的危险犯罪人；如果选择性隔离强调隔离对象预期犯罪的罪量多于罪质，那么群体 B 优先于群体 C 成为选择性隔离的对象，这种选择性隔离倾向于隔离潜在的高频犯罪人。

　　无论是具有潜在危险犯罪人优先倾向的隔离机制还是具有潜在高频犯罪人优先倾向的隔离机制，在明确了隔离对象的优先性问题之后，所共同面对的一个问题都是如何根据犯罪人现有的信息来预测犯罪人未来犯罪的模式，并以此来判断犯罪人是否需要成为被隔离的对象。很多学者尝试通过实证研究的方式来建立各种预测模型来解决这个问题，经常被作为预测自变量的犯罪人现有信息包括但不限于：当下犯罪的严重程度、犯罪历史（包括曾犯罪次数、曾被逮捕的次数等）、之前犯罪定罪处罚和当下犯罪之间的时间差以及犯罪人工作、婚姻以及家庭关系情况。根据现有信息来预测犯罪人未来的犯罪模式，从而反过来决定犯罪人当下刑罚量的大小，在法理上可能涉及以犯罪人将来犯罪的可能性确定犯罪人刑罚是否存在不公平的问题，更重要的是其在技术上不可避免地存在着预测准确性的问题，即所谓的错误判断（false positive）。莫里斯教授就曾指出："即使被定罪的罪犯中（犯罪）风险高的群体被选中（隔离），那些经审慎预测后被认为是危险的（犯罪人）被拘禁，每三个这类被监禁的人中假如不被监禁而是被释放的话，事实上也可能

---

① Franklin E. Zimring and Gordon Hawkins, *Incapacitation: Penal Confinement and the Restraint of Crime*, Oxford University Press, 1995, p. 48.

只有一个人会犯下严重的攻击型犯罪。"[1]

3. 两个维度上的隔离效应

隔离效应可以根据其关注对象的不同，分为隔离的个人效应和隔离的社会效应两个维度。隔离的个人效应关注的是作为个人的犯罪人若没有被隔离可能在社会上从事的犯罪活动的数量，而隔离的社会效应关注的是将犯罪人与社会隔离开来之后对整个社会犯罪率的影响。后者以前者为基础，但是前者不能直接转换成后者。

隔离的个人效应在很大程度上由犯罪人个人的犯罪模式决定，如犯罪人的犯罪频率、犯罪人犯罪生涯的长度等因素都是影响个人维度上的隔离机制是否奏效的关键。以犯罪人的犯罪频率为例，如果犯罪人犯罪的频率很高，如每年平均犯案 50 起，那么每对犯罪人延长刑期 1 年，就可以减少 50 起犯罪；相反，如果犯罪人的犯罪频率相当低，如每 10 年平均犯案 1 起，那么每对犯罪人延长刑期 1 年，就只能减少 1/10 起犯罪。同样的，以犯罪人犯罪生涯长度为例，如果犯罪人被采取隔离措施时处于其犯罪生涯初期或者中期，那么即使犯罪人犯罪频率再低，这种隔离在一定程度上也可以起到减少犯罪的作用；相反，如果犯罪人被采取隔离措施时已经处于其犯罪生涯的末期，那么延长犯罪人的隔离时间就可能是在做无用功，因为这段时间犯罪人即使不被隔离而回归社会也不会再从事犯罪活动。

与隔离的个人效应相比，对隔离的社会效应产生影响的因素既涉及犯罪人的个人特质也牵涉到社会整体环境。与犯罪人个人特质相关的影响因素诸如犯罪人犯罪时习惯单独作案还是与他人共同作案。[2] 举例来说，累犯甲因为盗窃罪被判刑 5 年，又因为累犯从严

---

① Norval Morris, *The Future of Imprisonment*, Chicago：University of Chicago Press, 1974, pp. 72-73.

② Marcia R. Chaiken and Jan M. Chaiken, "Offender Types and Public Policy", in *Crime and Delinquency*, Vol. 30, 1984, p. 195.

处罚，刑期延长1年。假设累犯甲不服这1年额外的刑期就释放的话，甲可能会在这1年时间里在社会上继续实施30起盗窃罪。那么，在这种情况下，对累犯甲实行从严处罚所产生的隔离的个人效应是减少了30起盗窃罪。但是从隔离的社会效应来看，对累犯甲实行从严处罚减少的盗窃罪数量是等于30、大于30或是小于30，很有可能和甲习惯单独作案还是团伙作案相关。如果甲习惯单独作案，那么对甲延长刑期1年，为社会减少的盗窃犯罪数量可能也为30起；但如果甲向来习惯团伙作案，对甲延长刑期1年，为全社会减少的盗窃罪数目很可能小于30起，也有可能大于30起。具体而言，在团伙作案中，如果累犯甲是盗窃团伙的一员，但只是负责望风之类的小角色，甲被隔离之后原来的盗窃集团很容易再吸收到能发挥类似作用的新成员继续实施盗窃行为，因此从隔离的社会效应来讲，对甲实行累犯从严为社会减少的盗窃罪数量远远小于30起。另外，如果累犯甲不仅是盗窃团伙主要的实行犯，同时也是主要负责向新人传授开门撬锁盗窃技术的核心人员，甲的隔离期限延长之后，导致整个团伙其他人在更长时间内都无法从事盗窃活动，也无法吸纳、培训新人，对甲延长刑期1年，为全社会减少的盗窃罪数量很可能大于30起。

与社会整体环境有关的影响因素，诸如社会上潜在犯罪人的存量和社会上犯罪需求的稳定性，也会影响到隔离的社会效应。一方面，潜在犯罪人整体数目越大，就越有可能替代被监禁隔离的犯罪人的角色继续从事犯罪活动，从而削弱隔离的社会效应。另一方面，如果社会中存在着对某些犯罪稳定的需求，诸如瘾君子有稳定的吸毒需要，嫖客有固定的嫖娼需要，那么即使将一些贩毒或者组织卖淫者监禁隔离，也必然会有另一些人来提供这些不法服务，被监禁隔离者的角色被其他人顶替只不过是时间长短的问题。

（二）威慑效应的形成机制

人们对将威慑作为刑罚内涵的一种属性的肯定源远流长。正如有学者所言："（人们）对刑罚的威慑效用的信仰几乎与刑法本身一样古老。"① 远在古代，各国统治者就通过种种残忍的酷刑以人的肉体为道具来达到威慑的效果。近代以后，启蒙运动的诸位学者试图努力将野蛮的刑罚改造成合理的刑罚，古代专制社会的肉体威慑逐渐演进为更符合近现代法治社会要求的心理威慑。近代以后的心理威慑与古代的肉体威慑相比，区别在于："前者只追求威吓的效果而后者追求威吓的效益"，② 但其本质仍然是相同的。及至现当代，一体化刑罚论逐渐居于主导地位，但是刑罚的威慑效用依然是众多刑罚目的中不可或缺的一个，且受到各国立法者的重视。

在探讨累犯从严这种特殊刑罚安排的威慑效应形成机制时，可以在两种不同的意义上使用威慑这个词，一个是过程意义上的，另一个是结果意义上的。

1. 作为一种过程的威慑

所谓作为一种过程的威慑，简单来说就是指刑罚的威慑效应是通过什么样的步骤、满足什么样的条件来实现的。累犯从严作为一种较为特殊的刑罚方式，其威慑效应的形成机制与普遍意义上的刑罚威慑效应形成机制并无二致，其过程要素包括但不限于以下三点：

（1）一个理论前提。

刑罚威慑效用得以发挥的一个理论前提就是理性人假设。具体来说，就是认为作为刑罚受众的人是懂得趋利避害并且会做收益—成本分析的理性动物，具有为了追求更大的快乐放弃较小的快乐，为了避免更大的痛苦而承受较小的痛苦的天性。基于这个理论前提，如果犯罪给行为人带来较大的愉悦，而行为人承担痛苦的风险较小时，行为人就会选择从事犯罪。而国家将刑罚这种必要的恶加诸行为人之上，使其感知到因犯罪而受刑的痛苦大于因犯罪所能得

---

① Frank E. Zimring and Gordon J. Hawkins, *Deterrence: The Legal Threat in Crime Control*, University of Chicago Press, 1973, p. 1.
② 陈兴良：《一般预防的观念转变》，载《中国法学》2000 年第 5 期。

到的快乐，就可以达到减少犯罪的目的。

（2）三个必要条件。

一般认为，刑罚若要发挥应有的威慑效力，有三个前提条件必不可少，即刑罚的确定性、严厉性和即时性。①

刑罚的确定性指的是行为人犯罪之后遭到逮捕和惩罚的肯定性，犯罪人既不会因为执法人员的办事不力而逍遥法外，也不会因为其社会阶层或者经济实力特殊等原因被司法系统以选择性执法的方式过滤出法律制裁的圈子。刑罚的确定性保证了一个人犯罪之后受到追究和惩罚的不可避免，可以破除犯罪人的冒险侥幸心理，并在全社会形成有罪必罚的主观判断，从而强化社会整体的守法意识。关于刑罚确定性对于刑罚威慑效应的重要性，拉德茨诺维茨教授曾这样说："自19世纪初以来几乎每个国家最顶尖的刑法学家和犯罪学家都一而再再而三地断言，如果刑罚可以做到确定无疑，那么所有犯罪都可能被消灭"。②

刑罚的严厉性指的是犯罪人所受到的惩罚必须与其所犯之罪相称。简单来说，根据罪刑均衡原则，犯罪人所受刑罚必须与其罪行和罪责保持平衡：刑罚不能过轻，否则刑罚的痛苦就无法抵消犯罪所带来的快乐，从而影响威慑效应的实现；刑罚不能过重，否则过度的刑罚在引起不公的同时亦会造成犯罪人对刑罚的麻木从而降低单位刑罚量的威慑效应。刑罚的严厉性保证了犯罪的成本大于犯罪的收益，可以促使犯罪人根据趋利避害的本能进行成本收益的分析，进而作出不再犯罪的理性选择。

刑罚的即时性是指针对特定犯罪的刑罚反应的迅速性，犯罪与其应受刑罚之间的时间间隔应该尽量缩短，以保证犯罪人在犯罪之

---

① 参见梁根林：《刑罚威慑机制初论》，载《中外法学》1997年第6期。

② 转引自 Frank E. Zimring and Gordon J. Hawkins, *Deterrence: The Legal Threat in Crime Control*, University of Chicago Press, 1973, p. 161.

后能够即时地、迅速地得到应有的制裁。刑罚保证了犯罪与刑罚的紧密相连，从而强化犯罪人和其他民众心目中罪与罚的因果关系。正如边沁所指出的："刑罚应该尽可能紧随罪行而发生，因为它对人心理的效果将伴随时间间隔而减弱。"①

刑罚的确定性、严厉性和即时性这三者相辅相成，构成刑法发挥威慑效力的必要条件。

（3）一个关键中介。

刑罚要想充分发挥出其应有的威慑效力，必须通过行为人（特定犯罪人或者其他的潜在犯罪人）这个威慑对象来发生作用。此时此刻，行为人对刑罚的敏感度则成为刑罚实现其威慑效力的关键中介。所谓行为人对刑罚的敏感度，简单来说就是行为人对刑罚惩罚威胁的认识和恐惧感受的感知程度的高低，也有学者将其称为刑罚的感受度。② 行为人对刑罚的敏感度越高，刑罚就越可能对其进行实质有效的威慑，进而刑罚的威慑效力就越可能得到充分发挥。反之，行为人对刑罚的敏感度越低，刑罚就越不可能对其进行实质有效的威慑，进而刑罚的威慑效力就越不可能得到充分实现。

行为人刑罚敏感度的差异性是普遍存在的。边沁就曾指出："如果罪行是人身伤害，同样的财产刑对富人将无足轻重，而对穷人则沉重不堪；同样的刑罚可能给某一等级之人打上耻辱的烙印，而对低等级之人则可能毫无影响；同样的监禁对一个商人可能是毁灭性打击，对一个体弱多病的老人则无异于死刑，对一个妇女可能

① 转引自［意］恩里科·菲利著：《犯罪社会学》，郭建安译，中国人民公安大学出版社1990年版，第69页。
② 参见梁根林：《刑罚威慑机制初论》，载《中外法学》1997年第6期。

意味着终身耻辱，而对其他状况的人也许无关紧要。"① 人格类型的迥异、社会地位的高低乃至犯罪类型和刑罚种类的不同，都可能造成行为人刑罚敏感度上的差异。

人格类型对行为人刑罚敏感度的差异有着重要影响。比如，根据行为人在当下实施行为时是否充分考虑到未来的后果，可以将行为人分为活在当下者（present-oriented）和考虑长远者（future-oriented）。因为刑罚这种痛苦往往发生在犯罪行为带来的快乐之后，中间存在一定的时间间隔，活在当下者往往因为忽视未来可能的痛苦贪图眼前一时的快乐而从事犯罪活动，这类人因为缺乏联系未来的能力，导致其刑罚敏感度较低；考虑长远者这类群体虽然能够将当前犯罪的快乐和未来刑罚的痛苦相联系，但其刑罚敏感度也不能一概而论，可能根据其对未来刑罚痛苦降临的可能性估计不同而有所变化：存有侥幸心理的乐观主义者容易高估自己逃脱刑罚制裁的能力和概率，因而其刑罚敏感度也不高；相反，对自己逃脱未来刑罚制裁不抱希望的悲观主义者的刑罚敏感度则较高。再如，即使行为人对犯罪之后接受刑罚制裁可能性的估计是相同的，行为人刑罚敏感度也会因为行为人对刑罚这种风险的态度不同而不同。风险偏好者更倾向于为了犯罪所获得的快乐铤而走险而从事犯罪活动，风险厌恶者则会因为不愿意承受犯罪之后刑罚制裁的风险而选择放弃犯罪，后者的刑罚敏感性要显著高于前者。

行为人社会地位的高低对行为人刑罚敏感度的差异性亦有显著作用。布莱克（Black）曾直截了当地指出："向下指向的法律多于向上指向的法律。"他接着解释道："这意味着，当其他因素不变时，每一种法律——不论是法令、指控、逮捕、起诉、诉讼、判

---

① ［英］吉米·边沁著：《立法理论——刑法典原理》，孙力等译，中国人民公安大学出版社 1993 年版，第 70 页。

决、损害赔偿或刑罚——向下指向的可能性都大于向上指向的可能性。"① 正如布莱克所料，现实中无论哪个国家的犯罪人群体中，来自社会下层的犯罪人都占了绝大部分。造成这种现象的一个原因确实可以归咎于执法具有不公正的选择性，但是另外一个原因也和不同社会阶层的人刑罚敏感度的差异性有关。处于社会下层的行为人一般来说刑罚敏感度较低，而处于社会中上层的行为人一般来说刑罚敏感度较高。这其中的原因可以简单地用中国的一句俗语"光脚的不怕穿鞋的"来解释，具体阐释如下：根据紧张理论②，处于社会底层的人因为社会地位低下和社会资源的匮乏，其获取金钱等社会公认目标的合法渠道很少甚至没有。在合法手段的缺乏与对目标的强烈渴望之下，犯罪这种达到目的的非法手段对于这一群体则具有了相当大的吸引力。诚然，这一群体同样意识到实施犯罪行为之后极有可能受到刑事惩罚，但是由于这一群体本身几乎"一无所有"，即使其遭受刑事惩罚也不会让其失去更多。在犯罪之后的风险相对较小而犯罪可能获得的收益相对较大的情况下，处于社会底层的群体对刑罚的感受就会比较迟钝。另外，处于社会中上层的人因为地位优势和自身具有的丰富资源保证了其可以通过多种合法渠道去获取金钱、成功等为社会公认的目标，没有必要通过犯罪这种高风险的非法手段来获取本可以通过多种合法手段达成的目标。同时，社会地位较高者本来拥有的社会资源就较多，一旦因为犯罪而接受刑事处罚就会使这些资源丧失殆尽。在犯罪收益很小

---

① ［美］唐纳德·布莱克著：《法律的运作行为》，唐越、苏力译，中国政法大学出版社 2004 年版，第 26 页。

② 实用主义犯罪学三大理论之一的紧张理论（Strain Theory），又称文化失范理论（Anomie Theory），由美国社会学家、犯罪学家罗伯特·默顿提出。默顿的紧张理论是关于目标或者欲望、社会向其成员灌输主流文化以及社会认可的实现目标的手段之间存在分离的理论。参见［英］韦恩·莫里森著：《理论犯罪学——从现代到后现代》，刘仁文、吴宗宪、徐雨衡、周振杰译，法律出版社 2004 年版，第 165-167 页。

而刑罚带来的风险很大的情况下，处于社会中高层的这一群体的刑罚敏感度就较高。总而言之，正如帕克所指出的那样："威慑无法威胁到那些命运早已苦不堪言、毫无希望的人群。"①

2. 作为一种结果的威慑

如果将威慑效应作为一种结果来看待，按照不同的划分标准可以有以下几种分类：

根据威慑作用对象的不同，威慑效应可以分为特殊威慑效应和一般威慑效应。如果将刑罚看作一场杀鸡儆猴的表演，那么特殊威慑意在通过对"鸡"——特定犯罪人——施加痛苦的刑罚来对其进行行为纠偏，以防止其在日后重蹈犯罪的覆辙。而一般威慑则意在围观这场刑罚表演的"猴"，通过对特定犯罪人施加痛苦刑罚，让除被惩罚特定犯罪人之外的其他所有人感到畏惧，从而来震慑其他所有可能的潜在犯罪人，以此达到在更大范围内防止犯罪的效果。

根据发挥威慑作用的刑罚变更方式的不同，威慑效应可以分为绝对威慑效应和边际威慑效应。简单来说，绝对威慑效应关注的是某种刑罚措施存在与彻底不存在这两种情况下犯罪威慑效应所产生的差异，关注的是刑罚措施产生质变时威慑效应的变化，是一种非黑即白的思路；边际威慑效应在意的是某种刑罚措施在程度上的增减对犯罪威慑效应的影响，在意的是刑罚措施产生量变时威慑效应的变化，是一种在黑白之间灰色过渡地带寻找不同层次感的思路。

我国通说认为，累犯从严的根据立足于累犯的人身危险性②，因而我国累犯制度首先追求的是特殊威慑效应，即希望通过对累犯从严处罚而防止其在今后重新犯罪，其次追求的才是一般威慑效

---

① Herbert L. Packer, *The limits of the Criminal Sanction*, Stanford University Press, 1968, p. 45.

② 参见熊建明：《累犯通说的反省与批判》，载《环球法律评论》2011年第3期。

应，即通过对累犯从严处罚向全社会尤其是那些潜在的可能成为累犯的初犯传达威慑信息，防止其他人成为累犯。另外，累犯从严这一特殊的刑罚安排事实上是通过刑量增加的方式来实现的，因而所谓的累犯从严的威慑效应是一种边际威慑效应而不是绝对威慑效应。

四、累犯从严有效论之初步证否

（一）国外相关实证研究综述

素来奉行实用主义的英美法系学者很早就开始关注刑罚的实际效果，其中相当部分的实证研究直接或者间接地涉及累犯从严实效的问题。与理论上对累犯从严能够实现减少犯罪的目的这种一边倒的坚定预期相反，能够证实累犯从严可以减少犯罪的实证研究只占少数，而且因为样本、方法论乃至思维逻辑等方面的种种缺陷不被广泛接受；研究结果显示，不支持累犯从严能有效减少犯罪这一理论预期的实证研究在数量上更多并占据学术主流地位，其中一部分实证研究结果显示，累犯从严在减少犯罪方面没有明显效果，另外一些实证研究甚至还发现，以提高刑罚严厉性为手段的累犯从严很可能起到增加犯罪的反作用。

因为累犯从严隔离路径受到学界关注晚于威慑路径，所以下面先回顾与累犯从严威慑效应相关的实证研究，再回顾与累犯从严隔离效应相关的实证研究。

1. 对累犯从严威慑效应存在论的怀疑

因为刑罚威慑效应历来受到重视的缘故，与检测累犯从严的威慑实效相关的实证研究可谓数量众多，源远流长。总的来说，这些直接或者间接与测量累犯从严威慑实效相关的实证研究中只有极少数得出了累犯从严可以通过威慑机制在一定程度上发挥减少犯罪的效果的结论①，绝大部分的实证研究结果都不支持更严厉的刑罚可以更好地起到威慑效果这一结论，这类实证研究的发展史实际上体现出来的是越来越怀疑累犯从严威慑效应的趋势。

早在1951年，诺威尔·莫里斯就在《常习犯罪人》一书中尝试检测刑罚对累犯的威慑效应。他随机抽取了伦敦华兹华斯这一累犯监狱中的270个累犯样本，发现这些累犯监禁刑期的长短对犯罪人受刑之后远离犯罪期的长短没有影响，并由此得出刑罚对累犯威慑无效的结论。这一发现为之后检测累犯从严威慑实效的实证研究奠定了否定性倾向的基调。

1972年，加曼（Jaman）、迪克欧文（Dickover）和班尼特等人进行了关于男性入室盗窃者服刑时间和重新犯罪率关系的实证研究，他们将入室盗窃者按照服刑时间长短分为两组，一组服刑时间为25个月及以上，另一组服刑时间为24个月及以下。他们发现服刑时间较长的那组研究对象在刑满释放后6个月、12个月、24个月这三个时间段里重新犯罪率都要高于服刑时间较短的那组研究对象。②

之后检测累犯从严威慑效应的实证研究大致可以划分为以下几个阶段③：

第一个阶段与累犯从严威慑效应相关的实证研究文献以美国国

---

① Lewis, Donald E. "The General Deterrent Effect of Longer Sentences." *British Journal of Criminology*, Vol. 26, 1986, pp. 47-62.

② Jaman, Dorothy R., Robert M. Dickover, and Lawrence A. Bennett. "Parole Outcome as a Function of Time Served." *British Journal of Criminology*, Vol. 12, 1972, pp. 5-34.

③ 这一划分参见 Anthony N. Doob, Cheryl Marie Webster, "Sentence Severity and Crime: Accepting the Null Hypothesis", in *Crime and Justice: A Review of Research*, Vol. 30, 2003, p. 143.

家科学院于 1978 年为美国司法部做的刑罚对犯罪率影响的实证研究①以及库克（Cook）于 1980 年出版的关于威慑效应的著作②为代表。这一时期实证研究的结果普遍显示刑罚严厉性和犯罪情势变化之间并无显著的联系，无法证实更严厉的刑罚能够更好地实现减少犯罪的目的，但是研究者不愿意明确得出刑罚严厉性对犯罪整体不产生影响的结论，倾向于将研究结论模糊化和不确定化。

20 世纪 90 年代之后，累犯从严威慑实效的实证研究进入第二个阶段，这一时期一系列相关实证研究的结果进一步增强了对累犯从严威慑实效的怀疑，与第一阶段的研究结果形成呼应。虽然研究者在立场上比前一阶段更为鲜明，但是在结论上依然保守地将明确否认刑罚严厉性和犯罪态势之间的负相关关系的坚定论断留待未来实证研究。1998 年纳金（Nagin）针对当时刑罚威慑实效展开的实证研究的回顾总结和 1999 年冯·赫希等人对当时一系列有关刑罚威慑效应的研究所进行的研究集中反映出当时学者对累犯从严威慑实效的质疑。

纳金在这一时期关于威慑实效的研究结果与二十几年前他本人在同一研究课题中所得的结论相差无几。他依然无法为更严厉的刑罚能更好地减少犯罪这一理论预期找到更为有力的支持。在涉及毒品犯罪这一具体犯罪类型时，纳金一改之前含糊的态度，直接指出20 世纪后半叶以来对毒品交易刑罚量的大幅提高不可能减少毒品犯罪，反而可能在现实中增加诸如抢劫、盗窃等其他牟利型犯罪的

---

① 参见 Blumstein, Alfred, Jacqueline Cohen, and Daniel Nagin, eds. *Deterrence and Incapacitation: Estimating the Effects of Criminal Sanctions on Crime Rates*, Washington, D. C. National Academy of Sciences, 1978.

② 参见 Cook, Philip J. "Research in Criminal Deterrence: Laying the Ground- work for the Second Decade." In *Crime and Justice: An Annual Review of Research*, Vol. 2, 1980, pp. 211–268.

发案率。①

　　相比之下，之后冯·赫希等人关于更严厉的刑罚是否对犯罪具有更大的威慑效应问题的研究受到更为广泛的关注。他们回顾了英美近二十年来由官方资助的所有相关实证研究的研究成果，在刑罚严厉性和犯罪关系的问题上重点回顾了法灵顿（Farrington）等人以英国和美国1981-1996年的相关数据为基础进行的两国犯罪与刑罚趋势的实证研究。法灵顿等人通过该研究发现，相较于刑罚确定性和犯罪率之间存在的显著负相关关系来说，刑罚严厉性与犯罪率之间的关系极其微弱乃至在统计上并不显著，因而无法为累犯从严具有更大的威慑效应提供实证支持。②冯·赫希等人对此表示肯定。随后，冯·赫希等人对当时另外三个得出更严厉的刑罚具有更大威慑效应结论的实证研究③进行了批评，认为这些研究或是混淆了刑罚确定性和刑罚严厉性所带来的威慑效应，或是混淆了提高刑罚严厉性之后的威慑效应和隔离效应，或是样本数据本身具有致命缺陷，导致这些研究的结论不具有可信度。冯·赫希等人最后总结道：没有强有力的证据能证明提高刑罚的严厉性可以增强威慑犯罪

　　① Nagin, Daniel S, "Criminal Deterrence Research at the Outset of the Twenty First Century." In *Crime and Justice: A Review of Research*, Vol. 23, 1998, p. 1.

　　② Langan, Patrick A., and David P. Farrington. Crime and Justice in the United States and in England and Wales, pp. 1981-1996; Washington, D.C: U.S. Department of Justice, Office of Justice Programs, Bureau of Justice Statistics, 1998.

　　③ 这三个实证研究参见 Marvell, T. B. and C. E. Moody, Jr. "Prison population growth and crime reduction." *Journal of Quantitative Criminology*, Vol. 10, 1994, pp. 109-140; Barry Reilly, Robert Witt, Crime, "deterrence and unemployment in England and Wales: an empirical analysis", *Bulletin of Economic Research* Vol. 48, 1996, pp. 137-159; Levitt, Steven D. "The Effect of Prison Population Size on Crime Rates: Evidence from Prison Overcrowding Litigation." *Quarterly Journal of Economics*, Vol. 111, 1996, pp. 319-351.

的效力。①

除了以上两个研究之外，这一阶段保罗·格德罗（Paul Gendreau）和克莱尔·戈金（Claire Goggin）以当时 50 个检测累犯从严实效的实证研究为样本进行的有关监禁刑对累犯影响的元分析（meta-analysis）也应当引起足够的重视。他们经过数据分析之后得出了更进一步的结论：通过延长累犯监禁刑期的方式来对累犯从严处罚，不仅不能减少犯罪反而导致了累犯率的增长，因为监禁会摧毁犯罪人心理和情感的健康，从而起到推动犯罪人继续犯罪的作用。②

随着新世纪的来临，累犯从严威慑实效的实证研究也迈入了第三个阶段。这一阶段的实证研究结果总体上依然延续了对更严厉刑罚具有更大威慑效应这一理论预期的怀疑传统，有的学者则开始大胆明确否认这一理论预期。2003 年杜布和韦伯斯特关于刑罚严厉性和犯罪关系的研究以及 2009 年纳金等人关于监禁和重新犯罪的研究是对这一阶段实证研究成果的总结。

杜布和韦伯斯特梳理了历来刑罚严厉性和犯罪关系实证研究的发展历史，对于那些得出刑罚严厉性的改变对犯罪会有不同威慑效应结果的实证研究进行了细致深入的批判性审视，最后呼吁学者接受刑罚严厉性改变不会对犯罪产生不同的威慑效应的零假设。③

纳金等人在认真回顾了当时研究监禁刑和重新犯罪率关系的实

---

① Von Hirsch, Andrew, Anthony E. Bottoms, Elizabeth Burney, and Per-Olof Wikstrom. *Criminal Deterrence and Sentence Severity: An Analysis of Recent Research.* Oxford: Hart, 1999.

② Paul Gendreau, Tracy Little, Claire Goggin, "A Meta-analysis of the Predictors of Adult Offender Recidivism: What Works!", *Criminology* Vol. 34, 1996, pp. 575-608.

③ Anthony N. Doob, Cheryl Marie Webster, "Sentence Severity and Crime: Accepting the Null Hypothesis", in *Crime and Justice: A Review of Research*, Vol. 30, 2003, p. 143.

证研究之后，基本接受了杜布等人提出的零假设理论，而且进一步指出对犯罪人施以监禁刑很可能对其未来的犯罪行为有促进作用而非抑制作用。①

2. 累犯从严隔离效应效率论的怀疑

与累犯从严的威慑机制相比，隔离机制及至 20 世纪 70 年代以后才开始受到重视，因而检测累犯从严隔离效应相关的实证研究出现的时间较晚，数量也较少。鉴于累犯从严的隔离机制的作用原理相对简单，只要被隔离的犯罪人中有人存在放归社会就重新犯罪的可能性，累犯的隔离效应就存在。因而，检测累犯隔离效应的实证研究并不纠结于累犯从严的隔离效应是否存在的问题，而是关注隔离机制的效率高低问题。

早期与检测累犯从严隔离效应相关的实证研究结果就在隔离效应的高低问题上存在较大的分歧。1972 年马胥（Marsh）和辛格以纽约的抢劫罪犯为研究对象，根据犯罪频率的高低将其分为六个组，他们发现对这些抢劫犯额外附加 1 年刑期可以在 1 年内减少纽约所有抢劫罪行的 35%–48%。② 而 1974 年史蒂文斯·克拉克（Stevens Clarke）以 9945 个费城男孩为研究对象，以假设犯罪人的犯罪频率是稳定不变的为前提来研究对这些男孩实行监禁可以在多大程度上减少联邦调查局每年分类罪案报告中所列的重罪（指数罪案 index crime），结果显示监禁这些男孩只能减少未成年人实施的指数罪案的 5%–15% 和全部指数罪案的 1%–4%。③

之后，同样以犯罪人犯罪频率均衡为假设前提，鲁埃尔·希纳

① Daniel S. Nagin, Francis T. Cullen, and Cheryl Lero Jonson, "Imprisonment and Reoffending", *Crime and Justice*, Vol. 38, 2009, pp. 115–200.

② Marsh and Singer, Soft Statistics and Hard Questions, Hudson Institute Discussion Paper HI–1712–DP, 1972.

③ Stevens Clarke, Getting 'Em out of Circulation: Does Incarceration of Juvenile Offenders Reduce Crime? *The Journal of Criminal Law and Criminology*, Vol. 65, 1974, pp. 528–535.

尔（Reuel Shinnar）和什洛莫·希纳尔（Shlomo Shinnar）以纽约州 1940 年、1960 年和 1970 年这三个时间段的相关数据为样本的实证研究再次显示监禁具有较高的隔离效应，① 而两年之后范丹（Van Dine）等人以俄亥俄州富兰克林郡 1973 年全部因暴力犯罪被逮捕的成年犯罪人的犯罪记录为研究对象进行的实证研究结果却显示，即使是最严格的刑罚也只能减少 1973 年富兰克林郡 4% 的暴力犯罪。②

20 世纪 70 年代中期到 80 年代初，美国兰德公司进行了两次大规模的累犯调查。这两次调查的结果显示，每种犯罪类型的犯罪人中，只有一小部分犯罪人的犯罪频率相当高，其他大部分犯罪人的犯罪频率则相对较低。③ 在此之后，学者们将研究兴趣转移到选择性隔离政策的实效测量之上。

格林伍德（Greenwood）和亚伯拉罕（Abrahamse）根据兰德公司第二次大规模调查的相关数据进行了这方面的开创性研究，他们认为对那些预期高频犯罪人延长监禁刑期而对于其他犯罪频率较低或者中等的犯罪人缩短监禁刑期的量刑政策可以减少 15% 的加州抢劫罪发案率，同时可以减少 5% 的因为犯抢劫罪而被监禁的犯罪人。④

---

① Shlomo Shinnar and Reuel Shinnar, "The Effects of the Criminal Justice System on the Control of Crime: A Quantitative Approach", *Law and Society Review*, Vol. 9, 1975, pp. 581–611.

② Stephan Van Dine, Simon Dinitz, and John Conrad, "The Incapacitation of the Dangerous Offender: A Statistical Experiment", *Journal of Research in Crime and Delinquency*, 1977, Vol. 14, pp. 22–34.

③ 参见 Franklin E. Zimring and Gordon Hawkins, *Incapacitation*: *Penal Confinement and the Restraint of Crime*, Oxford University Press, 1995, pp. 32–35.

④ Peter W. Greenwood, Allan Abrahamse, *Selective Incapacitation*: *Report Prepared for the National Institution of Justice*. Santa Monica, CA: Rand Corporation.

最严厉版本的选择性隔离政策——三振出局法案——在美国联邦层面和一些州陆续出台之后，学者们关于累犯从严隔离效应的研究热情开始集中到对三振出局这种累犯从严政策的隔离效应测量上。学界普遍认为，三振出局法案的隔离效应并不如预期的那么好。[①] 齐姆林教授等人通过对加州 1989 年到 1998 年相关数据的分析，认为加州近年来犯罪率的下降并不能归功于加州三振出局法案的隔离效应，因为加州监狱系统被监禁人员数量的增长和犯罪人被监禁比例的增长一直维持着一个固定的变化态势，并没有因为三振出局法案的出台出现明显的变化断层，另外在三振出局法案出台之后被监禁人员中因为"二振"和"三振"被监禁的犯罪人的比例也只是很轻缓地上升，并没有显著增幅，这些人相对于其他犯罪人来讲也并非更可能犯下那些最严重的犯罪。基于以上原因，齐姆林等人认为加州三振出局法案并没有发挥出显著的隔离效应，无法将近期犯罪率的显著下降归因于此。[②] 詹姆斯·奥斯丁（James Austin）等人通过研究三振出局法案实际打击人群的构成也发现，三振出局法案原本意在重点打击危险的暴力犯罪分子，但是现实中因三振出局法案被打击的犯罪人中大部分是实施了并不严重的财产犯罪的犯罪人，三振出局法案选择性隔离目标群体的现实情况与初衷完全背离，因而，他们最后总结认为，三振出局法案在全美主要

---

① 参见 Elsa Y. Chen, "Impacts of 'Three Strikes and You're Out' on Crime Trends in California and Throughout the United States", *Journal of Contemporary Criminal Justice* Vol 24, 2008, p. 345; Marvell Thomas and Carlisle Moody, "The Lethal Effects of Three-Strike Laws", *Journal of Legal Studies*, Vol. 30, pp. 89-106 等。

② Franklin E. Zimring, Gordon Hawkins, Sam Kamin, *Punishment and Democracy: Three Strikes and You're Out in California*, Oxford University Press, 2001, pp. 93-94.

起到的是象征性作用。①

（二） 我国累犯从严实效检验之说明

国外关于检测累犯从严实效的实证研究结果对累犯从严可以减少犯罪理论预期的强烈冲击令人感到惊讶，同时也让人更加好奇中国语境下的累犯从严在现实中究竟发挥了怎样的作用。

为了使我国累犯从严实效检验更易操作，下文只检验我国累犯制度的威慑机制和隔离机制的实际效应。我国通说认为，累犯从严的根据立足于累犯的人身危险性②，因而威慑效应，尤其是特别威慑，一直是我国累犯制度重点追求的目标，而累犯从严的隔离效应则一直为我国学者和政策制定者所忽视。然而，无论是否受到重视，累犯从严的隔离效应都是一种客观存在，与累犯从严的威慑效应一起构成累犯从严减少犯罪的实效。因此，下文检测我国累犯从严的实效时会同时检测累犯从严的隔离机制和威慑机制的效应。

与前面两章一样，本章用来进行实证研究的样本依然是从样本大库中筛选所得的我国各地各级人民法院的刑事判决书。

首先应该承认的是，刑事判决书尤其是我国的刑事判决书并不是检测累犯从严实效的理想样本：刑事判决书过于格式化，所提供的犯罪人的个人信息和之前的犯罪历史以及曾受处罚信息很少，而且往往由于判决书撰写不规范导致上述本来就极其有限的信息大量缺失。另外，刑事判决书只定格在犯罪人因当下犯罪定罪量刑的那一刻，并无可能提供犯罪人受刑之后的后续跟踪信息。以上两个原因直接导致了以刑事判决书为样本来检测累犯从严实效的实证研究

---

① James Austin, John Clark, Patricia Hardyman and D. Alan Henry, The Impact of "Three Strikes and You're Out", Report for the U. S. Department of Justice, https://www.ncjrs.gov/pdffiles1/nij/grants/181297.pdf, 最后访问时间 2013 年 7 月 30 日。

② 参见熊建明：《累犯通说的反省与批判》，载《环球法律评论》2011 年第 3 期。

不能深入开展，所得结果也无法保证全面精确。根据国外的实证经验，研究同类问题更好的样本素材应该是对犯罪人等相关人士进行调查访谈所得的素材以及犯罪人逮捕记录等官方报告，有时再辅以犯罪人的判决信息。鉴于目前的条件仅允许我们获得以上的刑事判决书中的信息，只能基于现有的样本对我国累犯从严的实效进行初步检测，为日后有条件获取更优质的样本后开展更深入精确的研究打下基础。

其次，需要指出的是，由于本研究的样本脱胎于刑事判决书，而刑事判决书针对的是特定的犯罪人个人，无法提供社会宏观层面的信息，因此样本的这一特点决定了下文检验的累犯从严的实效仅限于个人层面的效应，即检验累犯从严的隔离效应时只限于检验隔离的个人效应，检验累犯从严的威慑效应时只限于检验特别威慑效应。

另外，根据我国现行相关的法律规定①以及量刑实践中反映出的实际情况②，我国累犯从严的主要形式就是延长累犯有期徒刑的刑期，即刑期上的从严。因此，下文实证研究检测的累犯从严的实效指的是检测延长累犯有期徒刑刑期这种累犯从严方式的实际效果。

最后，由于样本大库中缺乏特殊累犯的刑事判决书，所有涉及累犯的样本都仅限于普通累犯。因此，下文检测累犯从严实效也就

---

① 刑法第65条规定，被判处有期徒刑以上刑罚的犯罪分子，刑罚执行完毕或者赦免以后，在5年以内再犯应当判处有期徒刑以上刑罚之罪的，是累犯，应当从重处罚，但是过失犯罪和不满18周岁的人犯罪的除外。前款规定的期限，对于被假释的犯罪分子，从假释期满之日起计算。《量刑指导意见》"量刑情节"第11条规定，对于累犯，应当综合考虑前后罪的性质、刑罚执行完毕或赦免以后至再犯罪时间的长短以及前后罪罪行轻重等情况，可以增加基准刑的10%-40%。

② 从本数据库中12141个累犯样本累犯后罪判处主刑种类的频数分析结果来看，96.1%的样本累犯后罪判处的主刑种类都是有期徒刑。

仅限于普通累犯从严实效的检测。为审慎起见，所得出的结论也仅适用于普通累犯制度。

（三）累犯从严威慑效应检测

1. 问题与假设

在我国，人们普遍认为累犯从严能否在事实上达到减少犯罪的目的，在很大程度上需要依靠威慑这种主要途径来发挥作用。常识认为，刑罚越严厉，就越能震慑犯罪。① 这种重刑威慑论在我国尤为盛行，不仅历代统治者在打击犯罪时将此作为信奉的金科玉律，而且广大民众对此也深信不疑。从某种意义上来说，我国对累犯从严的一贯坚持折射出的就是对重刑威慑论的深切信仰。

根据我国现行刑法第 65 条关于一般累犯的规定以及最高人民法院 2010 年发布的《量刑指导意见》中关于累犯量刑指导意见的相关规定，我国累犯从严的主要做法就是在对累犯量刑时在其法定刑的限度以内综合考虑前后罪的性质、轻重等因素而相应地延长累犯的有期徒刑刑期，以通过加强刑罚严厉性的方式试图增加累犯从严的威慑效应。从特别威慑的角度来讲，如果累犯从严的威慑效应能有效发挥，延长累犯刑期让累犯自身"可以更好地体会到刑罚的风险远大于将来犯罪的收益"②，得出"犯罪不值得"（the crime does not pay）的结论，从而尽可能改变其犯罪惯性。这种犯罪惯性的改变至少包含两个方面的预期：其一，从时间上看，犯罪人在出狱后能在尽量长的时间里不再重新犯罪；其二，从犯罪模式上看，即使犯罪人出狱后重新犯罪，重新所犯之罪的性质也不重蹈前罪的覆辙。

第一个预期对累犯刑期和累犯出狱之后的行为模式隐含着这样

---

① 梁根林：《刑罚威慑机制初论》，载《中外法学》1997 年第 6 期。

② Frank E. Zimring and Gordon J. Hawkins, *Deterrence: The Legal Threat in Crime Control*, University of Chicago Press, 1973, p.58.

一种判断：累犯刑期的长短与累犯出狱之后"犯罪空窗期"① 的长短呈正相关。累犯从严力度越大，累犯刑期越长，累犯出狱之后的犯罪空窗期越长。这个判断若成立，那么累犯从严威慑机制（特别威慑）就被证明有效，这个判断若不成立，累犯从严威慑机制（特别威慑）有效论就被证否。

第二个预期则对累犯受刑完毕出狱后的行为模式隐含着另一种期待：累犯出狱之后不会延续之前的犯罪模式继续从事同样的犯罪。一方面，如果累犯经过从严处罚之后继续从事同一类型的犯罪，证明累犯从严威慑有效论就被证否。另一方面，如果累犯继续从事的犯罪类型与之前不同，我们对此也不能一概而论：如果累犯重新犯罪的性质比之前犯罪的性质轻缓，累犯从严威慑有效论在一定程度上被证实；如果累犯从严重新犯罪的性质比之前犯罪更为严重，则累犯从严威慑有效论被证否。综上，第二个理论预期可进一步修正为：累犯经从严处罚后即使重新犯罪，其重新所犯之罪也不应与前罪相同或相似，且应该比前罪轻。这个判断若成立，那么累犯从严威慑机制（特别威慑）就被证明有效，这个判断若不成立，累犯从严威慑机制（特别威慑）有效论就被证否。

要验证以上的理论假设是否成立，最理想的研究方式应该是采取纵向数据研究，随机选取一群累犯，记录下他们本次累犯从严之后所受的刑期，然后在他们刑满释放之后继续追踪他们的生活，记录他们各自犯罪空窗期的长短，分析两者之间是否呈现正相关的关系，然后比较他们重新所犯之罪和之前犯罪性质的异同与轻重。然而，如前所述，本次实证研究的样本来源于刑事判决书，目前并无对这些累犯刑满释放之后的跟踪信息。为了解决样本局限性所带来的研究限制，需要将待检验的理论假设做一个同质转换，以便可以用目前手头样本提供的信息来进行间接证实或者证否。

---

① 所谓的"犯罪空窗期"，在这里指的是累犯刑满释放之后到第一次重新犯罪之间的时间段。

正如前文所述，累犯从严的威慑效应是一种边际威慑效应，边际威慑效应关注的是某种刑罚措施在程度上的增减对犯罪威慑效应的影响，即在意的是同种刑罚措施产生量变时威慑效应的变化。我国累犯从严的主要形式是刑期从严，即通过延长累犯有期徒刑的刑期来对累犯从重处罚，这种从严并不涉及累犯刑种的变更，只是涉及累犯刑期长短的变更，因而是一种量变而非质变。因此，累犯后罪从严之后的量刑结果与后罪从严之前的量刑结果在性质上是一样的，与累犯犯前罪时曾被判处的监禁刑在性质上并无二致。累犯在犯前后两罪时所受刑罚的同质性允许以检测累犯前罪监禁刑刑期长短与累犯前罪刑满释放后犯罪空窗期长短之间的关系来间接判断累犯后罪监禁刑刑期长短与后罪刑满释放后累犯犯罪空窗期长短之间的关系，也允许通过观察累犯前罪和经过前罪刑罚后累犯所犯后罪性质的异同与轻重来间接推测累犯后罪刑罚可能对未来犯罪类型所产生的影响。由此，待检验的理论假设转换为：其一，累犯前罪刑期长短与累犯前罪刑满释放后犯罪空窗期的长短呈正相关。如果这个理论假设被证实，则最初的理论假设也被证实；反之，最初的理论假设被证否。其二，累犯因累犯前罪受刑后，累犯后罪与前罪性质不同，且比累犯前罪更轻。如果这个理论假设被证实，则最初的理论假设也被证实；反之，最初的理论假设被证否。

2. 样本与方法

样本筛选的第一步，将 12141 个具有一般累犯情节的样本从样本大库中全部抽取出来新建一个累犯大库。样本筛选的第二步，确定以样本中累犯后罪的判决罪名为盗窃罪、抢劫罪或故意伤害罪以及累犯后罪判处的主刑种类为有期徒刑这两个标准来进一步筛选样本。之所以选择这三类犯罪，原因有三个：其一，根据该累犯大库中累犯后罪罪名分布的频数分析结果，盗窃罪、抢劫罪和故意伤害罪这三类犯罪属于数据库中样本数量最多的几类犯罪；其二，这三类犯罪在日常生活中常见多发，具有普遍意义；其三，这三类犯罪既有暴力犯罪又有非暴力犯罪，既有财产犯罪又有人身犯罪，既有一般意义上的轻罪又有一般意义上的重罪，犯罪性质全面多样，颇具代表性。之所以选择累犯后罪判处主刑为有期徒刑的样本，是因为本实证研究的目的是检测累犯刑期从严这种累犯从严方式的实效。按照这两个标准，又鉴于数据库数据质量的不尽如人意以及个人精力的有限性，最终从累犯大库中随机抽取这三类罪名的样本共计 1685 个作为本实证研究的研究样本。

本研究样本中累犯后罪罪名的分布情况为：盗窃罪样本 550 个，占样本总数的 32.6%；抢劫罪样本 553 个，占样本总数的 32.8%；故意伤害罪样本 582 个，占样本总数的 34.6%。

样本判决时间分布情况为：判决时间为 2000 年的样本 40 个，占样本总数的 2.37%；判决时间为 2001 年的样本 39 个，占 2.31%；判决时间为 2002 年的样本 27 个，占 1.61%；判决时间为 2003 年的样本 40 个，占 2.37%；判决时间为 2004 年的样本 50 个，占 2.97%；判决时间为 2005 年的样本 98 个，占 5.83%；判决时间为 2006 年的样本 272 个，占 16.14%；判决时间为 2007 年的样本 147 个，占 8.73%；判决时间为 2008 年的样本 146 个，占 8.66%；判决时间为 2009 年的样本 303 个，占 17.98%；判决时间为 2010 年的样本 299 个，占 17.74%；判决时间为 2011 年的样本 224 个，占 13.29%。

样本的空间分布情况为：来自安徽省的样本 30 个，占样本总数的 1.78%；来自北京市的样本 211 个，占 12.52%；来自福建省的样本 55 个，占 3.26%；来自甘肃省的样本 13 个，占 0.77%；来自广东省的样本 251 个，占 14.91%；来自河南省的样本 208 个，占 12.34%；来自广西壮族自治区的样本 16 个，占 0.95%；来自贵州省的样本 12 个，占 0.71%；来自海南省的样本 70 个，占 4.15%；来自河北省的样本 11 个，占 0.65%；来自黑龙江省的样本 3 个，占 0.18%；来自湖北省的样本 22 个，占 1.31%；来自湖南省的样本 200 个，占 11.87%；来自吉林省的样本 8 个，占 0.47%；来自江苏省的样本 9 个，占 0.53%；来自江西省的样本 69

个，占 4.09%；来自辽宁省的样本 18 个，占 1.08%；来自内蒙古自治区的样本 2 个，占 0.12%；来自宁夏回族自治区的样本 9 个，占 0.53%；来自青海省的样本 4 个，占 0.24%；来自山东省的样本 42 个，占 2.49%；来自山西省的样本 10 个，占 0.59%；来自陕西省的样本 68 个，占 4.04%；来自上海市的样本 137 个，占 8.13%；来自四川省的样本 17 个，占 1.01%；来自天津市的样本 6 个，占 0.36%；来自新疆维吾尔自治区的样本 3 个，占 0.18%；来自云南省的样本 28 个，占 1.66%；来自浙江省的样本 92 个，占 5.46%；来自重庆市的样本 59 个，占 3.50%；来自最高人民法院的样本 2 个，占 0.12%。

为了检测累犯刑期长短与累犯犯罪空窗期长短之间是否存在正相关关系，下面将借助 SPSS 软件求得这两个变量之间的皮尔逊相关系数（Pearson Product-moment Correlation Coefficient，又称作 PPMCC 或 PCCs）[1] 来度量这两个变量之间的关系。

为了检测刑罚对重新犯罪性质的影响，下文将使用频数分析法来观察累犯前后罪犯罪性质的变化。

3. 检测

（1）第一个理论预期的证否。

在做累犯刑期与累犯犯罪空窗期的相关分析之前，有一点需要注意，无论是累犯前罪的刑期还是累犯后罪的刑期都分为宣告刑和执行刑这两种情况。对于累犯后罪而言，累犯被判处的宣告刑是名义上的累犯从严，而累犯实际在监狱所服刑期是实质上的累犯从严，尽管目前我国相关的法律规定强调的累犯从严都仅仅局限于前者，但是笔者认为后者对累犯所产生的影响（尤其是特别威慑效应）更为具体和真实，因此下面在做累犯刑期与累犯犯罪空窗期的相关分析时，会分别检测累犯前罪宣告刑刑期、执行刑刑期这两

---

[1] 关于皮尔逊相关系数的介绍参见郭志刚主编：《社会统计分析方法——SPSS 软件应用》，中国人民大学出版社 1999 年版，第 119-120 页。

个变量与累犯前罪刑满释放后犯罪空窗期的关系，以此来间接检测累犯后罪名义上的刑期从严与实际上的刑期从严所产生的特别威慑效应。

首先，借助 SPSS 软件对选取的 1685 个样本中累犯前罪宣告刑刑期和累犯前罪释放后犯罪空窗期这两个变量来做相关分析，结果显示 p 值<0.05，表明结果显著，但是得到的皮尔逊相关系数仅为 0.123。

然后，继续借助 SPSS 软件对 1685 个样本中累犯前罪执行刑刑期和累犯前罪释放后犯罪空窗期这两个变量来做相关分析，结果显示 p 值<0.05，表明结果显著，但是得到的皮尔逊相关系数仅为 0.107。

在解读得到的检测结果之前，需要说明的是，皮尔逊相关系数的取值范围为 [-1, +1]，当皮尔逊相关系数取值为 0 时，表明检测的两个变量完全不相关；取值越靠近-1 或者 1 时，表明检测的两个变量相关程度越高；取值越靠近 0 时，表明检测的两个变量相关程度越低。另外，当皮尔逊相关系数取值为正值时，表明检测的两个变量之间存在的是正相关关系，当皮尔逊相关系数取值为负值时，表明检测的两个变量之间存在的是负相关关系。

根据以上所列的统计学知识来解读所得到的检测结果，尽管累犯前罪宣告刑刑期和累犯前罪释放后犯罪空窗期以及累犯前罪执行刑刑期和累犯前罪释放后犯罪空窗期这两对变量做相关分析时 p 值显著，证明结果在统计学上有意义，而且两个系数取值都为正值，但是 0.123 与 0.107 这两个系数绝对数值太小，过于接近 0，因此可以得出以下结论：累犯前罪宣告刑刑期的长短和累犯前罪释放后犯罪空窗期的长短基本不相关；累犯前罪执行刑刑期的长短和累犯前罪释放后犯罪空窗期的长短也基本不相关。由此，可以间接证否累犯后罪监禁刑刑期长短与后罪刑满释放后累犯犯罪空窗期长短之间存在显著的正相关关系。累犯从严——无论是名义上的还是实际上的——特殊威慑机制都被证明无效。

（2）第二个理论预期的证否。

根据累犯前后罪罪名的异同以及犯罪手段是否暴力，可以将1685个样本划分为两大范畴：累犯前后罪同质组和累犯前后罪异质组。在这两大范畴之下，又可以将样本细分为四小类：累犯前后罪性质同质组可以分为累犯前后罪性质相同（前后罪罪名相同）和累犯前后罪性质相近（前后罪均是暴力犯罪或均是非暴力犯罪）这两类。累犯前后罪异质组可以分为累犯后罪重于前罪（前罪非暴力后罪暴力）和累犯后罪轻于前罪（前罪暴力后罪非暴力）。

按照这种划分，对1685个样本累犯前后罪性质的频数分析结果如下：

刑罚对犯罪人犯罪惯性的影响

累犯前后罪性质关系	样本数	所占百分比
前后罪同质组	1113	66.1%
前后罪性质相同	670	39.8%
前后罪性质相近	443	26.3%
前后罪异质组	572	33.9%
后罪重于前罪	470	27.9%
后罪轻于前罪	102	6.0%

根据上表可以得出以下结论：

第一，累犯前罪与累犯后罪性质完全相同的样本占样本总数的39.8%，累犯前后罪性质相近的样本占样本总数的26.3%，这两者组成的累犯前后罪同质组的样本数量合计占样本总数的66.1%，表明尽管经过累犯前罪的刑罚，释放后继续延续原来犯罪模式犯下相同或者相似罪行的累犯在样本中占大多数。

第二，尽管累犯前后罪不同质的样本数量合计达到样本总数的33.9%，但是，其中累犯后罪比前罪更重的样本占样本总数的27.9%，累犯后罪比前罪轻的样本只占样本总数的6%，表明在累犯前罪刑满释放后没有延续原来犯罪模式的累犯中，绝大部分累犯重新所犯之罪比原来更为严重，仅有极少部分放弃了原来的犯罪模式选择实施更为轻缓的犯罪。

第三，综上所述，累犯前罪的刑罚没能改变大部分累犯原来的犯罪模式，在小部分犯罪模式改变的累犯中绝大部分选择犯下比之前更为严重的罪行，累犯前罪刑罚在影响犯罪人犯罪模式方面的威慑作用基本被证否，由此，间接证否与累犯前罪刑罚同质的累犯后罪刑罚在改变犯罪人犯罪模式方面的威慑效应。

4. 结论：威慑无效

综合以上的检验结果来看，尽管累犯制度的威慑效应为我国立法者所积极追求，但是事实证明我国累犯制度的威慑机制基本无效：对累犯处以更长的监禁刑既不能在刑满释放后震慑累犯保证其在更长的时间内不再重新犯罪，又不能改变累犯重新犯罪的犯罪模式以尽量使其犯比之前更轻的罪行。我国累犯制度威慑无效的现实情况严重不符合立法者的预期。

（四）累犯从严隔离效应检测

1. 问题与假设

尽管在目前的中国，累犯从严的隔离进路尚未得到关注和重视，但是累犯从严通过延长累犯监禁刑期的方式事实上导致了累犯在更长的时间内与社会相隔绝而无法实施犯罪活动的客观效果，累犯从严的隔离效应是客观存在的。因而，需要关注的问题不是累犯从严隔离效应的有无，而是累犯从严隔离效应的大小。

累犯从严隔离效应的大小与累犯从严惩罚的准确性即累犯从严的选择性高度相关。

以齐姆林教授等人的研究为参考，可以将传统单维的人身危险性概念重构为质量二维的向度整合。依照人身危险性概念界定的狭义说，人身危险性是犯罪人再犯罪的可能性。那么这种再犯罪的可能性可以分为以下两个维度：

在质的维度上，需要判断犯罪人再犯可能性中未来可能犯罪罪质的严重性，包括犯罪人将来可能犯什么类型的罪、可能以什么形式犯罪等。举例来说，假设犯罪人甲和犯罪人乙将来可能犯罪的次数都为 3 次，但是犯罪人甲将来可能实施 3 次抢劫罪而犯罪人乙将来只可能实施 3 次盗窃罪，那么我们肯定认为犯罪人甲的人身危险性大于犯罪人乙。再如，假设犯罪人甲和犯罪人乙将来可能犯罪的次数都为 3 次，犯罪类型也相同均为抢劫罪，但是犯罪人甲可能采取持枪或者结伙抢劫的方式，而犯罪人乙则是单独作案由其他罪名转化为抢劫，那么我们肯定也认为犯罪人甲的人身危险性大于犯罪人乙。

在量的维度上，需要判断的是犯罪人再犯可能性中未来可能犯罪的数量或者频率。举例来说，假设犯罪人甲和乙将来可能犯罪的类型都是抢劫罪，而且犯罪方式都类似，但是其中甲可能在未来 10 年内会犯 3 次抢劫罪，而乙则可能在未来 10 年内只犯 1 次抢劫罪，那么我们肯定认为甲的人身危险性比乙要大。

在分别对人身危险性大小的两个维度进行考察之后，需要将质与量的两个维度整合起来，如此便构成了人身危险性质量二维体系的全部内容，其中量的维度代表的是犯罪人未来再犯罪频率的可能性，质的维度代表的是犯罪人未来再犯罪严重程度的可能性。

假设我国累犯制度隔离效应较大，那么鉴于未来再犯罪频率高且严重程度高的累犯是累犯制度最想打击的目标群体，而未来再犯罪频率低且严重程度低的累犯是累犯制度最不想打击的目标群体，在估测我国累犯制度的隔离效应时，可以进一步作出以下两个子假设：

假设一：由于累犯制度而被延长隔离时间的累犯群体中，在人身危险性二维体系中质和量这两个维度上值均偏大的累犯所占比例较大；

假设二：由于累犯制度而被延长隔离时间的累犯群体中，在人身危险性二维体系中质和量这两个维度值均偏小的累犯所占比例较小。

以上两个子假设若均被证实，则可证明目前我国累犯从严的选择性或是准确性较高，我国累犯制度具有较大的隔离效应。若均被证否，则证明我国累犯制度的选择性或是准确性较小，因而隔离效应不彰。

至此，现在需要解决的问题就变成了如何判断目前被从严处罚的累犯群体中哪一些累犯是预期的高频犯罪人和危险犯罪人？

有很多研究表明，过去的犯罪历史和将来的犯罪之间的联系是很明确的：过去的犯罪行为可以预测将来的犯罪。很多预测犯罪行为的研究反复显示，过去的犯罪记录是唯一一个最好的预测未来犯罪的变量。[①] 正如齐姆林教授等人指出的那样，现有罪行的严重性可以用来预测未来更为严重的犯罪行为的原因有二：其一，由于已经实施过严重犯罪的犯罪人在这方面已属"术业有专攻"，因而更可能（在未来）重复这种犯罪模式；其二，已经实施过严重犯罪的犯罪人与其他犯罪人相比，其行为体现出更为强烈的藐视法律而愿意考虑实施所有违法行为的犯罪意愿，再次实施严重犯罪不存在心理上的障碍。同样的，犯罪人过往的犯罪记录数量也可以被用来预测犯罪人未来的犯罪频率，因为犯罪人过往的犯罪记录数量越多，就越表明犯罪人存在习惯性犯罪的行为模式或是反社会的心理特征，而且过往的刑事措施对此并不起作用，犯罪人很可能在将来

---

① 参见 Gabor. T, *The Prediction of Criminal Behavior*. University of Toronto Press，1986；Champion. D, *Measuring Offender Risk：A Criminal Justice Sourcebook*，Westport，Conn：Greenwood，1994；Franklin E. Zimring and Gordon Hawkins，*Incapacitation：Penal Confinement and the Restraint of Crime*，Oxford University Press，1995，pp. 48 - 49；Alex R. Piquero，David P. Farrington and Alfred Blumstein， "The Criminal Career Paradigm"，in Michael Tonry（ed），*Crime and justice：A review of research*，vol. 30，the University of Chicago Press，2003，pp. 359 - 506 等。

继续频繁地从事犯罪活动。①

2. 样本与方法

从大案例库中抽取的所有一般累犯刑事判决书共计 12141 个构成了下文累犯从严隔离效应检测的样本。

样本具体的时间分布为：判决时间为 2000 年的样本 74 个，占样本总数的 0.6%；判决时间为 2001 年的样本 73 个，占 0.6%；判决时间为 2002 年的样本 39 个，占 0.3%；判决时间为 2003 年的样本 145 个，占 1.2%；判决时间为 2004 年的样本 225 个，占 1.85%；判决时间为 2005 年的样本 239 个，占 1.95%；判决时间为 2006 年的样本 797 个，占 6.6%；判决时间为 2007 年的样本 683 个，占 5.6%；判决时间为 2008 年的样本 933 个，占 7.7%；判决时间为 2009 年的样本 2911 个，占 24%；判决时间为 2010 年的样本 3459 个，占 28.5%；判决时间为 2011 年的样本 2563 个，占 21.1%。

样本具体的空间分布为：来自安徽省的样本 118 个，占样本总数的 1.0%；来自北京市的样本 880 个，占 7.2%；来自福建省的样本 290 个，占 2.4%；来自甘肃省的样本 6 个，占 0.05%；来自广东省的样本 735 个，占 6.1%；来自河南省的样本 3294 个，占 27.1%；来自广西壮族自治区的样本 158 个，占 1.3%；来自贵州省的样本 17 个，占 0.1%；来自海南省的样本 145 个，占 1.2%；来自河北省的样本 53 个，占 0.4%；来自黑龙江省的样本 21 个，占 0.2%；来自湖北省的样本 78 个，占 0.6%；来自湖南省的样本 1631 个，占 13.4%；来自吉林省的样本 38 个，占 0.3%；来自江苏省的样本 53 个，占 0.4%；来自江西省的样本 231 个，占 1.9%；来自辽宁省的样本 53 个，占 0.4%；来自内蒙古自治区的样本 3 个，占 0.02%；来自宁夏回族自治区的样本 23 个，占 0.2%；来

---

① 参见 Franklin E. Zimring and Gordon Hawkins, *Incapacitation：Penal Confinement and the Restraint of Crime*, Oxford University Press, 1995, p. 49.

自青海省的样本 10 个，占 0.1%；来自山东省的样本 71 个，占 0.6%；来自山西省的样本 8 个，占 0.1%；来自陕西省的样本 231 个，占 1.9%；来自上海市的样本 2582 个，占 21.3%；来自四川省的样本 58 个，占 0.5%；来自天津市的样本 8 个，占 0.1%；来自新疆维吾尔自治区的样本 1 个，占 0.0%；来自云南省的样本 121 个，占 1%；来自浙江省的样本 409 个，占 3.4%；来自重庆市的样本 215 个，占 1.8%；来自最高人民法院的样本 4 个，占 0.03%，另有 596 个样本地域信息缺失，占 4.9%。

为了验证目前的累犯从严的隔离机制是否具有足够的选择性，下面将通过 SPSS 软件频数分析的功能对手头所有累犯的样本进行内部比较。所谓内部比较法，就是在累犯群体内部根据可以用来估测累犯未来犯罪频率和犯罪严重性的表征来考察不同累犯人身危险性的分层情况和各自所占比例情况。

鉴于犯罪人的现有罪行严重程度和之前犯罪记录的次数是对犯罪人未来犯罪频率和严重性最强有力的估测指标，根据样本提供的有限信息，下面将以累犯后罪犯罪类型和累犯后罪量刑结果作为反映累犯现有罪行严重程度的变量，将累犯刑事前科次数作为反映累犯犯罪记录次数的变量，根据这三个变量来对累犯群体展开内部比较。因此，假设我国累犯制度隔离效应较大，那么前面的两个子假设可以进一步具体化为：

假设一：由于累犯制度而被延长隔离时间的累犯群体中，曾犯罪次数较多且累犯后罪严重性程度较高的累犯所占比例较大；

假设二：由于累犯制度而被延长隔离时间的累犯群体中，曾犯罪次数较少且累犯后罪严重性程度较低的累犯所占比例较小。

如果以上两个假设均被证实，则证明我国累犯制度隔离效应较大，反之则证明我国累犯制度隔离效应较小。

3. 检验

（1）累犯后罪犯罪类型分布。

为了确定目前累犯制度是否有效隔离了将来犯罪严重程度比较

大的犯罪人，即在人身危险性质量二维体系中质的维度上值较大的犯罪人，首先考察 12141 个累犯样本中累犯后罪类型最主要的五大类型及其分布；接着，为了进一步估测累犯群体中预期危险犯罪人所占的比例情况，以抢劫罪、故意伤害罪、故意杀人罪和强奸罪这四个常见的严重暴力犯罪作为累犯后罪严重性的指标来观测其在累犯后罪中的分布情况。

完成上述两个步骤之后，得到如下结果：

累犯群体主要犯罪类型频数分布

罪名	占样本总数百分比
盗窃罪	51.3%
抢劫罪	8.8%
毒品犯罪	7.6%
故意伤害罪	7.4%
寻衅滋事罪	4.4%
其他	20.5%

累犯群体严重暴力犯罪频数分布

罪名	占累犯群体百分比
抢劫罪	8.8%
故意伤害罪	7.4%
故意杀人罪	0.6%
强奸罪	0.4%
合计	17.2%

根据以上两个表格的分析结果，至少可以得出以下结论：

一方面，累犯群体样本中超过半数以上实施的是并不严重的犯罪类型，其中有 51.3% 的样本实施的是非暴力的盗窃罪，另有

4.4%的样本实施的是暴力程度很低的寻衅滋事罪。

另一方面，实施抢劫罪、故意伤害罪、故意杀人罪和强奸罪这四类有代表性的严重暴力犯罪的犯罪人在累犯群体中所占的比例仅为17.2%。

（2）累犯后罪量刑结果分布。

为了进一步观测样本中累犯后罪的严重程度，以累犯后罪量刑结果这个变量作为考察视角对累犯样本进行统计分析，结果如下：

累犯后罪量刑结果分布

量刑结果	占累犯样本总数百分比
死刑	1.4%
无期徒刑	2.5%
5年以上有期徒刑	18.7%
5年及以下有期徒刑	77.4%
合计	100%

根据上表显示的结果，我们发现：首先，累犯群体中因为后罪被判处有期徒刑以上刑种的样本仅占累犯样本总数的3.9%，累犯样本中绝大部分累犯后罪刑种为有期徒刑。其次，在累犯后罪刑种为有期徒刑的样本中，被判处5年以上有期徒刑的累犯样本占少数，仅占样本总数的18.7%，被判处5年及以下有期徒刑的累犯样本占累犯样本的大多数，占样本总数的77.4%。因此，可以说累犯后罪罪行较轻的累犯样本占了累犯样本总数的大多数。

（3）累犯曾犯罪次数频数分布。

为了验证目前的累犯从严是否有效隔离了预期的高频犯罪人，需要对累犯群体曾经的犯罪次数做一个频数分析，所得结果如下：

累犯群体曾犯罪次数频数分布

刑事前科次数	占样本总数百分比
1 次	67.9%
2 次	21.2%
3 次及以上	10.9%

根据该表格显示的结果，在被从严处罚的累犯群体中，曾犯罪只有 1 次的累犯占了大多数，比例接近 70%；而曾经犯罪达 3 次或者 3 次以上的累犯仅占 10.9%。

（4）累犯现有犯罪严重性与曾犯罪次数的综合分析。

为了同时考察累犯群体在人身危险性质量二维体系中两个维度上人身危险性的大小，我们首先将累犯曾经犯罪的次数和累犯后罪类型分布做一个交互分析，重点考察刑事前科次数为 1 次、2 次和 3 次及以上时累犯后罪为四大严重暴力犯罪的累犯占比以及累犯后罪为盗窃罪和寻衅滋事罪这两个轻罪的累犯占比，结果如下：

累犯刑事前科次数与累犯后罪类型交互分析

刑事前科次数	累犯后罪为四大暴力犯罪样本占比	累犯后罪为两大轻罪样本占比
1 次	19.6%	51.7%
2 次	13.5%	61.3%
3 次及以上	8.9%	69.7%

根据上表显示的结果，笔者发现：

首先，无论刑事前科次数多少，拥有相同刑事前科次数的累犯中累犯后罪类型为四大暴力犯罪的累犯样本都是少数，累犯后罪类型为盗窃罪和寻衅滋事罪这两大轻罪的累犯样本均在半数以上。同时，随着累犯刑事前科次数的增加，累犯后罪中四大严重暴力犯罪占比变得更小，而累犯后罪类型更为集中地分布在盗窃罪和寻衅滋事罪这两大轻罪之上。

其次，累犯群体中曾犯罪次数多且累犯后罪类型严重的累犯占累犯总数比例极小。具体来说，刑事前科次数为 3 次以上的累犯仅占样本总数的 10.9%，其中，累犯后罪为四大暴力犯罪者又仅占8.9%，综合来看，刑事前科次数为 3 次以上且累犯后罪类型为严重暴力犯罪者不到累犯样本总数的 1%。

再次，累犯群体中曾犯罪次数少且累犯后罪为不严重犯罪的累犯构成累犯样本的主体部分。因为累犯群体中只有一次刑事前科的累犯占样本总数的 67.9%，而这部分样本中累犯后罪为严重暴力犯罪的又不到 20%，因此，累犯样本总数中超过半数的累犯是实施不严重犯罪的二次犯。

最后，在余下一半左右的累犯中，曾犯罪次数较多但累犯后罪类型为不严重犯罪的累犯明显多于曾犯罪次数较少但累犯后罪类型为严重暴力犯罪的累犯。因为在刑事前科为 2 次和 3 次及以上的累犯群体中，累犯后罪为非严重暴力犯罪的累犯占了绝大多数，而在刑事前科为 1 次的累犯中，累犯后罪为严重暴力犯罪的累犯又只占了绝对少数。

为了从另一角度同时考察累犯群体在人身危险性质量二维体系中两个维度人身危险性的大小，以累犯后罪量刑结果作为累犯后罪严重程度的衡量标准，与累犯刑事前科次数做一个交互分析，结果如下：

累犯后罪量刑结果与累犯刑事前科次数的交互分析

刑事前科	死刑占比	无期徒刑占比	5 年以上有期徒刑占比	5 年及以下有期徒刑占比
1 次	1.5%	2.8%	19.9%	75.8%
2 次	1.4%	2.0%	17.2%	79.4%
3 次及以上	0.7%	1.4%	14.7%	83.2%

根据上表显示的结果，笔者发现：

首先，无论刑事前科次数多少，拥有相同刑事前科次数的累犯中累犯后罪被判处死刑和无期徒刑这类最严厉刑种者都只占极少数，累犯后罪被判处有期徒刑者占绝大多数。在判处有期徒刑的累犯中，判处5年及以下有期徒刑者又占了绝大多数。同时，随着累犯刑事前科次数的增加，累犯后罪量刑结果中被判处死刑和无期刑的累犯占比变得更小，而累犯后罪被判处有期徒刑——特别是5年及以下有期徒刑——的累犯占比变得更大。

其次，累犯群体中曾犯罪次数多且累犯后罪量刑结果重者占累犯总数比例极小。具体来说，刑事前科次数为3次以上的累犯仅占样本总数的10.9%，其中，累犯后罪量刑结果为死刑和无期徒刑者仅占2.1%，综合来看，刑事前科次数为3次以上且累犯后罪量刑结果为死刑和无期徒刑者仅占累犯总体的2%左右。即使算上累犯后罪被判处5年以上有期徒刑的累犯，曾犯罪次数为3次以上且累犯后罪被判处重刑的累犯也不到累犯总数的2%。

再次，累犯群体中曾犯罪次数少且累犯后罪量刑结果较轻的累犯构成累犯样本的主体部分。因为累犯群体中只有1次刑事前科的累犯占样本总数的67.9%，而这部分样本中累犯后罪量刑结果为5年及以下有期徒刑者又占了75.8%，因此累犯样本总数中超过半数的累犯是累犯后罪获轻刑的二次犯。

最后，在余下一半左右的累犯中，曾犯罪次数较多但累犯后罪量刑结果为轻刑者明显多于曾犯罪次数较少但累犯后罪量刑结果为重刑者。因为在刑事前科为2次和3次及以上的累犯群体中，累犯后罪为5年及以下有期徒刑者占了绝大多数，而在刑事前科为1次的累犯中，累犯后罪量刑结果为死刑和无期徒刑者又只占了绝对少数。

4. 结论：隔离低效

根据对累犯刑事前科次数、累犯后罪类型和累犯后罪量刑结果这三个反映累犯人身危险性变量的综合分析，我们得到了较为一致的结果：

首先，累犯群体内部具体累犯个体的人身危险性程度并不统一，分层非常明显。

其次，累犯群体中在人身危险性质量二维体系中两个维度人身危险性均较小的累犯是目前我国累犯制度实际打击目标群体的主要构成部分。换句话说，累犯样本中超过半数的累犯是累犯后罪严重性偏低的二次犯。

再次，在人身危险性质量二维体系中两个维度人身危险性均较大的屡教不改、罪大恶极者在累犯群体中所占比例极小，占累犯样本总数的1%左右。

最后，在余下一半左右的累犯中，人身危险性量的维度上较大的累犯占比明显大于人身危险性质的维度上较大的累犯。

综上所述，尽管累犯群体整体相对于非累犯群体来讲人身危险性较大，但是累犯群体中大部分累犯无论是在人身危险性质的维度还是量的维度上人身危险性程度均有限。借用统计学上的术语做一个不恰当的比喻，累犯群体人身危险性均值虽大，但中位值却较小。极小部分的累犯为整个累犯群体的人身危险性程度作出了极大贡献。借用诺威尔·莫里斯教授的一句精辟论断来总结：与其说大多数累犯对社会而言是危险的，不如说他们是讨厌的。鉴于我国累犯制度实际打击的累犯大多数烦如蝇而非猛于虎，本部分开头两个子假设均被证否，因此我国累犯制度隔离效应较大的假设被证否。

下 篇

规范与事实之间的累犯制度

第八章　规范与事实层面之非对称性

将我国规范层面累犯制度的核心内容概括为三大立法预期，再将其作为三个待检验的理论假设置于事实层面来一一检验，笔者发现我国规范层面与事实层面的累犯制度存在诸多非对称性，总体表现在以下三个方面：

一、累犯制度目标群体之非对称性

我国规范层面的累犯制度对其打击的目标群体存在一个特殊论的预设，预期累犯制度的目标群体因为具有更大的人身危险性而区别于其他的犯罪人。在事实层面对累犯制度实际打击到的普通累犯群体进行审视之后，笔者发现：

就总体而言，现实中受到累犯制度打击的普通累犯群体人身危险性较非累犯群体更大，但主要是因为人身危险性质量二维体系中量的维度上人身危险性更大。从人身危险性质量二维体系中质的维度来看，累犯群体的人身危险性并不比非累犯群体大。

就个体而言，现实中普通累犯制度的实际打击目标群体人身危险性程度参差不齐，分层明显。在人身危险性质量二维体系中两个维度均较小的累犯构成了普通累犯制度实际打击目标的主体，在人身危险性质量二维体系中两个维度均较大的累犯只占总体的极小部分。剩余的累犯中，在人身危险性量的维度上较大的累犯又明显多于在人身危险性质的维度上较大的累犯。

因此，事实层面的累犯制度实际打击的累犯群体中罪大恶极、屡教不改者为极少数，大错不犯、小错偶犯的鸡鸣狗盗之徒为主要组成部分。对于社会而言，普通累犯制度实际打击的累犯群体绝大部分只是烦如蝇，并不猛于虎。

以上就是我国累犯制度在规范层面和事实层面之间关于累犯制度目标群体方面的非对称性。

二、累犯制度运行方式之非对称性

我国规范层面的累犯制度对于如何对付累犯也存在一个态度明确的预设：对累犯采取刑罚处遇从严的方式，其中又以累犯量刑从严为主要内容。除此之外，立法者对于累犯制度的具体适用方式却没有提供太多细致的指导，直至最高人民法院量刑改革之时才明确了法官在对累犯刑期从严时应该将哪些因素纳入考量范畴。

通过对事实层面累犯制度运行方式的观察，笔者发现，在司法实践中我国各地各级的法官确实会对累犯采取刑罚处遇从严的手段。在对累犯实行刑期从严时，法官群体选择性地适用了那些按照累犯制度立法预期应该对累犯从严产生影响的规范性因素，在累犯情节诸项构成维度中，只有累犯后罪的轻重和性质对累犯从严适用产生了显著的影响。累犯从严适用幅度与累犯后罪呈现出"轻轻重重"的正相关关系。

以上就是我国累犯制度在规范层面和事实层面之间关于累犯制度运行方式方面的非对称性。

三、累犯制度实施效果之非对称性

我国规范层面的累犯制度预期通过累犯从严可以打击重新犯罪，进而实现预防犯罪的最终效果，同时我国立法者又预期这种效果的实现主要通过刑罚的改造和威慑功能来实现。

通过对事实层面累犯制度实际效果的检测，笔者发现累犯制度的改造效应和威慑效应存在区分不能的困难，为谨慎起见只检测累犯制度威慑机制与隔离机制所产生的实际效应，其中前者是为我国立法者所预期且积极追求的，后者是为我国立法者所忽视但又客观存在的。检测之后发现：一方面，刑期长短与累犯犯罪空窗期之间并不存在正相关关系，证否了累犯刑期从严可以发挥更有效威慑作用的假设。同时刑罚体验对于累犯犯罪模式方面的负面影响也从另一个侧面预示着累犯从严并不能产生更大的威慑效应。这证明我国累犯制度所倚重的威慑机制在现实中基本无效。另一方面，因为累犯从严被更长时间与社会相隔离的累犯中，在人身危险性质量二维体系中两个维度均较大的累犯只占了极其微小的比例，而在人身危险性质量二维体系中两个维度均较小的累犯则超过半数，证明目前我国累犯制度客观具有的隔离效应极其低效。尽管无法直接测量我国累犯制度的改造效果，但是从目前我国累犯制度隔离低效和威慑无效的现状来推断，对于比隔离和威慑机制发挥作用更为苛刻的改造机制的实际效果不可抱太大期望。立法者预期累犯制度能够有效打击重新犯罪从而实现预防犯罪的丰满理想在现实的照妖镜下呈现出令人尴尬的骨感。

　　以上就是我国累犯制度在规范层面和事实层面之间关于累犯制度实施效果之间的非对称性。

第九章　非对称性之可能解释

累犯制度在目标群体、运行方式和实行效果这三大方面之所以会存在规范与事实之间的诸多非对称性，既有来自规范层面的原因，也有来自事实层面的原因。规范与事实层面的多种原因交织在一起，导致了累犯制度规范与事实层面非对称性的产生。

一、累犯制度目标群体非对称性归因

（一）规范层面的可能归因

累犯制度之所以在规范层面和事实层面对于目标群体存在上述的非对称性，从规范层面来找原因，笔者认为这很可能主要与累犯制度的立法逻辑有关。累犯制度本身的设计就决定了打击目标主要是鸡鸣狗盗之徒而甚少能擒住罪大恶极的江洋大盗。累犯制度的立法逻辑决定了累犯制度目标群体在规范与事实层面之间的非对称性。

首先，累犯制度的设置逻辑排除了那些罪大恶极但一直不被刑事法网所擒获的危险犯罪人。正如我国台湾地区学者林东茂所指出的，"刑法创造累犯这一概念，有一般预防的企图，更有鲜明的特别预防色彩，但其预防对象只能局限于曾经跟刑事司法体系打交道的人。初次与刑事司法体系交锋的习惯犯，可能深藏不露，巧于应对，反而受到宽恕"①。累犯制度的设置决定了其只能从重打击受过刑罚处遇的犯罪人，这类犯罪人犯了罪之后没能逃脱法律的制裁，在一定意义上可以认为是犯罪人中的"失败者"。相比之下，那些实施了犯罪行为却始终不为刑事法网所擒获者则可被视为犯罪人中的"佼佼者"，在这类犯罪人中事实上有相当一部分人很可能在人身危险性质量二维体系中两个维度均很大，或者是在质的维度上人身危险性特别大。② 正是因为累犯制度在立法上的设置逻辑，这类犯罪人不可能进入累犯制度的打击视野。

其次，累犯制度的立法设置事实上也排除了大部分进入刑事法网的罪大恶极者。因为我国刑罚体系中死刑和无期徒刑这类严厉主刑刑种的存在，初次为刑事法网所擒获的在人身危险性质量二维体系中两个维度均较大，特别是在质的维度上较大的犯罪人需要经过两次筛选才可能获得进入累犯制度打击目标群体的资格：这些人中人身危险性最大的一部分人在初次定罪量刑之后就很有可能被直接执行死刑，在"猫捉老鼠"的游戏中正式出局，不会再有重新犯罪的机会；对于侥幸逃过死刑立即执行者，死缓和无期徒刑将犯罪人长时间地与社会隔绝，客观上阻断了其重新犯罪的可能性，待其服满漫长的监禁刑期回归社会之后，又有相当一部分人在狱中度过了所谓的"犯罪黄金时期"，重返社会时于年老体衰等原因其犯罪生涯客观上已告终结，不存在重新犯罪的可能性。经过这两次筛选，能够有资格进入累犯制度打击目标的罪大恶极者数量必然甚少。

因为各国累犯制度的立法设置逻辑普遍相同，所以累犯制度目

---

① 林东茂著：《刑法综览》，中国人民大学出版社 2009 年版，第 20 页。

② 国内外关于此类高智商犯罪人的影视作品为数众多，如《沉默的羔羊》中的汉尼拔、《黑名单》中的雷蒙德以及《七宗罪》里的约翰。现实中也存在很多案例证明此类犯罪人的存在，如美国诸多没有侦破的连环杀手案件，再如开膛手杰克系列案件、黑色大丽花案等。

标群体在规范层面和事实层面的非对称性并非是我国累犯制度所独有的。以累犯制度均颇具特色的德国和美国为例，现行德国的累犯制度以保安处分中的保安监督为主要内容，从规范层面来说，立法者预期保安监禁这面网应该擒住的，其实是制造社会恐慌的人，而不是失败的犯罪人。但是根据保安监督实际适用对象的研究发现，被宣告"保安监禁"的人多为轻微罪犯，是鸡鸣狗盗之徒。这意味着真正的江洋大盗多与保安监禁不相干。① 根据对美国三振出局实际打击群体的研究，学者同样发现，三振出局法案原本意在重点打击危险的暴力犯罪分子，但是现实中因三振出局法案被打击的犯罪人中大部分是实施了并不严重财产犯罪的犯罪人，三振出局法案选择性隔离的目标群体的现实情况与立法初衷完全背离。② 各国累犯制度目标群体在规范层面和事实层面普遍具有非对称性，这一事实也在一定程度上证明了累犯制度普遍存在立法逻辑上的局限性是导致这一非对称性的主要原因。

（二）事实层面的可能归因

累犯制度目标群体之所以在规范层面和事实层面存在以上非对称性，从事实层面来找原因，笔者认为可能存在以下两个原因：罪犯犯罪能力的"帕累托定律"与刑事司法的"漏斗效应"。

1. 罪犯犯罪能力的"帕累托定律"

俗话说，"行行出状元"。这句话有两层含义：一是每一个行业里都会有佼佼者；二是每一个行业中佼佼者都是少数。做一个不恰当的比喻，如果将犯罪视为一种行当或者职业，那么在犯罪这一

---

① 参见林东茂著：《刑法综览》，中国人民大学出版社 2009 年版，第 20 页。

② James Austin, John Clark, Patricia Hardyman and D. Alan Henry, The Impact of Three Strikes and You're Out´, Report for the U. S. Department of Justice, https://www.ncjrs.gov/pdffiles1/nij/grants/181297.pdf, 最后访问时间：2013 年 7 月 30 日。

行中"出类拔萃者"必然是极少数。除了由于目前累犯制度的立法设置问题导致无法对这一部分人实行有效的精确打击之外，罪犯犯罪潜能的"帕累托定律"也是犯罪方面"出类拔萃者"在累犯制度实际打击对象中只占极少数的现实原因。

帕累托定律告诉我们，在任何特定群体中，重要的因子通常只占少数，而不重要的因子则占多数。这一点同样适用于犯罪人群体。很多研究一致显示：只有一小部分犯罪人要对绝大部分犯罪负责。早在1945年，沃尔夫冈（Walfgang）等人就在费城对1万名孩子进行关于青少年团伙犯罪的调查研究，发现占调查对象总数6%的青少年要对费城52%的犯罪负责，特别是要对费城2/3的暴力犯罪负责。① 无独有偶，新泽西青少年违法犯罪委员会对于1986-1989年在案的11800个未成年犯进行调查，也得出了类似的结论：占调查对象13%的未成年犯要对46%被起诉的犯罪负责。② 同样的，对成年犯罪人的研究也呈现出类似的规律。根据格林伍德等人1982年的调查，发现尽管大部分犯罪分子的犯罪次数有限，但是存在一小部分高频犯罪人：有的犯罪分子每年实施夜盗行为232次；有的犯罪分子每年的抢劫次数高达87次。在被调查的实施夜盗罪的犯罪分子中，10%的人对所调查区域的多数夜盗罪负责，他们每年实施的夜盗行为次数高达230起。③ 一项假释罪犯的跟踪研究也发现，大约占被调查总数5%的罪犯要对所有被调查罪

---

① 参见 Wolfgang, Marvin E. *Delinquency in a birth cohort*. University of Chicago Press, 1987.

② 参见 New Jersey Juvenile Delinquency Commission, *The Chronic Juvenile Offender: A Challenge to New Jersey's Justice System*. Trenton: New Jersey Juvenile Delinquency Commission, 1991.

③ 参见 Greenwood, Peter W., and Allan F. Abrahamse. *Selective incapacitation*. Santa Monica, CA: Rand Corporation, 1982.

犯在假释前后所犯下的 45%的罪行负责。① 瑞典的一项研究表明，占总数 6%的罪犯要对斯德哥尔摩发生的一半犯罪负责。芬兰的一项调查结果也显示，占被调查男性犯罪人总数 4%的人和占被调查女性犯罪人总数 1%的人实施了调查范围内犯罪总数的 1/2。② 以上这一系列研究结果均显示，少数犯罪人对大多数犯罪负责这一现象是客观而普遍存在的。

因此，有理由相信，以犯罪能力的高低为标准，现实中犯罪人应该是呈金字塔状分布的。处于塔尖的犯罪人无论是在犯罪数量还是在犯罪严重性方面都有"卓越贡献"，但是他们只占犯罪人群体中的少数，其他处于金字塔基部的犯罪能力平平者则是大多数。这种分布在很大程度上决定了累犯制度只能打击到极少数的"卓越犯罪人"。

2. 刑事司法的"漏斗效应"

美国总统委员会于 1967 年在描述犯罪与刑事司法的关系时首次提出了刑事司法漏斗效应这一概念。③ 所谓刑事司法漏斗效应，是将国家的刑事司法程序形象地视为一个客观筛除犯罪案件的漏斗，社会上发生的犯罪案件随着刑事司法过程的开启与层层递进会由于法律、道德以及实践方面存在的种种客观限制被逐渐被迫排除在外，到最终走完刑事司法程序之时，最后剩下的犯罪案件数量将会远远小于社会上所实际发生的犯罪案件数量。以美国为例，1990年美国发生了 3400 万起犯罪案件，有 3100 万起犯罪案件由于没有

---

① 参见 Beck, Allen J., and Bernard E. Shipley. *Recidivism of prisoners released in* 1983. Washington, DC：US Department of Justice, Office of Justice Programs, Bureau of Justice Statistics, 1989.

② 参见翟中东著：《国际视域下的重新犯罪防治政策》，北京大学出版社 2010 年版，第 60 页。

③ Carlson, Norman A., et al. *Corrections in the* 21*st century：A practical approach.* Belmont, CA：West/Wadsworth, 1999, p. 13.

报告等原因没能进入刑事司法程序。① 在因为严重犯罪被捕的人中，只有不足 1/7 的人最终被送入监狱。②

因为刑事司法漏斗效应的存在，人身危险性质量二维体系中两个维度均较大的犯罪人实施犯罪之后，能够两次均被刑事法网捕获且两次均顺利经过刑事司法漏斗的筛滤通过刑事司法体系的每一个步骤最终被累犯制度打击的概率显然不大。

一方面，处于犯罪能力金字塔尖即在人身危险性质量二维体系中两个维度均较大的犯罪人本身数量就不多，而刑事司法漏斗效应的存在客观上加大了累犯制度精确打击的难度；另一方面，目前我国累犯制度以犯罪人犯罪历史为主要打击标准的做法只能保证尽可能关注到人身危险性量之维度上较大者，而无法保证将人身危险性质量二维体系中两个维度均较大者纳入打击范围。这两方面共同造成的结果就是累犯制度实际打击到的目标只在人身危险性量的维度上而非质量二维体系中两个维度均大于非累犯群体。

二、累犯制度运行方式非对称性归因

(一) 规范层面的可能归因

累犯制度之所以在规范层面和事实层面的运行方式存在上述的非对称性，从消极否定的视角来看，可以认为主要原因在于我国累犯制度立法对于累犯制度运行方式的规定过于模糊笼统，缺乏具体指导。这是我国现行刑法对修正处断规定极为简陋的现状在累犯制度适用上的具体反映。

我国刑法中与量刑处断相关的立法主要有两方面：一为宏观性规定，这主要体现在刑法总则第四章"刑罚的具体运用"第一节

---

① 参见 Bureau of Justice Statistics, *Report to the Nation on Crime and Justice.* Washingtong, D.C.: U.S. Department of Justice.

② 转引自翟中东著：《国际视域下的重新犯罪防治政策》，北京大学出版社 2010 年版，第 48 页。

"量刑"第 61 条①、第 62 条②、第 63 条③的规定，这三条对量刑的规定主要是原则性的，仅仅提供了一种操作的方向，并非细致性的操作方法。二为微观性规定，这主要体现在刑法总则、分则以及各种司法解释中所规定的量刑情节，但所有这些量刑情节所对应的量刑处断结论无非是免除处罚、减轻处罚、从轻处罚、从重处罚、酌定从轻处罚、酌定从重处罚这六种形式。如此一来，当法官面对犯罪人具有累犯这一从重处罚情节时，其从刑法中所能够得到的指引仅仅是"根据犯罪的事实、犯罪的性质、情节和对于社会的危害程度"，"在法定刑的限度以内判处刑罚"这类笼统概括的指导。直至 2010 年下半年《量刑指导意见》的出台和试行，我国刑事立法才对哪些规范性因素应该影响累犯从严作出了较为明确的规定。

根据研究样本判决时间的具体分布可知，所有样本的判决时间均早于《量刑指导意见》正式版本的出台，《量刑指导意见》试行版本出台以后进行判决的样本也只是少数。这意味着作为研究样本的刑事判决书在具体适用累犯从严之时，只有刑法关于累犯应当从重处罚的笼统指示，并没有后来颁行的《量刑指导意见》作参考。在规范层面法有明确态度、法无具体内容的语境之下，法官很可能对于累犯情节的内在构成以及人身危险性概念的认识不准确和不统一，导致累犯前罪的轻重与性质、累犯前后罪的关系、累犯前罪刑

---

① 刑法第 61 条规定："对于犯罪分子决定刑罚的时候，应当根据犯罪的事实、犯罪的性质、情节和对于社会的危害程度，依照本法的有关规定判处。"

② 刑法第 62 条规定："犯罪分子具有本法规定的从重处罚、从轻处罚情节的，应当在法定刑的限度以内判处刑罚。"

③ 刑法第 63 条规定："犯罪分子具有本法规定的减轻处罚情节的，应当在法定刑以下判处刑罚；本法规定有数个量刑幅度的，应当在法定量刑幅度的下一个量刑幅度内判处刑罚。犯罪分子虽然不具有本法规定的减轻处罚情节，但是根据案件的特殊情况，经最高人民法院核准，也可以在法定刑以下判处刑罚。"

罚执行完毕或赦免以后至再犯罪时间的长短这些应该影响累犯从严适用的规范性因素没有被全面纳入法官的量刑考量范围之内，最终只有累犯后罪的性质和轻重影响了累犯从严的适用幅度。这种解释从逻辑上来看完全成立。之后最高人民法院在全国推动量刑规范化改革、颁行《量刑指导意见》的举动在一定程度上还可以反证这一论断，因为从某种意义上来说，只有量刑实践事实上不规范不统一才需要最高人民法院来进一步规范和指导。

规范层面关于累犯制度运行方式规定的模糊，导致了法官在司法实践中缺乏客观的根据而只能依靠逻辑和经验等心证色彩较浓的主观感觉来进行累犯从严，进而造成累犯制度在规范层面和事实层面之间关于运行方式的非对称性。这种消极解读是国内研究一种习惯性的进路，隐含着我国学术界一贯以来对司法实践居高临下的态度。如苏力所言，法官"他/她们常常被法学家认为是要予以教育和提高的"①。尽管逻辑上可以自洽，但这种消极解读还是在很大程度上否定了司法者的主观能动性，忽视法官群体经验中的合理性，存在着自以为是的危险。

(二) 事实层面的可能归因

从积极的角度来看，累犯制度在规范层面和事实层面之间关于运行方式存在的非对称性很可能是由于现实中司法者在缺乏明确的立法指引下对于人身危险性概念的独特理解所造成的。虽然② "量刑是一个从相对到绝对的过程，在这个过程中，不可避免地掺入了法官个人的喜爱或厌恶、偏好和偏见、情感、习惯意识和信念"③，

---

① 苏力著：《送法下乡——中国基层司法制度研究》，北京大学出版社2011年版，第7页。

② [美] 理查德·波斯纳著：《法官如何思考》，苏力译，北京大学出版社2009年版。

③ 张素莲著：《论法官的自由裁量权——侧重从刑事审判的角度》，中国人民公安大学出版社2004年版，第186页。

但是"大量存在、反复出现的集体实践必然体现某种内在的合理性"。① 十万份刑事判决书提供的信息显示，我国司法实践中累犯从严量刑存在"轻轻重重"的适用规律，这一规律很可能是法官群体关于人身危险性认识集体理性的体现，值得进一步探究而不该被轻易否定。

作为一个行为人刑法上的概念，人身危险性在我国刑法中一直是一个尴尬而暧昧的概念，正如有学者所说，"遍寻整个刑法典，我们却无法找到'人身危险性'或与之相类似的任何字眼。从法律规定上看，人身危险性是刑事责任的根据之一的观点，不能得到任何佐证"②。然而，形式上的非规范性并没有妨碍人身危险性的现实适用。人身危险性犹如一个幽灵，虽然缺乏有形的肉身和清晰的面目，却依然在刑事程序的诸多环节不时"显形"，左右着定罪、量刑、行刑等阶段的诸多决定③。

刑事立法之所以对人身危险性"用而不宣"，在很大程度上是由于人身危险性在技术操作层面存在诸多困难。"人身危险性作为一个非实然性的行为人人格性状，它针对的是犯罪行为的一种或然性存在，如何评估行为人有无人身危险性，或者说如何量化行为人人身危险性的大小，这并非是人人都可以轻而易举加以操控的事。"④

尽管人身危险性在规范层面上"不可说"，在实践层面上"不可控"，法官量刑时却无法回避地需要经常依据可以得到的量刑信息对犯罪人的人身危险性进行判断进而决定惩罚结果。"法官必须

---

① 白建军：《论具体犯罪概念的经验概括》，载《中国法学》2013 年第 6 期。

② 江学：《刑罚个别化的中国命运》，载《江苏公安专科学校学报》2002 年第 4 期。

③ 参见陈伟著：《人身危险性研究》，法律出版社 2010 年版，第 115-168 页。

④ 陈伟著：《人身危险性研究》，法律出版社 2010 年版，第 17 页。

评估（犯罪人）未来再犯罪的风险，除非他们准备无视所有关于惩罚的功利性根据"①，在这一过程中，累犯情节毫无疑问是重要的判断依据。法官群体在具体进行人身危险性判断之时对累犯情节内部不同构成维度赋予了不同的权重，使得累犯从严的量刑适用事实上呈现出"轻轻重重"的规律，这种做法有一定的合理之处。

将累犯后罪的性质和轻重作为累犯从严适用幅度的主要影响因素，主要是出于以下几点考虑：

第一，宽严相济刑事政策的体现。累犯后罪的性质和轻重在累犯后罪的量刑过程中起到了双重作用：作为累犯后罪本罪的社会危害性体现，对于累犯后罪基准刑的确定起决定作用；作为累犯情节内部构成维度，对累犯后罪基准刑起到从严调整作用。法官首先根据罪刑均衡基本原则初步实现重罪重罚、轻罪轻罚，然后再通过将累犯从严幅度与累犯后罪性质和轻重挂钩的方式进一步实现"重罪更重罚，轻罪更轻罚"的效果。这种量刑环节的"马太效应"符合宽严相济刑事政策的基本要求。

第二，这种做法也符合客观的审判规律。在法官量刑时，"真正唤起他/她注意力的首先是此刻的诉讼，而不是当事人先前某个行为的法律性质或意思表示。只是由于诉讼中法律的要求和自身职责的规定，法官才会注意当事人先前某行为的法律性质或他/她的意思表示"②。也就是说，累犯从严的重点不在于过去犯了什么罪，而在于现在又犯了什么罪，累犯后罪才是真正"触发"累犯从严适用的犯罪。法官主要将眼前自己审判且显然更为了解的累犯后罪的性质和轻重作为判断累犯人身危险性大小的主要依据，进而影响累犯从严的适用幅度，不失为一种安全稳妥的选择。

---

① J. C. Oleson, "Risk in Sentencing: Constitutionally Suspect Variables and Evidence-Based Sentencing", *S. M. U law Review*. Vol. 64, 2011, p. 1338.

② 苏力著：《送法下乡——中国基层司法制度研究》，北京大学出版社2011年版，第207-208页。

第三，这种做法的合理性还有实证研究的支持。国外相关实证研究表明，犯罪人先前的犯罪记录时间越晚近，用来预测犯罪人未来再犯罪可能性时就越准确。[①] 累犯后罪相较于累犯前罪而言，距离未来累犯可能实施的再犯罪时间间隔更近，是更为"新鲜"的"前科"，在人身危险性判断过程中对其赋予更大权重，有助于提高预测的准确性。

第四，累犯情节内部其他与累犯前罪相关的构成维度在适用过程中"集体失灵"，一定程度上也回避了关于累犯从严适用违反"一事不二罚"原则的诟病。不少学者认为，在行为刑法的框架之下，累犯前罪既不能影响累犯后罪罪行的严重性，也不能左右累犯后罪罪责的大小，在这种情况下因为之前已经被惩罚过的犯罪导致当前犯罪的刑罚严厉程度增加，违反了"一事不二罚"原则。[②] 法官在累犯从严适用之时，不将与累犯前罪相关的规范性因素作为决定累犯从严幅度的重要依据，在一定程度上避免了重复评价的问题。

当刑事立法规定粗疏之时，司法实践中法官群体在适用累犯情节时却并未失去章法：一来法官在累犯从严量刑适用时颇为克制，将累犯情节对最终量刑结果的从严调节作用控制在一个审慎的范围，确保了人身危险性在刑罚裁量过程中相对于累犯后罪的社会危害性居于次要地位。二来尽管多数学者认为人身危险性的征表包括犯罪人个人情况、犯罪人犯中表现以及犯罪人在犯罪前后的表现这

---

① 参见 Joanna Amirault and Patrick Lussier, "Population Heterogeneity, State Dependence and Sexual Offender Recidivism: The Aging Process and the Lost Predictive Impact of Prior Criminal Charges over Time", *Journal of Crime Justice*, Vol. 39, 2011, p. 344.

② *See* Carissa Byrne Hessick and F. Andrew Hessick, "Double Jeopardy as a Limit on Punishment," *Cornell Law Review*, Vol. 97. 2011 - 2012, p. 46; Paul Robinson, "Punishing Dangerousness: Cloaking Preventive Detention as Criminal Justice", *Harvard Law Review*, Vol. 114, 2001, p. 1429.

三方面，① 法官在司法实践中却只将累犯后罪的性质和轻重这种客观的因素作为影响累犯从严适用幅度的因素，将虚无缥缈的人身危险性判断主要奠基于客观的犯罪事实之上，以这种在规范框架之内可以接受的方式化解了人身危险性不可知不可控的问题。需要指出的是，这种做法并未涉及重复评价问题，② 作为犯罪人犯中表现的重要体现，累犯后罪的犯罪事实既是反映累犯后罪社会危害性的主要依据，也是判断犯罪人人身危险性的合理根据。

三、累犯制度实施效果非对称性归因

如果将累犯视作社会的一种顽疾，而累犯制度是立法者意欲治疗这一顽疾开出的药方，那么累犯制度药效不彰的原因首先在于立法者在开药的时候就没有真正做到对症下药，而司法者与行刑者在给每一个累犯配药的时候又没有做到因人而异，因病而异，因此累犯制度药效不尽如人意也是理所当然之事。

（一）规范层面的可能归因

1. 从严手段功能有限

我国的立法者在规范层面设立累犯制度打击重新犯罪现象时依然以刑罚作为唯一应对方式，只在刑罚的严厉性上有所提高以示区别，这种做法存在很大的风险：这种制度设计的逻辑将累犯重新犯罪之原因归咎为前次刑罚量之不足故而其所受教训不够，因此累犯

---

① 参见陈兴良著：《刑法哲学（上）》，中国政法大学出版社 2009 年版，第 127-136、175-176 页；刘绪东著：《累犯制度研究》，中国政法大学出版社 2012 年版，第 145-155 页；陈伟著：《人身危险性研究》，法律出版社 2010 年版，第 202-203 页；陈谦信著：《人身危险性的基本理念与定罪量刑制度》，法律出版社 2012 年版，第 38-41 页。

② 尽管有学者认为，不应该将犯罪事实作为判断被告人人身危险性的评价根据，否则就是重复评价。参见张明楷：《论预防刑的裁量》，载《现代法学》2015 年第 1 期。

▌累犯制度：规范与事实之间

重新犯罪之后需提高刑罚严厉性加大刑罚量来使其受到充分教训从而远离犯罪。但是事实上还有一种足以颠覆这种逻辑的可能是，累犯重新犯罪之故不主要在于立法者开出的刑罚这味药剂量之不足，而主要在于立法者开出的刑罚这味药根本不对症——累犯现象的出现在很大程度上就证明了刑罚这种手段对于累犯这一群体的无能为力。

储槐植先生很早就指出："只有当刑罚作用足以抵消或制止促成犯罪的因素的条件下，刑罚才能够预防犯罪。由于刑罚作为遏制犯罪的因素本身是单一的，而社会上促成犯罪的因素是复杂多样的，因此，刑罚预防犯罪的功能是有限度的。"[1] 针对累犯而言，促使其犯罪的原因多种多样，但是控制其犯罪的反馈来源（累犯从严）却极其单一，累犯原因多元化和作为目前我国累犯从严唯一手段的刑罚功能有限性这两者之间不可调和的矛盾是累犯制度实施效果不尽如人意的根本症结所在。

一方面，累犯从严只着眼于犯罪的个人原因，片面强调累犯个人的刑事责任，希望仅仅通过作用于累犯个人层面而达到减少犯罪的效果，完全无视了犯罪的社会归因。这不仅有失公允，亦妨碍减少犯罪目的的达成。

现代犯罪学对犯罪产生原因的多元化已经有了深入的研究，发现犯罪不能完全归因于犯罪人的恶害，社会本身也负有一定意义上的责任。[2]

法国著名社会学家迪尔凯姆把犯罪视为一种社会结构作用下的必然产物，犯罪的数量与形态都决定于社会结构的性质，并且犯罪

---

[1] 储槐植著：《刑事一体化与关系刑法论》，北京大学出版社 1997 年版，第 278 页。

[2] 白建军著：《刑法规律与量刑实践：刑法现象的大样本考察》，北京大学出版社 2011 年版，第 164 页。

的形态随着社会结构的变迁而有所改变。① 美国犯罪学者默顿则进一步指出，社会结构中有两个最重要的组成部分：一是为社会主流文化所认同的价值目标；二是实现这些目的的手段和方法。在现实生活中，社会在为人们规定通行的价值目标的同时，却没能一视同仁地给所有社会阶层的人提供足够的实现价值目标的合法手段，于是，用非法手段去实现社会价值目标便成为某些劣势群体的必然选择。② 手段与目标之间的紧张、文化结构和社会结构之间的断裂，是犯罪产生的社会原因。

从这个意义上来说，累犯群体中相当一部分人之所以成为累犯，不公平的社会现实对此有不可推卸的责任。

绝大部分的累犯在成为累犯之前均处于社会最底层，低下的社会地位使其无法充分享有受教育的权利，而低下的文化程度又导致其在就业市场上缺乏竞争力，③ 这些被决定而不是自我选择的社会因素使这一群体更倾向于通过犯罪这种非法手段来实现社会价值目标。根据我国上海地区进行的一项调查结果显示，罪犯整体文化水平偏低，而重新入狱的罪犯文化程度比罪犯整体平均文化水平还要低一些。④ 另一项关于罪犯的调查也显示，无论是在初次犯罪者中，还是在重新犯罪者中，处于待业（失业）状态的人都是最多的：初次犯罪时待业的为 27.5%，重新犯罪时待业的达到 35.4%。

---

① ［法］迪尔凯姆著：《社会学研究方法论》，胡伟译，华夏出版社 1988 年版，第 81 页。

② 参见 ［英］韦恩·莫里森著：《理论犯罪学——从现代到后现代》，刘仁文、吴宗宪、徐雨衡、周振杰译，法律出版社 2004 年版，第 165-167 页。

③ 根据本书实证研究样本库中累犯样本的统计，92.4% 的累犯没有完成义务教育，而 97.9% 的累犯没有固定的工作。其他国内外的实证研究也有类似发现。

④ 参见江伟人：《关于监管改造工作首要标准的思考——以上海刑释人员重新犯罪为例》，载《中国监狱学刊》2009 年第 3 期。

那些释放后职业不稳定的人员更有可能重新犯罪，重新犯罪这种身份是个体户的比例最高，达到 22.8%。[①] 低下的社会地位决定了教育机会的缺乏又影响了就业技能的获得，这些客观原因很可能需要为累犯之所以成为累犯负重要责任。

犯罪导致国家以刑罚的方式对他们作出反应。犯罪人被关在监狱里与社会隔离的时间越久，他与社会的联系就越弱。这些社会联系包括人际交往关系、家庭关系、工作场所关系和经济关系等。因为监禁而被削弱的社会关系很可能强化犯罪人在刑满释放后重新犯罪的倾向性。[②] 2002 年英国反社会排斥局发布的一项关于减少重新犯罪的报告就充分说明了以上的担忧并非杞人忧天。报告首先将罪犯群体入狱前的各方面情况与普通大众相对比，发现罪犯群体相比之下本身就在很多方面存在明显的犯因性缺陷，[③] 具体内容如下表所示[④]：

---

① 参见朱洪德、吴宗宪（执笔）、周勇、李玉竹：《"重新犯罪的心理与对策"课题报告》（上），载《犯罪与改造研究》1995 年第 12 期。

② 参见 Jeremy Travis, *But They All Come Back: Facing The Challenges Of Prisoner Reentry*, Urban Institute Press, 2005; Robert J. Sampson and John H. Laub, "A Life-Course Theory of Cumulative Disadvantage and the Stability of Delinquency", In Terence P Thornberry (ed), *Developmental Theories of Crime and Delinquency*, New Brunswick, N. J, Transaction Publishers, 1997; Thomas Orsagh, Jong -Rong Chen, "The effect of time served on recidivism: An interdisciplinary theory", *Journal of Quantitative Criminology*, 1988, Vol. 4, Issue 2, pp. 155-171 等。

③ 犯因性缺陷又称为犯因性差异，这一概念由吴宗宪老师提出。参见吴宗宪著：《罪犯改造论——罪犯改造的犯因性差异理论初探》，中国人民公安大学出版社 2007 年版。

④ The Social Exclusion Unit. *Reducing Re-offending by Ex-prisoners: Report by the Social Exclusion Unit*. London: The Social Exclusion Unit, 2002.

犯因性缺陷	公众内部占比		罪犯内部占比	
孩提时离家出走	11%		47%（男）50%（女）	
家长溺爱	2%		27%	
有一个家人被定罪	16%		43%	
经常逃学	3%		30%	
被学校开除	2%		49%（男）33%（女）	
16 岁以下辍学	32%		89%（男）84%（女）	
没有任何资格证书	15%		52%（男）71%（女）	
数学能力低于一级	23%		65%	
阅读能力低于一级	21-23%		48%	
书写能力低于一级	空缺		82%	
失业状况	5%		67%（犯罪前 4 个星期）	
无家可归	0.9%		32%（居无定所）	
存在 2 种以上心理失常的	5%（男）	2%（女）	72%（男）	70%（女）
存在 3 种以上心理失常的	1%（男）	0%（女）	44%（男）	62%（女）
存在神经失常的	12%（男）	18%（女）	40%（男）	63%（女）
存在精神失常的	0.5%（男）	0.6%（女）	7%（男）	14%（女）
存在人格失常的	5.4%（男）	3.4%（女）	64%（男）	50%（女）

　　报告进一步显示，对罪犯实施监禁会导致罪犯上述方面多个犯因性缺陷进一步恶化：1/3 的罪犯在监禁期间丧失了他们的住房；2/3 的人因为判刑入狱丧失了工作；超过 1/5 的人陷入经济困难；超过 2/5 的人与家人关系破裂。此外入狱之后罪犯生理和心理健康

日渐衰微，生活技能衰退，思考能力降低。①

　　这一群体刑满释放后因受刑罚而被贴上了犯罪人的标签，在现实社会中尤其是就业市场上处于更为不利的地位，更容易采取犯罪这种非法手段来实现目标。根据台湾地区一项针对犯罪人开展的重刑化刑事政策威慑效果的调查，有部分受访者就明确指出，尽管受过监狱刑罚之后内心会产生惧怕感（刑罚威慑有效），但是受现实环境所迫，还是有可能重新犯罪。② 因此，只是片面强调累犯个人责任的累犯从严"既不能威慑犯罪人远离犯罪，也不能鼓励犯罪人抵制犯罪，只会将他们困在无尽的犯罪和监禁的死循环中无法自拔"③。

　　另外，即使是针对犯罪产生的个人原因，累犯从严以加重刑罚作为唯一采取的应对方式也不能算对症下药。牛津大学教授朱利安·罗伯茨曾于 2007 年在英格兰就犯罪人对量刑整体过程以及累犯从严这种特别量刑安排的态度进行了一系列的访谈。在访谈中谈及累犯从严时，一些犯罪人明确表示：犯罪人不断实施犯罪行为的这种表现本身是犯罪人发出的急需帮助的信号，犯罪人需要国家对其采取更大程度上的积极干预而不仅仅是以累犯罪责更大或重新犯罪风险更高的理由对其实行从严处罚而了事。④

　　以刑罚方式来回应犯罪人以重新犯罪行为发出的求救信号，是最简单粗暴也是最不负责任的方式。然而不幸的是，我国的累犯制度就是以提高刑罚严厉性这种方式来回应累犯的。在我国，累犯从

---

① The Social Exclusion Unit. *Reducing Re-offending by Ex-prisoners*: *Report by the Social Exclusion Unit.* London：The Social Exclusion Unit, 2002.

② 参见蔡德辉、杨士隆等：《重刑化刑事政策对于再犯威慑效果之研究》，台湾中正大学犯罪研究中心，2007 年。

③ Shadd Maruna, *Making Good*：*How Ex-Convicts Reform and Rebuild Their Lives*，American Psychological Association, p. 154.

④ Julian V. Roberts, *Punishing Persistent Offenders*：*Exploring Community and Offender Perspectives*，Oxford University Press, 2008, p. 142.

严主要是以延长累犯监禁刑的方式进行，这种方式不仅成本昂贵而且本身的效果就充满争议性。

从成本收益的角度来看，监禁这种方式的直接经济代价就不菲。10 年前据权威人士保守估算，在我国每个服刑人员每年就需要耗费国家财政拨款万元左右，[①] 根据我国司法部基层司司长王珏的说法，在 2004 年全国监狱每关押一名罪犯需要支付 13000 元，在经济发达地区是 2.5-3 万元。[②] 由于近年来经济发展和通货膨胀等因素，这一数值应该有更大幅度的上升。根据著名刑事执行法专家吴宗宪老师的估计，近年来我国每个服刑人员每年需要消耗的国家财政拨款已经达到 3-4 万元之多。[③] 因此，采取延长累犯监禁刑期的方式会实实在在地给国家财政造成沉重的负担。

另外，很多实证研究的结果也显示，试图通过发挥监禁的威慑和矫正机能来威慑或矫正犯罪人基本上属于做无用功。早年间，澳大利亚学者阿库里（Arcuri）曾对犯罪人进行过一项关于刑罚威慑效应的访谈，访谈结果表明：超过 2/3 的受访者否认对犯罪人施以更加严厉的刑罚可以有效威慑其再犯。其中一个受访者明确指出：（判处更严厉的刑罚）完全不起作用。监狱根本不是一个威慑，无论你将被关进去多长时间。对那些抢劫了 6 万英镑的人来说，他们知道会被关进监狱，但是他们不在乎会被关多久。[④] 再如，张婧博

---

① 参见郭建安：《社区矫正制度：改革与完善》，载《刑事法评论》（第 14 卷），中国政法大学出版社 2004 年版，第 319-320 页。

② 参见王珏：《社区矫正试点及有关思考》，载《监狱理论研究》2006 年第 1 期。转引自翟中东著：《国际视域下的重新犯罪防治政策》，北京大学出版社 2010 年版，第 47 页。

③ 该数据是笔者与吴宗宪老师私下交流时，吴老师根据其掌握的材料估计所得，仅供参考。

④ Arcuri, A. Lawyers, Judges, and Plea Bargaining: Some New Data on Inmates' Views. *International Journal of Criminology and Penology*, Vol. 4, 1976, pp. 177-191.

士在 2008 年对河北省邯郸市监狱中随机选取的 120 名在押犯进行了问卷调查，根据调查结果发现，犯罪人刑期的长短在刑法威慑效果方面没有显著的差异性，判处重刑不会增加人们对刑罚的畏惧。[1] 在她与河北邯郸以及邢台监狱管教人员的访谈中，狱警的明确反馈也在很大程度上印证了上述结果："会怕的人关一下就够了，不怕的人怎么关也没用。"[2] 此外，她的研究也证实，犯罪人的入监时间、判刑次数与人格矫治效果呈显著的负相关，这表明，对于累犯而言，监狱的矫治是无效的。[3] 另外，台湾地区进行的研究也显示，入狱服刑次数与重刑威慑效果之间呈负相关。"初次入狱服刑者身处不自由的环境，而面对监狱的陌生环境，较容易感受到刑罚的严厉性；至于多次出入监狱者对于刑事司法流程了然于心，甚至可充任初次入狱受刑人的诉讼指导人员或监狱次文化生活引导者，容易降低刑罚吓阻的感受强度。"[4] 更有相当多的实证研究结果显示，与其将监狱看作改造罪犯的学校，不如将其视为培养罪犯的学校，因为监禁在给犯罪人贴标签的同时削弱了犯罪人原本就弱的社会联系，而且为犯罪人之间的交叉感染提供了绝佳的机

---

① 参见张婧著：《监狱矫正机能之观察与省思》，中国人民公安大学出版社 2010 年版，第 148 页。

② 张婧著：《监狱矫正机能之观察与省思》，中国人民公安大学出版社 2010 年版，第 187 页。

③ 参见张婧著：《监狱矫正机能之观察与省思》，中国人民公安大学出版社 2010 年版，第 165-166 页。

④ 参见蔡德辉、杨士隆等：《重刑化刑事政策对于再犯威慑效果之研究》，台湾中正大学犯罪研究中心，2007 年。

会。① 在这种情况下，刑期无刑这种理念在一定程度上无异于痴心妄想。

2. 从严规定区分不够

除了立法者坚持继续以刑罚这种未必对症的猛药来对付累犯很可能是累犯制度实行效果不佳的根本原因之外，立法者对于累犯制度不加细分过于笼统的做法则进一步阻碍了刑罚本就有限之"药效"的充分发挥。

虽然我国刑法从形式上看将累犯与非累犯相区别并给予了前者特别对待，在一定程度上体现了刑罚个别化的精神，但是并未将这种个别化精神贯彻到底。我国立法者仅对累犯制度做了普通累犯和特殊累犯的大致区分，但是对于普通累犯却没有在立法上做进一步的区分。

早在20世纪90年代就有学者提出："根据我国刑法罪刑相适应原则的基本精神，不同性质的累犯，其处罚的限度应当有所区别。但是，从现行刑法对累犯、再犯的规定来看，政策上的区别对待，只体现在各自的成立条件上，这无疑是很重要的，而在处罚原则上则是"一刀切"，无论是对一般累犯还是对反革命累犯，或者是对再犯，统统都规定为'从重处罚'，这是很不够的。"②

尽管同为累犯，但是其相互之间仍然存在明显差异。累犯群体内部存在显著区别这一点为许多研究所证实，本书中篇关于事实层面累犯制度的研究结果也印证了这一点。美国兰德公司在一项针对

---

① 参见 Lilly, J. R., Cullen, F. T., Ball, R. A. *Criminological theory：Context and consequences*, Thousand Oaks, CA：Sage Publications, 1995；Cayley, D. *Effects of prison：The crisis in crime and punishment and the search for alternatives*, Toronto, ON.：House of Anansi Press Limited, 1998；Bonta, J., and Gendreau, P. Reexamining the cruel and unusualpunishment of prison life, *Law and Human Behavior*, Vol. 14, 1990, pp. 347-366.

② 马克昌主编：《中国刑事政策学》，武汉大学出版社1992年版，第373页。

49名持械抢劫累犯的研究报告中指出，尽管研究对象人数不多，但是这些为数不多的累犯还是呈现出明显的分化，综合来看可以将其分为以下两类：密集型犯罪人（the intensive offenders）与间歇型犯罪人（the intermittent offenders），其中前者占累犯群体总数的33%，后者则占累犯群体总数的67%。所谓密集型累犯，是指那些自视为或者在其犯罪生涯的某一阶段自视为职业犯罪人者，他们会在很长时间内持续进行犯罪活动，并且在犯罪时往往有具体特定的目标，在避免被刑事司法体系捕获方面经验丰富。所谓间歇型累犯，是指那些并不自视为职业犯罪人者，他们的犯罪活动呈现出非常规性和投机性的特点，对于被刑事司法体系捕获的风险也显得不太在意，这类人从一定程度上来说属于犯罪人中的失败者。这两类犯罪人在青少年时期犯罪行为、犯罪复杂性、犯罪暴力程度、逮捕率、定罪率和监禁率等方面也存在着明显差异。① 这两大类累犯的人身危险性自然存在显著差异。根据前文对累犯制度实际打击群体的实证研究结果来看，现实中被我国累犯制度这面法网所擒获的累犯从人身危险性大小的角度来看也出现鲜明的分层现象：人身危险性质量体系中两个维度均偏小的累犯是累犯群体的主要构成；人身危险性量的维度上偏大的累犯所占比例居第二,；人身危险性质的维度上偏大的累犯所占比例居第三；人身危险性质量体系中两个维度均偏大的累犯所占比例最小。如果借鉴兰德公司报告中关于累犯的分类，我们可以大概推断第一类累犯多为间歇型累犯，而第四类累犯多为密集型累犯。

如前所述，累犯之所以从严的正当性根据在于累犯群体的人身危险性较非累犯更大，那么在对累犯具体从严时，累犯在人身危险性质量体系中两个维度的大小之差别也应该影响累犯从严的方式和幅度。在立法上不根据刑罚个别化精神对累犯制度进行精细化设

① Joan Petersilia, Peter W. Greenwood, Marvin Lavin, *Criminal Careers of Habitual Felons*, The RAND Corporation, 1977.

定，反而尝试用同一种方式概括性地笼统对待不同的累犯，在适用累犯制度时注定了无法将刑罚这种本身功能就有限的手段之效能最大化。

（二）事实层面的可能归因

从事实层面来分析，累犯制度实行效果在规范与事实层面之所以存在非对称性，则很可能与量刑和行刑阶段没有针对累犯群体的特殊性很好地贯彻刑罚个别化原则有关。

刑罚个别化原则由德国学者瓦尔伯格于 1869 年最先提出，其后法国学者萨雷伊将其进一步理论化。萨雷伊认为，刑罚个别化根据不同阶段可以分为法律上的个别化、裁判上的个别化和行政上的个别化。所谓法律上的个别化，是指法律预先着重以行为为标准，细分其构成要件，规定加重或减轻等。法律上的个别化是刑罚个别化的基础。所谓裁判上的个别化，是指刑事程序上司法刑的个别化，主要是体现法官根据犯人的主观情况所作出的刑事制裁的选择和决定之中的个别化。所谓行政上的个别化，是指在刑罚执行阶段由刑罚执行机关进行的执行个别化。[①] 简单来说，完整的刑罚个别化原则应当包括制刑时的个别化、量刑时的个别化和行刑时的个别化。现代刑罚个别化思想以萨雷伊的观点为基础进行了一定的发展，但是思想内核依然相同。

应该说，累犯制度实行效果存在规范与实施层面的非对称性，既与对累犯制刑时没有充分贯彻个别化原则有关，又与对累犯量刑时没有完全贯彻个别化原则有关，还与对累犯行刑时没有很好地贯彻个别化原则有关。基于累犯与其他罪犯存在差异的立法预期在立法上专门确立累犯制度，是刑罚个别化原则在立法阶段或者说制刑阶段的体现。然而在我国的语境下，尽管累犯制度的确立是刑罚个别化原则的体现，但是其自身具体的制定、裁量和执行却又没有很

---

① 参见 [日] 森下忠著：《犯罪者处遇》，白绿铉译，中国纺织出版社1994 年版，第 11-12 页。

好地继续延续和贯彻刑罚个别化原则的精神，这在很大程度上决定了我国累犯制度在实际运行时的效果不符合规范预期。对累犯制刑阶段没有贯彻个别化原则的问题已经在上文规范层面的归因部分进行了讨论，而对累犯量刑和行刑时没有充分贯彻个别化原则是我们事实层面的归因部分所需要重点展开的内容。

从事实层面来看，累犯制度实行效果之所以在规范层面和事实层面存在非对称性，很可能与我国对累犯实际量刑和行刑时没有很好地贯彻刑罚个别化原则相关，这在量刑阶段主要表现为量刑见罪不见人，对行刑阶段集中表现为行刑见利不见人。

1. 量刑见罪不见人

量刑见罪不见人指的是量刑时法官过分关注累犯重新所犯之罪的性质和轻重，没有细致考察累犯作为具体存在的个人人身危险性的大小。法官对累犯量刑见罪不见人的做法直接导致了法官所裁量的刑罚与累犯实际的人身危险性并不匹配，这种刑罚执行以后没能遏制累犯再犯罪的势头也可想而知。

一方面，目前我国以定罪为中心的刑事审判程序设定在客观上不利于各种反映累犯人身危险性的量刑信息全面充分地进入法官的视野，导致法官没有足够的信息根据来估测累犯的人身危险性，进而很难给出足以遏制累犯再犯可能性的恰当刑罚裁量。

尽管定罪和量刑被公认为是法院刑事审判工作的两大基础，实现定罪的准确和量刑的合理是我国刑事审判工作所要达到的两项基本目标，但是在我国现行的定罪与量刑程序一体化的审判模式下，法庭审判的核心是被告人是否构成犯罪的问题，量刑由于没有在程序上独立于定罪过程，成为依附于定罪问题的附带裁判事项。

毫无疑问，定罪和量刑在性质上完全不同，前者是一个定性判断的问题，后者则更多的是一个定量考量的问题（例外的是不同刑种的选择）。定罪结果有正确与否的质疑，量刑结果则只能有适当与否的拷问。因此，在定罪与量刑这两个环节上，法官所依据的事实信息也应当是不一致的。一般来说，被法官作为定罪根据的事实主要是那些足以证明犯罪构成要件成立的信息，即那些与定罪相关的信息。然而在量刑环节，这些信息尽管通常也构成法官量刑的根据，但是法官量刑时还需要将那些与定罪裁判无关却可以成为量刑裁决之基础的事实信息纳入考量的范围。这些事实信息"通常可以包括三个方面：一是被告人的犯罪情节，包括涉及自首、立功、认罪态度、惯犯、累犯、在共同犯罪中的作用、退赃等在内的各种独特事实信息；二是被告人的个人情况，包括被告人的犯罪原因、平常表现、前科劣迹、成长经历、社会交往、家庭情况、受教育状况；三是被害人的情况，包括被害人受犯罪侵害的情况、受害后果、获得经济赔偿的情况及其所表现出的惩罚欲望，当然上述量刑信息几乎是不可能被穷尽的，在一些特殊的个案之中还会表现为特殊的方面"①。总而言之，要实现量刑的科学化和准确性，法官仅仅依靠定罪所依据的事实信息来作出量刑裁决是远远不够的，还必须调查以上那些除定罪事实之外的其他事实信息。严格来讲，调查和收集上述那些与定罪事实无关的新的量刑事实和量刑信息，应该是所有法官在量刑环节所要解决的重要问题。

与我国不同，美国的刑事审判程序是定罪程序与量刑程序相分离的。美国联邦最高法院前大法官布莱克很早就认识到：事实裁判者通常"只关注被告人是否犯下特定的罪行"，证据规则的设计旨在达到对事实认定过程的"精密限制"，以保证证据材料能够与争议事实具有实质上的相关性。科刑法官则不受此限，会"尽可能地获得与被告人有关的生活或者性格特征材料"。布莱克强调指出：如果我们将信息的获取途径仅仅局限于定罪阶段的法庭审理环节上，那么"法官意图作出的明智的科刑判决所依据的大部分信息都将无从获得"②。在我国现行的以定罪为中心的定罪量刑一体

---

① 陈瑞华：《论量刑程序的独立性》，载《中国法学》2009 年第 1 期。

② 转引自〔美〕拉菲弗等著：《刑事诉讼法》（下册），卞建林等译，中国政法大学出版社 2003 年版，第 1343-1344 页。

化刑事审判程序下，布莱克的担忧成为现实。

在我国现行的刑事审判体系下，中国法官主要是通过听取控辩各方的举证、质证和辩论来获取量刑信息，并对量刑事实作出最终的认定。因此，在理论上，控辩双方都有权利也都有可能提出与刑事被告人人身危险性息息相关的量刑信息来影响法官。然而，事实上，由于现实中辩护律师或是因为时间精力所限或是因为敬业精神的缺乏很少就量刑事实进行专门的庭外调查，经常只是泛泛地提出"被告人主观恶性不深"、"被告人社会危害性不大"、"被告人没有达到罪大恶极的程度"、"被告人不具备再犯新罪的可能性"这类量刑辩护而很少"将那些从轻和减轻情节予以客观化、数量化"，因而往往无法向法庭提交关联性较强的量刑情节①，因此法官量刑时主要依靠的还是由公诉方提供的量刑信息。

尽管依照我国现行刑事诉讼法的规定，检察机关提起公诉时除了向法庭提交与定罪相关证据之外，在提交量刑证据时既要向法庭提出足以支持对被告人从重量刑的事实情节也要将那些可以证明从轻、减轻或者免予刑罚的事实情节向法庭一并提出。然而，由于客观方面与主观方面的原因，公诉方往往无法全面地向法庭呈现与刑事被告人人身危险性相关的量刑信息，尤其是有利于刑事被告人的信息。

从客观方面来讲，检察机关所掌握的量刑信息主要来自侦查机关移交的案卷笔录。鉴于侦查机关的工作重点在于案件的侦破，重视嫌疑人的抓获归案以及犯罪证据的收集而不是对于量刑证据的调查，这就决定了侦查机关在收集量刑信息方面具有天然的局限性。在我国目前刑事审判程序重定罪轻量刑的现状之下，"尽管公诉人除了查阅和研读侦查案卷笔录以外，有时也有可能从事一定的补充调查工作，但这种调查通常更加着眼于犯罪证据的补充和完善，而不会将主要侧重点放在量刑信息的补充收集上。正因为如此，公诉

---

① 参见陈瑞华：《论量刑信息的调查》，载《法学家》2010 年第 2 期。

人在起诉书中所记载的量刑信息，一般都只概括了一些最显著的方面，如首犯、主犯、教唆犯、累犯等从重量刑情节，或者如从犯、投案自首、立功、退赃、如实供述犯罪事实、赔偿被害人损失、未满特定年龄等从轻或减轻情节。甚至在大多数情况下，公诉人当庭提交的量刑信息主要限于那些法定从重、从轻或减轻处罚的情节"①。

从主观方面来看，公诉方作为刑事诉讼中相互对抗两造中的一造，其追求的是顺利完成追诉犯罪的目标，这种胜诉的价值取向决定了检察机关倾向于主要提交那些不利于被告人的量刑信息而对那些对刑事被告人有利的酌定量刑情节选择性地视而不见或者说有意忽略。

鉴于以上主客观两方面的原因，刑事司法体系对于量刑信息的流动也呈现出了一种"漏斗效应"：随着案件依次经历侦查和公诉环节，与量刑相关的信息特别是有利于刑事被告人的量刑信息被无意或有意地筛除了。在法官量刑时，最终进入法官视野的量刑情节不仅从数量上来看不多而且从质量上来看也难以保证客观准确性。

那么在此情况下，法官可否自行调查量刑信息呢？从理论上来说答案是肯定的，因为根据我国刑事诉讼法的规定，法官在庭审中享有一定的证据调查权。然而将其置于现实语境下来看，在现行以定罪为中心的刑事审判中，法官所关注的主要是被告人是否构成犯罪的问题，所要审查的也主要是那些与犯罪构成有关的事实信息，对于那些与定罪无关却影响量刑的事实情节，事实上无从深入地调查：在大多数地区的基层法院，在刑事案件数量逐年呈显著上升的发展趋势之下，法官的人手日益匮乏，由法官亲自从事量刑信息的调查工作几乎是不可想象的。不仅法官普遍不予支持，而且也没有

---

① 陈瑞华：《论量刑信息的调查》，载《法学家》2010年第2期。

基本的可操作性。① "现在刑事案件每年呈不断上升的趋势，一般的基层法院（内地或者经济欠发达的地区）有 100 多件案件，多的有 300 多件，而基层法院的刑事审判员有 5 人左右。一般的中级法院（内地或者经济欠发达的地区）每年都有 500 多件案件，刑事审判庭室的审判员不足 10 人。有审判职称的仅有 7 人左右。而法官们在一年 200 多个有效工作日中，除去必须参加的各类会议、党委政府安排的中心工作、政治学习、党团活动等，每年实际用于办案的时间不超过 180 天，平均两天必须审结 3 件案件"②。法官在如此繁重的审判任务和绩效考核的压力之下客观上没有时间和精力全面深入地收集量刑信息尤其是与刑事被告人人身危险性相关的量刑信息。此外，与定罪问题不同，量刑问题的结果不存在对与错的问题，只有恰当与否的问题，而恰当与否则是一个判断标准模糊而宽松的问题。只要量刑结果不存在与常识相违背的畸轻畸重的情况，在目前刑事判决书量刑结果不说理的情况下，法官不以全面获取量刑信息为前提而作出量刑结果并不存在太大的职业风险。

因此，在目前的刑事程序设计之下，因为制度的客观限制、法官绩效考核的压力以及可容忍的职业风险等种种原因，"中国法官几乎不可能对被告人的个人情况展开全面的社会调查，包括被告人犯罪的社会原因、成长经历、社会环境、被害人过错、家庭和教育情况等因素，不可能在法庭审理中受到认真关注；法官也不可能对犯罪造成的各种后果给予全面的关注，诸如犯罪给被害人带来的身体伤害、精神创伤，犯罪给被害人家人所带来的各种损害，犯罪给社区所带来的负面影响，都难以成为法官的量刑信息资源；法庭更不可能对被告人的再犯可能以及未来的刑罚效果作出科学的评估，

---

① 参见金兰等：《基层法院实施社会调查制度的调研报告》，载《法治研究》2009 年第 12 期。

② 盘树高：《刑事审判法官的压力和减压》，载光明网，最后访问时间：2011 年 5 月 18 日。

法官更多地将精力放在判断被告人是否构成犯罪问题上，控辩双方也更多地关注被告人是否构成犯罪的问题，几乎没有一个人真正关注被告人的再犯可能以及所采取的刑罚是否足以遏制犯罪等刑罚效果层面上的问题"①。

我国现行量刑依附定罪的审判制度设计最终会导致法官被迫将定罪所依据的事实视为量刑的主要信息，然后通过一种"办公室作业"式的行政决策过程②对量刑问题作出草率认定的结果，而那些因为客观原因无法进入法官视野但又与被量刑的罪犯人身危险性密切相关的信息则被赤裸裸地忽视了。刑事被告人在法官决定对其量刑的过程中是被排斥在外的。

上文的实证研究结果就清楚地表明我国累犯量刑时就存在这个问题：我国法官在对具有累犯情节的盗窃罪、故意伤害罪、抢劫罪犯罪人量刑时，与累犯后罪性质和轻重相关的信息在作为本罪轻重决定性影响因素之外，其作为累犯情节内部构成的维度之一对于累犯最后的量刑结果同样起到了显著作用。在实证研究的过程中，为了获取尽量多的数据，笔者曾大量阅读来自我国各地各级法院与累犯相关的判决书。在这一过程中，笔者发现这些判决书中普遍存在累犯个人信息缺失的情况，很多判决书中没有关于累犯的年龄、性别、职业、受教育程度、前科劣迹这些重要的信息，而累犯的犯罪原因、平常表现、成长经历、社会交往、家庭情况这类信息则完全没有被提及。这其中的原因可能有二：其一，法官事实上获得了上述关于累犯的相关信息，但是认为这些信息与累犯量刑没有关系，

---

① 陈瑞华：《论量刑程序的独立性》，载《中国法学》2009 年第 1 期。

② 所谓"办公室作业"式的行政决策过程，其中既有法官单方面的裁决制作活动，又有法院内部的行政审批活动，包括院长、庭长的审批和审判委员会的讨论决定活动，而与量刑结局有着密切关联的公诉人、被害人、被告人则被排除在量刑的决策过程之外。参见陈瑞华：《论量刑程序的独立性》，载《中国法学》2009 年第 1 期。

其在量刑时也未将这些信息纳入考量范围，因而在撰写刑事判决书时将其有意略去；其二，法官事实上根本没能获取上述累犯的相关信息，因此客观上无法在撰写刑事判决书时将其呈现出来。依笔者看来，后面那种情况的可能性更大一些。然而无论是哪一种情况，都表明我国法官在对累犯量刑裁决时，同样受到了我国刑事审判程序量刑依附定罪的制度限制，其针对具体累犯作出特定的从严处罚裁量时将定罪所依据的事实视为累犯量刑时的主要信息，而大量与累犯人身危险性相关的信息则被排除在法官量刑的考量之外。

近年来量刑规范化改革推行之后，应该说量刑环节逐渐受到重视并得到了制度上的保障。然而，鉴于目前社会调查报告制度仅存在于未成年人的刑事案件中而没有被普遍推广，因此在对累犯量刑时，法官还是无法充分获取与累犯人身危险性相关的全面信息，无法对累犯如何从严量刑才能遏制犯罪、阻止被告人重新犯罪、确保被告人回归社会等展开科学的审查和评估。这一困境看起来并没有随着我国量刑规范化改革的推进而得到有效改善。

另一方面，累犯重新犯罪的事实令法官对累犯存在怙恶不悛的偏见，这种偏见使得法官在对累犯量刑时简单地将其脸谱化和类型化，在处理能够进入其视野的量刑信息时也容易过于草率和片面，进而导致法官在对累犯从严量刑时过于简单机械化和程式化，无法真正体现刑罚个别化的精神。

根据我国刑法的规定，累犯情节是法定量刑情节，前科劣迹则是酌定量刑情节，这两类信息是法官在对罪犯量刑时应该考虑和可以考虑的因素。这两类与犯罪人人身危险性评估紧密相关的量刑信息也是目前刑事审判程序的客观限制之下依然可以顺利进入法官视野的信息。

如前文所述，我们应该认识到这两类信息是多维的而不是单维的，其内在构成的每一个维度都是犯罪人人身危险性的独特度量衡。就累犯情节而言，其至少可以分解为以下几个反映罪犯人身危险性的维度：累犯前后罪名同一性、累犯前罪是否是重罪、累犯前罪刑期长短、累犯前罪是否是暴力犯罪、累犯前罪实际服刑率、累犯前罪刑罚执行完毕或赦免以后至再犯罪时间的长短、累犯后罪是否是重罪、累犯后罪是否是暴力犯罪等。就前科劣迹而言，其内在维度则更为丰富。因为人身危险性概念的内在丰富性和累犯群体内部明显存在的异质性，法官在量刑环节对具体累犯从严量刑的时候，至少应该对与累犯情节和前科劣迹情节相关的这两类少数能够进入法官视野的量刑信息做充分和全面的解读，以此为基础来估测特定累犯的人身危险性情况进而给出相应的刑罚。然而上文实证研究的结果显示，在我国对与累犯相关的盗窃罪、抢劫罪和故意伤害罪的量刑实践中，累犯情节作为法定量刑情节对于犯罪人量刑结果的影响相当有限，除了累犯后罪的性质和轻重这两个维度之外，法官在对累犯从严量刑之时并没有将累犯情节内部的其他构成维度纳入考量。相比之下，与累犯前科劣迹相关的量刑信息在法官累犯从严量刑时则完全没有发挥任何显著影响。由此可见，在对累犯从严量刑时，法官对其可以掌握的关键量刑信息的使用也并不充分全面。

究其原因，笔者认为法官在量刑过程中对能够掌握的量刑信息进行笼统草率的考量很可能也与其对累犯重新犯罪原因认识的片面性相关。如前所述，法官在刑事审判中将主要精力放在定罪环节之上，定罪环节的关键则在于确认刑事被告人对被指控的犯罪负有责任。在我国现行定罪量刑一体化的刑事审判程序中，定罪环节之后马上进入量刑阶段，法官脑海中已经牢固建立了罪犯对其所犯之罪有责，罪犯对其所犯之罪有错的偏见。累犯作为再次进入刑事司法系统接受法官定罪处罚的群体，其忽视上次犯罪之后法官通过定罪量刑代表国家对其犯罪行为进行苛责的经历容易使法官对累犯群体整体持有概括性的否定评价。重新犯罪的事实证明累犯之前所受刑罚不足以令其改恶向善，因而法官在累犯因为重新犯罪再次进入刑事司法审判程序之时习惯性地将累犯重新犯罪的事实完全视为累犯自身的过错，是其屡教不改、人身危险性大的有力证明，因而在量刑环节上理所当然对其加重刑罚以弥补之前刑罚效力之不足而不会刻意去细致考察反映累犯真实人身危险性的各个方面。①

　　事实上，法官出于司法偏见将累犯重新犯罪完全归咎于累犯的做法与客观现实不相符合，重新犯罪原因的复杂性和多元性已经是众所周知的事实，很多时候累犯重新犯罪并非是出于自由意志主动选择的结果而往往是被现实环境所迫。法官对于累犯重新犯罪事实的片面解读与累犯对自己重新犯罪的解读相抵牾。法官主要关注的是累犯又做了什么坏事然后将此归咎于累犯，但累犯却希望法官能够更多地关注自己为什么又重新犯罪了，希望法官能够意识到重新犯罪原因的复杂性和多元性，不要将重新犯罪的所有责任都归咎于累犯个人。从累犯的角度看，他们认为重新犯罪的事实是一种急需帮助的呼喊，希望在庭审的时候能有更多表达的机会而不只是被动地听着，希望法官在对其量刑时不仅仅是将其简单类型化为累犯，贴上累犯的标签之后对其笼统地进行从严处理，而应该在量刑阶段将其还原为具体的鲜活的个人，关注其重新犯罪的真正原因，并且在对其量刑时考虑到这些。2007 年英格兰针对犯罪人对累犯制度看法的访谈结果就清楚地显示，很多参与访谈的罪犯都认为法官只将关注点局限于罪犯所犯罪行的严重性以及罪犯的前科之上，对于罪犯的个人具体情况的关注则远远不够。有参与访谈的罪犯这样抱怨："他们事实上并不拿你当一个活人看待，也不关心你是否在上一次定罪量刑之后有所改变。（事实上）很多人都有所改进。他们仅仅只看你的犯罪记录并以此为凭据。检察官和法官只会将你看作累犯，而且将你视为出狱之后故意又重新犯罪的那种比一般累犯更坏的人。当我在法庭上被量刑时，他们只看我的犯罪记录，他们看

---

　　① 笔者曾于 2014 年赴浙江某中级人民法院与几位刑庭的审判长进行座谈，席间谈及累犯量刑问题时，几位审判长几乎一致认为累犯之所以重新犯罪是因为没有吸取上次刑罚的教训，所以重新犯罪之后需要加重刑罚来迫使累犯接受教训。

我以前犯过多少次罪并以此为量刑的依据。他们在看到一个人做了什么坏事情的同时也需要多看看他也做了哪些努力。(但是罪犯)好的那些方面在法庭上却永远得不到承认。"①

法官对累犯群体所持有的概然性偏见与其历来对人身危险性概念的单维理解和对累犯这一群体的脸谱化认识是分不开的。法官意识不到人身危险性概念的多维度,也就意识不到需要对累犯情节、前科劣迹这类在现行刑事审判程序之下少数能够进入法官量刑视野的量刑信息做全面解读和充分挖掘。法官认识不到累犯群体内部异质性,也就无法认识到累犯这一被笼统认为与非累犯相比人身危险性较大的群体内部存在着人身危险性程度的明显分层。在这一串不良的"多米诺骨牌效应"之下,法官在对累犯量刑时往往倾向于将具体的累犯符号化为受过刑罚依然不知悔改因而与人身危险性较大的犯罪分子笼统归为一类,鉴于这一类犯罪人重新犯罪的事实彰显了其共有的怙恶不悛的本性以及普遍暴露了上次刑罚的不足,法官在本次量刑活动中无须对累犯情节和前科劣迹这些为数不多的量刑信息进行全面细致的解读,只需要对这一类人进行机械化、程式化的从严处罚即可。

2. 行刑见利不见人

有学者曾一针见血地指出,"执行乃法律之终局及果实",因为"如果执行不得其道,那么,侦查、审判的效果都等于零,国家论罪科刑之意义尽失"②。因此,累犯制度实行效果不尽如人意,与累犯制度在执行阶段的弊端息息相关。鉴于累犯制度对于累犯从严的手段主要还是采取延长监禁刑刑期的方式,现实中监禁刑执行时没有贯彻刑罚个别化原则,导致见利不见人的情形发生是累犯制度预期效果不彰的重要原因之一。

---

① Julian V Roberts, *Punishing Persistent Offenders: Exploring Community and Offender Perspectives*, Oxford University Press, 2008, pp. 158-159.

② 林纪东著:《监狱学》,台湾三民书局1997年版,第17页。

　　"改造罪犯的最理想方法，是个别化的改造方法。"① 针对不同罪犯的不同犯罪原因在行刑阶段对症下药，从理论上来看应该是行刑效果最佳的一种方案。累犯作为一种不同于其他罪犯的特殊群体，在犯罪原因上与初犯存在显著的差异性。

　　犯罪学的研究发现，初次犯罪的原因与重新犯罪的原因，特别是和从监狱释放之后重新犯罪的原因之间有一定的区别。尽管初次犯罪的原因也是大部分重新犯罪的原因，但是对于那些在监狱服刑之后释放的人员来说，他们重新犯罪的原因有一定的特殊性。这种特殊性突出地表现在，一些对于初次犯罪人并不重要的犯因性因素，对于重新犯罪人来说，则可能是极其重要的犯因性因素。对于从监狱中释放的人员来说，重建社会生活是他们面临的最迫切的问题。在大量的犯因性因素中，与重建社会生活有关的因素，可能成为影响他们重新犯罪的最重要的犯因性因素。罪犯释放之后若要重建社会生活，获得一定职业能够保证稳定的经济来源从而自食其力是关键的一步。如果这一步罪犯没能顺利跨越，那么罪犯从监狱释放之后就难以重建社会生活，他们很难不重新犯罪。②

　　根据我国学者的调查，发现尽管在初次犯罪者或是重新犯罪者这两个群体中处于待业（失业）状态者所占比例均是最多的，然而在重新犯罪者群体中这一比例（35.4%）还是显著高于初次犯罪者群体中的相应比例（27.5%）。调查还发现，那些释放后无稳定职业者更可能重新犯罪，重新犯罪者中身份为个体户的最多，所占比例达到22.8%。③

　　上文实证研究的分析结果也显示，盗窃罪、抢劫罪和毒品犯罪

---

　　① 吴宗宪著：《监狱学导论》，法律出版社2012年版，第254页。

　　② 参见吴宗宪著：《罪犯改造论——罪犯改造的犯因性差异理论初探》，中国人民公安大学出版社2007年版，第282页。

　　③ 朱洪德、吴宗宪、周勇、李玉竹：《"重新犯罪的心理与对策"课题报告（上）》，载《犯罪与改造研究》1995年第12期。

这三类牟利型犯罪构成了研究样本中累犯最主要的犯罪类型，几乎占累犯样本的70%；相比之下，在初犯样本中，最主要的犯罪类型则依次为盗窃罪、故意伤害罪和抢劫罪，而且盗窃罪、抢劫罪和毒品犯罪这三类牟利型犯罪在初犯犯罪类型中所占比例仅为38.3%。

根据以上各项研究结果，尽管犯罪原因以及重新犯罪原因是多元化的，然而累犯群体与初犯群体相比在犯罪原因上的确存在其特殊之处，出狱之后难以自谋生路造成其生计难以维系是大部分累犯重新犯罪的原因之一。

既然累犯在犯因性缺陷上与初犯相比存在显著差异，若要使得累犯制度收到预期的效果，那么在行刑阶段最好是在承认累犯特殊性的前提下对其采取不同于初犯的改造措施，即在监禁期间把对累犯的改造重点放在提高其职业技能和社会适应能力这类与刑满释放后重建社会生活、实现自食其力息息相关的重要因素之上。

然而遗憾的是，我国目前的监狱实践并未将累犯与非累犯明显区别对待。根据1991年司法部下发的《对罪犯实施分押、分管、分教的试行意见》，我国监狱系统对罪犯实施的是"三分"政策，其主要内容包括：分类收押，即行刑机关对法院交付执行的罪犯，按其性别、年龄、刑种、刑期予以初次分类，送往不同监狱服刑，并在此基础上根据罪犯的犯罪性质和类型将罪犯分为暴力型罪犯、财产型罪犯、性犯罪型罪犯以及其他犯罪型罪犯进行二次分类关押；分类管束，即监狱针对以上四大类型的罪犯采取不同的管束方式，如对暴力型罪犯，监狱要加大防范措施实施力度，并注意使用"冷处理"管束方法，而对财产型罪犯，监狱则要管好财、物等；分级处遇，即以受刑人活动范围、会见、通信等作为处遇差别要素，将罪犯的处遇划分为"严管、普管、宽管"三个等级，实行累进处遇制。① 以上种种均没有体现出将累犯与非累犯相区别之后给予特殊处遇措施的内容。因此，在行刑阶段，累犯与非累犯共用罪犯这一身份，接受国家监狱系统对其一视同仁的对待。

监狱法第 3 条规定："监狱对罪犯实行惩罚和改造相结合、教育和劳动相结合的原则，将罪犯改造成为守法公民。"由此可见，除了惩罚罪犯之外，改造罪犯就是中国监狱系统最重要的任务之一。我国的罪犯改造制度被学者形象地概括为"三位一体"，"三位"是指三大核心改造手段：罪犯劳动、罪犯教育和狱政管理，"一体"是指改造。在三大核心改造手段中，罪犯劳动居于基础地位。② 那么，在我国监狱目前对累犯和非累犯不特别加以区分而普遍使用相同的改造手段的情况下，累犯特殊的犯因性缺陷能否得到有效改造呢？由于目前我国监狱行刑见利不见人弊端的存在，答案是否定的。

行刑见利不见人的"利"指的是监狱自身的利益而非犯罪人的改造利益，这个"利"既包括监狱的经济利益又包括监狱的管理便利。所谓监狱行刑见利不见人具体又可以分为以下两方面来阐述：

一方面，居于三大核心改造手段之首的劳动改造的异化和独大无法有针对性地满足累犯有效提高职业技能和社会适应能力的特别需要。

劳动改造作为最基础、最核心的改造手段，是我国监狱中罪犯日常进行的最重要的活动。应该指出的是，组织罪犯在狱中参加劳动，并不属于当代我国监狱的独特创举。西方国家的监狱史表明，西方各国在历史上就普遍存在让监狱中的罪犯参加劳动特别是强迫

---

① 参见周国强、鲁宽等著：《犯罪人处遇研究》，中国检察出版社 2013 年版，第 151 页。

② 参见周国强、鲁宽等著：《犯罪人处遇研究》，中国检察出版社 2013 年版，第 34 页。

劳动的历史。① 罪犯劳动更是当今国际社会的普遍实践。根据联合国的一项关于囚犯待遇最低标准执行情况的调查结果显示：几乎所有联合国成员国都要求罪犯从事劳动。除了临时性的劳动以外，通常要求的劳动时间是 5-8 小时。在参加调查的国家中，有半数国家要求罪犯每周劳动 5 天，还有 1/3 的国家要求罪犯每周劳动 6 天。希腊、荷兰、爱尔兰、秘鲁、泰国对罪犯每天劳动时间要求较低，只要求每天不超过 5 小时，而相比之下，汤加则要求罪犯每天劳动时间达到 9 小时。②

合理科学地组织罪犯劳动具有多方面的积极意义。有瑞士学者早在 1925 年就曾明确提出：尽管个别罪犯认为劳动是惩罚，但事实上今天监狱的劳动不再是惩罚。劳动与运动使罪犯身体与心理更加强健。劳动可以使罪犯对纪律的感受变得愉悦起来，使罪犯释放后有更多的机会。它的最高目标是转化作为刑罚内容的艰苦劳动为罪犯的一种需要与生活能力提高方式——一种对幸福的追求，同时为美好的社会作出贡献。③ 我国台湾地区学者韩忠谟也曾经对罪犯劳动的积极作用有过如下概括："使服劳役即所以训练其谋生技能，俾出狱后不致再犯，称为良善之公民，此其一；利用犯罪人之劳动力，使之作业，可以增加政府收入，此其二；盖自由刑拘置犯人于狱舍，科以劳役，施以教诲，足以矫治恶行，养其劳动习惯，此其三。"④

---

① 参见吴宗宪著：《监狱学导论》，法律出版社 2012 年版，第 528-531 页。

② Henriksson Helena, Ralph Krech, "iy International Perspectives." In van Zyl Smit, Dirk, and Frieder Dünkel, eds. *Prison Labour: Salvation Or Slavery?: International Perspectives.* Ashgate Pub Limited, 1999. Prison Labour, p. 297.

③ 转引自翟中东著：《国际视域下的重新犯罪防治政策》，北京大学出版社 2010 年版，第 443 页。

④ 转引自叶旺春：《刑事政策视野中我国自由刑改革》，载《政法学刊》2009 年第 2 期。

　　除了学者之外，大部分监狱管理人员和罪犯也对罪犯劳动持认可态度。1999 年英国一项针对监狱官员和罪犯关于罪犯劳动问题看法的调查结果显示，接受调查的大部分监狱官员和罪犯对于罪犯劳动问题都持积极肯定的态度，[①] 具体结果如下：

英国监狱官员对罪犯劳动的理解与所占百分比

监狱官员对罪犯劳动的看法	占比
向罪犯提供到监狱外面做事的时间	88%
让罪犯有事可做，防止无事生非	86%
向罪犯提供能够在刑释后就业的技能	80%
培养罪犯的劳动习惯，帮助他们刑释后找到工作	79%
有利于监狱的正常秩序	76%
培养罪犯的劳动道德观，使他们尊重合法的劳动	71%
罪犯应当像其他人一样通过劳动对社会作出贡献	70%
通过劳动培养罪犯人格	62%
向罪犯提供挣钱的机会	61%
将罪犯劳动作为经营手段以弥补监狱系统经费的不足	60%
罪犯需要劳动	44%
向监狱官员提供或者保证工作机会	20%
惩罚罪犯	6%
N＝97	

　　[①]　参见 Simon, Frances H. *Prisoners' work and vocational training*. Routledge, 2005, pp. 223-225.

英国罪犯对罪犯劳动的看法与所占百分比

罪犯对参加劳动的看法	百分比
尽快顺利地度过刑期	92%
有事可做，消磨时间	84%
获得离开监舍的机会	81%
挣钱	73%
参加有趣的活动，少想些监狱的事情	69%
获得与其他人交流、聊天的机会	60%
通过劳动释放多余能量	59%
自己感到应当像社会上的人一样工作	58%
遵守监狱规则	54%
学习劳动技能使自己在刑满释放后找到工作	52%
参加监狱劳动能使自己振作起来	47%
为监狱中的人们作出贡献	46%
培养劳动习惯使自己在刑满释放后获得工作	45%
在假释前获得一份好的评价	42%
根据监狱的要求参加劳动	27%
通过工作减轻自己由犯罪而产生的罪恶感	10%

N=134

  除此之外，相关实证研究的结果对于罪犯劳动的积极意义也给予了充分的支持。匈牙利学者的实证研究表明，罪犯在监狱中的无所事事导致罪犯一是无事生非；二是消沉；三是攻击性增加。组织罪犯参加劳动是降低监禁负面危害而帮助罪犯重新融入社会的措施。[1] 美国联邦监狱局在 1996 年针对 7000 名刑满释放的罪犯进行了长达 12 年的跟踪调查，发现在监禁期间参加了"联邦监狱企业"组织的劳动的罪犯在释放之后有 20% 的人获得了比较稳定的职业，并且有较高的收入，没有实施任何犯罪。其重新犯罪率大大低于没有参加劳动的罪犯。[2]

综上所述，罪犯劳动如果是以改造为目的而且是科学合理组织的话，其积极效果是应当肯定的。罪犯劳动的改造作用至少包括以下几个方面：帮助罪犯树立劳动观念、矫正罪犯好逸恶劳的习惯、训练罪犯劳动技能、培养罪犯劳动纪律、锻炼罪犯的协作精神。[3] 作为刑满释放后主要迫于生计压力而重新犯罪的累犯群体在监狱中如果能够参加这样理想化的劳动改造，无疑在提高职业技能和社会适应能力方面可以得到有效改造，自然可以有效遏制其重新犯罪的势头。

然而，现实中我国监狱劳动改造所存在的种种弊端却使得累犯特殊的改造需要无法得到有效满足。

（1）我国监狱系统实行的劳动改造存在异化的趋势。

组织罪犯劳动本质上是一种改造罪犯的手段，其根本目的在于改造罪犯，但是其客观上也产生制造经济利益的效果。在新中国成立之后的很长一段时间内，我国监狱系统通过组织罪犯劳动实现了自给自足，还给国家上缴了大量的利润支持了国家的经济建设。例

---

① 转引自翟中东著：《国际视域下的重新犯罪防治政策》，北京大学出版社 2010 年版，第 441 页。

② Steven Schwalb, "Prison Industries: The History and the Debate", in Carlson, Peter M., and Judith Simon Garrett (eds), *Prison and jail administration: Practice and theory*. Jones & Bartlett Learning, 2005, p. 302.

③ 参见吴宗宪著：《监狱学导论》，法律出版社 2012 年版，第 537-538 页。

如，2000 年，监狱系统累计向国家上缴了 300 多亿元的利税。① 然而，无论何时，劳动改造的目标定位都应该是以改造为本位而不能以盈利为本位。吴宗宪老师就曾明确指出："我国法律中规定的罪犯劳动，并不是单纯要求产生经济效益的营利型劳动，而是要让罪犯发生积极变化的改造型劳动。罪犯劳动仅仅是改造罪犯的一种手段或者载体，是实现改造罪犯目的的一种途径。监狱组织罪犯劳动的目的，就是通过劳动改造罪犯，使他们朝着守法公民的方向发生变化，而不仅仅是为了创造更多的经济效益。"②

然而，随着市场经济大潮的冲击，我国监狱长期的劳动改造实践出现了异化的情况，即罪犯劳动有由改造本位向牟利本位发展的不良动向。国内很多监狱学专家指出：现在很多监狱越来越像是个大工厂，而监狱长就是厂长，他们关注的是监狱工厂的效益问题，而不再是对犯人的惩罚、教育与改造，这可以说是对监狱目标的严重背离。罪犯劳动既要遵循"改造第一、生产第二"的方针，同时又要"解决自己的物质生存需要"，罪犯劳动被挤压在"改造"与"营利"的夹缝中艰难前行。③ 这样一来，以营利为导向的罪犯劳动逐渐偏离了改造罪犯的初衷，监狱组织罪犯劳动则更多地出于监狱自身经济利益的考虑而非出于罪犯改造需要的考量。

首先，对经济利益的追求迫使罪犯长时间进行高强度的劳动。"随着市场经济体制的建立和完善，中国加入 WTO 以及知识经济时代的到来，犯罪人劳动日益表现为主观追求利润、客观矫正犯罪人的倾向，犯罪人劳动的超体力、超时间、超强度现象一度较为

---

① 参见吴宗宪著：《监狱学导论》，法律出版社 2012 年版，第 534、539 页。

② 吴宗宪著：《监狱学导论》，法律出版社 2012 年版，第 525 页。

③ 参见刘柳：《论我国监狱制度中的劳动改造手段》，载《江苏社会科学》2011 年第 3 期。

普遍。"①

　　劳动法第 36 条规定："国家实行劳动者每天工作时间不超过八小时、平均每周工作时间不超过四十四小时的工时制度。"第 38 条规定："用人单位应当保证劳动者每周至少休息一日。"司法部发布的《关于罪犯劳动工时的规定》第 3 条第 1 款规定："罪犯每周劳动（包括集中学习时间）6 天，每天劳动 8 小时，平均每周劳动时间不超过 48 小时。"然而，根据司法部监狱劳教系统突出问题调查研究课题组 2001 年 3-5 月对北京、上海、江苏、广东、河南、湖南、贵州、甘肃、青海 9 省市部分监狱的调查，罪犯每周平均劳动日数为 6.2 天，最长的为 7 天；全年每天平均劳动时数为 8.9 小时，10 小时以上（包括 10 小时）的接近 35%；在生产紧张的 4-10 月，每天的平均劳动时数为 10.35 小时，10 小时以上（包括 10 小时）的占 90.07%，最长者达每天 18 个小时。②

　　如果说 2001 年的调查结果是由于在确立由国家全额保障监狱经费的制度之前，监狱系统的生产活动在市场经济的冲击下竞争力下降遇到了很大的困难，为了弥补监狱经费的不足而不得不普遍驱使罪犯进行长时间高强度的繁重劳动的话，那么 2008 年国家全面开展"全额保障、监企分开、收支分开、规范运行"的监狱体制改革以后情况是否有所好转？

　　因为监狱体制改革在全国范围内推行的时间不长，相关调查研究不多，然而能找到的几个有限的研究结果显示，罪犯被迫长时间高强度劳动的状况可能并没有随着监狱体制改革的推行而得到明显改善。2008 年一项针对河北省邯郸市监狱管教人员的访谈调查结果显示，该监狱的监区划分标准是监狱中罪犯劳动分工的不同，而不是依据罪犯人身危险性的不同。此外，该监狱中罪犯的工作时间

---

① 于爱荣等著：《矫正技术原论》，法律出版社 2007 年版，第 275 页。

② 参见吴宗宪著：《罪犯改造论——罪犯改造的犯因性差异理论初探》，中国人民公安大学出版社 2007 年版，第 285 页。

是从早上7点到晚上7点，长达12个小时，且罪犯没有工作报酬。① 根据湖北省监狱局劳动改造处课题组的调查结果，被调查的成年罪犯每天参加8-10小时的劳动，除去吃饭、睡觉的时间，他们至少有2/3的时间是在生产劳动中度过的。② 监狱以赚取经济利益为目的组织罪犯长期从事超体力、超时间、超强度的劳动，实际上更接近于一种惩罚手段而非改造手段。在这种情况下，累犯更可能对此类劳动心生怨恨而不可能从此类劳动中汲取积极意义。

（2）以营利为目的的罪犯劳动无法帮助累犯有针对性地提高职业技能。

劳动改造异化为牟利手段之后，监狱组织什么样的劳动主要取决于什么样的劳动能够尽可能快、尽可能多地创造经济效益，而不会考虑从事这类劳动对于罪犯刑满释放之后出去找工作是否有帮助。我国监狱中罪犯的职业技能学习是与监狱的生产劳动紧密结合的，长期奉行的是"干什么，学什么"的原则。尽管曾经部分监狱企业有过辉煌时期，但是在市场经济大潮的冲击下，监狱生产产品的市场需求已经减弱，监狱的生产技术和设施相对于社会上的同类型企业明显落后。吴宗宪老师指出，如果说在监狱体制改革之前罪犯在一些颇具规模、竞争力强的监狱企业里工作劳动还能够学到一些先进必需的职业技能，在监企分开的改革之后，罪犯在监狱从所从事劳动中学到出狱后可能用到的职业技能的可能性就大大降低了。③

为了实现营利的目标，监狱承接的大多是技术含量很低的劳务

① 参见张婧著：《监狱矫正机能之观察与省思》，中国人民公安大学出版社2010年版，第185-186页。

② 湖北省监狱局劳动改造处课题组：《劳动改造与狱政管理、教育改造科学整合问题研究——以劳动改造为切入点》，载《中国监狱学刊》2009年第4期。

③ 该观点为和吴宗宪老师私下交流时所阐述。

加工。据统计，诸如糊纸袋、装邮册、叠纸叶、包书籍等简单的劳务加工占了监狱劳动项目的 60% 以上。① 根据 2008 年针对河北省邯郸市与邢台市监狱管教人员的访谈结果，发现目前监狱中劳动改造不足以为罪犯刑满释放回归社会后提供谋生的职业技能，罪犯学到的就是一些最简单的手工活，对他们出去找工作没有太大的帮助。比如在邯郸市监狱 14 个监区中，有 3 个监区负责织毛衣，2 个监区缝纫，还有几个监区做蚊香、灯球等。老弱病残聚集的监区则干一些杂活。邢台市监狱管教人员则明确表示其所在监狱没有针对罪犯专门的技能培训，尽管有的监狱会有，但也不是每个犯人都能参加，而且这些监狱做这些也就是给外面看的，不乏作秀成分，并无实质意义。② 此外，一项针对河北省邯郸市监狱内 120 名罪犯的问卷调查结果也显示，参与调查的罪犯中有接近一半的人明示或暗示自己在狱中没有学到有用的就业技能。③

由此可见，由于目前监狱劳动在蓬勃发展的市场经济大潮下已经缺乏竞争力，但同时监狱又继续将劳动改造作为谋求经济利益的手段，监狱劳动只能承接那些门类窄、技术含量低的劳动项目，客观上使得累犯很难在监狱服刑期间从劳动改造中有效提高职业技能、增强出狱后的就业竞争力。

（3）劳动改造手段独大不利于教育改造等其他对累犯更具针对性的改造措施开展。

有学者明确指出，新中国成立以后，教育改造实际被挤出监狱

---

① 陈晓强：《对新时期劳动改造的研究与思考》，载《法制与社会》2013 年第 5 期。

② 参见张婧著：《监狱矫正机能之观察与省思》，中国人民公安大学出版社 2010 年版，第 188 页。

③ 参见张婧著：《监狱矫正机能之观察与省思》，中国人民公安大学出版社 2010 年版，第 175 页。

的工作中心，而建立了以劳动改造为中心的监狱体制。① 因为罪犯的时间精力以及监狱资源的有限性，对劳动改造过度强调，客观上造成了教育改造等其他可能对累犯更具针对性改造手段的萎缩和弱化。

如前文所述，相对于初犯的犯罪原因而言，累犯重新犯罪的原因存在一定的特殊性，累犯重新犯罪更多的是因为刑满释放后无法谋取稳定职业获得经济来源，迫于生计而重蹈犯罪覆辙，同时累犯因为之前监禁的经历不同程度地存在着监狱化的倾向，在社会适应能力方面或多或少存在着障碍，因此累犯改造更迫切地需要从以上两个方面下功夫。相较于劳动改造令人失望的现实而言，其他改造手段诸如文化培训、心理矫治、职业技能培训等可能会更有效地为累犯提供帮助，但是在监狱目前的大环境下，这类改造手段无法得到充分运用。

从时间方面来讲，因为罪犯每天的时间精力是有限的，长时间、高强度的劳动改造占用了罪犯每天绝大部分的有效时间，根本没有给其他改造活动留下必要的有效时间。从资源方面来讲，因为监狱经费的有限性，劳动改造独大必然导致监狱将绝大部分的资源都投入到与劳动改造相关的组织建设中去，其他改造手段就会出现硬件和软件均跟不上改造罪犯需要的局面。从硬件方面来看，监狱中的设施建设出现片面化发展的倾向，即生产劳动所需的设施建设齐全，其他改造活动所需的设施建设落后。"例如，虽然很多监狱中都有文化课教室，但是教室中的设施很少，仅有的桌椅等也往往是破烂不堪。至于在社会上的学校中使用的一些先进教学设备，像投影仪等多媒体教学设备、通过计算机网络进行远程教学的设备等，在大部分监狱的教室中都是没有的。又如，一些监狱建立了罪犯心理咨询室之类的机构，但是这样的机构中除了桌椅、沙发之类

---

① 薛智良：《谈教育改造的中心地位》，载《中国监狱学刊》2006 年第6 期。

的常用办公设备之外，没有其他的专业性设备。"① 从软件方面来看，监狱在对罪犯进行专门的文化培训、心理矫治、职业技能培训等改造方法时，因为经费掣肘的缘故，只能为罪犯购买少量学习资料，很少能以花钱买服务的方式雇请社会上的专业机构和专业人士来对罪犯进行有针对性的改造。有学者经研究后指出，一些监狱雇请社会上的专业机构和专业人员开展有关罪犯改造工作的经费，是监狱自己筹措的。这意味着，只有在监狱经济状况较好，监狱领导具有社会责任感和科学理念的情况下，才有可能进行这样的投入，开展这样的改造工作。② 由此可见，在劳动改造独大的情况下，监狱系统在改造罪犯方面其他改造手段的运用无论是在量上还是在质上都很难得到保证，累犯在监禁期间也就无法得到有针对性的帮助，其在刑满释放后的表现自然也就不尽如人意。

另外，监狱管理人员在追求管理便利而非改造实效的目标下无视累犯特殊性强行追求无差异化，导致累犯的社会适应能力不升反降。

众所周知，行刑个别化是行刑效果最好的保证。在笔者看来，行刑个别化的前提是认识和尊重不同罪犯之间的差异性，行刑个别化的关键是针对不同罪犯所具有的特殊犯因性缺陷来进行改造。然而，现实中我们的监狱管理人员出于自身管理便利的需要，反其道而行之，试图运用军事化管理的方式来强制压服罪犯，企图抹杀和消灭罪犯的所有个体差异，批量生产形式上服从指挥、整齐划一的"机器人"、"木头人"。正如有学者所指出的那样："从中国改造罪犯的观念和实践来看，在罪犯改造中普遍存在着试图消除罪犯的所有个别差异的现象。这意味着，从事罪犯改造工作的人们似乎要消

---

① 吴宗宪著：《罪犯改造论——罪犯改造的犯因性差异理论初探》，中国人民公安大学出版社 2007 年版，第 286 页。

② 吴宗宪著：《罪犯改造论——罪犯改造的犯因性差异理论初探》，中国人民公安大学出版社 2007 年版，第 286 页。

除罪犯的一般性个别差异的所有方面，使罪犯在所有方面都变得一致起来。"① 这主要表现为：要求罪犯与监狱管理人员或者罪犯改造人员一致起来，要求所有罪犯之间一致起来，片面强调罪犯的服从性。②

强迫所有服刑的罪犯整齐划一，将罪犯的服从作为改造罪犯的主要指标，表明我国监狱系统奉行的是管理优先于改造的原则。从管理的立场出发，很多监狱管理人员都要求罪犯无论指令对错一切行动听指挥；只要罪犯听从要求、服从命令，就认为是表现良好，得到了改造。这种现象的出现是因为监狱改造活动存在着成效难以衡量的问题，然而监狱管理若出现疏漏则容易被察觉，因此后者关系到监狱工作人员的切身利益。本着不求有功、但求无过的考量，要求罪犯盲目服从对于监狱管理人员来说是最省事、最简单的办法，也是监狱管理人员最喜欢的结果。

事实上，这种以管理为导向的监狱实践除了将大量资源浪费在改造罪犯身上很多与犯罪心理形成以及犯罪行为无关的个别差异之上以外，也不能很好地实现其所追求的有效管理的目标。因为这种做法剥夺了罪犯所有的个性空间，对其限制过死，就相当于堵上了罪犯宣泄挫折情绪、释放多余能量的"安全阀"，造成罪犯的身心痛苦。（罪犯）"他们就会长期处于紧张状态，其结果要么会促使罪犯产生身心疾病，要么使罪犯在自我控制达到饱和状态时，其消极情绪以爆发性的方式宣泄出来，产生严重的暴力行为。"③ 这类危险状况的产生显然不利于监狱的有效管理。

---

① 吴宗宪著：《罪犯改造论——罪犯改造的犯因性差异理论初探》，中国人民公安大学出版社 2007 年版，第 230 页。
② 吴宗宪著：《罪犯改造论——罪犯改造的犯因性差异理论初探》，中国人民公安大学出版社 2007 年版，第 231-232 页。
③ 吴宗宪著：《罪犯改造论——罪犯改造的犯因性差异理论初探》，中国人民公安大学出版社 2007 年版，第 233 页。

更严重的是，这种以管理为导向的监狱实践会使得罪犯丧失独立思考、自主安排生活的能力，加深罪犯的监狱化程度，进一步降低罪犯刑满释放之后的社会适应能力，除了强迫罪犯为了应付监狱工作人员的强硬要求形成虚与委蛇、表面服从的两面派作风以外，基本无助于将罪犯改造成为守法者的监狱工作目标，也与帮助罪犯释放后回归并适应社会的终极目标相背离。

20世纪三四十年代，西方监狱社会学家在考察监禁对罪犯的影响的过程中逐渐提出了监狱化这个概念。所谓监狱化，指的是罪犯接受监狱的风俗、习俗、习惯和一般文化的过程。① 研究发现，监狱化效应会随着正常的监狱活动以及罪犯为了服从监狱管理和监狱生活而进行的适应性活动的展开自然而然地产生，罪犯随着监狱化的过程逐渐形成一套适应监狱生存而与刑满释放重返社会格格不入的价值行为模式。如果监狱管理人员无限制地进行旨在实现罪犯之间一致化的管理改造活动，努力按照军事化管理的方式强迫罪犯无条件服从，就会进一步加深罪犯的监狱化烙印。② 深度监狱化的不良后果就是使罪犯发生人格畸变形成监狱人格，其突出表现为对监狱工作者和其他有关人员高度依赖、过度服从，完全丧失自己独立思考的能力。待到罪犯刑满释放出狱之时，罪犯离开监狱环境后会存在决策和思考困难。③ 犯罪学的研究表明，在社会环境中缺乏自主决定能力和作出错误决定，恰恰是犯罪和重新犯罪的重要因素。④

---

① Donald Clemmer, *The Prison Community*, Rinehart and Company, 1958, p. 299.

② 参见吴宗宪著：《罪犯改造论——罪犯改造的犯因性差异理论初探》，中国人民公安大学出版社2007年版，第232、282页。

③ 参见吴宗宪著：《监狱学导论》，法律出版社2012年版，第291-292页。

④ 参见吴宗宪著：《罪犯改造论——罪犯改造的犯因性差异理论初探》，中国人民公安大学出版社2007年版，第289页。

累犯与初犯相比，先前有过的监禁刑经历显然能够让累犯在重返监狱之时更加熟谙监狱生存的游戏规则。累犯比初犯更知道如何服从和讨好监狱管理人员，能借助这种优势在监狱考核中占到便宜。然而，累犯的这种"良好表现"显然不能证明累犯改造有效，相反只能说明累犯在累犯从严的行刑阶段监狱化程度进一步加深了，监狱人格形成的可能性进一步增强。因此，在目前这种管理大于改造、服从高于一切的监狱环境下，累犯经过累犯从严的行刑阶段不仅不能提升反而很可能进一步弱化其刑满释放之后的社会适应能力。

综上所述，我国监狱系统在安排罪犯的改造活动时，主要考虑监狱自身的经济利益和管理需要，而很少考虑不同类型罪犯的具体改造需要，一方面把罪犯改造活动简化为劳动改造，再把劳动改造异化为营利手段；另一方面又把罪犯改造活动当作管理罪犯的手段，而非改造罪犯的手段。我国监狱系统"行刑见利不见人"的现状必然使累犯在监禁刑执行阶段无法有针对性地在提高职业技能和社会适应能力等方面得到有效改造，累犯从严无效也是可以预见的结果。

第十章 非对称性之有限消减

　　累犯制度在目标群体、运行方式以及实施效果这三方面存在规范和事实层面的非对称性是由规范和事实层面存在的多种原因综合导致的，要想削减累犯制度的上述非对称性，所要做的就是根据这些可能的归因提出具有针对性的应对措施。

　　需要指出的是，造成累犯制度规范与事实层面非对称性的原因是多方面的。有些原因属于累犯制度自身存在的问题，如累犯制度立法区分不细致的问题；有些原因则属于累犯制度之外、整个刑事司法体系普遍存在的问题，如刑事审判程序量刑依附定罪的问题，因此，在试图弥合累犯制度在规范层面和事实层面存在的诸多非对称性时，我们既需要从累犯制度本身着手，又需要从累犯制度之外努力。此外，有些原因属于不以人的意志为转移的现实，如罪犯犯罪能力的"帕累托定律"；有些原因则属于人为因素造成的结果如行刑阶段没能提供给累犯更有针对性的职业技能培训。因此，本章在上文归因的基础上提出的对策只能针对那些尚可通过人为努力来改变的原因，最终也只能希望尽量削减累犯制度在规范和事实层面存在的非对称性，而不能奢望通过以下对策完全消灭累犯制度目前存在的上述三方面的非对称性。

　　基于以上认识，为了尽量削减我国累犯制度目前在规范和事实层面所存在的非对称性，需要同时在累犯制度之内和累犯制度之外下功夫：一方面，针对累犯制度本身，需要以人身危险性为核心概念，以刑罚个别化为主要宗旨来重构累犯制度，以实现累犯制度的宽严相济；另一方面，在累犯制度之外，需要"瞻前顾后"，既要减少初犯特别是人身危险性小的初犯进入累犯制度打击范畴的可能性，又要减少累犯从严之后再次进入累犯制度打击范畴的可能性。

一、宽严相济的累犯制度建构

毫无疑问，要想尽量削减累犯制度在规范与事实层面存在的非对称性，需要首先从累犯制度本身存在的各种问题入手来进行调整和改进。在笔者看来，最理想的改良对策是以人身危险性概念为核心全面重构累犯制度，在制刑、量刑、行刑阶段根据累犯人身危险性的差异充分贯彻刑罚个别化原则，最终实现累犯制度的宽严相济。

（一）刑罚个别化原则之定位

在展开阐述之前，首先需要回答的一个问题是：在累犯制度的重构中全面贯彻以人身危险性为核心的刑罚个别化原则会不会违反罪刑均衡和法律面前人人平等原则呢？

答案当然是否定的。笔者认为，在累犯制度的重构中，全面贯彻以人身危险性为核心的刑罚个别化原则不仅不违反罪刑均衡和法律面前人人平等原则，反而有助于这两个原则更好地实现。

1. 刑罚个别化与罪刑均衡

所谓罪刑均衡原则，基本含义就是罪当其罚，罚当其罪，重罪重罚，轻罪轻罚。罪刑均衡原则正式被确立为一项基本的刑法原则，始于贝卡利亚罪刑阶梯的创设。从报应刑时代到功利刑时代再到如今的折中刑时代，罪刑均衡原则的内在精神也顺应着时代的改变发生了很大的转变。报应刑时代所主张的罪刑均衡与功利刑时代所主张的罪刑均衡在追求价值和衡量标准之上都有很大的不同：从追求价值上来看，前者追求公正的实现，后者追求功利目的的达成；从衡量标准上来看，前者以犯罪的严重性为标准确立与之相均衡的刑罚，后者以犯罪人的人身危险性为标准确立与之相均衡的刑罚。在如今的折中刑时代，罪刑均衡原则被进一步诠释为罪责刑均衡原则，要求刑罚不仅要与犯罪的轻重相均衡，也要与犯罪人刑事责任的大小相均衡。我国刑法第 5 条规定的"刑罚的轻重，应当与犯罪分子所犯罪行和承担的刑事责任相适应"就很好地体现出了这一点。

正因为罪刑均衡原则的内容在当代被诠释为罪责刑均衡，我国学者对罪刑均衡原则与刑罚个别化原则之间究竟是什么关系存在一定的争议，主要可以分为包含说与独立说两大观点。

持包含说的学者认为："罪刑相适应原则并非不顾罪犯人身危险性情况，相反，它们不仅要求考虑犯罪行为的客观社会危害性，而且也要求考虑罪犯的人格特征的人身的主观危险性的大小。因此，罪刑相适应与刑罚个别化并不矛盾，不存在罪刑相适应向刑罚个别化发展转变的问题。罪刑相适应已经考虑了每个案件的社会危害、情节、性质和罪犯的主观人身危险的大小，行为人罪过形式、目的、动机等情况，它本身已包含了刑罚个别化，它是在个别化基础上的罪刑相适应。而且，刑罚个别化也不是毫无边际的个别化，而是要遵从罪刑相适应的一般原则和基本指导，是相对的刑罚个别化，刑罚个别化也正是为了做到真正的罪刑相适应。"①

持独立说的学者又可以分为两大类：一类学者认为，罪刑均衡原则与刑罚个别化之间是相互冲突的；另一类学者则认为，这两个原则虽然相互独立但是辩证统一的。

持冲突论的学者将罪刑均衡原则的内涵做了最狭义的解读，将其还原为报应刑时代罪刑均衡原则最原初的意义，即刑的轻重只能由犯罪行为的轻重来决定，因而与刑罚个别化原则主张刑罚需要与人身危险性相称的理念相违背，继而提出："要实现中国刑法现代化，就必须进行刑法观念的更新，必须抛弃罪刑相适应的观念和原则，实行刑法'行为中心论'向'犯罪人中心论'的转轨，向刑

---

① 陈正云：《也谈罪刑相适应与中国刑法观念的更新——与李华平同志商榷》，载《法学》1991 年第 8 期。

罚个别化发展。"①

持统一论的学者则认为，罪刑均衡与刑罚个别化是两个并列的刑法原则，两者之间并不相互排斥而是辩证统一的。首先，从刑罚的目的上来看，刑罚目的是报应与预防的辩证统一，而罪刑均衡原则主张刑罚要与犯罪的社会危害性相适应体现了报应的要义，刑罚个别化原则主张刑罚要与犯罪人的人身危险性相适应则体现了预防的宗旨，刑罚两大目的的辩证统一关系决定了罪刑均衡原则与刑罚个别化原则的辩证统一关系，两者既相互区别又相互联系，但是两者不可等量齐观，而是需要区分主次关系。具体来说，尽管犯罪的社会危害性大小与犯罪人的人身危险性大小都是影响刑罚轻重的重要因素，但是犯罪的社会危害性是刑罚轻重的决定性因素，然后才考虑刑罚的轻重与犯罪人的人身危险性相适应的问题。②

对于罪刑均衡与刑罚个别化原则之间的关系问题，笔者比较赞同的是独立说中的统一论。包含说的问题在于对罪刑均衡原则罪责刑相适应的内涵尤其是"责"的含义做了过于宽泛的解读，其混淆了罪责与人身危险性这两个概念。罪责指的是犯罪人的主观恶性，主观恶性这个概念是行为刑法模式下的概念，与已然之罪相联，而人身危险性是行为人刑法模式下的概念，指的是犯罪人未来再犯罪的可能性，是持续表现出来的犯罪倾向，与未然之罪相联。因此罪刑均衡原则尽管在当代被诠释为罪责刑相适应，其中的"责"还是与人身危险性概念无涉，因此罪刑均衡原则不能包含刑罚个别化原则。相反，独立说中的冲突论的主要问题在于对于罪刑均衡原则和刑罚个别化原则之间的关系做了过于片面的解读。罪刑

---

① 转引自陈兴良著：《当代中国刑法新视界》，中国人民大学出版社2007年版，第313页。

② 参见陈兴良著：《当代中国刑法新视界》，中国人民大学出版社2007年版，第314页；曲新久：《试论刑罚个别化原则》，载《法学研究》1987年第5期。

均衡原则主张刑罚与罪的社会危害性相均衡并不排斥刑罚个别化原则主张刑罚与犯罪人的人身危险性相均衡，社会危害性与人身危险性都是影响刑罚轻重的重要因素，并不需要以其中一个的存在来否定另一个的存在。独立说中的统一论观点就很好地认识到了这一点。

综上所述，刑罚个别化原则与罪刑均衡原则的关系并不是排斥和违背的关系，而是相互依存、辩证统一的关系。刑罚个别化原则的实现需要以罪刑均衡原则为前提和约束，罪刑均衡原则的实现需要以刑罚个别化原则的贯彻为补充和校正。因此，在累犯制度的重构中全面贯彻以人身危险性为核心的刑罚个别化原则不仅不违反罪刑均衡原则，反而有利于罪刑均衡原则的更好实现。

2. 刑罚个别化与法律面前人人平等

法律面前人人平等原则作为刑法的三大基本原则之一在我国刑法和刑事诉讼法中均有体现。我国刑法第 4 条规定："对任何人犯罪，在适用法律上一律平等。不允许任何人有超越法律的特权。"刑事诉讼法第 6 条也规定，对于一切公民，在适用法律上一律平等，在法律面前，不允许有任何特权。该原则主张对犯罪人同罪同罚，一视同仁。而刑罚个别化原则却要求根据犯罪人人身危险性的大小来确定其刑罚的轻重，这就意味着允许对犯了同样的罪但人身危险性不同的犯罪人施加不同的刑罚，实行同罪异罚，区别对待。因此，从表面上来看，贯彻刑罚个别化原则确实与法律面前人人平等原则存在相抵牾之处。

事实上，这两个原则之所以看起来会有冲突，主要是对于"平等"做了过于机械化和表面化解释的缘故。

平等可以分为形式上的平等和实质上的平等。如果将法律面前人人平等原则中的平等解释为形式上的平等，则要求抹杀一切差异实现"一刀切"，这种过于机械和简单的做法与社会生活和犯罪情况的复杂多样性相违背，是不合适也是不现实的。边沁就曾明确指出："如果罪行是人身伤害，同样的财产刑对富人将无足轻重，而对穷人则沉重不堪；同样的刑罚可能给某一等级之人打上耻辱的烙印，而对低等级之人则可能毫无影响；同样的监禁对一个商人可能是毁灭性打击，对一个体弱多病的老人则无异于死刑，对一个妇女可能意味着终身耻辱，而对其他状况的人也许无关紧要。"① 因此，不考虑差异而追求绝对的形式上的平等只会造成真正的不平等。

确切说来，法律面前人人平等原则中的"平等"应该指实质上的平等，是允许差异存在的平等。在贯彻该原则时，"不应该对所有罪犯的相同之罪适用相同之刑，必须对可能影响感情的某些情节予以考虑。相同的名义之刑不是相同的实际之刑，年龄、性别、等级、命运和许多其他情节，应该调整对相同之罪的刑罚"②。因此，从这个意义上来讲，刑罚个别化的主张也是法律面前人人平等原则的应有之义，两个原则实质上是统一的关系而不是冲突的关系。只要在贯彻刑罚个别化原则时，用来区分个别化的标准或者根据符合社会公平正义的考量，个别化的实现过程又能保证公开透明，那么刑罚个别化原则的贯彻不仅不违背法律面前人人平等原则，反而是更好地帮助后者得到了实现。张明楷老师就曾明确指出："由于刑罚既是对犯罪的报应，又是对罪犯的矫正，因此，对行为社会危害性程度和行为人人身危险性的评价产生影响的因素，就是量刑时应当考虑的；根据这种因素的不同而作出不同的量刑时，仍然是平等的，不能谓之特权；对行为的社会危害性程度和行为人的人身危险性的评价不产生影响的因素，就不是量刑时应当考虑的；根据这种因素的不同而作出不同的量刑时，就是不平等的，

---

① ［英］吉米·边沁著：《立法理论——刑法典原理》，中国人民公安大学出版社1993年版，第70页。

② ［英］吉米·边沁著：《立法理论——刑法典原理》，中国人民公安大学出版社1993年版，第77页。

应当谓之特权。"① 在重构累犯制度时全面贯彻刑罚个别化原则，其根据在于累犯的人身危险性的差异，而人身危险性因素本来就应该对刑罚产生影响，根据这种因素来对刑罚进行区别化，与特权无涉而与公平正义相关，因此不会违背只会促进法律面前人人平等原则的实现。

（二）累犯制度制刑阶段的重构

正如前文所述，当代西方各国的累犯制度在立法上已经普遍对累犯进行了更为细致的区分，并在适用刑罚时实行区别对待。比如，意大利刑法就将累犯分为一般累犯、加重累犯和多次累犯，一般累犯是指在有罪判决之后实施另一个犯罪即可构成的累犯，依据刑法可加重其刑罚的 1/6。加重累犯，是指具有下列情节的累犯：前后罪具有同一性质；实施新罪的时间距前罪判决的时间不满 5 年；新罪是在刑罚执行期间、刑罚执行后或逃避刑罚执行期间实施的。具备上述情节之一的，可对累犯加重刑罚的 1/6，具备上述多个情节的，加重刑罚的 1/2。多次累犯是指已构成累犯的人在实施新的犯罪，依刑法可以分别加重 1/2、2/3、1/3-2/3 的刑罚。② 而目前我国刑法上设立的累犯制度只是粗略地根据犯罪性质的不同将累犯划分为普通累犯和特殊累犯，在立法上对于普通累犯则没有进行进一步的细分。

上文实证研究的结果表明，普通累犯制度实际打击的目标群体在人身危险性方面呈现出明显的分层：人身危险性质量体系中的两个维度均较小的累犯构成了普通累犯制度实际打击累犯的主体（超过半数）；人身危险性质量体系中的两个维度均较大的累犯作为累犯制度最想打击的目标却只占了极小的部分（不足百分之

① 张明楷：《刍议刑法面前人人平等》，载《中国刑事法杂志》1999 年第 1 期。

② 参见王琪：《累犯的实证研究》，载陈兴良主编：《刑事法判解》（第 8 卷），法律出版社 2005 年版，第 118 页。

一）；在余下一半左右的累犯中，人身危险性量的维度上较大的累犯占比明显大于人身危险性质的维度上较大的累犯。将在人身危险性方面呈现出如此显著异质性的累犯统一划定为普通累犯，不加以区分适用笼统一致的从严方式，既不公正也不经济，一方面加剧了累犯制度目标群体在规范层面与事实层面存在的非对称性；另一方面必然导致累犯制度实行效果在规范层面与事实层面非对称性的扩大。因此，要想尽量削减累犯制度上述两方面在规范和事实层面存在的非对称性，首先需要在立法环节对于累犯制度进行更为细致化、更有区分度的重构。

一种设想是，在保留我国刑法将累犯制度分为普通累犯制度和特殊累犯制度的大框架下，对普通累犯制度实行进一步的细致化区分。以累犯刑事前科的次数和累犯后罪犯罪的严重程度作为累犯人身危险性大小的判断根据，可将普通累犯具体区分为以下几类：一般二次犯和危险二次犯、一般三次犯和危险三次犯、一般常习犯和危险常习犯[①]。

接下来，需要依据对人身危险性质量体系中两个维度的不同价值取向来区分针对这些普通累犯的刑事处遇，实现普通累犯法定从严处罚的精细化。如果国家在设定累犯制度时更看重累犯人身危险性量的一维，那么相对于累犯后罪犯罪的严重程度，累犯刑事前科次数在我们判断累犯人身危险性大小的时候就会起到决定性的作用。在这种价值取向下，累犯从严幅度的大小应该首先呈现出以下趋势：常习犯>三次犯>二次犯；然后在相同刑事前科次数的范畴内，危险犯的累犯从严幅度又应该大于一般犯的从严幅度。如果国家在设定累犯制度时更看重累犯人身危险性质的一维，那么相对于累犯刑事前科次数，累犯后罪犯罪的严重程度在判断累犯人身危险性大小的时候会起到决定性的作用。在这种价值取向下，累犯从严

---

① 这里所指的常习犯指的是连累犯后罪在内犯罪次数达到 4 次及以上的累犯。

幅度的大小应该首先呈现出以下趋势：危险犯>一般犯；然后在相似犯罪严重程度的范畴内，累犯从严幅度的大小还应该呈现出以下趋势：常习犯>三次犯>二次犯。

在根据人身危险性的不同进一步对普通累犯做细致划分的基础上体现累犯从严幅度的区别化，又可以至少体现在以下四个方面：其一，立法明确规定对于人身危险性较小的累犯可以从严处罚，对于人身危险性较大的累犯应当从严处罚；其二，立法明确规定对于人身危险性较小的累犯从严时只允许通过刑期从严的方式而不允许通过刑种从严的方式，只有对人身危险性较大的累犯从严时才允许或刑期从严或刑种从严；其三，立法明确规定在累犯刑期从严时，根据累犯人身危险性程度的大小分别规定刑期从严的不同幅度；其四，立法明确规定在行刑阶段允许对人身危险性较小的累犯适用假释，对人身危险性较大的累犯则不允许适用假释。①

除此之外，有可能在立法层面对累犯制度进行重构的另一些尝试有：为了提高累犯制度的打击准确率，减少累犯群体中人身危险性质量体系中两个维度均较小的累犯比例，可以在立法上明确将累犯后罪宣告刑为 1 年有期徒刑以下的二次犯排除在普通累犯的构成主体之外；② 对劳教制度进行保安处分化的改革，形成中国特色的双轨制，然后适用于人身危险性质量体系中两个维度均较大的累犯即所谓的高频危险犯罪人，对其在刑罚上从严处罚之后再适用一段时间的"保安处分"，以强化累犯制度针对此类人身危险性极大的累犯的隔离效应，不过"保安处分"的适用时间需要严格限制，

---

① 国外多项实证研究发现，假释对于罪犯的再社会化而言副作用小，在预防重新犯罪方面效果显著。参见樊文：《犯罪控制的惩罚主义及其效果》，载《法学研究》2011 年第 3 期。

② 此观点的灵感来自刘绪东著：《累犯制度研究》，中国政法大学出版社 2012 年版，第 183 页。

不得以追求防卫社会的目的过分侵害犯罪人的权益。①

（三）累犯制度量刑阶段的重构

鉴于我国的累犯从严是以累犯量刑从严为主要内容的，在立法阶段按照人身危险性的不同进一步细致化区分累犯以及规定相对应的累犯从严方式之后，如何保证在量刑阶段延续刑罚个别化精神即以累犯人身危险性大小为根据分配给累犯与其人身危险性相适应的刑罚是需要重点讨论的问题。这个问题的解决有助于削减累犯制度运行方式和实行效果在规范与事实层面存在的诸多非对称性。

笔者认为，累犯制度量刑阶段重构的关键是保证法官对不同累犯的人身危险性进行全面客观的评估，并以此作为影响累犯从严量刑结果的切实根据。要实现这一目的，一方面需要保障法官自由裁量权的充分行使；另一方面又要防止法官自由裁量权的不当行使。依笔者之见，累犯制度重构在量刑阶段至少需要从以下四个方面着手：量刑信息的全面可靠、量刑程序的相对独立、量刑方法的理性科学以及量刑说理的充分完备。其中，量刑信息的全面可靠是基础，量刑程序的相对独立是关键，量刑方法的理性科学是核心，量刑说理的充分完备是保障。

1. 量刑信息的全面可靠

要想实现法官根据累犯不同的人身危险性来对累犯恰当从严量刑的目标，关键的第一步是必须保证法官在量刑时能够尽可能全面可靠地获取与累犯人身危险性紧密相关的量刑信息。获取全面可靠的量刑信息，是法官准确判断累犯人身危险性的基础，也是法官妥善实行累犯量刑从严的依据。

那么，如何才能保证法官尽可能全面可靠地获得与累犯人身危险性相关的量刑信息呢？

---

① 参见储槐植：《再论劳动教养改革》，载《检察日报》2013 年 3 月 7 日，http://newspaper.jcrb.com/html/2013-03/07/content_ 121427. htm，最后访问时间：2014 年 3 月 14 日。

笔者认为，从目前来看，可行的方法是借鉴英美的"量刑前报告"（Pre-sentence Report）制度，将我国少年司法改革中建立的相类似的"社会调查报告制度"推广到累犯量刑中来。

"量刑前报告"又称为判刑前报告或者判决前调查，目的在于为法官提供关于犯罪和犯罪人尽可能全面详细的量刑信息。尽管"量刑前报告"在英美量刑程序中不具有约束力，但是对于法官的量刑裁决仍然具有相当重要的参考价值，是法官量刑时的重要事实依据。

尽管英美对于"量刑前报告"在具体制度安排上有所不同，不过通常来说，成年罪犯的"量刑前报告"一般都是由法院内部的"缓刑官"（Probation Officer）来完成的，而未成年犯的"量刑前报告"则由社会工作者单独或者会同缓刑官一起制作。[1] 之所以选择缓刑官来制作"量刑前报告"，是因为缓刑官作为法院专职的司法行政官员，具有良好的职业素养和职业经验，保证了其制作的报告具有相当高的可信度，容易得到法官的采纳。更重要的是因为缓刑官独立于控辩双方，其在刑事诉讼中的中立地位保证了其制作的"量刑前报告"不会受制于控辩双方的诉讼立场，具有相当的客观公正性。

缓刑官往往需要工作数周甚至几个月的时间来准备一份"量刑前报告"。一般来说，缓刑官会围绕被告人的家庭、教育、财产状况、工作经历、社会关系、医疗病例、犯罪前科、吸毒经历、被逮捕的经历等情况进行全面的调查。在那些有被害人的案件中，缓刑官还会对被害人受伤害的情况、后果、影响等问题进行专门调查，并了解被害人希望法官科处的刑罚。[2] 举例来说，美国一个联邦地区法院（驻波士顿）首席缓刑官在准备量刑前报告时大概需要经历以下几个步骤："量刑前调查开始于对被告人的一次面谈，

---

① 参见陈瑞华：《论量刑信息的调查》，载《法学家》2010年第2期。
② 参见陈瑞华：《论量刑信息的调查》，载《法学家》2010年第2期。

该面谈将包含被告人的背景、儿童时期的成长经历、教育状况、雇员情况、精神健康状况以及法院的记录（如果可能的话）。其后，缓刑官试图通过医疗记录、雇佣记录、社会服务部门的记录、学校记录以及特定情况下通过以前的缓刑官来核实这些情况。他们还可能会与被告人的家庭成员以及亲朋好友等接触，以便进一步核实这些信息的准确性。他们也可能会获取起诉书中包含的特定信息，如一次抢劫案中的银行记录、实验室出具的关于毒品重量的报告……"①总而言之，"量刑前报告"建立在缓刑官尽可能多的面谈、调查、研究、查阅资料的基础上，缓刑官细致认真的工作保证了该报告所包含量刑信息的丰富性和全面性。

通常来说，"量刑前报告"由以下几个部分组成：犯罪事实、先前犯罪记录、被告人陈述、被害人陈述、犯罪记录、被告人的社会经历、可适用的法庭规则、缓刑官的结论和量刑建议等，② 我们可以看到，"量刑前报告"主体部分是建立在大量调查基础上的量刑信息。

"量刑前报告"提交给法官之后会对最终的量刑结果产生重要的影响。英美庭审的量刑程序基本是以"量刑前报告"为核心展开的，控辩双方会围绕该份报告的争议点进行陈述和辩论，同样的，法官在作出量刑裁决时也会重点采纳报告所提供的量刑信息，甚至直接将其作为量刑裁决的事实基础。

尽管目前在英美国家也有少数关于"量刑前报告"诸如过于

---

① 魏梦欣：《美国刑事量刑程序———项目代表团赴美考察备忘录》，载《"量刑程序改革"专题研讨会会议资料》，北京市东城区人民法院与北京大学法学院主办，2009 年 7 月 3 日。

② ［美］菲尼、［德］赫尔曼、岳礼玲著：《一个案例，两种制度———美德刑事司法比较》，中国法制出版社 2006 年版，第 74 页。

仪式化等的批评意见，① 但是量刑前报告制度在为法庭提供量刑信息方面的全面客观性还是受到了学界、实务界乃至犯罪人的基本肯定。②

鉴于英美"量刑前报告"制度在全面提供犯罪人量刑信息方面的显著优势，我国少年司法改革就以此为借鉴，在未成年人案件的审理中创设了"社会调查报告"制度。"社会调查报告"制度的推行是少年司法改革取得进展的一个标志，其对于累犯从严的量刑改革同样具有启发性。

目前在我国未成年犯案件中所适用的"社会调查报告"制度，指的是在办理未成年人案件的过程中，在调查案件所涉犯罪事实的同时，由专门机构对被告人的个人情况、家庭环境、犯罪背景等进行专门调查分析，并对其人身危险性进行系统评估，其后形成比较系统的社会调查报告并将其提交法院，供法院在量刑时予以参考的制度。③

作为以英美"量刑前报告"为蓝本的本土化尝试，我国未成年犯罪案件中的"社会调查报告"制度在全国各地多年的实践中已经积累了不少经验和成果，将此制度推广到成年人案件审理的呼声日益高涨。笔者认为，作为一种有意义的尝试，可以首先将此制度推广到累犯案件的审理中来。

如前所述，与非累犯群体相比，累犯整体上的人身危险性更

---

① ［美］爱伦·豪切斯泰勒·斯黛丽、南希·弗兰克著：《美国刑事法院诉讼程序》，陈卫东、徐美君译，中国人民大学出版社 2002 年版，第 570 页。

② 2007 年在英格兰一项针对犯罪人关于累犯制度看法的访谈中，很多犯罪人表示"量刑前报告"制度能够较好地克服法官在量刑阶段见罪不见人的弊端。参见 Julian V Roberts, *Punishing Persistent Offenders: Exploring Community and Offender Perspectives*, Oxford University Press, 2008, p. 158.

③ 参见汪贻飞：《论社会调查报告对我国量刑程序改革的借鉴》，载《当代法学》2010 年第 1 期。

大，尤其表现在人身危险性量刑的维度之上。众所周知，量刑具有报应和功利的二元目的，其在依据犯罪人已然犯罪严重程度对犯罪人进行惩罚之外，更是担负着根据犯罪人未来犯罪的可能性大小量刑进而预防犯罪人重新犯罪的责任。为了对累犯这类普遍再犯可能性较大的犯罪人实现适当量刑，法官需要尽可能多地掌握诸如累犯平时表现、家庭情况、犯罪原因、前科劣迹等这些反映其人身危险性的信息，在此基础上才能对累犯的人身危险性进行全面客观的评估，从而作出与累犯人身危险性相匹配的量刑裁决努力实现预防犯罪的目的。因此，在累犯案件的审理中引入社会调查报告制度是十分有必要的。

建立累犯案件审理的社会调查报告制度，首先需要解决的是调查报告的制作主体问题。与英美国家不同，我国的司法机关中并未设立"缓刑官"这一职位。那么，累犯案件的社会调查报告应该由谁来准备呢？

根据审理未成年人案件的经验，社会调查报告的制作主体大致可以分为以下三类：（1）专职调查模式：在法院内部设立专职调查员，专职调查员本身也是法院的工作人员，有些还担任着法官职务。这些调查员对其负责调查的案件，不能成为合议庭组成人员，也不能参与案件裁判活动；[①]（2）委托调查模式：法院委托特定的机关、团体或特定领域的专家，[②] 对被告人的家庭、社会关系、受

---

① 参见李璞荣、司明灯：《我国未成年人社会调查制度运行模式比较分析》，载《青少年犯罪问题》2003 年第 1 期。

② 目前接受法院委托从事未成年人"社会调查"的主体大体有以下几类：一是未成年人保护组织的工作人员，如共青团、妇联、青少年保护委员会、关心下一代委员会等团体的工作人员；二是专职社会工作者或者青年志愿者，一般由共青团组织或者共青团所属的机构负责招募；三是社会矫正机构的工作人员，也就是司法行政机构在街道、乡镇派出的司法所工作人员。参见金兰等：《基层法院实施社会调查制度的调研报告》，载《法治研究》2009 年第 12 期。

教育情况、成长经历、犯罪原因、前科劣迹、生理心理健康情况等问题，经过专门调查，制作一份社会调查报告；（3）法官调查模式：由审理案件的法官对其认为关键的量刑信息进行自行调查。①此外，也有一些由控辩双方自行调查的模式，但是因为所撰写的社会调查报告缺乏中立客观性而在实践中被逐渐摒弃。

之所以要在累犯案件的审理中建立社会调查报告制度，初衷是为了让法官能够尽可能全面客观地获取与被告人人身危险性紧密相关的量刑信息。因此，报告制作主体的选择必须以保证报告信息的全面客观为最大考虑。应该说未成年人社会调查报告的三种主体模式基本上都能保证报告信息的客观中立性，因为报告制作主体都处于超然于控辩双方的中立地位。然而，在保证报告信息全面充分这一方面，这三种主体模式的选择就出现了优劣之分：法官调查模式所面临的主要问题就是法官案件审判任务繁重与个人时间精力有限之间的矛盾突出，无法保证其在对累犯被告人进行社会调查时能做到全面细致。同样的，专职调查模式也存在类似的问题。因为专职调查模式中的专职调查员事实上也是法院内部工作人员，法院工作的繁重与人手匮乏之间的矛盾依然存在。因此，在这种情况下，在累犯案件审理中引入社会调查报告制度时，在报告主体的选择上适用委托调查模式可能是目前最现实的选择。但是，如果在社会调查报告主体的选择上适用委托调查的模式，那么具体被委托人的选择则需要十分谨慎。因为社会调查报告必须具备相当的专业性和科学性，笔者认为比较好的一种尝试是建立一个社会调查报告专家委员会，聘请一些诸如心理学家、精神病学家、犯罪学家等专业人士来担任委员，为社会调查报告的制作提供专业的指导意见，在此基础上委托社会矫正机构的工作人员来进行累犯的社会调查，"因该机构及其工作人员植根于社区，在调查的开展上有着其他机构不具备

---

① 参见汪贻飞：《论社会调查报告对我国量刑程序改革的借鉴》，载《当代法学》2010 年第 1 期。

的诸多便利"①。

此外，为了尽可能保证累犯社会调查报告收集信息的完备详尽，如何进行社会调查也需要谨慎为之。一般来说，一份社会调查报告一般包括事实与建议两大部分：事实部分的内容有家庭关系、教育情况、成长情况、前科劣迹、性格品行、就业情况、人际交往、犯罪前后表现等，建议部分则主要包括犯罪原因分析以及量刑建议。② 然而在实践中，现行的社会调查报告呈现出过分简单程式化的问题。目前的社会调查报告主要采取的是表格形式，调查人员在信息填写时容易出现千篇一律、敷衍了事的情况。例如，陈瑞华老师在 2008 年对重庆某区法院少年庭的社会调查报告进行取样调查时，就发现很多"社会调查报告"关于"犯罪原因"一栏的填写存在惊人的简单化、敷衍化的问题。一些"社会调查员"竟然只填写"交友不慎"、"上网吧缺钱"、"家境贫寒"或者"父母离异"等寥寥数语，但在"量刑建议"一栏中却又一致填写"适用缓刑"之类的内容。③

在累犯案件的审理中若要引入社会调查报告制度，在社会调查报告的设计上应该更具灵活性，多设置选填题和需要详细填写的空白区域，并且增强犯罪原因分析和建议论证部分，以此才能保证法官在量刑时对报告信息的信任和倚重。另外，还需要加强这方面的经费投入，保证社会调查员合理的经济收入也能更好地激励其更为认真细致地进行社会调查工作。最后，为了避免调查人员滥用调查权，还必须设立相应的监督制约机制来保证报告制作的客观公正性。

---

① 高一飞：《论量刑调查制度》，载《中国刑事法杂志》2008 年第 10 期。

② 参见汪贻飞：《论社会调查报告对我国量刑程序改革的借鉴》，载《当代法学》2010 年第 1 期。

③ 参见陈瑞华：《论量刑信息的调查》，载《法学家》2010 年第 2 期。

2. 量刑程序的相对独立

如果说量刑信息的全面获取是累犯从严量刑改革的前提，那么量刑程序的相对独立则是累犯从严量刑改革的关键。

目前我国现行的刑事审判程序是以定罪为核心的，量刑环节依附于定罪环节是导致累犯量刑时法官见罪不见人的重要原因。近年来最高人民法院推动的量刑改革的主要内容之一就是量刑程序的改革，其核心问题则是构建"相对独立"的量刑程序，将量刑"纳入法庭审理之中"。

构建相对独立的量刑程序，对于改善累犯从严量刑阶段存在的诸多问题具有重要意义。

一方面，量刑程序的相对独立保证了与累犯人身危险性息息相关的诸多量刑信息能够尽可能多地加入法官的量刑考量，前文所提到的累犯社会调查报告便是这些量刑信息的主要载体。将刑事案件的庭审设定为定罪—量刑两步走的模式，量刑程序相对独立之后就为与定罪无关但与量刑有关的量刑信息进入庭审提供了制度保障。我国现行的量刑依附定罪的审判制度设计导致法官和控辩双方将焦点置于定罪问题之上而忽视了量刑问题，法官被迫将定罪所依据的事实视为量刑的主要信息，而这类信息主要是由公诉方垄断提供的，缺乏必要的客观中立性，因而往往不利于被告人。相反，量刑程序相对独立之后，以中立的专业人员制作的社会调查报告就可以克服以上诸多缺陷进入法官视野，为法官量刑提供全面客观的信息基础。

另一方面，量刑程序的相对独立保证了社会调查报告承载的诸多量刑信息能够对量刑产生实质而非形式的影响。尽管在累犯案件审判中引入社会调查报告制度，能够在很大程度上解决公诉方垄断量刑信息来源导致法官无法全面客观获取与累犯人身危险性紧密相关的量刑信息之问题，但是社会调查报告所提供的诸多量刑信息能否在庭审中实质性影响法官的量刑裁决却需要对量刑程序本身进行改革。

量刑程序若不独立，法庭就无法给予控辩双方针对累犯的社会调查报告所提供量刑信息中的争议点进行充分质证和辩论的机会，控辩双方不能就这些量刑信息当庭抗辩，法官又是以"行政化办公"这种书面、封闭的方式来决定对这些量刑信息的取舍，在目前对量刑信息所进行的法律评价没有明确标准的情况下，很容易造成法官自由裁量权的滥用，也会造成累犯社会调查报告制度只有形式上的价值而并无实质上的意义。

因此，推进目前的量刑程序改革，建立相对独立的量刑程序，有助于扭转目前刑事审判程序重定罪轻量刑的问题，在累犯量刑时，能够保证与累犯人身危险性相关的量刑信息充分进入法官视野，也为控辩双方针对反映累犯人身危险性大小的量刑信息进行实质性的辩论以及影响法官最终的量刑结果提供了机会。如此一来，对累犯从严量刑时整个量刑信息的调查辩论流于形式化和象征化的可能性大大减小，累犯社会调查报告所提供的那些与累犯人身危险性紧密相联的量刑信息则有了切实影响法官从严量刑结果的契机。

3. 量刑方法的理性科学

除了量刑程序的改革之外，最高人民法院推动的量刑改革还有一项重要的内容就是量刑规范的改革即关于量刑方法的变革。为克服那种按照法官个人经验和素养进行"估堆"式量刑的弊端，有效地解决量刑不公和量刑不均衡的问题，最高人民法院通过总结一些基层法院的数量化量刑改革的经验，初步确立了"以定量分析为主、定性分析为辅"的量刑方法。[①]

《量刑指导意见》明确规定了量刑的基本步骤以及各个量刑情节的适用方法。具体到累犯量刑时，《量刑指导意见》明确规定："对于累犯，应当综合考虑前后罪的性质、刑罚执行完毕或赦免以后至再犯罪时间的长短以及前后罪罪行轻重等情况，可以增加基准

---

① 参见《严格程序 规范量刑 确保公正——最高人民法院刑三庭负责人答记者问》，载《人民法院报》2009年6月1日。

刑的 10%-40%。"另外,《量刑指导意见》也对前科劣迹量刑情节的适用作了明确规定:"对于有前科劣迹的,综合考虑前科劣迹的性质、时间间隔长短、次数、处罚轻重等情况,可以增加基准刑的10%以下。"《量刑指导意见》的出台在很大程度上解决了之前刑法规定关于累犯如何从严语焉不详的问题,因此在累犯量刑过程中落实该量刑指导意见的相关规定,在累犯从严量刑时将累犯前后罪的性质、刑罚执行完毕或赦免以后至再犯罪时间的长短,以及前后罪罪行轻重等这些能够从不同侧面反映累犯人身危险性大小的累犯情节内在构成因素纳入法官考量,并且适当考虑同样反映累犯人身危险性的前科劣迹情节各个内在构成因素,是累犯制度量刑阶段改革的重要内容。

在我国累犯案件审理中全面贯彻《量刑指导意见》中与累犯从严的相关规定,能够在很大程度上削减累犯运行方式在规范与事实层面之间的非对称性,也能在一定程度上减少累犯制度实行效果在规范与事实层面之间的非对称性。

累犯情节这一法定量刑情节和前科劣迹这类酌定量刑情节是目前我国以定罪为核心的刑事审判程序之下少数能够进入法官量刑视野的量刑信息。然而上文实证研究的结果却表明我国法官在对累犯从严量刑时甚少将这些量刑信息做全面充分的考量。除了法官量刑时缺乏规范层面具体的累犯从严指引之外,笔者认为最本质的原因还是在于法官的主观层面,即我国法官存在对人身危险性概念的扁平化理解以及对于累犯群体的司法偏见。

我国学界和实务界目前对于人身危险性概念的理解是十分笼统的,人身危险性在传统视野内是一个单维的概念,概然地指向犯罪人再犯罪的可能性大小。然而,笔者认为,人身危险性概念至少是一个质量二维的体系构成,在这个二维体系之下,累犯群体内部呈现出人身危险性方面明显的分层。由于法官缺乏对人身危险性概念多维性的认识,其认识不到累犯情节或是前科劣迹情节内部不同构成要素是对累犯人身危险性不同侧面的反映,因此在累犯从严量刑时就无法将累犯情节和前科劣迹情节内部反映人身危险性的多维构成因素全面充分地进行考量。

正是因为对人身危险性的认识不足，法官群体对重复进入刑事司法体系的累犯群体普遍存在一种厌恶性司法偏见，往往容易过于简单地将其类型化为屡教不改、怙恶不悛者，将其重新犯罪的过错完全归咎于累犯自身。在这种司法偏见的引导下，法官在对累犯从严量刑之时就不会对反映累犯人身危险性的量刑信息进行全面充分的考量，尤其不会关注那些反映累犯人身危险性较小的信息维度，因此对于累犯量刑信息的利用就会出现草率化、片面化的情况。

因此，确保法官在量刑时树立科学理性的观念，遵循《量刑指导意见》的相关规定使用科学理性的量刑方法，是避免累犯从严量刑过程沦为"暗箱操作"的重要举措，也是保证累犯从严适当有效的关键。

4. 量刑说理的充分完备

要想在量刑环节实现累犯制度的宽严相济，需要努力的最后一个方面是保证累犯的刑事判决书有着充分完备的量刑说理。

与我国现行刑事审判程序重定罪轻量刑的设计理念不同，对犯罪人而言，"定什么罪名没有太大关系，最终关键是能否保住脑袋，或者需要坐多长时间的牢、罚多少钱的问题。法官量刑多以年月为单位，而犯罪人及其家人对刑罚的计算则是以日、时甚至分秒为单位的"①。因此，立法规定对于累犯要从严处罚，作为从严处罚的对象来说，累犯及其家属对于法官基于哪些因素进行从严裁量，为什么这些因素会导致从严裁量以及最终从严裁量的幅度是多少这些问题有着迫切了解的需要。

然而遗憾的是，目前的刑事判决书说理不充分，尤其是量刑说理部分的略化根本不能满足累犯的要求。实践中，与累犯相关的刑

①　王文华：《论我国量刑制度的改革——以美国联邦〈量刑指南〉为视角》，载《法学论坛》2008年第6期。

事判决书在说理部分对于累犯情节适用的说理都只是简略提到被告人是累犯，应当从重处罚，除了此种对刑法相关规定的简单复述之外，再无任何详细论述。① 此种情状，正如有学者曾无奈感叹的那样："如果说传统的裁判文书制作中说理不充分的问题是一个普遍现象的话，那么在有限的'理由'中对量刑情节的阐述过于简单更是到了难以容忍的程度。"②

为了改变目前刑事判决书说理不充分、量刑不说理的现状，最高人民法院公布的《人民法院量刑程序指导意见（试行）》第11条对裁判文书中应当记载的量刑理由作出了具体的、明确的规定："裁判文书中的量刑说理一般包括以下内容：（1）已经查明的量刑事实及其对量刑的影响；（2）是否采纳控辩双方的量刑意见及其理由；（3）人民法院的量刑理由和法律依据。"

推行最高人民法院量刑程序改革，在刑事判决书中进行完备详细的量刑说理，能增加量刑的客观性和透明性来防止量刑的暗箱操作，能强化刑事被告人和社会各界的知情权，能通过防止司法的擅断来提高量刑结论可接受性和维护司法权威性的目的。

在累犯案件审理过程中，要求法官在最终的刑事判决书中就累犯从严进行详细缜密的量刑说理，能够保证法官尽量全面地考察社会调查报告提供的量刑信息，认真听取相对独立的量刑程序下控辩双方对量刑信息争议点各自提出的量刑意见，谨慎权衡反映累犯人身危险性的量刑信息及其各个构成维度对累犯从严量刑结果的影响，为最终的量刑结论找到足以让自己、让被告人、让社会各界信服的理由。因此，量刑阶段保证法官对于累犯从严适用作出完备详尽的量刑说理，是巩固累犯制度量刑阶段其他方面改革成果、实现

① 所收集到的数万份累犯刑事判决书在累犯情节适用说理时几乎全部是这种格式化的套路，概莫能外。

② 罗书平：《改革裁判文书的成功尝试——评云南高院对褚时健案的刑事判决书》，载《法学家》1999年第5期。

累犯量刑宽严相济的保障。

（四）累犯制度行刑阶段的重构

除了累犯量刑从严之外，累犯行刑从严也是我国累犯从严的重要组成部分。如前文所述，目前我国行刑阶段累犯从严存在许多严峻的问题，这些问题是造成累犯制度实行效果在规范和事实层面之间存在诸多非对称性的重要原因。为了削减这些非对称性，笔者认为，在累犯行刑阶段应该作出以下三方面的改善：

1. 累犯行刑处遇的区别化和动态化

所谓累犯行刑处遇的区别化，是指在行刑阶段根据累犯人身危险性大小的评估结果，实现累犯与非累犯之间、累犯与累犯之间行刑处遇的差异化。所谓累犯行刑处遇的动态化，是指根据行刑不同时期累犯人身危险性估测结果的变化来动态调整累犯的行刑处遇。

（1）人身危险性评估的改进。

累犯行刑处遇区别化和动态化的前提是对累犯人身危险性大小作出正确评估。目前累犯人身危险性的评估方法存在四种选择：①临床式评估法，即完全由临床的心理医生以经验与知识为基础来诊断的评估方法，一般被认为可靠性不高；②统计式评估法，即以犯罪记录、年龄等与人身危险性息息相关的因素作为预测变量运用统计方法来进行实证预测；③综合式评估法，即将临床式和统计式评估法相综合的评估法；④问卷式评估法，即对罪犯发放问卷进行自我评估的方法。① 一般认为，尽管统计式评估法也存在一些这样那样的问题，但却是现实情况下最好的评估方式。

国际社会无论是在理论层面还是实践层面都探索创设了众多罪犯人身危险性统计式评估工具，如加拿大学者提出的水平评估量表（Level of Service Inventory - Revised）和历史因素评估工具（Historical Clinical Risk），英国内政部推出的罪犯群体再犯罪测量

---

① 参见翟中东著：《国际视域下的重新犯罪防治政策》，北京大学出版社 2010 年版，第 126 页。

表（Offender Group Re-Conviction Scale），英格兰与威尔士使用的罪犯评估系统（OASys）以及美国联邦和各州的刑事司法机构使用的罪犯人身危险性评估工具等。① 相比之下，我国的罪犯人身危险性评估则过于本土化和局限化，没有与时俱进实现与国际社会的接轨和交流。

目前我国监狱一般是通过办案机关移送的案件材料、心理测验、面谈、观察、调查等途径来了解罪犯情况的，这种缺乏规范性的罪犯评估活动往往被称为"犯情分析"。概括来说，目前我国罪犯评估中主要存在的问题有：评估工具不可靠、评估内容不全面、评估次数不充分。②

从评估工具方面来看，目前很多监狱在评估罪犯的心理情况时使用的是心理测量方法，但是所依靠的心理测量工具存在诸多缺陷。以我国量表式的人格测量工具这一代表性的心理测量工具为例，尽管其在了解罪犯的人格特质等方面起到了一定的积极作用，但还是无法全面了解罪犯需要针对性改造的犯因性缺陷。

从评估内容方面来看，目前罪犯评估只能覆盖很窄的内容，罪犯的许多与犯罪相关的生理因素、心理因素等都无法涵盖在评估内容之中。而且在对罪犯人身危险性有限内容的评估中，主要采取的是定性评估方法而非定量评估方法。③

从评估次数来看，理论上行刑阶段罪犯评估至少应该有三次：第一次评估应该在罪犯入监初期进行，以此来了解罪犯基本情况为分类处遇做准备；第二次评估应该在罪犯服刑中期进行，以此来检

---

① 参见翟中东著：《国际视域下的重新犯罪防治政策》，北京大学出版社 2010 年版，第 126-178 页。

② 以下内容参见吴宗宪著：《罪犯改造论——罪犯改造的犯因性差异理论初探》，中国人民公安大学出版社 2007 年版，第 271-273 页。

③ 近年来这一情况有所改善，如江苏省监狱管理局就在全国率先推出了定量评估的罪犯危险程度测试量表。参见翟中东著：《国际视域下的重新犯罪防治政策》，北京大学出版社 2010 年版，第 218-219 页。

验最初评估的准确性以及改造罪犯的有效性；第三次评估应该在罪犯服刑即将结束之时，以此来总结罪犯改造活动的成效以及安排罪犯追踪考察。然而，我国监狱目前只重视罪犯的最初评估，忽视了中期评估和终期评估。

因此，我国在行刑阶段要实现累犯行刑处遇的区别化和动态化，首先需要吸收国际社会的研究成果与实践经验，升级罪犯人身危险性评估的工具与方法，从过去定性评估为主转为定量评估为主，从过去经验性的评估转为统计式的评估，从过去单次评估转为多次评估。只有这样，才能较为精确地区分累犯与非累犯、累犯与累犯之间人身危险性的差异，为在累犯与非累犯之间、累犯与累犯之间恰当实行监管分类与改造分类打下科学的基础。

（2）监管与改造分类的改进。

在解决了人身危险性评估的问题之后，接下来就需要以人身危险性大小为根据，在累犯与非累犯之间、累犯与累犯之间实行监管分类与改造分类。

监管分类是指以监禁和管理罪犯为主要目的的罪犯分类。[①] 根据人身危险性大小来对罪犯进行分类监管是西方国家由来已久的通行做法。比如，美国联邦监狱系统内，罪犯就按照人身危险性由小到大被分类关押在最低度安全监狱、低度安全监狱、中度安全监狱、高度安全监狱和直接管理监狱这五类安全戒备程度由低到高的监狱中。[②]

上文实证研究的结果表明，与非累犯群体相比，累犯群体整体的人身危险性更大，尤其是在人身危险性量的维度上更大。同时累犯群体内部人身危险性的异质性分层也十分明显，人身危险性质量

[①] 吴宗宪著：《罪犯改造论——罪犯改造的犯因性差异理论初探》，中国人民公安大学出版社 2007 年版，第 273 页。

[②] 参见 Schmalleger F, Smykla J O. *Corrections in the 21st Century.* Glencoe/McGraw-Hill, 2000, pp. 308-310.

体系中两个维度均较小的累犯占了大多数，人身危险性质量体系中两个维度均较大的累犯则是极少数。

目前我国监狱主要是根据罪犯的犯罪类型进行分类收押进而实行分类管束，诚然罪犯的犯罪类型也是反映其人身危险性大小的重要指标，但是仅仅依靠单一指标来对罪犯进行分类却是不够的，可以考虑在此基础上根据人身危险性质量体系中两个维度差异再进一步实现累犯与非累犯、人身危险性较小的累犯与人身危险性较大的累犯分类监管，以增强监狱改造的科学性，为监狱改造的有效性打下良好基础。

改造分类是指以改造罪犯为目的的罪犯分类。① 不同罪犯的犯罪原因各不相同，那么对罪犯进行改造时所采取的方法也应有所不同。根据罪犯犯因性缺陷的不同，对于因经济原因犯罪的罪犯应重点采取职业技能培训等改造方法，对于因精神缺陷犯罪的罪犯应采取医疗手段进行药物控制等改造方法，对于因心理疾病犯罪的罪犯应采取心理矫治等改造方法。在此基础上，还应该根据罪犯人身危险性的差异来决定改造方法的社会化程度，对罪犯在改造过程中实施分流：对于人身危险性较小的罪犯，可以以帮助其出狱后尽快回归社会为目的，对其实施开放性处遇，更多的让其参加社区矫正而非监狱矫正项目；对于人身危险性较大的罪犯，则需要树立尽可能延长其与社会隔离期限的观念，只能对其在监狱内进行改造，有必要的话在其刑满释放之后再对其适用一定期限的"保安监禁"。

具体到累犯的改造分类而言，由于累犯群体的重新犯罪原因具有特殊性，大部分累犯都是因为上次刑罚体验之后无法顺利重建社会生活而导致了重新犯罪，对于累犯的改造就应该以帮助其提高重建社会生活能力为优先目标，而不是与初犯采取无差别的改造方式。另外，鉴于累犯群体内部人身危险性分层明显，可以尝试允许

---

① 吴宗宪著：《罪犯改造论——罪犯改造的犯因性差异理论初探》，中国人民公安大学出版社 2007 年版，第 273 页。

其中的一般二次犯适用假释，探索性地对其适用一些社区矫正项目，以帮助其在刑满释放之后尽快回归社会。对于累犯群体中的危险犯以及常习犯，则只能在监狱内对其进行改造，不能将其置于社会环境中改造。对于极端危险的累犯，还应该在其刑满释放后继续将其置于中国式的"保安监禁"之下，继续进行改造。

此外，累犯行刑处遇的区别化是动态变化的而非静止不变的。累犯的人身危险性会随着监禁刑期的推移发生变化，以此为根据的累犯监管分类与改造分类当然应该随之变化。应该在行刑阶段对累犯人身危险性进行多次评估，及时根据评估结果的变化来调整累犯的监管级别和改造方法。

2. 累犯改造手段的特殊化和多样化

既然累犯重新犯罪的主要原因在于出狱后无法重建社会生活，那么我国监狱在开展罪犯改造工作时，就应该有意识地区分累犯和初犯改造工作的重点。监狱在对累犯改造的时候应该将重点放在提高累犯职业技能和社会适应能力之上，对累犯实行相对特殊的改造方案。

目前我国监狱在改造罪犯时并没有进行累犯和非累犯的区分，一律以长时间、高强度、低技术含量的劳动改造来作为改造罪犯的主要手段。监狱这种不加区别的改造现状完全无益于累犯职业技能和社会适应能力的提高。

要实现提高累犯职业技能和社会适应能力的改造目标，一方面需要改革现行的劳动改造；另一方面需要辅以其他更有针对性、更有效的改造手段，实现累犯改造手段的多样化。

要对现行劳动改造进行改革，首先需要扭转劳动改造以营利为导向的异质化倾向，重新让劳动改造回归改造本位。组织劳动改造不能以监狱自身利益为出发点，而是应该以有利于罪犯改造为最大考量。因此，对累犯进行劳动改造时不能继续以前的低技术含量模式，应该尽量为累犯创造可以学习出狱后有用的职业技能的劳动岗位。同时，对于累犯中一般二次犯这类人身危险性较小的累犯，可以适当允许其在刑期将满时到监狱外从事劳动即适用所谓的劳动释放①，以此来提高其职业技能和社会适应能力，为其获释后顺利回归社会做准备。

此外，改革监狱现行的劳动改造，也需要将劳动改造的时间和强度控制在合理范围之内。从目前来看，监狱内对罪犯实行的劳动改造时间过长，强度太大，过分消耗犯罪人的体力和精力，也没给其他改造手段留下必要的有效活动时间，客观上造成了劳动改造手段独大，其他改造手段弱化的局面。劳动改造对于有效实现累犯的特殊改造目的有一定的帮助，但是帮助并不大，所以需要整合其他改造手段进行综合改造。因此，对目前劳动改造进行减负、瘦身，旨在为累犯改造手段多样化的实现创造客观前提。

从实现累犯改造手段多样化方面来看，我国监狱需要在对累犯实行劳动改造的同时注重对累犯的职业技能培训和心理矫治。

我国监狱法第 64 条规定："监狱应当根据监狱生产和罪犯释放后就业的需要，对罪犯进行职业技术教育，经考核合格的，由劳动部门发给相应的技术等级证书。"如前所述，目前我国监狱中对于罪犯职业技能培训的重视远远不够，少数有罪犯职业技能培训的监狱也往往是出于作秀的考虑而非真正为罪犯出狱后就业做长远打算，往往形式大于实质。有效的职业技能培训对于累犯在刑满释放后找到就业机会自食其力具有关键性的意义，因此在行刑阶段应该重视对累犯进行职业技能培训。

以是否营利为标准，罪犯的职业技能培训可以分为营利性培训和非营利性培训。前者的主要目的是获取经济利益，特别是为监狱获取经济利益，主要形式有岗前培训和在岗培训；后者的主要目的是教给罪犯在就业市场上具有竞争力的职业技能，为他们获释后自谋生路做准备，如为了让罪犯学习民用建筑技术，让罪犯在监狱的

---

① 参见翟中东著：《国际视域下的重新犯罪防治政策》，北京大学出版社 2010 年版，第 423 页。

培训车间砌墙盖房等。非营利培训虽然不能创造经济利益，有时甚至需要消耗监狱的资源，但是对于罪犯全面学习和掌握真正有竞争力的职业技能大有裨益。① 因此，在对累犯进行职业技能培训时，需要注重非营利培训的运用。

另外，以往我国监狱对罪犯的职业培训往往都是各个监狱自行组织开展的，因为监狱资源和监狱监管人员精力的有限性，此类职业培训往往存在培训水平低、培训效果差的情况。因此，在针对累犯开展职业技能培训时，需要在培训方式上整合资源进行大胆创新和尝试。2002 年湖南省以职业技能培训为核心的专门出监监狱——星城监狱的设立②，以及 2003 年上海市监狱管理局在五角场监狱成立的"上海市监狱管理局服刑人员技术培训中心"③ 都是在这方面进行的有益尝试，值得借鉴。

在我国，监狱对罪犯实行心理矫治的实践始于 20 世纪 80 年代中期。截至 2010 年，全国监狱系统心理咨询师人数已经达到16500 人。④ 罪犯心理矫治指的是利用心理学原理和方法调整罪犯心理和行为并促使其发生积极变化的矫治活动。对罪犯实行心理矫治，有助于罪犯转变不当认知、调整消极情绪、改变不良行为、改善人际关系等，因而能够有效提高罪犯对于社会生活的适应能力。累犯作为反复经历监禁刑体验的罪犯，监禁刑给累犯带来的诸如监狱化的人格改变以及出狱之后犯罪人标签为其在社会上招致的歧视，在很大程度上会形成累犯的心理障碍，这种心理障碍导致其在获释之后无法很好地适应社会、重建社会生活。因此，作为能够有

① 参见吴宗宪著：《监狱学导论》，法律出版社 2012 年版，第 503-504 页。

② 转引自翟中东著：《国际视域下的重新犯罪防治政策》，北京大学出版社 2010 年版，第 424 页。

③ 参见吴宗宪著：《监狱学导论》，法律出版社 2012 年版，第 503-504 页。

④ 参见吴宗宪著：《监狱学导论》，法律出版社 2012 年版，第 552 页。

效提高罪犯社会生活适应能力的改造手段，心理矫治在累犯的改造过程中需要获得相当的重视。

在有针对性地对累犯进行职业技能培训和心理矫治时，监狱还需要学会善于利用社会资源来改造累犯，特别是树立"花钱买服务"的理念，通过有偿利用社会资源的方式来对监狱中的累犯进行改造。因为监狱资源以及监狱工作人员的精力与能力很有限，又因为无偿利用社会资源改造罪犯的方式存在诸如志愿人员不足、志愿人员经验和专业性不够以及不利于监狱安全管理的诸多缺陷，①目前监狱主要依靠监狱自身能力与无偿利用社会资源方式改造罪犯的模式收效不佳。而通过"花钱买服务"的方式有偿利用社会资源对罪犯尤其是累犯进行改造，如雇请社会上专门的职业培训机构和专业的心理咨询师等，则可以大大提高改造的专业性和针对性，从而实现累犯改造有效化的目标。

3. 累犯改造评估的科学化和客观化

目前我国监狱的部分监管人员存在管理罪犯凌驾于改造罪犯之上的错误思想和以罪犯是否完全服从管理作为罪犯改造评估效果主要依据的错误倾向。这种重管理、轻改造的现象反映出目前我国监狱行刑活动以监狱自身利益与便利为主，以罪犯改造需求和利益为辅的本质。

片面强调罪犯的服从，对罪犯实行无差别化的军事化管理，对于罪犯的日常管理是很有利的。但是，这种模式"将罪犯生活的各个方面都纳入规章制度的约束之中，罪犯几乎没有任何自由和选择，在客观上剥夺了罪犯自己做选择和决定的机会"，②长此以往会加深罪犯监狱化的程度，不利于罪犯释放之后回归社会。此外，

---

① 参见吴宗宪著：《罪犯改造论——罪犯改造的犯因性差异理论初探》，中国人民公安大学出版社 2007 年版，第 299 页。

② 参见吴宗宪著：《罪犯改造论——罪犯改造的犯因性差异理论初探》，中国人民公安大学出版社 2007 年版，第 288 页。

因为监管人员以是否服从管理来评估罪犯的改造效果，罪犯很可能表面迎合监管人员的强硬要求，实际内心对改造无动于衷。监管人员这种简单粗暴的做法无法了解罪犯内心的真实情况，既不能正确评估罪犯改造的效果也不能促进罪犯改造的效果。这种以是否服从管理来论是否有效改造的评估模式尤其不利于累犯的改造。与初犯相比，累犯因为之前的刑罚经历，对于监狱内的规章制度以及各种潜规则更为熟悉和了解。在熟练掌握游戏规则的情况下，累犯更善于对监管人员表面逢迎、言不由衷和虚与委蛇，更容易给监管人员留下服从管理的假象，并因此在行刑阶段的考核评分中占得优势以获取减刑等行刑处遇方面的优待。事实上，累犯依靠刑罚经验的便利来迎合监管人员的做法，除了加快其监狱化人格和两面派作风的形成以外，不仅不能提高反而会降低其改造效果。

因此，我国监狱的监管人员要克服错误的改造理念，正确处理眼前对累犯的管理需要与累犯获释后回归社会的长远需要之间的关系问题，在兼顾二者的同时以后者为重。在对累犯改造效果的评估问题上，应该采取更为科学和客观的罪犯人身危险性评估方法而不是凭借自己的主观臆断。

二、瞻前顾后的综合治理设想

想要尽量削减累犯制度在目标群体、运行方式和实行效果这三方面存在的规范与事实层面之间的非对称性，除了要在累犯制度内下功夫之外，还需要在累犯制度之外实行瞻前顾后的综合治理。所谓瞻前顾后的综合治理，意味着一方面需要减少初犯尤其是人身危险性小的初犯进入累犯制度打击范畴的概率；另一方面又需要减少被累犯制度打击过的累犯再次进入累犯制度打击视野的可能性。简单通俗地讲，瞻前顾后综合治理的设想意在实现"没来的尽量别进来，出去的尽量别回来"的目标，以此尽量弥合累犯制度在目标群体和实行效果这两方面存在的规范与事实层面的对称性。

(一) 瞻前目标的实现构想

上文实证研究的结果显示，在我国累犯制度实际打击的目标群体中，人身危险性质量体系中两个维度均较小的累犯，即所谓的一般二次犯几乎占了一半，这大大影响了累犯制度打击的准确性以及累犯制度隔离效应的实现。要想减少累犯制度实际打击目标群体中人身危险性较小累犯所占的比例，降低初犯尤其是人身危险性小的初犯进入累犯制度打击范畴概率的做法是首先应该努力的方向。这种努力又可以分解为以下两个步骤来进行：

一方面，树立行刑社会化理念，减少初犯短期监禁刑的适用。

研究表明，我国刑罚使用中存在重刑主义的倾向，在刑种的选择中倾向于过度适用有期徒刑的情况。[1] 诸如缓刑、管制等非监禁刑的适用率却很低。以缓刑为例，数据显示 1999 年中国缓刑适用率为 14.86%，同期监禁率为缓刑率的 5.3 倍，而世界多数国家的缓刑适用率则高达到 50% 左右。[2] 缓刑和管制之所以在我国适用率低，原因是多方面的，除了相关立法规定有待完善之外，主要还是因为受到传统重刑主义思想的影响以及司法工作人员出于怕惹麻烦、怕担责任的考虑。[3]

司法实践中对有期徒刑的过度青睐和对缓刑、管制等非监禁刑的过分冷落导致了短期自由刑的泛滥。很多人身危险性不大的初犯在量刑时往往被判处短期监禁刑而非缓刑、管制之类的非监禁刑。

众所周知，监禁对于犯罪人产生的负面效果往往要大于正面效果，而短期自由刑对初犯的消极作用则更为明显：一来因为监禁刑

---

① 参见吴宗宪主编：《中国刑罚改革论》（上册），北京师范大学出版社 2011 年版，第 111 页。

② 袁登明著：《行刑社会化研究》，中国人民公安大学出版社 2005 年版，第 230 页。

③ 参见季理华著：《累犯制度研究——刑事政策视野中的累犯制度一体化建构》，中国人民公安大学出版社 2010 年版，第 261-263 页。

刑期短，在短时间内无法对初犯进行有效的改造与威慑；二来在监禁期间初犯有足够的机会接触那些"资深犯罪人"并向其学习犯罪技能而导致交叉感染。因此，初犯在短期监禁刑结束之后很容易走上重新犯罪的道路。

研究表明，我国累犯中超过 60% 的前犯是轻刑犯，[①] 且超过 60% 的是二次犯，只有不足 40% 的前犯是重刑犯。[②] 这意味着，对初犯尤其是人身危险性较小的初犯滥用短期监禁刑是导致其重新犯罪的重要原因。因此，为了降低初犯尤其是人身危险性小的初犯进入累犯制度打击范畴的概率，需要在司法实践中控制并且逐步减少对人身危险性小的初犯适用短期监禁刑的频率，提高缓刑、管制等非监禁刑的适用率。此外，由于罚金刑本身具有减缓监狱拥挤、减轻国家财政负担、避免罪犯监禁之后交叉感染等诸多优势，也可以考虑建立以罚金刑替代短期自由刑的刑罚制度。

在行刑社会化的理念之下减少初犯短期监禁刑的适用，除了能够有效减轻监狱拥挤、大大节省刑事司法经费以外，在事实层面帮助初犯顺利回归社会不再重蹈犯罪覆辙方面也能起到不可替代的积极作用。除此之外，依照我国现行刑法的规定，累犯前罪主刑刑种为有期徒刑及以上是构成普通累犯的必要条件，减少初犯短期监禁刑的适用在规范层面也客观降低了初犯尤其是人身危险性较小的初犯进入累犯制度打击范畴的概率。

另一方面，综合完善现有社区矫正措施，保障行刑社会化的质量。

尽管行刑社会化在理论上有助于"前瞻"目标的实现，但是要想在事实层面真真切切降低初犯尤其是人身危险性较小的初犯进

---

① 轻刑犯在此的定义为宣告刑刑种为有期徒刑，且刑期在 5 年以下的罪犯。

② 参见季理华著：《累犯制度研究——刑事政策视野中的累犯制度一体化建构》，中国人民公安大学出版社 2010 年版，第 258 页。

入累犯制度打击范畴的概率，还需要针对目前缓刑、管制等社区矫正措施的种种不足进行完善，以此来保障行刑社会化的质量，以防出现现实与理想南辕北辙之窘境。

　　针对目前我国的缓刑制度主要存在的适用范围狭窄、适用条件空泛这两大问题，一方面，需要在立法上扩大缓刑适用范围、丰富缓刑适用形式；另一方面，则需要在立法上细化缓刑适用条件，为立法所规定的"悔罪表现"、"确实不致危害社会"提供明确的可操作化的判定标准。①

　　目前我国管制制度主要存在的问题是执行内容虚化、刑罚强度不够。有学者就直言不讳地指出："目前管制刑的适用，与其说体现了刑罚轻缓化，不如说是惩罚的虚无化。"②

　　因此，管制刑的改革重点在于完善充实管制刑的内容，强化管制刑的惩罚色彩。比如，可以在管制刑的义务配置中引入对被害人的赔偿、参加社区公益劳动以及缴纳一定数量的保证金等内容。③

　　此外需要注意的是，在适用社区矫正时不得存在户口歧视。研究表明，在我国社区矫正的试点中，许多城市在适用社区矫正时将重点放在具有城市户口的人群中，而严格控制流动人口适用社区矫正的概率。④ 这种户口歧视的做法有违法律面前人人平等原则，要坚决避免。

---

　　① 参见季理华著：《累犯制度研究——刑事政策视野中的累犯制度一体化建构》，中国人民公安大学出版社 2010 年版，第 261-262 页；冯卫国著：《行刑社会化研究——开放社会中的刑罚趋向》，北京大学出版社 2003 年版，第 185-190 页。

　　② 参见王利荣著：《行刑法律机能研究》，法律出版社 2001 年版，第 336 页。

　　③ 参见冯卫国著：《行刑社会化研究——开放社会中的刑罚趋向》，北京大学出版社 2003 年版，第 184 页。

　　④ 参见刘强著：《美国社区矫正演变史研究》，法律出版社 2009 年版，第 277 页。

（二）顾后目标的实现构想

要实现"出去的尽量别回来"，减少被累犯制度打击过的累犯再次进入累犯制度打击视野的可能性，笔者认为加强对出狱累犯的保护和帮助是关键。

早在1935年，在柏林召开的国际刑法及监狱会议就明确指出："对于出狱人之救助，乃使之自力更生所必需。"① 出狱人因为监禁被迫与社会长期隔离，获释后突然回归社会必然一时难以适应。"其在生活、就业、升学、婚姻等问题上经常陷于困境，因而极易产生挫败感，如不加以及时引导和教育，其重新犯罪的可能性极大。"② 对于出狱后的累犯而言，这个问题可能更大。因为与一般出狱人相比，累犯至少拥有两次监禁体验，监狱化程度更深，因而在回归社会时重新建立社会生活的能力更差。因此，加强对出狱累犯的保护与帮助，在促进累犯顺利回归社会避免其重蹈犯罪覆辙方面具有重要意义。

国外十分重视对出狱人的保护与帮助。1846年纽约监狱协会的建立标志着第一个专门帮助出狱人的团体诞生。此后在西方各国相继建立起很多以保护和帮助出狱人为宗旨的机构团体。③ 目前西方对于出狱人的保护和帮助一般是官民协作、多主体共同进行的。以美国为例，美国司法部司法项目办公室设立的"重返社会启动"项目就是在美国教育部、卫生部、住房与城市发展部、劳工部等多个部门的联合支持下开展的。④ 此外，出狱人保护和帮助项目内容丰富、形式多样，包括居住帮助、医疗帮助、就业帮助、社会福利

---

① 参见季理华著：《累犯制度研究——刑事政策视野中的累犯制度一体化建构》，中国人民公安大学出版社2010年版，第308页。

② 翟中东主编：《自由刑变革：行刑社会化框架下的思考》，群众出版社2005年版，第33页。

③ 参见吴宗宪著：《监狱学导论》，法律出版社2012年版，第613页。

④ 参见翟中东著：《国际视域下的重新犯罪防治政策》，北京大学出版社2010年版，第414页。

帮助等。国外相关实证研究结果显示，出狱人的保护与帮助项目对控制重新犯罪具有积极效果。①

据学者考证，我国出狱人保护帮助工作起源很早，秦代"隐官"的设立可能就是出狱人保护帮助工作的最早雏形。② 新中国成立以后，出狱人保护帮助工作先后经历了"多留少放"阶段、"四留四不留"阶段和"安置帮教阶段"，2004 年以后则开始进入就业帮教市场化、社会化的新阶段。③ 之前安置帮教存在的行政色彩过浓、对出狱人个人利益关注不够等问题有望逐渐得到改善。

在就业帮教进入市场化和社会化的新阶段，需要借助社会资源重点加强对出狱累犯的就业帮助和居住帮助。

如前文所述，大部分累犯之所以重新犯罪，主要是因为其在回归社会后无法获得稳定的工作难以自食其力而被迫重新走上犯罪道路。因此，除了在监狱行刑时期努力帮助累犯提高职业技能以外，在累犯出狱之后仍然要加强对其进行就业帮助，这有助于巩固行刑阶段累犯接受职业技能培训的效果，更有利于促进累犯顺利回归社会。应该积极利用社会资源，可以雇请专业的职业培训机构为包括累犯在内的出狱人提供就业指导和职业技能培训，可以在各地积极建立安置型企业吸纳出狱累犯就业，可以积极发展社区就业来鼓励出狱累犯在社区服务业的岗位就业，可以为有志于自主创业的出狱累犯提供政策上的优惠与税费方面的减免等。另外，需要特别关注农村户口的出狱累犯，如果其出狱之后回到农村生活，则要帮助落实责任田。最后，要尽可能地为出狱累犯提供社会保障。

---

① 参见翟中东著：《国际视域下的重新犯罪防治政策》，北京大学出版社 2010 年版，第 414 页。

② 参见吴宗宪著：《监狱学导论》，法律出版社 2012 年版，第 615 页。

③ 参见吴宗宪著：《监狱学导论》，法律出版社 2012 年版，第 615–617 页。

相关研究表明，无家可归者重新犯罪率远远高于有安定住所的人。[1] 累犯因为反复监禁的缘故，原来的家庭关系和社会关系会逐渐疏离，很容易出现出狱后无家可归的情况。因此，对出狱累犯进行居住安置帮助是十分有必要的。目前我国对于出狱人居住帮助的主要形式往往是与就业帮助相联系的，即以建立过渡性安置基地的形式在安置就业的同时就在安置企业内解决出狱人的居住问题。截至 2010 年，我国已经建成这类安置基地 4300 多个，对出狱人的居住帮助起到了十分积极的作用。[2] 除此之外，也可以学习大力推广"中途之家"项目，政府相关部门协同一些志愿者组织和非营利组织共同建立具有中国特色的中途之家，允许出狱后居无定所的累犯及其他出狱人向其申请暂时性的住房。

---

[1] 参见翟中东著：《国际视域下的重新犯罪防治政策》，北京大学出版社 2010 年版，第 408 页。

[2] 参见吴宗宪著：《监狱学导论》，法律出版社 2012 年版，第 631 页。

结　语

　　作为一种自古以来就普遍存在的特殊刑罚安排，累犯制度一直受到学界和实务界的相当关注。以累犯从严为核心内容的累犯制度不仅仅是国家在刑法条文中对于重新犯罪者的强硬表态，更是在现实中切实影响着广大重新犯罪者人身自由以及国家刑罚资源配置的普遍实践。所以，累犯制度应当是一体两面的，是规范层面与事实层面的集合体。对于累犯制度的研究也就不能只局限于规范层面，需要进行超越立法论的研究。

　　在这种研究理念的指导下，本书正文部分分为规范层面的累犯制度、事实层面的累犯制度、规范与事实之间的累犯制度三篇，致力于对累犯制度在规范层面与事实层面之间的非对称性进行发现与探究，并在尝试对这些非对称性的产生进行解释和归因的基础上，有针对性地提出可能有限弥合我国累犯制度规范和事实层面之间非对称性的对策。

　　在梳理累犯制度的立法嬗变以及累犯制度的立法根据的基础上，笔者将累犯群体特殊论、累犯处遇从严论和累犯从严有效论归纳总结为当代规范层面累犯制度普适性的核心内容。这三个当代各国累犯制度核心内容的最大公约数分别对应着立法者对累犯制度目标群体、累犯制度运行方式、累犯制度实行效果的预设。

　　以我国 2000—2011 年全国各级法院近 30 万份刑事判决书为样本，笔者通过实证研究方法分别对以上三个规范层面累犯制度普适性的立法预期进行本土化检验，发现我国累犯制度在目标群体、运行方式、实行效果这三个方面均不同程度地存在规范层面与事实层面之间的非对称性：从累犯制度目标群体方面来看，尽管现实中受到累犯制度打击的普通累犯群体人身危险性总体而言确实较非累犯群体大，但是累犯只是人身危险性量的维度而非质量体系中两个维度都大于非累犯。这意味着累犯制度实际打击到的累犯更多的是烦如蝇者而非猛于虎者，打击精确度有待提高；从累犯制度运行方式方面来看，尽管现实中法官在对累犯量刑时确实做到了累犯从严，但是立法预期应该影响累犯从严的规范性因素甚少被法官纳入考量；从累犯制度实行效果方面来看，我国现行累犯制度威慑机制无效，隔离机制低效，其实际预防犯罪的效果远远低于立法预期。

我国现行累犯制度之所以在规范层面与事实层面存在以上非对称性是规范与事实层面诸多因素综合作用造成的。我国累犯制度在目标群体上之所以存在规范层面与事实层面的非对称性，累犯制度本身存在立法逻辑上的局限性是规范层面可能存在的原因，而罪犯犯罪能力的帕累托分布与刑事司法漏斗效应的存在则是事实层面可能存在的原因；我国累犯制度在运行方式上之所以存在规范与事实层面的非对称性，现行刑法对于累犯制度运行方式规定过于模糊笼统是规范层面可能存在的原因，在缺乏累犯从严具体规范指引的情况下法官群体对于人身危险性的独特理解则是事实层面可能存在的原因；我国累犯制度在实行效果上之所以存在规范与事实层面的非对称性，立法规定的从严手段单一且功能有限以及立法上的累犯从严的规定不够细致化是规范层面可能存在的原因，而量刑阶段与行刑阶段没有贯彻刑罚个别化原则导致量刑见罪不见人、行刑见利不见人则是事实层面可能存在的原因。

导致累犯制度在规范与事实层面非对称性的原因有的存在于累犯制度本身，有的则存在于累犯制度之外，在试图弥合累犯制度在规范层面和事实层面存在的诸多非对称性时，需要在累犯制度内外同时下功夫：一方面，针对累犯制度本身，需要以人身危险性为核心概念，以刑罚个别化为主要宗旨来重构累犯制度，以实现累犯制度的宽严相济；另一方面，在累犯制度之外，需要"瞻前顾后"综合治理，既要减少初犯特别是人身危险性小的初犯进入累犯制度打击范畴的可能性，又要减少累犯从严处罚之后再次进入累犯制度打击范畴的可能性。由于造成累犯制度在规范与事实层面非对称性的原因中有的是客观存在无法改变的，以上所提及的对策即使在最理想的情况之下也只能是有限削减而不能完全消灭累犯制度在规范和事实层面存在的非对称性。

本书对累犯制度在事实与规范层面之间诸多非对称性的发现，为反思累犯制度乃至整个刑罚制度提供了一个契机。

在人类社会的发展过程中，"重典治国"的理念一直颇受各国统治者的青睐，重刑威慑论更是成为一种不假思索的普遍信仰。累犯制度试图以提高刑罚严厉性来打击重新犯罪，是重刑主义或惩罚主义的犯罪控制模式的集中体现。重刑主义犯罪控制模式事实上是国家"当为不为"与"胡作非为"相结合的产物。

一方面，犯罪作为社会固有的新陈代谢，其原因是多方面的，"经济的、社会的、个人的和即时情景的大量因素，对于产生犯罪和持续犯罪都有着重要的影响，而这些因素通常存在于刑法制度的影响范围之外。也就是说，刑法制度并不能积极地影响这些因素。"[1] 因此，李斯特一针见血地指出："最好的社会政策即最好的刑事政策。"国家若要实现控制犯罪的目标，就必须以推行能够综合治理致罪原因的社会政策为重，而不是以推行严刑峻法为重。以累犯制度为例，绝大部分累犯在犯罪之前就处于社会底层，没有良好的教育背景也无法获得稳定的工作，其重新犯罪的主要原因就是出狱之后由于犯罪人身份备受歧视以及没有职业技能而无法谋生。因此，社会不公、教育不平等以及就业歧视等结构性的原因在很大程度上迫使累犯走上了重新犯罪的道路。国家不致力于履行国家的

---

① 樊文：《犯罪控制的惩罚主义及其效果》，载《法学研究》2011 年第 3 期。

义务来综合治理社会问题，而只是简单粗暴地奉行重刑主义，以提高刑罚严厉性的方式对累犯从严以期打击重新犯罪，实际上反映出来的是国家推卸自身责任，将国家没有充分履行教育或者社会保障义务的责任强行转嫁于累犯个人之上的"当为不为"。

另一方面，因为犯罪原因以及重新犯罪的原因多数在刑法可控范围之外，仅仅以提高刑罚严厉性的方式来应对，非但不能实现打击犯罪的目标，反而会带来一系列副作用。根据美国学者的研究，罪犯从监狱释放后找到工作的可能性很低，找住处也很成问题。同时他们的健康都存在不同程度的问题。根据 2005 年的调查，将近 1/2 的罪犯假释后没有寻找或者找到工作；超过 3/4 的罪犯有使用毒品的问题；超过 1/3 的罪犯存在生理上或者精神上的疾病；只有不到 1/3 的罪犯参加过教育项目，而参加过职业培训者则更少。与此同时，超过 1/2 的罪犯有尚未成年的孩子，需要他们予以经济上的帮助。[①] 同样的，我国一项针对重新犯罪人的问卷调查也发现，剥夺自由恶化了被判刑人的经济条件和社会条件，加之本身低端的受教育水平，57% 的再犯者处于失业状态。[②] 因此，在知悉犯罪原因多元化的前提之下，国家依然倚重重刑主义犯罪控制模式，是一种摒弃"对症下药"理念的"胡作非为"。

以累犯制度为典型代表的重刑主义犯罪控制模式本身也存在无法克服的缺陷。

一方面，重刑主义无法解决刑有限而罪无穷的困境。众所周知，国家的刑罚资源是有限的，因而重刑化是有限度的，一味提高刑罚的严厉性容易使刑罚趋向极限呈饱和状态，而且"一味使用

① 参见 Schmalleger, Frank, and John Ortiz Smykla. *Corrections in the 21st Century.* Glencoe/McGraw-Hill, 2000, pp. 328-329.
② 参见樊文：《犯罪控制的惩罚主义及其效果》，载《法学研究》2011 年第 3 期。

重刑，其威慑力必然随着时间的推移而减损"，① 刑罚的膨胀必然带来刑罚的贬值。因此，重刑主义犯罪控制模式在手段上有很大的局限性。同时，犯罪作为社会固有的新陈代谢则是"永不眠"的。正如梁根林教授指出的那样："由于社会矛盾普遍存在，生产力与生产关系、经济基础与上层建筑的矛盾是推动社会发展和进步的决定性的力量，社会结构中引起犯罪的致罪因素实际上不可能被消灭，任何刑事政策和社会政策因而都不可能消灭犯罪。"② 犯罪不存在所谓的上限，也不可能呈饱和状态。重刑主义犯罪控制模式企图只凭借有限的刑罚来应对无穷的犯罪，是注定要失败的。

另一方面，重刑主义无法解决刑罚手段与目标之间存在的根本性矛盾。重刑主义犯罪控制模式以提高刑罚严厉性为手段，以控制犯罪为目标，其理论假设是刑罚量投入的多少和犯罪率的高低之间存在简单的反比关系，然而多项研究结果均证否了这种假象关系的存在。③ 重刑主义犯罪控制模式的手段不仅不能有效实现目标，反而会与目标相背离。监狱悖论就是最好的例证。新西兰的丹尼斯·夏林（Dennis A. Challeen）法官曾经对监狱悖论有过如下深刻的反思："我们希望罪犯自重，但是我们却去毁灭他的自尊；我们希望他们承担责任，但是我们却取消了他们所有的责任；我们希望他们学习成为社会的一分子，但是我们却将他们隔离于社会；我们希望他们爱别人，但是我们却将他们置于仇恨与残酷的心境中；我们希望他们不再是暴烈的人，但是我们却将他们置于对待暴烈人的场所中；我们希望他们不再是生活的失败者，但是我们却将所有'失

---

① 陈兴良著：《当代中国刑法新视界》（第二版），中国人民大学出版社2007年版，第392页。

② 梁根林著：《刑事制裁：方式与选择》，法律出版社2006年版，第8-9页。

③ 参见白建军著：《刑法规律与量刑实践：刑法现象的大样本考察》，北京大学出版社2011年版，第148-172页；樊文：《犯罪控制的惩罚主义及其效果》，载《法学研究》2011年第3期。

败者’置于同一屋檐下；我们希望他们对社会具有建设性，但是却鄙视他们，使他们一无所长；我们希望他们真诚，但是我们却把他们置于缺乏真诚之处；我们希望他们不再使用暴力，但是我们却将他们置于周围充满暴力之所；我们希望他们不再掠夺我们，但是我们却将他们置于一个彼此掠夺之处；我们希望他们把握自己的生活，解决自己的问题，不再做寄生虫，但是却使他们什么都依赖我们。"① 如果重刑主义这样徒劳无功且与控制犯罪的目标南辕北辙，那么我们需要的不是继续坚持而是反思和改变。

储槐植先生很早就明确指出："如果我们不从根本上来考虑我们的刑罚思想、刑事政策，我们自己要背上刑罚的包袱。我们的刑罚结构就处于这样一个水平之上，而犯罪一时还看不出能被控制的势头，在此情况下，将主要眼光放在增加刑罚量作为控制犯罪的主要手段，我认为此路不通。"② 本书关于累犯制度的研究结论就是"此路不通"的有力证明。

控制犯罪是一项系统工程，而"刑罚的作用有限，刑罚必须与其他社会控制措施协调配合才能发挥其功能"。③ 因此，要想提高累犯制度以及整个刑罚制度在控制犯罪方面的效力，一方面需要在刑罚制度以外下功夫，制定和推行良好的社会政策来配合刑罚制度对犯罪实行综合治理是关键；另一方面也需要转变思路来充分发挥刑罚制度本身应有的功能。

尽管提高刑罚严厉性这一手段已经被证实无法有效控制犯罪，然而国外多个实证研究的结果表明，以提高刑罚的确定性为宗旨的举措在预防犯罪方面则卓有成效。比如，齐姆林教授就发现，纽约

① 转引自翟中东著：《国际视域下的重新犯罪防治政策》，北京大学出版社 2010 年版，第 51 页。

② 储槐植著：《刑事一体化》，法律出版社 2004 年版，第 58 页。

③ 梁根林：《刑事制裁：方式与选择》，法律出版社 2006 年版，第 8—9页。

近年来犯罪率的大幅下降应当归功于警力的增强而不是对犯罪人提高刑罚的严厉性。[1] 储槐植先生在早年提出的"控制犯罪场"的理念实际上也是提高刑罚确定性来控制犯罪思维的演绎。[2] 因此，要想有效实现犯罪控制的目标，也许可以将刑罚资源重点配置在提高刑罚确定性方面而不是刑罚严厉性方面，有必要借鉴国外的实践经验，重视采用和增强刑罚确定性相关的措施。比如，在警力资源建设方面加大投入，增加街面巡逻的警察人数，更新犯罪高发区电子监控等相关设备，增强对刑满释放的常习犯特别是危险常习犯的监控等。这些措施可以通过在客观上增强刑罚确定性的方式来促使犯罪人从主观上认识到实施犯罪后可能被定罪处罚的风险大幅提高，以此来促使其作出放弃犯罪的理性选择。

---

[1] Franklin E. Zimring, *The City that Became Safe: New York's Lessons for Urban Crime and Its Control*, Oxford University Press, 2012.

[2] 参见储槐植著：《刑事一体化》，法律出版社 2004 年版，第 45、70 页。

参考资料

一、中文资料

（一）著作

1. 陈兴良著：《刑事司法研究——情节·判例·解释·裁量》，中国方正出版社 1996 年版。

2. 陈兴良著：《刑法哲学》，中国政法大学出版社 1992 年版。

3. 陈兴良著：《本体刑法学》，商务印书馆 2001 年版。

4. 陈兴良著：《刑法的价值构造》，中国人民大学出版社 2006 年版。

5. 陈兴良著：《刑法适用总论》（上卷），法律出版社 1999 年版。

6. 陈兴良著：《刑法适用总论》（下卷），法律出版社 1999 年版。

7. 陈兴良著：《教义刑法学》，中国人民大学出版社 2010 年版。

8. 陈兴良著：《刑法的启蒙》，法律出版社 1998 年版。

9. 张明楷著：《刑法学》，法律出版社 1997 年版。

10. 张明楷著：《刑法格言的展开》，法律出版社 1999 年版。

11. 张明楷著：《刑法的基本立场》，中国法制出版社 2002 年版。

12. 张明楷著：《外国刑法纲要》（第二版），清华大学出版社 2007 年版。

13. 梁根林著：《刑罚结构论》，北京大学出版社 1998 年版。

14. 梁根林著：《刑事制裁：方式与选择》，法律出版社 2006 年版。

15. 梁根林著：《刑事政策：立场与范畴》，法律出版社 2005 年版。

16. 白建军著：《刑法规律与量刑实践：刑法现象的大样本考察》，北京大学出版社 2011 年版。

17. 白建军著：《公正底线——刑事司法公正性实证研究》，北京大学出版社 2008 年版。

18. 白建军著：《罪刑均衡实证研究》，法律出版社 2004 年版。

19. 白建军著：《法律实证研究方法》，北京大学出版社 2008 年版。

20. 马克昌主编：《刑罚通论》，武汉大学出版社 2006 年版。

21. 王世洲著：《现代刑法学》（总论），北京大学出版社 2011 年版。

22. 王世洲著：《现代国际刑法学原理》，中国人民公安大学出版社 2009 年版。

23. 康树华主编：《犯罪学通论》，北京大学出版社 1992 年版。

24. 陈显荣、李正典著：《犯罪与社会对策》，群众出版社 1992 年版。

25. 高铭暄主编：《刑法学原理》（第 3 卷），中国人民大学出版社 1994 年版。

26. 赵秉志主编：《刑法总论问题探索》，法律出版社 2003 年版。

27. 杨建华著：《刑法总则之比较与检讨》，台湾三民书局 1988 年版。

28. 赵秉志主编：《刑法争议问题研究》（上卷），河南人民出版社 1996 年版。

29. 林山田著：《刑法通论》，台湾三民书局 1986 年版。

30. 高铭暄、马克昌主编：《刑法学》（上编），中国法制出版社 1999 年版。

31. 苏彩霞著：《累犯制度比较研究》，中国人民公安大学出版社 2002 年版。

32. 季理华著：《累犯制度研究——刑事政策视野中的累犯制度一体化建构》，中国人民公安大学出版社 2010 年版。

33. 刘绪东著：《累犯制度研究》，中国政法大学出版社 2012 年版。

34. 张素莲著：《论法官的自由裁量权——侧重从刑事审判的角度》，中国人民公安大学出版社 2004 年版。

35. 臧冬斌著：《量刑的合理性与量刑方法的科学性》，中国人民公安大学出版社 2008 年版。

36. 周光权著：《法定刑研究——罪刑均衡的建构与实现》，中国方正出版社 2000 年版。

37. 赵廷光著：《量刑公正实证研究》，武汉大学出版社 2005 年版。

38. 储槐植著：《刑事一体化》，法律出版社 2004 年版。

39. 张中友主编：《预防职务犯罪——新世纪的社会工程》，中国检察出版社 2000 年版。

40. 吕世伦主编：《现代西方法学流派》（上卷），中国大百科全书出版社 2000 年版。

41. 吕忠梅著：《美国量刑指南——美国法官的刑事审判手册》，法律出版社 2006 年版。

42. 王恩海著：《刑罚差异性研究》，上海人民出版社 2008 年版。

43. 张心向著：《在规范与事实之间——社会学视域下的刑法运作实践研究》，法律出版社 2008 年版。

44. 江平著：《比较法在中国》，法律出版社 2003 年版。

45. 吴新耀著：《当代西方法学思潮评析》，辽宁大学出版社 1991 年版。

46. 喻伟著：《刑法学专题研究》，武汉大学出版社 1992 年版。

47. 杨建华著：《刑法总则之比较与检讨》，台湾三民书局

1988 年版。

48. 韩忠谟著：《刑法原理》，北京大学出版社 2009 年版。

49. 陈浩然著：《理论刑法学》，上海人民出版社 2000 年版。

50. 周振想著：《刑罚适用论》，法律出版社 1990 年版。

51. 马克昌主编：《中国刑事政策学》，武汉大学出版社 1992 年版。

52. 许鹏飞著：《比较刑法纲要》，商务印书馆 1936 年版。

53. 蔡墩铭著：《唐律与近世刑事立法之比较研究》，台湾商务印书馆 1968 年版。

54. 向泽选、高克强主编：《刑法理论与刑事司法》，中国检察出版社 2000 年版。

55. 蔡枢衡著：《中国刑法史》，广西人民出版社 1983 年版。

56. 宁汉林、魏克家著：《中国刑法简史》，中国检察出版社 1996 年版。

57. 高绍先著：《中国刑法史精要》，法律出版社 2001 年版。

58. 苏俊雄著：《刑法总论Ⅲ》，台湾大地印刷厂股份有限公司 2000 年版。

59. 林纪东著：《刑事政策学》，台湾国立编译馆 1963 年版。

60. 曾宪义主编：《中国法制史》，北京大学出版社 2000 年版。

61. 舒洪水、刘娜、李岚林著：《累犯制度适用》，中国人民公安大学出版社 2012 年版。

62. 高铭暄、赵秉志编：《新中国刑法立法文献资料总览》（上），中国人民公安大学出版社 1998 年版。

63. 高铭暄主编：《新中国刑法学研究综述（1949－1985）》，河南人民出版社 1986 年版。

64. 时延安、薛双喜编著：《中国刑事政策专题整理》，中国人民公安大学出版社 2010 年版。

65. 张乃根著：《西方法哲学史纲》（增补本），中国政法大学出版社 2002 年版。

66. 林东茂著：《刑法综览》，中国人民大学出版社 2009 年版。

67. 蔡墩铭著：《现代刑法思潮与刑事立法》，台湾汉林出版社 1988 年版。

68. 高仰止著：《刑法总论之理论与实用》，台湾五南图书出版公司 1986 年版。

69. 张文、刘艳红、甘怡群著：《人格刑法学导论》，法律出版社 2005 年版。

70. 于志刚主编：《刑罚制度适用中疑难问题研究》，吉林人民出版社 2001 年版。

71. 邱兴隆、许章润著：《刑罚学》，群众出版社 1988 年版。

72. 陈伟著：《人身危险性研究》，法律出版社 2010 年版。

73. 翟中东著：《刑法中的人格问题研究》，中国法制出版社 2003 年版。

74. 张苏著：《量刑根据与责任主义》，中国政法大学出版社 2012 年版。

75. 邱兴隆著：《刑罚理性评论——刑罚的正当性反思》，中国政法大学出版社 1999 年版。

76. 张军、赵秉志主编：《宽严相济刑事政策司法解读——最高人民法院〈关于贯彻宽严相济刑事政策的若干意见〉的理解与适用》，中国法制出版社 2011 年版。

77. 储槐植著：《刑事一体化论要》，北京大学出版社 2007 年版。

78. 郭志刚主编：《社会统计分析方法——spss 软件应用》，中国人民大学出版社 1999 年版。

79. 王世洲等译：《美国量刑指南》，北京大学出版社 1995 年版。

80. 翟中东著：《国际视域下的重新犯罪防治政策》，北京大学出版社 2010 年版。

81. 吴宗宪著：《罪犯改造论——罪犯改造的犯因性差异理论

初探》，中国人民公安大学出版社 2007 年版。

　　82. 吴宗宪著：《监狱学导论》，法律出版社 2012 年版。

　　83. 张婧著：《监狱矫正机能之观察与省思》，中国人民公安大学出版社 2010 年版。

　　84. 于爱荣等著：《矫正技术原论》，法律出版社 2007 年版。

　　85. 周国强、鲁宽等著：《犯罪人处遇研究》，中国检察出版社 2013 年版。

　　86. 陈士涵著：《人格改造论》（上），学林出版社 2012 年版。

　　87. 陈士涵著：《人格改造论》（下），学林出版社 2012 年版。

　　88. 龙宗智著：《刑事庭审制度研究》，中国政法大学出版社 2001 年版。

　　89. 周长军著：《刑事裁量权论——在划一性与个别化之间》，中国人民公安大学出版社 2006 年版。

　　90. ［美］拉菲弗等著：《刑事诉讼法》（下册），卞建林等译，中国政法大学出版社 2003 年版。

　　91. ［美］彼得·G. 伦斯特洛姆著：《美国法律辞典》，贺卫方等译，中国政法大学出版社 1998 年版。

　　92. ［美］本杰明·卡多佐著：《司法过程的性质》，苏力译，商务印书馆 2000 年版。

　　93. ［美］保罗·H. 罗宾逊著：《刑法的分配原则——谁应受罚，如何量刑》，沙丽金译，中国人民公安大学出版社 2009 年版。

　　94. ［美］唐纳德·布莱克著：《法律的运作行为》，唐越、苏力译，中国政法大学出版社 2004 年版。

　　95. ［美］波斯纳著：《法律的经济分析》，蒋兆康译，中国政法大学出版社 1997 年版。

　　96. ［美］约翰·罗尔斯著：《正义论》，何怀宏等译，中国社会科学出版社 1988 年版。

　　97. ［美］戈尔丁著：《法律哲学》，齐海滨译，三联书店 1987 年版。

98. ［美］理查德·霍金斯等著：《美国监狱制度——刑罚与正义》，孙晓雳译，中国人民公安大学出版社 1991 年版。

99. ［美］乔治·弗莱彻著：《反思刑法》，邓子滨译，华夏出版社 2008 年版。

100. ［美］迈克尔·D. 贝勒斯著：《法律的原则——一个规范的分析》，张文显等译，中国大百科全书出版社 1996 年版。

101. ［美］安德鲁·冯·赫希：《已然之罪还是未然之罪——对罪犯量刑中的该当性与危险性》，邱兴隆、胡云腾译，中国检察出版社 2001 年版。

102. ［美］唐·布莱克著：《社会学视野中的司法》，郭星华译，法律出版社 2002 年版。

103. ［英］韦恩·莫里森：《理论犯罪学——从现代到后现代》，刘仁文、吴宗宪、徐雨衡、周振杰译，法律出版社 2004 年版。

104. ［英］吉米·边沁著：《立法理论——刑法典原理》，中国人民公安大学出版社 1993 年版。

105. ［英］哈特著：《惩罚与责任》，王勇译，华夏出版社 1989 年版。

106. ［意］恩里科·菲利著：《犯罪社会学》，中国人民公安大学出版社 1990 年版。

107. ［意］帕多瓦尼著：《意大利刑法原理》，陈忠林译，法律出版社 1998 年版。

108. ［意］贝卡利亚著：《论犯罪与刑罚》，黄风译，中国大百科全书出版社 1993 年版。

109. ［法］米歇尔·福柯：《规训与惩罚》，刘北成、杨远婴译，三联书店 1999 年版。

110. ［法］迪尔凯姆著：《社会学研究方法论》，胡伟译，华夏出版社 1988 年版。

111. ［德］黑格尔著：《法哲学原理》，范扬、张企泰译，商务印书馆 1961 年版。

112. ［德］弗兰茨·冯·李斯特著：《德国刑法教科书》，埃贝哈德·施密特修订，徐久生译，何秉松校订，法律出版社 2000 年版。

113. ［德］包尔生著：《伦理学体系》，中国社会科学出版社 1988 年版。

114. ［德］克劳斯·罗克辛著：《德国刑法学总论》（第 1 卷），王世洲译，法律出版社 2005 年版。

115. ［日］西原春夫著：《刑法的根基与哲学》，顾肖荣等译，法律出版社 2004 年版。

116. ［日］木村龟二主编：《刑法学词典》，顾肖荣等译，上海翻译出版公司 1991 年版。

117. ［日］大塚仁著：《刑法概说（总论）》，冯军译，中国人民大学出版社 2003 年版。

118. ［日］大谷实著：《刑事政策学》，黎宏译，法律出版社 2000 年版。

119. ［日］大谷实著：《刑法讲义总论》（第二版），黎宏译，中国人民大学出版社 2008 年版。

120 ［日］森下忠：《犯罪者处遇》，白绿铉译，中国纺织出版社 1994 年版。

121. ［澳］斯马特、［英］威廉斯：《功利主义：赞成与反对》，牟斌译，中国社会科学出版社 1992 年版。

（二）论文

1. 陈兴良：《刑法的价值构造》，载《法学研究》1995 年第 6 期。

2. 陈兴良：《刑法公正论》，载《法学研究》1997 年第 3 期。

3. 陈兴良：《形式与实质的关系：刑法学的反思性检讨》，载《法学研究》2008 年第 6 期。

4. 王世洲：《现代刑罚目的理论与中国的选择》，载《法学研究》2003 年第 3 期。

5. 王世洲：《各国刑法立法模式简况》，载《法学杂志》1994 年第 4 期。

6. 王世洲：《刑法信条学中的若干基本概念及其理论位置》，载《政法论坛》2011 年第 1 期。

7. 熊建明：《累犯通说的反省与批判》，载《环球法律评论》2011 年第 3 期。

8. 熊建明：《基于刑法原则体系性视角之累犯透析》，载《刑法论丛》2012 年第 2 卷。

9. 许福生：《累犯加重之比较研究》，载《刑事法杂志》2003 年第 4 期。

10. 冯军：《量刑概说》，载《云南大学学报》（法学版）2002 年第 3 期。

11. 张明楷：《结果与量刑——结果责任、双重评价、间接处罚之禁止》，载《清华大学学报》2004 年第 6 期。

12. 白建军：《同案同判的宪政意义及其实证研究》，载《中国法学》2003 年第 3 期。

13. 白建军：《坚硬的理论、弹性的规则——罪刑法定研究》，载《北京大学学报》2008 年第 6 期。

14. 白建军：《裸刑均值的意义》，载《法学研究》2010 年第 6 期。

15. 梁根林：《死刑案件被刑事和解的十大证伪》，载《法学》2010 年第 4 期。

16. 梁根林：《现代法治语境中的刑事政策》，载《国家检察官学院学报》2008 年第 4 期。

17. 梁根林：《刑事一体化视野中的刑事政策学》，载《法学》2004 年第 2 期。

18. 储槐植、梁根林：《论法定刑结构的优化——兼评 97 刑法典的法定刑结构》，载《中外法学》1999 年第 6 期。

19. 储槐植、梁根林：《论刑法典分则修订的价值取向》，载《中国法学》1997 年第 2 期。

20. 郭自力、李荣：《刑事立法语言的立场》，载《北京大学学报》（哲学社会科学版）2004 年第 2 期。

21. 刘四新、郭自力：《刑罚内在逻辑结构与功能的规范解析——兼论数罪并罚的刑罚缩减机理》，载《政法论坛》2008 年第 5 期。

22. 苏俊雄：《量刑法理与法制之比较研究》，载《法官协会杂志》1999 年第 2 期。

23. 陆石：《量刑失衡及其矫正》，载《现代法学》1992 年第 4 期。

24. 林孝文：《法官自由裁量权的法社会学分析》，载《社会科学家》2009 年第 6 期。

25. 姜富权：《关于量刑平衡的思考》，载《辽宁大学学报》1994 年第 5 期。

26. 贾凌、曾粤兴：《刑法基本原则的新解读》，载《云南大学学报》（法学版）2002 年第 2 期。

27. 马荣春：《论单位累犯》，载《河北法学》1999 年第 1 期。

28. 蔡瑞森：《法官量刑应受比例及平等原则之拘束》，载《理律法律杂志》（双月刊）2002 年第 6 期。

29. 周光权：《量刑规范化：可行性与难题》，载《法律适用》2004 年第 4 期。

30. 陈岚：《西方国家的量刑建议制度及其比较》，载《法学评论》2008 年第 1 期。

31. 于志刚：《论累犯的立法现状及其类型重构》，载《法学家》2000 年第 5 期。

32. 吴训龙：《美国的量刑公式化》，载《月旦法学》2002 年第 85 期。

33. 张训：《论量刑规律》，载《中国刑事法杂志》2010 年第

1 期。

34. 王瑞君：《量刑规范化面临的问题与对策构建》，载《法学论坛》2010 年第 1 期。

35. 戴长林、陈学勇：《量刑规范化试点中需注意的几个问题》，载《中国审判》2009 年第 7 期。

36. 仇晓敏、温克志：《关于量刑程序改革几个难点问题的思考》，载《中国刑事法杂志》2010 年第 9 期。

37. 李玉萍：《健全和完善量刑程序实现量刑规范化》，载《中国审判新闻月刊》2009 年第 5 期。

38. 高憬宏：《量刑改革应澄清的认识误区》，载《法制资讯》2010 年 Z2 期。

39. 于志刚：《论累犯制度的立法完善》，载法苑精粹编辑委员会编：《中国刑法学精粹》，高等教育出版社 2004 年版。

40. 陈伟：《批判与重构：未成年人累犯问题——从本体学角度的思考》，载《青年研究》2006 年第 8 期。

41. 陆诗忠：《累犯概念的法理论证》，载《洛阳师范学院学报》2004 年第 4 卷。

42. 樊华中、郑晶晶：《量刑规范与量刑建议考评机制反思》，载《山西省政法管理干部学院学报》2010 年第 4 期。

43. 林亚刚、邹佳铭：《关于量刑基准的几个基本问题》，载《学术界》2009 年第 3 期。

44. 赵廷光：《论定罪剩余的犯罪构成事实转化为量刑情节》，载《湖北警官学院学报》2005 年第 1 期。

45. 邓修明：《我国刑罚裁量模式与刑事判例机制》，载《现代法学》2006 年第 1 期。

46. 张勇：《量刑规范化改革及路径选择》，载《甘肃政法学院学报》2008 年第 1 期。

47. 陆文、德肖波：《法官刑罚裁量权的抑与扬——兼论我国量刑规范的指导思路》，载《政治与法律》2009 年第 9 期。

48. 胡学相：《量刑的失衡与矫正对策》，载《开放时代》1997 年第 1 期。

49. 龙光伟：《论量刑失衡及其对策》，载《吉林大学社会科学学报》2003 年第 2 期。

50. 李登峰：《论量刑失衡的防范与控制》，载《重庆科技学院学报》2009 年第 2 期。

51. 杜立聪：《论量刑失衡及其预防对策》，载《潍坊学院学报》2008 年第 9 期。

52. 柯葛壮、林荫茂：《略论量刑综合平衡》，载《政治与法律》1989 年第 3 期。

53. 左坚卫：《简论量刑失衡的原因》，载《观察与思考》2009 年第 12 期。

54. 李晓明：《刑事量刑自由裁量权及其规范方法》，载《人民检察》2008 年第 21 期。

55. 曹金生：《法官刑罚裁量权之探讨》，载《军法专刊》1996 年第 42 卷第 7 期。

56. 黄应生：《中国量刑改革的思路和方法》，载《中国审判新闻月刊》2008 年第 12 期。

57. 董玉庭、董进宇：《刑事自由裁量权与刑法基本原则关系研究》，载《现代法学》2006 年第 5 期。

58. 周漾沂：《论刑法五十七条量刑要素之基础》，载《刑事法杂志》2004 年第 48 卷第 3 期。

59. 苏俊雄：《量刑权之法律拘束性——评最高法院八十六年度台上字第 7655 号判决》，载《月旦法学杂志》1999 年第 54 期。

60. 石经海：《量刑规范化解读》，载《现代法学》2009 年第 3 期。

61. 王立志：《累犯构成视角的转换——过失累犯的提倡（上）》，载《河南省政法管理干部学院学报》2005 年第 2 期。

62. 王立志：《累犯构成视角的转换——过失累犯的提倡

（下）》，载《河南省政法管理干部学院学报》2005 年第 3 期。

63. 吴佶谕：《从刑罚目的观论刑罚裁量》，台湾中国文化大学法律学 1997 年研究生硕士论文。

64. 贾宇、舒洪水：《累犯制度研究》，载李希慧、刘宪权主编：《中国刑法学年会文集（2005 年度）第 1 卷：刑罚制度研究（上册）》，中国人民公安大学出版社 2005 年版。

65. 莫宏宪：《论累犯》，载《中央检察官管理学院学报》1996 年第 2 期。

66. 王晨：《论刑法中的特别累犯》，载《法学杂志》1987 年第 5 期。

67. 杨培新：《完善累犯制度刍议》，载《法学》1991 年第 1 期。

68. 杨凯：《刑法中单位累犯之认定》，载《云南大学学报》（法学版）2001 年第 3 期。

69. 陈国兴：《创制单位累犯的构想》，载《河北法学》2000 年第 3 期。

70. 李永升、陈伟：《我国内地与港澳台地区普通累犯制度比较研究》，载《刑法论丛》2007 年第 2 期。

71. 梁洪行、蒋涛：《中国大陆与澳门地区累犯制度比较研究——兼论我国累犯制度之完善》，载《东方论坛》（《青岛大学学报》）2003 年第 1 期。

72. 蔡雅奇：《美国的"三振出局法"及其对我国累犯制度的启示》，载《北京工业大学学报》（社会科学版）2010 年第 2 期。

73. 于志刚：《论累犯制度的立法完善》，载《国家检察官学院学报》2003 年第 2 期。

74. 阮方民：《浅谈数罪累犯的从重处罚》，载《西北政法学院学报》1987 年第 4 期

75. 刘丽华：《论我国刑事司法中累犯认定的误区》，载《南华大学学报》（社会科学版）2005 年第 6 期。

76. 周详、齐文远：《刑事司法解释中的"累犯加重犯"之研究》，载《法学家》2008 年第 5 期。

77. 苏彩霞：《累犯法律后果比较研究——兼论我国累犯刑事处遇之检讨》，载《法学评论》2003 年第 3 期。

78. 劳佳琦：《累犯重罚之教义刑法学批判》，载《刑事法评论》2011 年第 2 期。

79. 白建军：《论法律实证分析》，载《中国法学》2000 年第 4 期。

80. 钱韵歆：《如何预防和减少累犯——对 47 名累犯的情况调查》，载《法学》1985 年第 2 期。

81. 陈明华：《他们为什么重新犯罪——对 36 名累犯、惯犯的调查分析》，载《现代法学》1984 年第 1 期。

82. 潘开元、李仲林：《北京市监狱管理局在押累犯犯罪原因及矫正对策》，载《中国司法》2006 年第 4 期。

83. 丛梅：《我国重新犯罪现状与发展趋势研究》，载《社会工作》（学术版）2011 年第 12 期。

84. 王志强：《关于累犯问题的犯罪学实证分析》，载《青少年犯罪研究》2004 年第 5 期。

85. 王志强：《关于累犯问题的调查分析》，载《中国监狱学刊》2005 年第 2 期。

86. 王琪：《累犯的实证研究》，载陈兴良主编：《刑事法判解》（第 8 卷），法律出版社 2005 年版。

87. 孙平：《累犯制度理论研究述评》，载《山东警察学院学报》2010 年第 2 期。

88. 江溯：《从形式主义的刑罚概念到实质主义的刑罚概念——欧洲人权法案 2009 年 M 诉德国案》，载赵秉志主编：《刑事法判解研究》（2012 年第 2 辑，总第 25 辑），人民法院出版社 2012 年版。

89. 郭小峰、郭海霞：《美国三振法案概述与评价》，载《公安学刊》2008 年第 6 期。

90. 邱兴隆：《西方刑罚一体论的九大模式》，载《湖南省政法管理干部学院学报》2001 年第 1 期。

91. 陈兴良：《刑罚目的新论》，载《华东政法学院学报》2001 年第 3 期。

92. 陈金林：《累犯的前提：犯罪还是刑罚——对〈刑法修正案（八）〉第 6 条的解读》，载《中国刑事法杂志》2011 年第 5 期。

93. 洪婷瑜：《"我国"累犯刑事立法之比较》，台湾国立中正大学 2005 年硕士论文。

94. 李海东：《社会危害性与危险性：中、德、日刑法学的一个比较》，载陈兴良主编：《刑事法评论》（第 4 卷），中国政法大学出版社 1999 年版。

95. 陈兴良：《社会危害性理论——一个反思性检讨》，载《法学研究》2000 年第 1 期。

96. 于志刚：《论前科效应的理论基础》，载《政法论坛》2002 年第 2 期。

97. 赵辉：《对普通累犯制度几个问题的思考》，载《法学论坛》2002 年第 3 期。

98. 陈兴良：《法的解释与解释的法》，载《法律科学》1997 年第 4 期。

99. 梁根林：《罪刑法定视域中的刑法适用解释》，载《中国法学》2004 年第 3 期。

100. 陈兴良：《一般预防的观念转变》，载《中国法学》2000 年第 5 期。

101. 梁根林：《刑罚威慑机制初论》，载《中外法学》1997 年第 6 期。

102. 郭建安：《社区矫正制度：改革与完善》，载陈兴良主编：《刑事法评论》（第 14 卷），中国政法大学出版社 2004 年版。

103. 龚红卫、苏艳英、程婷：《海峡两岸累犯制度之比较》，载《法制与社会》2006 年第 18 期。

104. 陈瑞华：《论量刑信息的调查》，载《法学家》2010 年第 2 期。

105. 陈瑞华：《量刑程序改革的困境与出路》，载《当代法学》2010 年第 1 期。

106. 陈瑞华：《论量刑程序的独立性》，载《中国法学》2009 年第 1 期。

（三）报刊

1. 《量刑"规范化"尚需"规范"》，载《江苏法制报》2008 年 10 月 21 日。

2. 《严格程序规范量刑确保公正——最高人民法院刑三庭负责人答记者问》，载《人民法院报》2009 年 6 月 1 日。

3. 白建军：《量刑改革的一个悖论》，载《人民法院报》2010 年 11 月 3 日第 6 版。

（四）网络

1. 维基百科，http：//en. wikipedia. org/wiki/Presentence_ investigation_ report，2011 年 3 月 30 日。

2. 黄河：《重新犯罪率居高不下 刑释人员面临制度性歧视》，载人民网，2012 年 1 月 10 日。

3. 盘树高：《刑事审判法官的压力和减压》，载光明网，2011 年 5 月 18 日。

二、外文资料

（一）著作

1. Richard Edney, Mirko Bagaric, *Australian Sentencing：Principles and Practice*, Cambridge University Press, 2007.

2. Geraldine Mackenzie, Nigel Stobbs, *Principles of Sentencing*, The Federation Press, 2010.

3. Michael Tonry (ed.), *Penal Reform in Overcrowded Times*, Oxford University Press, 2001.

4. Michael Tonry, *Sentencing Matters*, Oxford University Press, 1996.

5. Michael Tonry, Richard S. Frase, (ed.) *Sentencing and Sanctions in Western Countries*, Oxford University Press, 2001.

6. Michael Tonry (ed.), *Crime and Justice*, Vol. 10, The University of Chicago Press, 1988.

7. Champion, D. , *Measuring Offenders' Risk: A Criminal Justice Sourcebook*, Westport, Conn: Greenwood, 1994.

8. Hogarth J. , *Sentencing as a Human Process*, University of Toronto Press, 1971.

9. United States Sentencing Commission, *Federal Sentencing Guideline Manual*, West Publishing Company, 1987.

10. Martin L. Forst (ed.), *Sentencing Reform: Experiments in Reducing Disparity*, Sage Publications Inc. , 1982.

11. Franklin E. Zimring, *The City that Became Safe: New York's Lessons for Urban Crime and Its Control*, Oxford University Press, 2012.

12. Franklin E. Zimring, Gordon Hawkins, Sam Kamin, *Punishment and Democracy: Three Strikes and You're Out in California*, Oxford University Press, 2001.

13. Franklin E. Zimring and Gordon Hawkins, *Incapacitation: Penal Confinement and the Restraint of Crime*, Oxford University Press, 1995.

14. Frank E. Zimring and Gordon J. Hawkins, *Deterrence: The Legal Threat in Crime Control*, University of Chicago Press, 1973.

15. Gabor. T, The Prediction of Criminal Behavior. University of Toronto Press, 1986.

16. Cayley, D. *Effects of prison: The crisis in crime and punishment and the search for alternatives*, Toronto, ON. : House of Anansi Press Limited, 1998.

17. Lilly, J. R., Cullen, F. T., Ball, R. A. *Criminological theory*: *Context and consequences*, Thousand Oaks, CA: Sage Publications, 1995.

18. Julian V. Roberts, *Punishing Persistent Offenders*: *Exploring Community and Offender Perspectives*, Oxford University Press, 2008.

19. Jeremy Travis, *But They All Come Back*: *Facing The Challenges of Prisoner Reentry*, Urban Institute Press, 2005.

20. Terence P. Thornberry (ed.), *Developmental Theories of Crime and Delinquency*, New Brunswick, N. J, Transaction Publishers, 1997.

21. Von Hirsch, Andrew, Anthony E. Bottoms, Elizabeth Burney, and Per-Olof Wikstrom. *Criminal Deterrence and Sentence Severity*: *An Analysis of Recent Research*. Oxford: Hart, 1999.

22. Herbert L. Packer, *The limits of the Criminal Sanction*, Stanford University Press, 1968.

23. Norval Morris, *The Future of Imprisonment*, Chicago: University of Chicago Press, 1974.

24. Norval Morris, *The Habitual Criminal*, Greenwood Press, Publishers: Westport, connectocut, 1973.

25. Julian V. Roberts and Andrew von Hirsch (eds), *Previous Convictions at Sentencing*: *Theoretical and Applied Perspective*, Hart Publishing, 2010.

26. Andrew von Hirsch, *Past or Future Crimes*: *Deservedness and Dangerousness in the Sentencing of Criminals*, New Brunswick and London Rutgers Universi ty Press, 1987.

27. H. L. A. Hart. *Punishment and Responsibility*, New York: Oxford University Press, 1968.

28. M Wasik and K Pease (eds), *Sentencing Reform*: *Guidance or Guidelines?*, Manchester University Press, 1987.

29. Andrew von Hirsch and Andrew Ashworth, *Proportionate Sentencing*: *Exploring the Principles* , Oxford University Press, 2005.

30. George P. Fletcher, *The Grammar of Criminal Law*: *American*, *Comparative*, *and International Volume One*: *Foundations*, Oxford University Press, 2007.

31. George P. Fletcher, *Rethinking Criminal Law*, Oxford University Press, 2000.

32. Richard Singer, *Just Deserts*: *Sentencing based on Equality and Desert*, Ballinger Publishing Co., 1979.

33. Andrew. von. Hirsch, *Doing justice*: *the choice of punishments*: *report of the Committee for the Study of Incarceration*, Northeastern University Press, 1986.

34. Sanford H. Kadish, *Encyclopedia of Crime and Justice*, The Free Press, 1983.

35. Rothman, D. J., *Conscience and Convenience*: *The Asylum and its Alternatives in Progressive America*, Boston: Little Brown, 1980.

36. Robert B. Shoemaker, *Prosecution and Punishment*: *Petty crime and the law in London and rural Middlesex*, Cambridge University Press, 1991.

37. Richard J. Herrnstein, James Q. Wilson, *Crime and Human Nature*, New York: Simon and Schuster, 1985.

38. M. Gottfredson, T Hirschi, *A General Theory of Crime*, Stanford University Press, 1990.

39. Robert J. Sampson, John H. Laub, *Crime in the Making*: *Pathways and Turning Points through Life*, Harvard University Press, 1995.

40. Michael Eugene Ezell, Lawrence E. Cohen, *Desisting from Crime*: *Continuity And Change In Long-Term Crime Patterns of Serious Chronic Offenders*, Oxford University Press, 2005.

41. Friedman, L. M., *Crime and Punishment in American History*, New York: Basic Books, 1993.

42. David Shichor, Dale K. Sechrest (eds): *Three Strikes and You're Out: Vengeance as Public Policy*, SAGE Publications, 1996.

43. Mable A. Elliott, *Conflicting Penal Theories In Statutory Law*, Chicago University Press, 1931.

44. Edward Zamble, Vernon L. Quinsey, *The Criminal Recidivism Process*, Cambridge University Press, 1997.

（二）论文

1. Ronald F. Wright, "Review: Rules for Sentencing Revolutions", *The Yale Law Journal*, Vol. 108, 1999.

2. Andrew Ashworth, Elaine Player, "Criminal Justice Act 2003: The Sentencing Provisions", *Modern Law Review*, Vol. 68, 2005.

3. R. A. Duff, "Panel Three: Theories and Policies Underlying Guidelines Systems: Guidance and Guidelines", *Columbia Law Review*, Vol. 105, 2005.

4. David Dolinko, "Three Mistakes of Retributivism", *UCLA Law Review*, Vol. 39, 1992.

5. Daniel J. Freed, "Federal Sentencing in the Wake of Guidelines: Unacceptable Limits on the Discretion of Sentencers", *The Yale Law Journal*, Vol. 101, 1992.

6. Austin Lovegrove, "Statistical Information Systems as a Means to Consistency and Rationality in Sentencing", *International Journal of Law and Information Technology*, Vol. 7, 1999.

7. Christina Ruch, Jeremy Robertson, "Presentence Reports: The Utility of Information to the Sentencing Decision", *Law and Human Behavior*, Vol. 11, 1987.

8. Stevens Clarke, Getting 'Em out of Circulation: Does Incarceration of Juvenile Offenders Reduce Crime? *The Journal of Criminal Law and Criminology*, Vol. 65, 1973.

9. Shlomo Shinnar and Reuel Shinnar, The Effects of the Criminal

Justice System on the Control of Crime: A Quantitative Approach, *Law and Society Review* Vol. 9.

10. Stephan Van Dine, Simon Dinitz, and John Conrad, The Incapacitation of the Dangerous Offender: A Statistical Experiment, *Journal of Research in Crime and Delinquency*, Vol. 14, 1977.

11. Marvell, T. B. and C. E. Moody, Jr. (1994). "Prison population growth and crime reduction." *Journal of Quantitative Criminology*, Vol. 10, 1994.

12. Ivan Potas, David Ash, Murali Sagi, Stephen Cumines, Natalie Marsic, "Informing the Discretion: The Sentencing Information System of the Judicial Commission of New South Wales", *International Journal of Law and Information Technology*, Vol. 6, 1998.

13. Barry Reilly, Robert Witt, Crime, deterrence and unemployment in England and Wales: an empirical analysis, *Bulletin of Economic Research*, Vol. 48, 1996.

14. Cyrus Tata, Neil Hutton, "Beyond the Technology of Quick Fixes: Will the Judiciary Act to Protect Itself and Shore Up Judicial Independence? Recent Experience from Scotland", *Federal Sentencing Reporter*, Vol. 16, 2003.

15. Levitt, Steven D. "The Effect of Prison Population Size on Crime Rates: Evidence from Prison Overcrowding Litigation." *Quarterly Journal of Economics*, Vol. 111, 1996.

16. Neil Hutton, Cyrus Tata, John N. Wilson, "Sentencing and Information Technology: Incidental Reform", *International Journal of Law and Information Technology*, Vol. 2, 1994.

17. Warren Young, Andrea King, "Sentencing Practice and Guidance in New Zealand", *Federal Sentencing Reporter*, Vol. 22, 2010.

18. Max M. Schanzenbach, Emerson H. Tiller, "Reviewing the Sentencing Guidelines: Judicial Politics, Empirical Evidence and Re-

form", *The University of Chicago Law Review*, Vol. 75, 2008.

19. Hyungkwan Park, "The Basic Features of the First Korean Sentencing Guidelines", *Federal Sentencing Reporter*, Vol. 22, 2010.

20. Julian V. Roberts, Andrew von Hirsch, "Sentencing Reform in Canada: Recent Development", *Revue Générale De Droit*, Vol. 23, 1992.

21. Nora V. Demleitner, "Crime and Sentencing in Canada: Parallels and Differences", *Federal Sentencing Reporter*, Vol. 9, 1997.

22. Thomas B. Marvell, "Sentencing Guidelines and Prison Population Growth", *The Journal of Criminal Law and Criminology*, Vol. 85, 1995.

23. Susan R. Klein, Jordan M. Steiker, "The Search for Equality in Criminal Sentencing", *The Supreme Court Review*, Vol. 2002, p. 249.

24. David A. Hoffman, "The Federal Sentencing Guidelines and Confrontation Rights", *Duke Law Journal*, Vol. 42, 1992.

25. Paul J. Hofer, Kevin R. Blackwell, R. Barry Ruback, "The Effect of the Federal Sentencing Guidelines on Inter-Judge Sentencing Disparit", *The Journal of Criminal Law and Criminology*, Vol. 90, 1999.

26. Richard S. Frase, "State Sentencing Guidelines: Diversity, Consensus, and Unresolved Policy Issues", *Columbia Law Review*, Vol. 105, 2005.

27. Michael R Gottfredson, "Parole Guidelines and the Reduction of Sentencing Disparity", *Journal of Research in Crime and Delinquency*, Vol. 16, 1979.

28. Marc L. Miller, "A Map of Sentencing and a Compass for Judges: Sentencing Information Systems, Transparency, and the Next Generation of Reform", *Columbia Law Review*, Vol. 105, 2005.

29. Arie Freiberg, "Australia: Exercising Discretion in Sentencing Policy and Practice", *Federal Sentencing Reporter*, Vol. 22, 2010.

30. Lewis, Donald E. "The General Deterrent Effect of Longer

Sentences." *British Journal of Criminology*, Vol. 26, 1986.

31. Nora V. Demleitner, "Sentencing in Europe: How Others Deal With Issues That Trouble Us", *Federal Sentencing Reporter*, Vol. 7, 1995.

32. Brian Forst, Charles Wellford, "Punishment and Sentencing: Developing Sentencing Guidelines Empirically From Principles of Punishment", *Rutgers Law Review*, Vol. 33, 1981.

33. Willam Austin, Thomas A. Williams Ⅲ, "A Survey of Judges' Responses to Simulated Legal Cases: Research Note on Sentencing Disparity", *The Journal of Criminal Law& Criminology*, Vol. 68, 1977.

34. John S. Carroll, "Sentencing Goals, Causal Attributions, Ideology, and Personality", *Journal of Personality and Social Psychology*, Vol. 52, 1987.

35. Thomas Orsagh, Jong -Rong Chen, "The effect of time served on recidivism: An interdisciplinary theory", *Journal of Quantitative Criminology*, Vol. 4, 1988.

36. Hans-JÖrg Albrecht, "Sentencing in The Federal Republic of Germany", *Federal Sentencing Reporter*, Vol. 7, 1995.

37. Stacey M. Studnicki, "Individualized Sentencing: Federal Sentencing Departures Based upon Physical Condition", *Detroit College of Law Review*, Vol. 4, 1994.

38. Barbara S. Meierhoefer, "Individualized and Systemic Justice in the Federal Sentencing Process", *American Criminal Law Review*, Vol. 29, 1992.

39. Thomas Weigend, "Sentencing in West Germany", *Maryland Law Review*, Vol. 42, 1983.

40. Thornberry T. P, "Sentencing Disparities in the Juvenile Justice System", *Journal of Criminal Law and Criminology*, Vol. 70, 1979.

41. Everson, "The Human Element in Justice", *Journal of Criminal Law and Criminology*, Vol. 90, 1919.

42. Gaudet, "Individual Differences in the Sentencing of Judges", *Archives of psychology*, Vol. 32, 1938.

43. Toni Keller, "The Emergence of Individualized Sentencing", *Temple Law Quarterly*, Vol. 45, 1972.

44. McGuire, M. F., Holtzoff, "The Problem of Sentence in Criminal Law", *Federal Probation*, Vol. 4, 1940.

45. Shari Seidman Diamond, Hans Zeisel, "Sentencing Councils: A Study of Sentence Disparity and its Reduction", *The University of Chicago Law Review*, Vol. 43, 1975.

46. A. Kim Campbell, "Sentencing Reform in Canada", *Canadian Journal of Criminology*, Vol. 32, 1990.

47. Bonta, J., and Gendreau, P. "Reexamining the cruel and unusualpunishment of prison life", *Law and Human Behavior*, Vol. 14, 1990.

48. Cornelius Nestler, "Sentencing in Germany", *Buffalo Criminal Law Review*, Vol. 7, 2003.

49. Franz Streng, "Sentencing in Germany: Basic Questions and New Developments", *German Law Journal*, Vol. 08, 2007.

50. Alon Harelyand, Eyal Winter, "The Case for Discriminatory Sentencing: Why Equal Crimes Deserve Different Sanctions" (Unpublished).

51. Steve Aos, Marna Miller, Elizabeth Drake, "Evidence-Based Public Policy Options to Reduce Future Prison Construction, Criminal Justice Costs, and Crime Rates", *Washington State Institute for Public Policy Report*, Document ID: 06-10-1201, 2006.

52. Lise Forquer, "California's Three Strikes Law: Should A Juvenile Adjudication Be a Ball or a Strike", *San Diego Law Review*, Vol. 32, 1995.

53. Lila Kazemian, "Assessing the Impact of a Recidivist Sentencing Premium on Crime and Recidivism Rates", in Julian V. Roberts and An-

drew von Hirsch (eds), *Previous Convictions at Sentencing: Theoretical and Applied Perspectives*, Hart Publishing, 2010.

54. Julian V. Roberts, "Punishing Persistence: Explaining the Enduring Appeal of the Recidivist Sentencing Premium", *British Journal of Criminology*, Vol. 48.

55. Youngjae Lee, "Recidivism as Omission: A Rational Account", *Texas Law Review*, Vol. 87, 2009.

56. George P. Fletcher, "The Recidivist Premium", Criminal Justice Ethics, Vol. 1, 1982.

57. Martin Wasik, "Guidance, Guidelines and Criminal Record", in M Wasik and K Pease (eds), *Sentencing Reform: Guidance or Guidelines?*, Manchester University Press, 1987.

58. Andrew. von. Hirsch, "Criminal Record Rides Again", *Criminal Justice Ethics*, Vol. 10, 1991.

59. Jesper Ryberg, "Recidivism, Retributivism and the Lapse Model of Previous Convictions", in Julian V Roberts and Andrew von Hirsch (eds), *Previous Convictions at Sentencing: Theoretical and Applied Perspective*, Hart Publishing, 2010.

60. Alex R. Piquero, David P. Farrington and Alfred Blumstein, "The Criminal Career Paradigm", in M Tonry (ed.), *Crime and Justice: A Review of Research*, University of Chicago Press, 2003.

61. Cline HF, "Criminal Behavior over the Life Span" in OG Brim Jr and J Kagan (eds), *Constancy and Change in Human Development*, Harvard University Press, 1980.

62. Robert J. Sampson, John H. Laub, "Life - Course Desisters? Trajectories Of Crime Among Delinquent Boys Followed To Age70", *Criminology*, Vol. 41, 2003.

63. Kazemian, L. and Farrington, DP, "Exploring Residual Career Length and Residual Number of Offenses for Two Generations of Repeat Of-

fenders", *Journal of Research in Crime and Delinquency*, Vol. 43, 2006.

64. Kurlychek, M. C. , R. Brame, and S. D. Bushway, "Scarlet Letters and Recidivism: Does an Old Criminal Record Predict Future Offending?" *Criminology and Public Policy* Vol. 5, 2006.

65. Moffitt, Terrie E. , "Adolescence-limited and life-course-persistent antisocial behavior: A developmental taxonomy", *Psychological Review*, Vol 100 (4), 1993.

66. Farrington, D. P. and West, DJ, "Effects of marriage, separation and children on offending by adult males", in J. Hagan (ed.) *Current perspectives on aging and the life cycle*. Vol. 4: *Delinquency and disrepute in the life course*, Greenwich, CT: JAI Press, 2009.

67. Levitt, SD, "The Effect of Prison Population Size on Crime Rates: Evidence from Prison Overcrowding Litigation ", *Quarterly Journal of Economics*, Vol. 111, 1996.

68. William Spelman, " The limited importance of prison expansion", in Alfred Blumstein and Joel Wallman (eds), *The Crime Drop In America*, Cambridge University Press, 2006.

69. TJ Bernard, RR Ritti, "The Philadelphia birth cohort and selective incapacitation", *Journal of Research in Crime and Delinquency*, Vol. 28, 1991.

70. Daniel S. Nagin, Francis T. Cullen, and Cheryl Lero Jonson, "Imprisonment and reoffending", in M Tonry (ed.), *Crime and Justice: A Review of Research*, Vol. 38, 2009.

71. Martin Killias and Patrice Villetaz, "The effects of custodial vs non-custodial sanctions on reoffending: Lessons from a systematic review", *Psicothema*, Vol. 20, 2008.

72. Austin, J, Clark, J, Hardyman, P and Henry DA, " The Impact of 'Three Strikes and You're Out' ", *Punishment and Society*, Vol. 1, 1999.

73. Elsa Y. Chen, "Impacts of Three Strikes and You're Out on Crime Trends in California and Throughout the United States", *Journal of Contemporary Criminal Justice*, Vol. 24, 2008.

74. Michael G. Turner, "Three Strikes and You're Out" Legislation: A National Assessment, Sep. Fed. Probation, 1995.

75. Markus Dirk Dubber, "The Unprincipled Punishment of Repeat Offenders: A Critique of California's Habitual Criminal Statute", *Stanford Law Review*, Vol. 43.

76. Jonathan Simon, "Criminology and the Recidivist", in David Shichor&Dale K. Sechrest (eds): *Three Strikes and You're Out: Vengeance as Public Policy*, SAGE Publications, 1996.

77. Anne-Marie Mcalinden, "Indeterminate Sentence for the Severely Personality Disordered" *Criminal Law Review*, Vol. 2001.

78. Bagaric, M: "Double Punishment and Punishing Character: The Unfairness of Prior Convictions", *Criminal Justice Ethics*, Vol. 19, 2000.

79. Christorpher Bennett, "More to Apologise For: Can a Basis for the Recidivist Premium Be Found within a Communicative Theory of Punishment?", in Julian V Roberts and Andrew von Hirsch (eds), *Previous Convictions at Sentencing: Theoretical and Applied Perspective*, Hart Publishing, 2010.

80. Andrew von Hirsch, "Proportionality and Progressive Loss of Mitogation: Further Reflections" in Julian V Roberts and Andrew von Hirsch (eds), *Previous Convictions at Sentencing: Theoretical and Applied Perspective*, Hart Publishing, 2010.

81. Andrew von Hirsch, "Criminal Record Rides Again", Criminal Justice Ethics, Vol. 10, 1991.

82. Michael Tonry, "The Questionable Relevance of Previous Convictions to Punishments for Later Crimes", in Julian V Roberts and An-

drew von Hirsch（eds）*Previous Convictions at Sentencing*: *Theoretical and Applied Perspective*, Hart Publishing, 2010.

83. Applegate, B. , Cullen, F. , Turner, M. and Sundt, J. "Assessing Public Support for Three-Strikes-and-You're -Out Laws: Global versus Specific Attitudes," Vol. 42, 1996.

84. Finkel, N. , Maloney, S. , Valbuena, M. , and Groscup, J. "Recidivism, Proportionalism, and Individualized Punishment", *A-merican Behavioural Scientist*, Vol. 39, 1996.

（三）报告

1. Virginia Criminal Sentencing Commission, 2009 *Annual Report*.

2. Pennsylvania Commission on Sentencing Guidelines, *Sentencing Guidelines* 1983, 1983.

3. The Pennsylvania Commission on Sentencing, *Sentencing in Pennsylvania*（1984 *Report*）, 1984.

4. Pennsylvania Commission on Sentencing, *Annual Reports* 2009, 2009.

5. Minnesota Sentencing Guidelines Commission, *Minnesota Sentencing Guidelines* 1980, 1980.

6. Minnesota Sentencing Guidelines Commission, *Sentencing Practices*: *Annual Summary Statistics for Felony Offenders Sentenced in* 2009, 2009.

7. Minnesota Sentencing Guidelines Commission, *Sentencing Practices*: *Annual Summary Statistics for Felony Offenders Sentenced in* 2010, 2010.

8. United States Sentencing Commission, *Guideline Application Frequencies for Fiscal Year* 2002, 2002.

9. United States Sentencing Commission, *Guideline Application Frequencies for Fiscal Year* 2005, 2005.

10. United States Sentencing Commission, *Guideline Application*

Frequencies for Fiscal Year 2006, 2006.

11. United States Sentencing Commission, *Guideline Application Frequencies for Fiscal Year* 2009, 2009.

12. Australian Law Reform Commission, *Sentencing of Federal Offenders* (*Issues Paper* 29), 2005.

13. New Zealand Law Commission, *Sentencing Guidelines and Parole Reform* (*Report* 94), 2006.

14. The Canadian Sentencing Commission, *Sentencing Reform*: *A Canadian Approach*, Minister of Supply and Services Canada, 1987.

15. Peter W. Greenwood, Allan Abrahamse, *Selective Incapacitation*, The RAND Corporation, 1982.

16. Ekstedt, J., Justice in Sentencing: *Offender Perceptions*. Research Reports of the Canadian Sentencing Commision. Ottawa: Department of Justice Canada, 1988.

17. Clark, John, James Austin, and D. Alan Henry: *Three Strikes and You're Out*: *A Review of State Legislation*. National Institute of Justice, U. S. Department of Justice Programs. Washington, D. C: U. S. Government Printing Office, 1997.

18. Doob and Roberts, *An Analysis of the Publics View of Sentencing*. Ottawa: Department of Justice Canada, 1983.

19. Indermaur, D. Crime Seriousness and Sentencing: *A Comparison of Court Practice and the Perceptions of the Public and Judges*. Mount Lawley: Western Australian College of Advanced Education, 1990.

20. Mattinson, J. and C. Mirrlees–Black, *Attitudes to Crime and Criminal Justice*: *Findings from the* 1998 *British Crime Survey*. Home Office Research Study no. 200. London: Home Office, Research and Development Directorate, 2000.

21. Joan Petersilia, Peter W. Greenwood, Marvin Lavin, *Criminal Careers of Habitual Felons*, The RAND Corporation, 1977.

（四）网络

英格兰和威尔士量刑委员会网址：http://www.sentencingcouncil.org.uk.

后　记

在我念小学二年级的时候，一个颇有文艺范的女老师将我写的文章抄到黑板上，对着全班同学预言我以后会靠文字吃饭。在之后的岁月里，我一直很确定地将此预言解读为我以后会成为一个不靠谱的作家。20年以后回头来看，生活恶作剧式地向我展示了这个预言的另一种可能性：我以后确实需要努力靠文字吃饭，只是我所赖以谋生的文字与文学无涉，而与学术相关。与学术相关的写作不需要我展现以45度角仰望天空的忧伤，也不需要我努力去感知和触摸那条据说存在的金线，我所要做的就是将脑袋里众多欢蹦乱跳的想法遏制住，将想对汉字进行肆无忌惮排列的念头压抑住，然后努力让那些客观理性的文字有逻辑地优先通过。

这篇博士论文就是这样一种尝试。

从最初一个极为叛逆的想法开始到最终成文，这篇博士论文断断续续写了3年多。

最初选题时我凭着脑后天生的反骨提出累犯从严并不理所当然的想法，然后在此基础上形成了粗糙的博士论文开题报告。开题时，老师们对我选题的诸多批评不仅没有打消我原来的撰写计划，博士论文面临的这种严峻挑战反而让天生倔强的我燃起了熊熊的斗志。

尽管之前也参与过一些科研项目，但是博士论文的撰写却是我第一次尝试独立进行完整的学术研究。因为自己的固执，我坚持选择了一条不好走的路，这使得我第一次在学术道路上蹒跚学步显得困难重重。

开题后不久，儿子的呱呱坠地让我饱尝了初为人母的喜悦，但所引起的生活混乱也着实影响了我博士论文的撰写计划。权衡再三，我痛下决心毅然只身赴美学习一年。

在伯克利法社会学中心学习的一年里，是我成长最为迅速的一年。我白天在伯克利法学院听各种相关课程，在图书馆查找相关的文献资料，晚上回家之后就专心进行数据分析进而反复调整博士论文的思路框架。我至今清晰记得当时每月定期约见法学院不同教授请教论文相关问题之前的忐忑，一天通读 60 份刑事判决书然后将其中相关信息挖掘出来建立数据库的痛苦，读着大部头英文统计书学习数据处理的煎熬以及强迫自己屏蔽窗外加州明媚的阳光将头重新埋回浩瀚书海的无奈。

在此密集学习和研究的过程中，我逐渐体会到做学术最大的困难不在于如何迅速学习和掌握自己之前不熟悉的知识和方法并为己所用，而在于如何有效地控制自己。某位大哲人很早就说过，避苦求乐乃人之天性。生活五光十色，声色犬马，相比之下，学术则要枯燥乏味得多。众多轻松欢乐的生活方式摆在眼前，还能够动心忍性独坐冷板凳写文章的人，实乃圣人。我非圣贤，因而我内心蠢蠢欲动的贪玩念头即使在巨大的研究压力之下依然频繁涌现出来，导致我的博士论文撰写计划一改再改。贪欢之后，我只能以胡适大师在其留学日记中也有一连数日关于打牌消遣记载的轶事来自我解，然后再利用自己玩乐之后内心的负疚感来重新开始博士论文的撰写。不得不承认，博士论文的撰写过程不仅是学术上精进的过程，也是心智上磨炼的过程。"人最大的敌人是自己"这句俗烂的话原来是种真知灼见。

如今，博士论文终于成文，回想起写作过程中的种种酸甜苦辣，如人饮水，冷暖自知。以前看诸位师兄师姐的博士论文时，我最爱翻到最后看后记，因为后记是严肃认真的博士论文之外唯一能彰显撰写人真实性情的东西。在读别人博士论文后记的时候，我常常打趣师兄师姐如同参加奥斯卡颁奖典礼一样要对各种人表达各种感谢。临到自己写博士论文后记时，我发现自己同样需要向很多人表达诚挚的谢意。没有他们的帮助和付出，也就没有这洋洋洒洒20余万字的博士论文，也没有我选择将学术作为今后职业志向的勇气。

感谢吾师白建军教授领我进入学术研究的大门，为我指出生活的另一种可能性。因为本科生科研的机缘我有幸跟随白老师进行学术研究至今，已有10年之久。10年之前我的职业规划里没有"学术"这两个字，脑子里所憧憬的理想职业在外所律师、投行金领以及国际组织雇员之间不断变化。10年之后我之所以能鼓足勇气选择学术研究作为自己未来的职业，是因为白老师治学的严谨认真与为人的敦敏宽和对我产生了很大影响。面对我在学术上的无知无畏以及时常流露出的怠惰、畏难之情，白老师从不疾言厉色加以指责，总是采取循循善诱的方式加以引导，并且提供一切力所能及的帮助。如果没有白老师当初对我博士论文选题的力挺以及对我学术能力的信任，如果没有白老师一直以来对我在法律实证研究方法上的点拨，如果没有白老师为我提供大规模的刑事判决书样本，我几乎不可能顺利如期地写完博士论文。

感谢陈兴良教授对我一直以来的宽容和鼓励。作为刑法大家，陈老师在钻研学问之余，对于晚生后辈的成长也十分关心。尽管我不是陈老师门下的弟子，尽管我一直感兴趣的不是陈老师的研究领域，但是陈老师对我在学术上的提点却并不因此有任何差别。一直以来，陈老师都对我的学术能力肯定有加，在我自我怀疑的低谷时期给了我继续从事学术研究的信心和勇气。在我撰写博士论文遇到困难时，陈老师在百忙之中发来邮件，帮助远在大洋彼岸的我厘清论文思路，重构论文框架。如果没有陈老师高屋建瓴的指点，我的博士论文的定位和框架都将出现大的偏差。如果没有陈老师一直以来的肯定与鼓励，我也不可能选择从事学术道路。

感谢梁根林教授对我博士论文开题时的"当头棒喝"以及博

士论文成型之后的赞誉有加。梁老师思维敏捷、博闻强识，一直为我所佩服，而梁老师直爽率性的处世风格则令我敬畏有加而时常自省。博士论文初开题时，因为想法粗糙，见识浅薄，难免贻笑大方。梁老师当时对我论文的构想进行了激烈批判，这种当头棒喝式的教导方式一度令我难以接受，但也促使我打起十二分精神来进行博士论文的写作。论文成型之后，梁老师在预答辩时给了我很高的评价，令我悬着的心最终放下。感谢梁老师的严格要求，我才得以激发出自己的斗志与潜能，对自己进行学术与智识上的挑战。

我在燕园 10 年，硕博连读 6 年，其间几乎听遍了刑法专业所有老师的课。我目前所有的学术功底都是仰仗着各位专业老师的谆谆教导才积累下来的。因此，我能够顺利完成博士论文的写作，还需要郑重感谢王世洲老师、赵国玲老师、郭自力老师、王新老师、孙东东老师等其他各位刑法专业的老师一直以来对我的教导和关照。除此之外，车浩和江溯两位年轻老师在我论文撰写过程中提了很多宝贵的意见，在此一并表示感谢。

我也要感谢清华的劳东燕老师。因为同姓同性同乡的缘故，我一直对劳老师有着一份特殊的亲近感，劳东燕老师也对我照顾有加。在博士论文的撰写过程中，劳东燕老师给了我诸多的提点和帮助，令我受益匪浅。劳老师作为前辈对我今后学术生涯的真挚关心也令我十分感动。

另外，我需要郑重感谢阎天博士和严实博士这两位生活中的好友、学术上的良伴。在撰写论文的过程中，他俩经常不顾时差和距离的障碍，隔着整个美国，不厌其烦地帮助我解决论文撰写过程中遇到的问题。每每回想起当时利用 skype 和他俩讨论论文的情景时，心里还是不胜唏嘘。

同时，我的论文在写作过程中也得到了师门中诸位师兄弟的鼎力相助。感谢陈浩师兄及其团队为我处理数据，感谢蔡曦蕾师兄和黑静洁师兄对我论文的指点，感谢王复春、赵兴洪、王唯宁诸位师弟在我撰写论文期间主动承担了助教和研究项目工作，我的论文能够顺利完成离不开师门诸位师兄弟的支持。

最后，我想重点感谢一下我的家人，并且表达我强烈的愧疚之情。

感谢外子黄洁一直支持我的学术研究，为我提供经济支持以保证我在生活上的无忧。他在我只身赴美之时一力承担照顾幼子的重任，保证我在异国他乡可以专注于博士论文的撰写而不至于过分为幼子分神，实属功不可没。

感谢我的父亲劳炳坤先生、母亲冯雅珍女士对我选择学术道路的理解与支持。养女近 30 载，我这个女儿既不能在身边侍奉父母，到目前为止也不能在经济方面为父母提供有力支持，实在于心有愧。

在我撰写博士论文期间，我对我的外婆郑月香女士以及幼子黄啸尘小朋友怀有最最强烈的愧疚之意。作为外婆带大的孩子，在外婆罹患尿毒症晚期和老年痴呆症的危重时期，我却为了撰写论文只身赴美，无法在床前尽孝，还要劳烦外婆在偶尔神志清醒之际对我牵肠挂肚，实在是不孝至极。作为一名母亲，在幼子尚在襁褓之中嗷嗷待哺之时，却弃他而去远赴重洋，实在是有愧于"妈妈"这个称呼。"世间安得两全法，不负如来不负卿。"这种煎熬我终于在博士论文撰写期间真真切切地体会到了。这种愧疚如同毒蛊，每每在博士论文撰写的间隙发作，销骨蚀心。我唯一能做的就是强迫自己将精力集中于论文撰写之上，除此之外，无法能解。

所幸回国之后，外婆健在，幼子茁壮，聊以慰藉。

谨以此文献给我的外婆郑月香女士和我的儿子黄啸尘，谨以此文献给我的过去和我的未来。

劳佳琦
2014 年 3 月于燕园

跋

刑事一体化作为我学术思想的一个标签性用语，一经提出就受到学术同仁的广泛"点赞"。遗憾的是，这些年来叫好的人不少，真正践行的人却不多。目前市面上虽有一些名为"刑事一体化"的学术研究，不过依我来看，大多数名不副实，顶多是形式上的，而不是实质上的一体化研究。

刑事一体化，既是观念也是方法，重在"化"字，即深度融通。没有"化"或者"化"得不充分，都不算真正的刑事一体化。我一直强调，犯罪决定刑法，刑法决定刑罚执行；行刑效果又反过来影响犯罪率的升降。刑法要接受前后两头信息，不问两头（只问一头）的刑事立法不可能是最优刑法，不问两头的刑法研究不可能卓有成效。研究刑法必须确立刑事一体化思想，不能只在刑法之内研究刑法，还须在刑法之上、刑法之外研究刑法。因此，刑法研究者就要有健全的知识结构，对于犯罪学、刑事诉讼法学、监狱学、刑事政策学、刑事执行法学等刑事学科的知识都要有全面了解，更重要的是，要能疏通学科隔阂，融会贯通地运用各科知识，来推动自己的刑法研究向纵深开拓。这些要求不可谓不高，所以要做刑事一体化的研究，研究者既需要努力也需要悟性，二者缺一不可。

欣喜的是，我在劳佳琦的博士论文里看到了她在这方面的努力和悟性。她的博士论文以累犯制度为研究对象，名为"累犯制度：规范与事实之间"，虽无刑事一体化之名，却有刑事一体化之实。

她的论文关注规范层面的累犯制度，更关心事实层面的累犯制度，不局限于静态的文本研究和理论研究，而更偏向动态的实践的刑法研究。文章运用实证研究的方法，重点探索了我国累犯制度目标群体、运行方式、实行效果这三方面在规范与事实层面之间的非对称性，在此基础上对于我国的累犯制度乃至整个刑罚制度进行了反思。在这个过程中，劳佳琦本着"拿来主义"的精神，恰当运用了刑法学、犯罪学、刑事政策学、刑事执行法学的知识，充实和推进自己对于具体问题的思考。她对于这些学科知识的运用不是简单陈列而是有机结合，虽然还有稚嫩之处，但是驾驭知识的能力已经可圈可点。这体现出了她扎实的学术素养与开阔的学术视野，也展现出她践行刑事一体化的"化"功。

劳佳琦博士是我弟子白建军教授的弟子，算是我的徒孙。在学术兴趣方面，她显然同时受到了我和建军教授的影响，立志要做刑事一体化的实证研究。在写博士论文时，她就显露出了这一志趣，在工作之后更是付诸了实际行动。

2014年劳佳琦从北大法学院博士毕业，经由我介绍，到了北师大刑事法律科学院工作，和我做了同事。在工作期间，她给师大的本科生开设了以刑事一体化为指导思想的"犯罪通论"课程和"法律实证研究方法"课程，边教边学，教学相长，受到了学生们的一致好评。在学术研究上，她牢记我的教诲，意识到健全的刑事机制应是双向制约：犯罪情况→刑罚←行刑效果。为了真正了解我国的犯罪情况和行刑效果，她除了增强犯罪学和刑事执行法学方面的理论学习之外，还花了相当多的时间精力去监狱实地调研。据我所知，她的监狱调研不是走马观花式的，而是扎根式的，到一个监狱一待就是几个月，既去男监也去女监，既和犯人聊，也和干警聊，扎扎实实去蹲点了好几次。在很长一段时间里，她都在上演"双城记"，每天清早从北京赶到河北，每天傍晚再从河北赶回北京。作为一名年轻学者，她这种不怕吃苦的治学精神是难能可贵的。吴宗宪教授作为劳佳琦的直属领导，对她这种踏实勤恳的作风也是赞赏有加。

以自由刑为刑罚体系基础的国家，刑法的效能主要由监狱矫正场所的效能来体现。刑法运行须准确地接收监所职能效用的信息反馈，这种信息反馈是调整刑事政策、改革刑罚制度乃至刑法结构的一项重要依据。因此，我常常呼吁，刑法学者重视行刑、重视监狱。然而，目前刑法作为刑事学科中的"显学"，并不注重与其他学科的交流，其内部重犯罪轻刑罚的历史传统也未改变，随着教义刑法学的崛起还有愈演愈烈之势。刑法学研究必须问两头，不关心刑罚论，不关心行刑的实际情况，就无法真正研究好刑法。劳佳琦能够早早意识到这一点，能够积极主动地去了解监狱的行刑效果，是有些学术远见的。

正值劳佳琦博士论文出版之际，我说些老话，支持新人。希望劳佳琦能够不忘初心，踏实努力，在践行刑事一体化的实证研究道路上越走越好。

储槐植

2017 年 12 月